冼玉儀（Elizabeth Sinn）著

林立偉 譯

穿梭太平洋

金山夢
華人出洋與香港的形成

Pacific Crossing

California Gold,

Chinese Migration, and the Making of Hong Kong

中華書局

本書之出版承蒙東華三院慷慨贊助翻譯費，特此鳴謝！

中文版序

Pacific Crossing: California Gold, Chinese Emigration, and the Making of Hong Kong 的中譯本面世，是我事業上的里程碑。多年來，我主要用英文寫作，一直盼望有人將我的書籍和文章翻譯成中文，讓我能跟更多的讀者羣交流。這夢寐以求的事，終於實現，我當然興奮極了。

研究華人出洋史，我走了漫長的路。早在 1980 年，我選了東華醫院的歷史作為我博士論文的主題，幾經曲折才獲得東華三院批准我參考它非常豐富的檔案，使我得以深入認識這機構從 1870 年開始，沒有間斷地為香港服務所作出的巨大貢獻。當時我論文的焦點是香港的華商領袖和殖民地政府的關係，不過，從東華檔案資料中，我發現了很多東華和海外華人機構及個人的通信和其他記錄，反映出他們之間的頻繁和複雜的聯繫。這是我第一次認識到十九世紀華人出洋的歷史，令我耳目一新。我從來沒想到，香港和出洋的華人竟然有那麼密切的關係。Carl T. Smith 和 H. J. Lethbridge 有關東華醫院的文章，只論及它在本地的工作，而沒提到它的海外關係，所以最初我對這那些檔案資料，感到有點困惑，不曉得怎麼詮釋這意外的知識，尤其是怎麼把它融入我論文原有的框架裏。擁有這麼多海外關係的東華醫院，究竟是怎麼一回事呢？

一天，我跟來香港做研究的卑斯省大學歷史系教授 Edgar Wickberg 提起這個問題，他是研究菲律賓華僑史的專家。他聽了也很興奮，說像東華醫院這種民間機構的檔案，極為罕有，這類資料，可供學者認真地研究海外華人歷史。他還叮囑我多留意這方面的記錄。

那是 1980 年代初的事。我的論文在 1987 年正式完成，1989 年改編成書出版，名為 Power and Charity: The Early History of the Tung Wah Hospital,

Hong Kong。2003 年再版，書名改為 *Power and Charity: A Chinese Merchant Elite in Colonial Hong Kong*。書的主題仍是香港政府和華人領袖之間的關係，東華的海外聯繫，當然也涉及到，卻未能全面發揮。但我相信這方面的歷史實在值得再探索，只是要等機會吧。

1980 年代初，香港出現了移民潮，在坊間，「移民」突然成為了熱門話題，學術界也如是。香港大學地理系的 Ron Skeldon 教授和社會學系黃紹倫教授等進行了一系列的移民研究計劃，其中的項目是出版一本名為 *Emigration from Hong Kong* 的書。我負責的部分是二次世界大戰前的移民情況，分兩章報道。這是難得的機會讓我正面研究華人遷徙的歷史。我參考了很多政府的檔案記錄，整理了大量來往乘客的數據。老實說，我對數字是充滿恐懼的，不過為了完成這個項目，唯有硬着頭皮，拚命的堆砌，沒想到竟然成功建構出重要的數據庫。這兩章後來也成為很多學者引用的參考資料。

這是我第一次探討二十世紀的移民歷史，又再一次擴闊了我的視野。兩章的內容包括了經香港出洋和回鄉的人；他們遷移到世界各地：東南亞、南北美洲、日本、澳洲和紐西蘭、太平洋和印度洋的島嶼，甚至南非都有，人數之多和地理範圍之廣都是出乎意料的。

華人出洋漸漸成為新的研究領域，內容愈來愈豐富。我慶幸可以將以前分別探索過而似乎毫無聯繫的概念和內容連結起來：例如父權制和保護婦女的問題、香港中文報紙的演變、殖民地的統治模式、慈善活動、同鄉組織等研究，放在一塊看，融會貫通，再加以發揮，可以拼出嶄新的圖象。最重要的是，我領會到，香港不單是一個世界性的貨物轉口港，更是一個「人」的轉口港；又領會到香港作為移民樞紐的歷史地位，更領會到人的穿梭往來對香港社會、經濟、政治發展的深遠影響。我打算進一步研究這引人入勝的課題。

1999 年，我獲得香港大學教育資助委員會轄下的研究資助局撥款研究「香港與華人出洋」的計劃。內容以十九世紀香港到加州的往來為主線，集中探討令香港成為「人的轉口港」的歷史因素以及這特點怎樣帶動香港貿易、船務、財經、慈善各方面的發展。拿着研究費用，我到了不同的海外檔案館及圖書館，廣泛搜羅史料。每一個檔案館和圖書館都讓我大開眼界，其中最關鍵的檔案，包括存放在劍橋大學圖書館的怡和公司檔案；加州柏克萊大學 Ethnic Studies Department（民族研究系圖書館）的加州華人資料特藏（特別是麥禮謙特藏）和 Bancroft Library 的三藩市海關檔案；哈佛大學商學院 Baker Library 所藏的 Heard Family Papers 等。那些館藏，汗牛充棟，我知道窮我餘生，都沒法看完，只能望洋輕嘆。唯有每到一個地方時，便拚命地翻看資料，拚命地抄寫，分秒必爭，我往往感到透不過氣來。儘管如此，發現琳琅滿目的資料時那份興奮心情，真的難以形容！不論大大小小的資料，都同樣珍貴。小如一張貨單、一封家書、一份報章裏的廣告，大如加州昌後堂的運柩錄和香港繼善堂的徵信錄（它門反映了這兩個番禺人的組織怎樣合作將客死異鄉的先友骨骸，遠隔重洋，排除萬難，運回唐山，原籍安葬的可歌可泣的善舉 ）。每一件大的、小的資料，都是一條可以打開窗戶的鑰匙，讓我看到新大陸。

這些多元的材料，有助我構想當事人的處境。當然他們是過埠的人，這不在話下。但我們更須要意會到，他們是有血有肉的人，是有恐懼、有慾望、有虛榮、有惻隱之心、要面對生老病死的芸芸眾生。出洋的華人有很多面相，他們既是消費者，也是勞動者；是乘客也有的是嫖客；有組織同鄉會館以便保護梓里的善長，也有因而受惠的普通會員；他們可能是把辛辛苦苦賺來的血汗錢寄回家鄉養妻活兒的苦力，也可能是匯錢回鄉買田買地的富商；是運籌帷幄的金山莊老闆，又可能是唐餐館裏洗碗碟的工人。有的衣錦還鄉，也有潦倒金山街頭，在異鄉老死的華僑。

　　從香港駛往加州的船載滿了白米、糖、醬油、藥材、熟鴉片、衣服鞋襪，以及拜神用的金銀衣紙，供應他們各方面的需要。連粵劇戲班的演員都是由香港出發，橫渡太平洋來娛樂他們。從三藩市返唐山的船則載着麵粉、花旗蔘、水銀、金磚、金沙、金元和最受中國人歡迎的墨西哥銀元。當然這種出入口貿易不是單由華人經營，在很多層面，都有不同國籍的人參與其中；但華人的消費模式和營商模式大大影響了香港和加州之間的船務和貿易，還促進了各式各樣網絡的出現。

　　當我們了解到出洋華人的多面性，就更容易看到華人出洋過程的複雜性，和香港所扮演的多元角色，檔案資料看得愈多，那幅圖畫就愈有深度，更五花八門，更引人入勝。

　　我體會到，要真正研究香港，絕對不能止步於這一塊一千一百多平方公里內的範圍，而要討究它與世界各地的聯繫和它在境外所發揮的力量。無論是研究出入口貿易、金融市場、殖民地歷史、工業發展、華人出洋等等，亦復如是。香港和境內境外各地之間，建立了數不盡的聯繫和網絡，千絲萬縷。不能不承認，香港和華人出洋的歷史是中國近代史和世界史的重要一環。

　　我的研究工作，承蒙很多機構和個人的幫忙。除了上述圖書館外，還有香港政府檔案處、香港大學圖書館、東華三院和保良局等機構，還有其他的不能盡錄。我對他們長期以來的支持，感激不已。

　　我的成果實有賴多位前輩的提攜。我最感激的是施其樂（Carl T. Smith）牧師。眾所周知，施牧師花了幾十年工夫收集、爬梳、整理了大量香港歷史的原始資料，填補了很多香港歷史的空白，給香港史的研究打下了穩健的基礎。香港能成為新的研究領域，他功不可沒。他為人慷慨爽朗，一生淡泊名利，真的為學問而學問。他的工作態度嚴謹，但又和藹可親，從來都樂意把一點一滴積聚下來的資料和大家分享。他更毫不保留地讓我使用

他建立的檔案庫，這絕對大大方便了我的研究。而且，和他相處，我得到的不單是學術方面的啟發，更學到做人的道理。我深深敬佩他的學者風範，認為他是最值得後輩效法的君子。還清楚記得，當我告訴他我將全力探究華人出洋到加州的歷史的時候，他十分贊成，而且毫不猶豫地説：我收集了很多這方面的東西，現在我專門做澳門的歷史，再用不着了。你都拿去用吧。那一刻，我真的很感動，現在想起來，還是鼻子酸酸的。

有人説，我們有成就，是因為我們 stand on the shoulders of giants（站在巨人的肩膀上）。施牧師無疑是一個巨人，但對我來説，他更是我的貴人、恩人。他對我呵護備至，一生難忘。希望我沒有辜負他對我的信任和期望。

做學術研究往往是寂寞的事，而我卻能和很多前輩、朋輩和學生一起在這漫長的路上同行和結緣，算是我的福分。其中孔飛力（Philip Kuhn）、Edgar Wickberg、Adam Mckeown、Janet Salaff 均已作古 。此外，我有幸和王賡武教授、許舒（James Hayes）、招璞君、文基賢（Christopher Munn）、濱下武志（Takeshi Hamashita）、Madeline Hsu、Diana Lary、李明歡、蕭鳳霞（Helen Siu）、James Watson、Rubie Watson、余全毅（Henry Yu）、Stephen Davies、伍榮仲等多年交往，分享他們的研究心得，令我獲益良多（要致謝的人實在太多，不能盡錄，謹此致歉）。

特別要提的是摯友柯文（Paul Cohen）教授。二十多年來，他一直鼓勵我的學術工作；我每一篇文章的初稿，他都很細心的審閱，除了指出錯處外，還提出積極的建議和尖銳的批評。我的功夫也的確因為這樣的挑戰和磨煉，變得更扎實。雖然他自己不是研究香港或移民歷史，但憑着精闢的歷史觀和深厚的研究經驗，令我的學術造詣得以提升。我在此深深致謝。

中文譯本能成事，多蒙中華書局（香港）有限公司的策劃。翻譯費用竟由東華三院贊助，令我喜出望外。很感謝東華三院幾十年來歷屆主席和

總理精神上的支持。東華檔案及歷史文化總主任史秀英小姐更不能不提，
她努力不懈的主理醫院檔案和向本港和海外推廣東華的歷史，使這華人慈
善機構的豐功偉績能廣傳於世。很多人受了她熱忱所感染，自願參與東華
歷史各方面的工作，如寫書、演講、修補文物、把檔案資料數碼化、帶隊實
地考查，等等，令東華歷史變得家喻戶曉。她的動員策略，變相地在鞭撻
着我，迫得我也不敢怠慢。

　　很高興和中華書局（香港）有限公司合作順利。最重要的，當然最要
感謝執行翻譯工作的林立偉先生。他下了很大的功夫，把這十多萬字的原
著，在短時間內，準確地翻譯成中文本，還不時指出原文裏寫得不清楚的
地方，讓我有機會澄清及改正。有些地方翻譯得尤其精彩，令我不禁拍案
叫絕。由林先生翻譯這本書，我真的感恩。

　　從 1980 年開始，至今快四十年。我由研究香港歷史，擴展到其他領
域，學到更全面、更宏觀、更多層次地看歷史；現在更學會從心所欲地享
受做學問的樂趣。願與各讀者分享我研究成果之餘，還分享我的喜悅。

冼玉儀

二〇一九年七月於香港大學香港人文及社會研究所

目錄

圖表目錄

表格

貨幣與重量說明

貨幣

十九世紀流通於香港的貨幣有好幾種。墨西哥銀元（鷹洋）與西班牙銀元（本洋）是當時貿易最常用的貨幣，兩者價值相若。美國金幣也在香港流通，但沒有那麼普遍，而且價值通常低於墨西哥銀元。自 1873 年起，美國特別為中國市場鑄造一種貿易銀元，在香港大受歡迎，但聯邦政府在 1887 年將之廢除。

在 1862 年香港銀元出現前，香港政府一直以英鎊記賬，公務員也以英鎊支薪，香港銀元的價值與墨西哥元相當。其他貨幣包括東印度公司盧比和中國銀錠和銅錢。西方公司以美元記賬，中國商人則以銀兩記賬。出洋歸來的移民會在香港把手上的貨幣兌換成銀錠，以在中國使用。

雖然匯率有浮動，但在本書討論的大部分時間裏，一墨西哥／香港銀元約相當於四先令兩便士或紋銀七錢二分至七錢五分。一英鎊等於 4.8 元或紋銀三兩四錢五分。標準美國銀元雖然面值相當於墨西哥銀元，但通常須打折兌換，有時候匯率是 1.2 美元兌一墨西哥元。美國貿易銀元成色較高，比較可能以等值兌換墨西哥元。

重量

1 兩等於 1.33 盎司（37.42 克）

16 兩等於 1 斤（1.3 磅 / 600 克）

100 斤等於 1 擔（133.33 磅 / 60 公斤）

緒 論

　　美國加州的淘金熱是十九世紀的歷史大事，在多方面改變了香港的命運。

　　1848 年 1 月 24 日，舊金山 75 英里外的蘇特鋸木廠（Sutter's mill）發現金礦，那時距離 1841 年英國人佔領香港差不多七年，是它正式成為英國殖民地後五年，加州發現黃金引發了大規模人口流動：成千上萬的人在短時間內湧入加州，他們不只來自美國東岸，還來自世界不同地方，包括墨西哥、智利、歐洲各國、土耳其、中國和澳洲。1847 年時舊金山人口只有 459 人，到 1852 年驟升至 36,154 人。[1] 貿易量也大增。由 1849 年至 1851 年間，有逾千艘船停靠舊金山，[2] 除了載來人，還運來貨物為移民供應糧食和衣物，以及建設這個急速發展的城市所需的物資。在 1849 年至 1856 年間，有 50 萬噸貨物在該港口卸下。[3] 這個城市的消費者揮金如土，使它成為不斷成長的進口市場，不久後有愈來愈多企業家到來，還有愈來愈多黃金可用作資本，更刺激了當地的商業活動，使它發展為全球性的轉口港。其影響十分巨大。在此之前，世界主要貿易區是從中國、東南亞、印度、中東、歐洲向西延伸，跨越大西洋到美國東岸。現在由於舊金山的海上貿易蓬勃，太平洋由原本處於邊緣的貿易地帶變成了世界貿易樞紐。[4] 太平洋世紀於

1　James Gerber, " The Trans-Pacific Wheat Trade, 1848-1857," in Pacific Centuries: *Pacific and Pacific Rim History Since the Sixteenth Century*, edited by Dennis O. Flynn, Lionel Frost, and A. J. H. Latham（London: Routledge, 1999）, pp. 125-151.

2　James P. Delgado, *Gold Rush Port: The Maritime Archaeology of San Francisco's Waterfront*（Berkeley, CA: University of California Press, 2009）, p. 52.

3　Delgado, *Gold Rush Port*, p. 3.

4　Delgado, *Gold Rush Port*, p. 9.

焉來臨。[5]

　　這種全球經濟的巨變對香港影響深遠。雖然香港面臨太平洋，但在此之前對這片海洋不是太感興趣。對英國人來說，香港的主要存在理由是擔當英國對華貿易的轉口港。按照英國人的盤算，來自英國和印度的貨物會在這個新建立的殖民地儲存和出售，並從此地出口中國貨。香港的存在是為鞏固加強舊有的貿易模式，而非改變它；主要貿易路線仍是沿中國沿岸海域，往南穿越東南亞，經印度洋再到歐洲。一個大概鮮有人預見的發展，是香港在華南和華北之間的區域貿易（靠沿海和江河運輸）中所發揮的作用，這種南北貿易後來更延伸至東南亞。在 1850 年代，這種愈來愈以香港為樞紐的南北行貿易將有長足發展，而促成這種發展的重要催化劑之一，就是東西向的加州貿易。但是，對於香港作為全球貿易體系的一環而言，此刻它所措意的海洋依然是印度洋和大西洋，而不是太平洋。

　　淘金熱把太平洋變成了連接北美洲和亞洲的幹道，並在此過程中把香港變成亞洲的主要太平洋門戶。在淘金熱發生之際和之後，加州成為了一個充滿新機會的世界 —— 既是貨物和航運的市場，又是數以萬計中國「淘金客」爭相前往的目的地。香港抓住這些機會並繁榮起來。

　　發現黃金的消息不脛而走，另外還傳來消息：加州一切物資皆短缺，而那裏的人滿是輕鬆賺得的金錢，買東西一擲千金，在所不惜。香港商人得知後，用船運去供幾千和後來幾萬名「阿爾戈英雄」（Argonaut，原本指希臘神話中搭上「阿爾戈號」尋找「金羊毛」的一羣勇士，當時人們用這個詞來比喻淘金者）消耗的貨物。舊金山在 1849 年首次出現在香港政府的

5　據弗林（Dennis O. Flynn）、弗羅斯特（Dennis Frost）和萊瑟姆（A. J. H. Latham）說，第一個太平洋世紀是十六和十七世紀西班牙人稱雄的那一百年，而其基礎是美洲的白銀；第二個太平洋世紀則是由加州黃金所造就。見其 "Introduction: Pacific Centuries Emerging," in Flynn, Frost and Latham, *Pacific Centuries*, pp. 1-22。

《藍皮書》[6] 中，被列為香港出口貨物的目的地，顯示加州的地位陡然變得重要。這些出口貨物包羅萬象，有建築材料、酒、衣服、帽子和鞋子，還有大量茶葉。[7] 有些如咖啡和杜松子酒、香檳和紅酒等物品是從遠方運來，然後東渡太平洋再出口到加州。

香港與舊金山的距離，比起從大西洋的港口到舊金山要近得多，因此香港的出入口商享有很大優勢。來自美國東岸的船，從波士頓和紐約等港口出發，繞過合恩角，需時至少 115 天。在 1851 年飛剪船「飛雲號」（*Flying Cloud*）只花了 89 天就從紐約駛到舊金山，創下紀錄。[8] 相較之下，從香港出發到舊金山，大多數航程需時 45 至 50 天，「挑戰號」（*Challenge*）在 1852 年初只花了 33 天就到達舊金山，香港的優勢必定備受矚目。[9] 無怪乎香港不久後就成為舊金山的重要貿易夥伴，這兩個沉醉於黃金夢中的年輕邊陲城鎮，彼此的命運緊密交織。每到來一艘船，每做成一宗商業交易，每抵達一個移民，都使兩個城市之間的網絡變得更錯綜複雜和密不可分。

從香港東渡太平洋的船舶數目愈來愈多，最初運貨，後來載客，這些船大多數直航前往舊金山，偶爾才會中途停靠檀香山。行走這條新航線的船既有美籍船，也有非美籍的船，其受歡迎程度在 1850 年已十分明顯，

6　《藍皮書》是有關政府收入和支出統計數字和資料的彙編。它每年出版並呈交倫敦殖民地部，通常還會附有香港總督描述該年發展的信函。

7　關於 1849 年香港向舊金山出口貨物的圖表，見附錄 1。

8　Mary Hill, *Gold: The California Story*（Berkeley, CA: University of California Press, 1999），p. 42。最長的一趟旅程是一艘明輪汽船共花了 300 天才走完。從倫敦到舊金山，坐帆船的話距離約 13,600 英里，比從紐約過要多 500 英里，這解釋了為甚麼在淘金潮之前，舊金山不是當時海上航道常用的停泊港口。見 Thomas Berry, *Early California: Gold, Prices, Trade*（Richmond: Botswick Press, 1984），p. 2。

9　「飛剪船『挑戰號』抵達。這艘華麗的船以最快的速度完成了從中國沿岸和美國西北的行程，是迄今為止現代航海紀錄中最快者。它在 3 月 19 日離開香港，4 月 5 日抵達日本沿岸，昨晨來到本市港口 —— 僅花了三十三天！」*Alta California*, April 23, 1852。

並引起美國駐香港領事注意。[10] 此外，愈來愈多的船在這兩個港口之間來回行走，有些非常定期往返，這是值得注意的一點。香港與舊金山之間第一條正式「航線」在 1867 年建立，在此之前，行走於兩地的只有不定期船，這些船既有蒸汽輪，也有帆船。它們由租船商僱用，有時候是為特定的航程，有時候是固定時期，但總是密切着眼於市場。重複航行於這條路線的租用船數目不少，有些船長長期受僱行走這條航線，顯示香港至舊金山已成為世界熱門航線。

舊金山的貨物貿易成長迅速，但更令人矚目的變化來自競相湧往加州的中國人，他們也沉醉於淘金狂熱。重要的是，這些人幾乎全是經香港前往加州。1849 年共有 300 人首途，其後在 1850 年和 1851 年分別有 1,850人和 2,700 人。許多人帶着黃金歸來，顯示加州真的存在黃金。外國和中國航運商人派發標語、地圖和單張，大肆渲染加州黃金的存在，藉此提高生意。[11] 這個數字在 1852 年達到高峯。港督文咸（Samuel George Bonham，又譯般咸、般含、文翰，任期：1848–1854）宣佈，該年有三萬名 [12] 華人從香港出洋，並估計他們每人 50 元的旅費，可令香港的船主和承銷人賺得 150萬元。[13] 在 1854 年，美國領事發現，妨礙更多移民蜂擁前往美國的唯一障

---

10 Bush to Webster, April 11, 1851: US National Archives, Despatches from US Consuls in Hong Kong, 1844-1906.

11 William Speer, *The Oldest and Newest Empire: China and the United States*（Hartford, CN: S.S. Scranton & Co., 1870）, p. 486.

12 這個數字大概有所誇大。統計數字問題會在第二章論及。另見第一章註 3。

13 Bonham to Newcastle, June 13, 1853, #44 in *Hong Kong Blue Book 1852*, pp. 136-137. See also E. J. Eitel, *Europe in China*（Hong Kong: Oxford University Press, 1983 [1895]）, p. 359.

礙，是「找不到船載走那些想離開的人」。[14]

　　前往舊金山的乘客數目在 1852 年後趨於平穩，但從香港上船下船橫渡太平洋的人潮從沒停止。「金山」一旦印入華南民眾的腦海，就成為永不褪色的形象。甚至在淘金熱之後，中國人還絡繹不絕前往美國西岸去修築鐵路、伐木、捕魚和務農，以及從事大量其他工作。他們取道舊金山前往內華達、愛達荷、猶他等內陸州份尋找金銀，甚至到南方各州的種植園工作。[15] 即使在 1882 年《限制華工法》通過後，這股潮流仍然川流不息。香港與加州之間建立在 1850 年代的聯繫不但沒有減弱，反而在往後一百年更趨緊密和複雜。同時，香港為想前往世界其他地方的中國人服務 —— 尤其是新的金山國家，如澳洲、新西蘭和加拿大，這些國家在 1850 年代也發現黃金；而自 1870 年代起，數以萬計的人前往東南亞。到了 1939 年，超過630 萬中國人從香港坐船出國。同樣重要的是，超過 770 萬人經香港返回

14　Henry Anthon Jr., Vice-Consul to Peter Parker, Chargé d'Affaires for the United States, Canton, March 25, 1852, in *American Diplomatic and Public Papers—United States and China, Series I: The Treaty System and the Taiping Rebellion, 1841-1860*（Wilmington, DE: Scholarly Resources）, 21 volumes, vol. 17: *The Coolie Trade and Chinese Emigration*, p. 151.

15　關於華人出洋前往美國內陸各州，見 Sue Fawn Chung, *In Pursuit of Gold: Chinese American Miners and Merchants in the American West*（Urbana, IL: University of Illinois Press, 2011）以及 Arif Dirlik（ed.）, *Chinese on the American Frontier*（Lanham, MD: Rowman and Littlefield, 2001）；關於在南方各州的華人，見 Lucy M. Cohen, *Chinese in the Post-Civil War South: A People Without a History*（Baton Rouge, LA: Louisiana State University Press, 1984）。有關採礦以外的其他各種職業，見 Ping Chiu, *Chinese Labor in California, 1850-1880: An Economic Study*（Madison, WI: State Historical Society of Wisconsin for Department of History, University of Wisconsin, 1963）.

中國。[16] 香港作為重要中國移民港口的地位無可爭議，壓過廈門和汕頭。[17] 關於十九世紀中國移民的歷史著作常提及香港，但通常只是輕輕帶過。香港對華人出洋的重要性，以及華人出洋對香港經濟、社會和文化發展的重要性，一直欠缺足夠研究。而這正是此書想要做到的事，以華人出洋前往加州為案例，探討一個更大的現象。

　　淘金熱到來時，香港正處於關鍵時刻。在此之前，香港極為依賴單一貿易 —— 鴉片，還須與新開闢的通商口岸競爭，尤其是要和上海競爭貨運，與廈門競爭客運。[18] 原本寄望它會成為「偉大商業重鎮」的夢想沒有實現，有些人開始絕望。淘金熱扭轉了乾坤，在 1851 年中期，英國雜誌《經濟學人》（*The Economist*）評論：「這個殖民地最有可能成真的希望，其基

16　關於香港和中國人口移出的概況，見 Elizabeth Sinn, "Emigration from Hong Kong before 1941: General Trends," in *Emigration from Hong Kong,* edited by Ronald Skeldon, pp. 11-34（Hong Kong: Chinese University of Hong Kong），以及 Elizabeth Sinn, "Emigration from Hong Kong Before 1941: Organization and Impact," in *Emigration from Hong Kong*, edited by Ronald Skeldon, pp. 35-50（Hong Kong: Chinese University Press）。兩個數字有落差的部分原因，大概是許多經香港返回中國的移民，原本是從其他港口出發，可能是黃埔、廈門、汕頭或澳門。

17　杉原薰使用與我不同的統計數字，得出以下在 1869 年至 1939 年之間「移入」和「移出」東南亞的移民總人數：

表 0-1　從廈門、汕頭和香港出洋的移民（1869－1939 年）

	廈門	汕頭	香港
出洋人數	3,655,719	4,910,954	6,154,777
回國人數	2,156,266	1,906,657	7,590,908

【資料來源】見 Kaoru Sugihara, "Patterns of Chinese Emigration to Southeast Asia, 1869-1939," in *Japan, China and the Growth of the Asian International Economy, 1850-1949*（Oxford: Oxford University Press, 2005）, pp. 247-250.

18　例如，在 1852 年 7 月，約 8,000 至 15,000 名契約工人在廈門準備運送。見 Robert Schwendinger, *Ocean of Bitter Dreams: Maritime Relations Between China and the United States, 1850-1915*（Tucson, AZ: Westernlore Press, 1988）, p. 29。廈門繼續支配前往東南亞的舊有移民路線，並且在 1850 年代有好幾年主宰前往哈瓦那的客運業，但它沒有成為地位能與香港相埒的國際客運港。到了二十世紀初，香港成為出國和回國廈門旅客的主要中轉站。

礎是建立在它〔香港〕與加州之間正在出現的新貿易之上 …… 由於這些情況，香港有望成為有用的殖民地。」[19] 本書第一章探討淘金熱發生前夕的香港，並指出雖然它的發展明顯緩慢，但許多事情已在醞釀發生，令這個城市做好準備迎接重大時刻的來臨。自由和開放港口的基礎設施，像碼頭和貨倉、酒館和妓院等硬件，還有法律和法院，以及航運管理和資本累積的專門知識等各種軟件，這些東西都在穩定地形成，所以，發現金礦的消息傳來時，香港就能抓緊新機遇，迅速蛻變為海洋貿易的港口。

此外，當華人開始取道香港蜂擁前往金山，香港就獲得了一個額外身份。經過初期的一些挫折失利後，它發展為供自由勞工（而非被強迫的勞工）出洋的安全港口。有人認為華人出洋到加州屬於令人髮指的「苦力貿易」，即工人被強迫前往海外，在煉獄般的環境工作，這一般被視為奴隸貿易，港督寶靈（John Bowring，又譯包令，任期：1854–1859）得悉此說法後馬上指出兩者的區別。他反駁，由香港前往加州的都是「可敬體面之人」，全都自由、健康，並且渴望前往該地。[20] 美國領事布什（Frederick T. Bush）同樣強調他們正派高尚，指出這些移民肯定不是「苦力」。[21]

香港的安全遠近馳名，因此「所有付得起旅費的華南乘客，都繼續偏愛在這個港口上船前往外國」。[22] 香港最大優點之一是此地很安全，移民自願來到這個港口，不必擔心綁匪和其他壞人。除了法律制度，香港社會還有其他令移民感到安全舒適的元素，包括中文報紙和華人組織，尤其是 1869

---

19 *The Economist*, March 8, 1851, reprinted in *Hong Kong's China Mail*, May 29, 1851.

20 Bowring to William Molesworth, October 6, 1855: #147: Great Britain, Colonial Office, Original Correspondence: Hong Kong 1841-1951, Series 129（hereafter, CO 129）/52, pp. 108-114; Bowring to Edward B. Lytton, October 22, 1858: #141: CO 129/69, pp. 332-336.

21 Bush to Webster, April 11, 1851: Despatches from US Consuls in Hong Kong, 1844-1906.

22 Eitel, *Europe in China*, p. 344.

年創辦的東華醫院。第二章會論述香港如何演變為受歡迎的蓬勃出洋港口。

　　毫不令人奇怪，在這些年間，航運和其他相關企業有長足發展。航運替企業和個人賺取巨大利潤，並為貿易商、工匠和各種工人提供就業機會。第三章探討航運業，尤其是客運業，並論述某些航運公司的運作。這章顯示租船是如何進行，航運如何提供投資機會，以及航運活動怎樣擴大橫跨太平洋網絡並使之更形複雜。香港和舊金山的公司如何爭奪利潤豐厚的航運生意，這故事清楚呈現跨太平洋商業世界的情況。這章填補了香港歷史的重要空白，因為航運業雖然對香港整體發展如此重要，但對其歷史的研究卻嚴重不足。

　　進出口興旺發展。出口到加州的貨物，既有供一般民眾所需的，也有專供華僑使用的，前者有瓷器、糖和茶葉，後者包括鴉片煙膏、紙錢、中藥材和中式衣服。同時，中國貨物運到舊金山後再分銷到該地區和東岸，造就了該市成為美國通往亞洲的門戶，而在鐵路提供通往東部和內陸的重要連繫後，這個門戶作用就更為擴大，這些發展和香港的成長有相似之處。

　　加州最初缺乏有價值的物品可供出口，但不久就向亞洲輸出鮑魚、金屬、麵粉、人參、金銀、木材和其他產品，扭轉了貿易不平衡的情況。一項獨特的出口物品是僑匯，即移民積攢下來匯寄給在中國的家人的金錢；這是有去無回的出口項目，事實上不利於加州。但這些資金對於華南的移民出洋大縣的經濟有巨大影響，而香港是所有這些資金的中介，在現金和資本流動方面獲得無可估量的好處。

　　各國商人都參與香港與舊金山之間的貿易，而且生意合作的形式五花八門。這兩地的貿易對於香港華商尤其重要，他們以金融家、代理人、進出口商、聯營公司合夥人，以及許多其他身份與加州商人合作。事實上，這些跨太平洋聯繫是多重性的，個人、家族和故鄉的利益，密不可分地與商業利益交織在一起。早在 1852 年，與加州貿易的華商就被視為特別成

功的一羣。[23] 事實上，這種交易往來最深遠的影響之一，就是所謂金山莊的出現，金山莊從事香港與美國之間的進出口、零售批發、匯兌、保險和航運，以及其他生意業務。金山莊在香港和華南享有崇高地位，一些參與其中的人成為香港最財雄勢大的商人。此外，加州的高級消費影響到其他貿易，包括南北行，全面提高了香港的貿易價值。

第四章處理貨物貿易和一般商業活動，第五章則集中討論香港利潤最豐厚的出口貨物 —— 供加州華人享樂用的熟鴉片。乍看之下，這個發展可能令人很訝異，但它事實上是由眾多因素造成的自然結果，包括香港是中國沿海的主要生鴉片集散中心。或許較少人料到的是，在識貨的煙民眼中，香港鴉片是熟鴉片中的上品；事實上，能夠負擔最昂貴產品的加州消費者，對頂級香港品牌情有獨鍾。這不但對生產商和航運商來說是好消息，對於歲入很大部分是來自鴉片專賣收入的香港政府來說也是如此。加州（和其他金山地區）有更多人使用香港鴉片，就可以提高這種專賣權的價值，因此保證華人繼續大舉出洋並在海外購買香港產品，直接對港府有利。為此，港府也竭盡全力，務令香港品牌繼續是海外消費者的首選。熟鴉片的故事反映了十九世紀港府和華商之間關係及香港經濟發展中的一個重要方面。

之後兩章會處理華人出洋的兩個顯著特點 —— 婦女出洋和骨殖回鄉。在大多數關於移民出洋的書，它們所概括論述的華人出洋，其實主要是關於男性出洋。婦女出洋的性質非常不同。在十九世紀很少婦女前往美國，而在那些前往的人中，許多人是被買賣到利潤非常豐厚的美國市場。第六

23　早在 1852 年，從事加州貿易的商人就被視為獨立的類別。在年度殖民地租金和差餉的報告中，它說「以加州和南美貿易為主要業務的商人和代理人，他們所擁有的物業」繳付了 1,000 元（*The Friend of China*, September 18, 1852）。

章探討一個理論上奴隸制和人口販運是違法的英國殖民地，怎麼會容許這種活動發生。中國商界領袖奉行的父權制度價值觀，在這種情況中產生甚麼影響？英國殖民地的社會和政治化發展，在此事上又發揮了何種作用？

香港在多方面滿足了華人移民的慾望，從提供鴉片煙膏到供應女人。他們還有另一個願望：若不幸客死異鄉，渴望能歸葬家鄉，這種希冀背後是根深柢固的傳統價值觀。眾所周知，十九世紀的華人移民大多不願在這個新國家落地生根，而是盼望落葉歸根，身故後與祖先和後人同葬一地。為撫慰那些在異國過世和下葬的人，一些華人組織就設立了撿集骨殖送回故里安葬的制度。這項重大工作需要大量不同的資源，包括金錢、組織能力、善心，以及跨太平洋的聯繫。骨殖歸葬原籍之善舉，是有許多香港的個人和組織參與促成，而在這些充滿情感和精神意義的活動背後，涉及須務實處理的安排，如管理龐大的金錢和財產，以及在政治方面小心地與中國的官員打交道，以促進移民在家鄉的利益。骨殖還鄉的故事會顯示香港與加州兩地華人社會之間複雜關係的其他層面，並凸顯香港為華僑社羣所發揮的重要作用。

這本書嘗試從不同的觀察角度探討香港與華人出洋之間的關係。過去的研究主要把十九世紀的華人移民視為勞工，但我想要指出，他們當中許多人並非勞工，當中有貿易商、企業家和投資者，有許多人初時是工人，後來成為店主和商人。我希望顯示香港怎樣關係到他們（無論是否勞工）的諸多身份：旅客、消費者、匯款人、被欺侮的受害者、慈善工作的受惠者，並且在所有這些身份之下，是懷着希望和恐懼的人，各有不同利益和各種慾望。我希望闡明香港如何深深嵌入於個別移民和整體華僑社會的生活之中。香港不僅是他們離開中國或返鄉時取道的港口，而且是個充滿活力的城市，在他們逗留期間，在多方面與他們不斷互動。跨太平洋走廊的形態、方向和形式變動不居，人、資金、移民的儲蓄、消費品、信函和商

業情報、棺柩和骨殖在其中流動，令這個走廊非常繁忙。這些往來活動為香港這個城市帶來生氣，刺激其發展，而這城市的活力也反過來影響華僑社會的形態、色彩和結構。

　　我也提出「中介之地」的概念，藉此處理移民研究中的缺漏。[24] 移民研究一般把焦點放在移出國和移入國，似乎假設只有這兩個地方涉及其中。但是，移民很少是從甲地簡單直接移動到乙地的遷徙過程，而是往往涉及中轉和繞道、迂迴曲折和縱橫交錯，移民在最終落戶之前，常常要從一個地區到另一個地區。在有些例子中，他們在不同時間落腳於不同地點；在另一些事例中，他們在逗留和多次前往後，又回到原來的地點，形成一種循環的遷徙模式，這是十九世紀華人移民加州常見的模式。在這個重複甚至持續不斷的移動過程中，出現了見證民眾和事物來來去去的樞紐。這些樞紐提供合適的條件，讓旅居之人離開和前往四面八方，同時提供各種各樣的方法，協助他們與家鄉保持聯繫。我相信，突出香港在華人向加州遷移時所起的作用，有助我們發現移民作為過程和生活經驗的重要新層面。我把香港稱為「中介之地」，而非只是一個節點或樞紐，是為了強調一種流動感，藉此凸顯在華人移民過程中一個以前未為人探索的層面，這或許能令我們對發生在不同時間和跨越不同海洋的其他移民概況有更透徹的了解。

24　這個「中介」之地的概念不應與「閾限」（liminity）的概念混淆。在人類學和移民研究中，閾限被用來描述人們情感、心理或政治境況的「中間狀態」。見 Antonio Noussia and Michal Lyons, "Inhabiting Space of Liminality: Immigrants in Omonia, Athens," *Journal of Ethnic and Migration Studies*, vol. 35, no. 4（2009）, pp. 601-624。「閾限空間」（liminal zone）也被用來描述移民法律地位的某種「中間」地帶（Conversations on Europe: "'Fortress Europe': Pushing Back Unwanted Migrants," http://lsa.umich.edu/umich/v/index.jsp?vgnextoid=413ef0baa84be210VgnVCM100000a3b1d38dRCRD&vgnextchannel=c937d8d398e42110VgnVCM10000096b1d38dRCRD）, viewed April 28, 2011。在流散人口研究中，「閾限」也用來指移民社會的政治發展過程的過渡階段。見 Ramla M. Bandele, *Black Star Line: African American Activism in the International Political Economy*（Urbana, IL: University of Illinois Press, 2008）。我在這裏所用的「中介之地」，意義都不同這些。

　　如果香港可稱為「中介之地」，則肯定有其他地點也可以這樣形容，如舊金山和曼谷、新加坡和悉尼等。如果我們不是只着眼於甲國和乙國，而是 ── 指出移民離鄉後所途經、暫居或長住的各個節點，即所謂「中介之地」，那麼移民地圖的面貌又會有何不同？這會否描繪出一個更為細緻（儘管較混亂）的移民圖景？或許，「中介之地」的概念有助我們重新思考「流散」（diaspora）的意義，這個英文字原指種子從源頭向外散播的現象。或許現在是時候重新構想「流散」的概念，使它更為多面向，並能涵蓋不同形式和形態；在了解散居和再散居、回歸和再回歸的過程，其實可以揚棄一個起源、一個出發地、一個家園的概念，取而代之的是不同層次的家園，甚至不同層次的「中間地帶」。

　　我常常想，如果加州發現金礦的時間不是 1848 年，而是 1838 年，那時候香港還是個只有零星漁村和農村的小島，沒沒無聞，而且位於中國門前、由外國統治的自由港並不存在，那麼會發生甚麼事？機緣巧合，天時地利人和，改變了香港的命運，令它在往後一個世紀成為華人移民出洋的樞紐和海外華人社會的中心。我希望這本書會填補香港史、中國近代史和移民史的重要空白。

第 一 章

成為有用的殖民地：淘金熱前夕的香港

　　加州發現金礦的消息令舉世震驚，香港反應迅速。來自世界各地數以萬計的人湧入加州，這是十九世紀最令人矚目的人口遷徙潮之一，為供應這些移民所需的各種消費品，蓬勃的出口貿易出現。在 1849 年，香港政府《藍皮書》首次把加州列為出口目的地；至少有 85 種不同的物品運往該地，包括米、糖、家具和木板，還有大量茶葉。[1] 在 1850 年頭六個月，有約 10,776 噸貨物在香港裝船運往美國西岸。貿易活動上升令眾人皆大歡喜。英國雜誌《經濟學人》的作者評論說：「它〔香港〕與加州之間正在出現的新貿易，是這個殖民地最有可能成真的希望的基礎 …… 在這些情況下，香港有望成為有用的殖民地。」[2]

　　貨物之後是人。不同國籍的人離開香港前往加州。最令人矚目的是中國人外流，它在 1849 年開始時只是涓滴細水，其後變成滔滔洪流，到 1852 年達到三萬人的高峯。[3] 愈來愈多中國人到達加州，刺激了貿易的發展，同時改變了其組織和內容。加州交通大大加強了香港作為「流動空間」（space of flow）的能力，而在當中流動的不只是人和貨物，還有資金、個人通信，以及商業情報、社會價值觀、文化行為和人際網絡運作，長遠影響了它成為重要轉口港和移民出洋港口的演變。

　　香港與加州之間引人入勝的故事，會留待稍後的章節述說。我們在此先看看淘金熱前夕香港的情況，並嘗試解釋是哪些條件令它在機會來臨時能夠如此有效抓住。

1　有關 1849 年香港出口到舊金山的貨物列表，見附錄 1。

2　*The Economist*, March 8, 1851, reprinted in *China Mail*, May 29, 1851.

3　Bonham to Newcastle, June 13, 1853, #44 in *Hong Kong Blue Book 1852*, pp. 130-139, 136-137。三萬人這個數字大概不準確。香港政府沒有準確記錄出洋人數，部分是出於普遍的漠視和低效率。在 1856 年《華人搭客法》（Chinese Passengers' Act）實施前，港府沒有檢查船舶，也沒有要求它們呈報搭客數字；而即使在此法例生效後，運載少於 20 名搭客的船也不受其規管，因此這些船的搭客不會計算。此外，船長少報的情況很普遍。不同數字之間的出入，見附錄 2。

淘金熱來臨前夕

開放的港口

香港是在 1843 年根據《南京條約》正式割讓給英國。這條約事實上結束了「廣州貿易制度」，包括公行的壟斷（公行是獲得許可與洋人通商的公司），並在廣州以外再開放四個口岸與外國通商。廢除舊限制令人寄望新黎明的出現。許多人看好香港這個位於中國門前的英國殖民地，認為它是外國商人的重要基地，使他們能按照不同的遊戲規則去開發中國看似無盡的資源。

事實上，英國人自 1841 年 1 月起就佔領香港島，並宣佈香港是自由港，那時史稱鴉片戰爭仍在進行。就地點和地勢而言，香港島享有地理優勢。這個小島位於珠江出海口，距離廣州僅 80 英里，廣州是繁榮富庶的商業重鎮，外國人在那裏經營了幾百年。[4] 英國人預計這個新殖民地會像自十六世紀中葉成為葡萄牙殖民地的澳門那樣，在外國商人季節性到訪新的通商口岸時，可成為他們的社交和商業中心。[5]

4　論述鴉片戰爭前的對華貿易的著作很多。資料翔實又富於洞見的一本新作是 Paul A. Van Dyke, *The Canton Trade: Life and Enterprise on the Canton Coast, 1700-1845*（Hong Kong: Hong Kong University Press, 2005）。

5　見 Austin Coates, *Macao and the British, 1637-1842: Prelude to Hongkong*（Hong Kong: Oxford University Press, 1988）。

香港處於內河和沿岸乃至後來的越洋航運的交會地，這是一大優勢。[6] 它位於繁忙和繁榮的珠江出海口，佔據華南、華北之間及中國與東南亞之間路線的關鍵位置，並可從東南亞通往印度和更遠的地方。其後，人們欣然發現它順理成章是跨太平洋交通的終點，這個優點在淘金熱和之後大大加強了這個港口的價值。

此外，香港的港口水深港闊，四周有天然屏障，是極佳的錨地。在九龍和新界納入此殖民地的版圖前，[7] 這個海港全長僅五英里，但足夠供多達 200 艘船安全下錨，面對最強的颱風都能穩妥地停泊。[8] 香港四周的錨地每年為外國船舶提供庇護，早為他們所熟知；東印度公司的記錄顯示，早在 1689 年該公司的船「防衛號」（Defence）就已到訪香港。香港也是 1816 年至 1817 年阿美士德勳爵（Lord Amherst）率領的訪華使團的會合地點，在 1816 年後東印度公司的船舶停泊於此。東印度公司的首席貨運監督布拉德肖（James Bradshaw）早在 1781 年就首次建議奪取香港作為貿易據點，就像葡萄牙人治下的澳門那樣。隨着清廷定下的通商限制愈來愈令人無法忍受，奪取一個外島的呼聲甚囂塵上，而尋找這種島嶼的工作，在 1830 年代如火如荼地進行。同時，英國船舶開到香港的港口裝卸貨物。

6　T. N. Chiu, *The Port of Hong Kong: A Survey of Its Development*（Hong Kong: Hong Kong University Press, 1973）, p. 16, quoting E. M. Gull, *British Economic Interests in the Far East, 1943*, pp. 19-20。儘管香港作為航運中心的發展十分重要，但這點沒有得到認真研究。巴魯克·博克瑟（Baruch Boxer）的 *Ocean Shipping in the Evolution of Hongkong*（Chicago: University of Chicago, Department of Geography, 1961）, 基本上是唯一探討這題目的著作，但它是非常初步的研究。更多獨到見解見伯特·貝克爾（Bert Becker）的 "Coastal Shipping in East Asia in the Late Nineteenth Century," *Journal of the Hong Kong Branch of the Royal Asiatic Society,* vol. 50（2010）, pp. 245-302，不過它主要是談沿海貿易。

7　九龍半島是在 1860 年永久割讓給英國，新界則是租借得來，租期由 1898 年至 1997 年。

8　*The Hong Kong Almanack and Directory for the Year 1848 of Our Lord*（Hong Kong: D. Noronha, 1848）.

香港的自由港地位是另一個潛在優勢。香港雖是英國殖民地，但向各國船舶和商人開放。這點迥異於澳門，在那裏非葡籍（和非天主教徒）人士備受歧視。自由港不只表示不徵收進出口稅 —— 這點已很重要，但同樣重要的是，它意味着相對不受過分的官僚介入。尤其是船舶免於繁瑣的手續，並且不受官員干涉，而在中國的港口和澳門，官員橫加插手是惡名昭彰的。這並非說貪污和低效率不見於香港，但相較於世界大部分港口，香港港口的程序相對簡單明瞭，勒索的機會相應減少。那個時代港口的運作有許多繁複之處，使用也很昂貴，香港是世界上最開放和便宜的港口之一，必定大受歡迎。

初期的期望和失望

由於這些明顯優勢，自然有許多人看好香港的前景。這種樂觀情緒反映在首次賣地時，人們以高價搶購土地。[9] 然而，最初的期望落空。貿易疲弱：即使「廣東貿易」在鴉片戰爭後確實慢慢成長，都沒有展現可觀的增長，部分原因是廣州官員和百姓仍然痛恨外國人。[10] 不久後就出現蕭條。

為了享受英國統治下的生活的好處，怡和洋行（Jardine, Matheson & Co.）及其對手顛地洋行（Dent & Co.）等英商把總部遷到香港，但其他國籍的商人則多半沒有這樣做。尤其是以旗昌洋行（Russell & Co.）為首的美國商人，他們似乎滿足於離開澳門遷往廣州，全年在那裏居住和經營，而不想搬到香港，要是他們在香港，或許有助促進香港商業活動的活力。

9　George Beer Endacott, *A History of Hong Kong*（London: Oxford University Press, 1958），pp. 28-29; George Beer Endacott, *An Eastern Entrepôt: A Collection of Documents Illustrating the History of Hong Kong*（London: HMSO, 1964），p. viii.

10　Endacott, *An Eastern Entrepôt*, p. xii.

香港的貿易發展不彰，部分是周邊海域海盜肆虐所致。最初，首任香港總督砵甸乍（Henry Pottinger，也譯璞鼎查，任期：1843–1844）為了與中國維持友好關係，告誡皇家海軍切勿進入中國沿海三英里的水域清剿海盜。這大大限制了海軍對付海盜的效果，令香港船舶屢受侵擾。

令普遍瀰漫的陰鬱氣氛更趨沮喪的是，致命的熱病不時爆發，殺死數以百計的人，令香港蒙上危害健康的惡名。[11] 同時，五個通商口岸之一的上海（由此可進入整個長江流域）發展迅速，香港深切感受到其競爭威脅。

有趣的是，儘管香港會在 1850 年代演變為重要的華人出洋港口，但我們看到，在此之前十年，世界首次大規模採用中國的勞動力時，香港是被繞過的。1830 年代英國廢除奴隸制度，再加上其他因素，迫使西方國家須另覓來源供應廉價的自由身工人，前往他們偏遠的帝國，到棉花、蔗糖和咖啡種植園及其他行業工作；他們很自然就把眼光投向中國。在 1845 年，一名法國商人從廈門這個新開闢的通商口岸組織了首批苦力，他們與外國人簽訂合約，在廈門搭上法國船，前往印度洋的波旁島（Isle of Bourbon）。[12]

11　Endacott, *An Eastern Entrepôt,* pp. viii-ix。在 1843 年夏天，派駐香港的 1,526 名英軍中，共有 440 人病亡，比例高達 1 比 3.5。死於「香港熱病」的有 155 人，患痢疾身亡的 137 人。在 6 月中旬至 8 月間，駐紮西營盤的一個軍團中，有 100 人死於熱病。「香港熱病」究竟是甚麼沒有查明，但大多數病例可能是格外嚴重的瘧疾。在 1843 年至 1847 年委任為國家大醫師（譯註：Colonial Surgeon，「國家大醫師」是 1875 年《憲報》所列的官方譯法，也有譯為總醫官）的 5 人中，有 4 人死亡。見 Veronica Pearson, "A Plague Upon Our Houses: The Consequences of Underfunding in the Health Sector," in *A Sense of Place: Hong Kong West of Pottinger Street*, edited by Veronica Pearson and Ko Tim Keung, pp. 242-260（Hong Kong: Joint Publishing, 2008）, p. 244。

12　Report by Charles A. Winchester, British consul at Xiamen, August 26, 1852, in *British Parliamentary Papers 1852-53*, vol. LXVIII（1686）, enclosed in Dr. Bowring to Earl of Malsmesbury, Despatch no. 8, September 25, 1852, enclosures no. 1, 3: extracted in Walton Look Lai, *The Chinese in the West Indies 1806-1995: A Documentary History*（Barbardos: The Press, University of the West Indies, 1998）, p. 74.

祕魯在 1836 年廢止輸入非洲奴隸，1847 年從澳門輸入首批華工，並且在 1849 年輸入首批廈門華工。除了種植園，祕魯也愈來愈需要華工去從事極其艱辛的採挖鳥糞工作，因為當時鳥糞是很搶手的肥料和火藥原料。古巴雖然要稍晚一點才廢除奴隸制度，但同樣渴望獲得華工。[13] 在 1847 年 5 月，一艘載了 800 名工人的船從廈門開出，前往哈瓦那，往後再有 15 萬人繼踵而去。英國人也想獲得「習慣野外勞動、身強力壯的健康華人苦力」，到它在西印度羣島的種植園工作，[14] 經過將近一世紀關於能否從中國招募人手的討論後，英國政府終於在 1850 年批准千里達和英屬圭亞那輸入華工。[15] 但是，即使英國人都沒有在香港招募華工，反而在廈門和其他非條約口岸招工。事實上，在加州淘金熱出現前，香港並沒有發揮出洋港口的作用，而在此之前，運送華工出洋的利潤流向了其他地方。

　　在這些早期歲月，情況看起來一無可取，人們開始疑惑獲取香港是不是失策。[16] 頭號異議者是庫務司馬丁（Robert Montgomery Martin），他在 1844 年呈交英國的報告中預計，香港很快會消亡，兩年後仍持這種看

13　Robert Irick, *Ch'ing Policy Toward the Coolie Trade, 1847-1878*（Taibei: Chinese Materials Center, 1982），p. 8.

14　最早一批有組織的華工，可能是在 1806 年被帶到千里達的 192 名中國人，那時英國人剛取得千里達不久。華人自 1780 年代起就移居檳城，熟悉這種情況的英國官員鼓勵這個實驗。英國人在澳門、檳城和加爾各答招募了 200 人，由東印度公司旗下一艘名叫「堅毅號」（*Fortitude*）的船，連同貨物送到千里達。這些華工被分派到多個甘蔗種植園工作，許多人在首府西班牙港外的一個細小聚落定居下來，成為小規模耕作的農民和漁民。英國在 1807 年取消奴隸買賣和在 1834 至 1838 年廢除奴隸制度後，招募華工的想法又再浮現。見 Lynn Pan, ed., *Encyclopedia of the Chinese Overseas*（Richmond: Curzon Press, 1999），p. 248。

15　Irick, *Ch'ing Policy*, p. 84.

16　Endacott, *An Eastern Entrepôt*, p. ix.

法。[17] 他是那些主張吞併較北方中國沿岸的舟山的人之一，因為該島靠近長江及茶、絲的產地。他說，香港沒有貿易，因為它在南方偏遠之地，雖然有船得到船主和收貨人的指示前來停泊，但很少在香港「開艙卸貨」。縱然香港擁有優良海港，但與其他港口相比，它的位置不佳，無法吸引商業。此外，他還說香港沒有吸引到合適的華人：「島上連一個體面的華人居民都找不到」，前來此地的都是「墮落、游手好閒和險惡之人」。這些華人和北方人頗為不同，北方人「較有教養，較富有，而且（現在他們愈來愈了解英國人）較為樂意友好交往和從事商業往來」。馬丁認為，「香港連一種可貴的品質」都沒有，建議英國政府慢慢撤出香港，因為「堅持從一開始就錯誤的路線是愚不可及，如果繼續執迷不悟，最終一定導致國家損失，造成普遍失望」。[18] 對華商務關係特別委員會在 1847 年呈交下議院的報告中，流露出同樣絕望的心情，它一再指出，香港不大可能成為「有長遠商業的地方」。[19]

17　香港總督決定把抽鴉片煙合法化，把鴉片零售權賣予出價最高的人，藉以徵收奢侈品稅，馬丁不同意他的決定，上任僅兩個月就辭職返回英國，「以惡毒筆調」痛詆香港及它的一切工作。Geoffrey Robley Sayer, *Hong Kong 1841-1862: Birth, Adolescence, and Coming of Age*（Hong Kong: Hong Kong University Press, 1980 [1937]），pp. 160-161。另見 Frank H. H. King, *A Bio-bibliography of Robert Montgomery Martin*（Hong Kong: Centre of Asian Studies, University of Hong Kong, 1977 ）; G. B. Endacott, *A Biographical Sketch-book of Early Hong Kong*（Singapore: Donald Moore, 1962），pp. 72-78。

18　"Extracts from a Report on Hong Kong by Robert Montgomery Martin, July 24, 1844," Document no. 19 in Endacott, *An Eastern Entrepôt*, pp. 96-106, pp. 96, 97, 100, 101, 102, 106.

19　"Report from the Select Committee on Commercial Relations with China: Ordered by the House of Commons to be Printed, 12 July 1847," Document no. 21 in Endacott, *An Eastern Entrepôt*, p. 112.

緩慢但穩定成長的港口城市

　　雖然情況看起來很糟糕，然而，並不如馬丁所說的那麼絕望。有助益的基建設施逐步發展起來，到了 1840 年代末，香港雖然沒有像砵甸乍等人所樂觀預測那樣，成為偉大商業重鎮，但已奠定了成為「有用的殖民地」（事實上是偉大轉口港）的基礎。

　　香港在 1840 年代發展出擁有行政、立法和司法部門的政府體制，並建立公務員隊伍，掌管稅收、公共工程、郵政、醫療、治安和其他基本的管理工作，還設立負責管理海港的船政廳。海軍上尉畢打（William Pedder）擔任首任船政官（譯註：當時的《憲報》把 Harbour Master 譯為船政廳，職銜名稱和部門名稱混用，這裏把官名稱為船政官，部門稱為船政廳，以資區分）並兼海事裁判司。船政廳在 1850 年代擴大規模，以處理愈來愈繁重的航運和移民事務。英國駐軍香港，並修建炮台等防禦設施，令外國殖民者感到安全，1848 年的駐軍包括第九十五德比郡步兵團和錫蘭來福槍兵團。[20]

　　海軍雖然最初受掣肘，縛手縛腳，但漸漸就採取較積極的行動對付海盜。弔詭的是，隨着海盜的組織愈來愈大，清剿他們的工作就愈容易；畢竟，部署嚴密的戰鬥需要海軍戰術和紀律，而非光靠膽子大就能濟事。徐亞保是這個地區最令人聞名膽喪的海盜，海軍在 1849 年全殲其船隊，並摧毀兩個他設在離島、用來維修和補給船隊的小型船塢；幾個星期後，另一

20　Endacott, *An Eastern Entrepôt*, p. ix.

個海盜首領的船隊也被消滅。[21] 這些致命打擊雖然沒能完全肅清海盜，但當時世界最強的英國海軍在這裏大顯威風，維持香港周邊水域的航運和貿易相對安全。[22]

其他方面也有發展。各種專業人士慢慢來到香港。醫生、律師、拍賣商、估價人、藥商、製麵包師、糕點業者、記者，甚至鋼琴調音師，全都為這個港口城市的運作服務。[23] 新聞業也蓬勃發展起來，當時香港有《德臣西報》（*China Mail*）、《華友西報》（*The Friend of China*）和《香港紀事報》（*Hongkong Register*）三份報紙。它們蒐集和刊登本地商業訊息和社會上的蜚短流長，還轉載船上從世界各地運來的報紙上的消息，令這個開放的港口成為活躍的資訊中心。

到了 1848 年，有二十家英國和許多其他外國公司在香港設立總部，包括葡萄牙和印度公司。另外還有三家美國公司，它們會在下文述及。

鴉片無疑是主要行業，但香港的公司也參與其他生意。它們主要是代理行，服務英國、印度和其他地方的製造商或批發商，為它們代銷貨物賺取佣金，不時也會自行做買賣。許多人擁有遍及全球的個人和商業聯繫。尤其是英國大公司，它們在許多不同國家都擁有委託人和聯絡人，在政治發展、軍事形勢、貿易路線、價格、貨幣走勢，以及攸關它們交易的新市場方面，都能獲得最新消息。這些公司與倫敦這個世界主要金融中心的聯繫，大大加強它們在全球通商的能力。[24] 就本書的目的而言，須要指出那時

21　Kathleen Harland, *The Royal Navy in Hong Kong 1841-1980*（Hong Kong: The Royal Navy [1980 ?]），p. 143.

22　Harland, *Royal Navy*, pp. 143-152.

23　*1848 Almanack*, n.p.

24　Youssef Cassis, *Capitals of Capital: A History of International Financial Centres, 1780-2005*, translated by Jacqueline Collier（Cambridge: Cambridge University Press, 2006）.

候怡和洋行與夏威夷貿易，夏威夷是中太平洋的轉口港，有助於廣州和加州之間的對華貿易，這點令怡和洋行在加州發現黃金時擁有優勢。

　　這些大公司也從事金銀經紀和金銀運輸業務，而且在正規銀行普遍出現前，它們為自己和其他客戶提供銀行服務。它們與倫敦有聯繫，所以接受匯票，而這不久就與貨物貿易分開，成為獨立的業務。因此它們在兩個層面參與貨物貿易：既是貨物的出口／進口商（或者它們的代理），又為貿易商提供融資服務。[25] 這些資本中介人的存在，擴大了香港的貿易潛能。貨幣業務的設施令香港準備就緒，即將登場成為區域金融中心，這一發展其後會有助促進華人出洋到加州及與之貿易，而香港也反過來得益於這兩項活動。

　　外國公司也提供保險服務，商人的船舶和貨物面臨無數風險，保險對他們來說不可或缺。到了 1848 年，他們已能通過一些代理商投保。怡和創立和經營諫當保險公司（Canton Insurance Office），顛地洋行代表六家保險公司；和記洋行（Blenkin, Rawson & Co.）代表勞合社（Lloyd's of London）這個主導倫敦保險業界的私人保險公司交易場。[26] 因此，雖然香港缺乏大量的進出口貿易（除了鴉片），但並不妨礙信貸、保險、匯兌和其他活動的制度慢慢朝向周全圓熟的方向發展。

　　航運業成長起來，香港慢慢發展為興旺的航運中心。鴉片貿易是刺激航運業發展的重大因素。運往和運出香港的鴉片，大都靠怡和、顛地等主

25　對於自「廣東貿易制度」時期起香港的資本中介人，邁耶（David R. Meyer）有很有趣的論述，見其 *Hong Kong as a Global Metropolis*（Cambridge: Cambridge University Press, 2000）。不過，他的主要焦點是與東南亞的聯繫。

26　Christopher Kingston, "Marine Insurance in Britain and America, 1720-1844: A Comparative Institutional Analysis," September 7, 2004, p. 2. http://cniss.wustl.edu/workshoppapers/KingstonCNISS.pdf, viewed November 20, 2011; *1848 Almanack*.

要鴉片商旗下的船舶運輸，但鴉片運輸利潤豐厚，也吸引了其他船主來分一杯羹。儘管鴉片以外的貨運業規模很小，但為數不少的船主和船務代理商仍以香港為大本營，各式各樣的船舶前來接訂單和聽取指示。定期班輪在當時仍是相對新的事物，所以大部分船都是按需求開往不同港口的不定期船，而船長通常是靠郵遞收到指示，才知道接下來要前往哪個目的地。事實上，行走長途航程的船長擁有無上權威，而且身為現場主管，須負責各種重要決定，例如停泊哪個港口、裝載甚麼貨物、到哪裏卸貨等，但即使如此，不時回到像香港那樣的樞紐，與船主或其代理人聯絡，仍然大有幫助。除了接收指示，船長還要上岸領薪水、續辦保險、把生病的船員送去就醫，以及解僱和招募人手。有時候，他們靠港是為把船交給新船主，或者去接收新的指令，而隨着香港發展為主要的船舶買賣中心，這些事情就愈發頻繁發生。

香港還有其他優勢。比起其他較小的停靠港，船隻在這裏可以獲得較多的物資供應，一共有 49 家船具商可供選擇，當中 9 家是歐籍人經營，40 家是華人經營。到了 1848 年，有兩間所謂的「造船企業」提供價廉物美的維修服務。欖文（John Lamont）在東角經營船塢，這座船塢有一個專利船台，在漲潮水位時可以處理四五百噸的船。外國工程師得到華人工匠的協助，他們手藝精湛，尤其擅長木工、捻縫和縫帆。香港還有大型蘇纜廠和製帆工場。擁有這些資源的香港，成為很有吸引力的補給、維修和改裝中心，日益對黃埔等港口構成挑戰，黃埔位於珠江上游，是廣州的外港。[27]

27　"Brief description of the town of Victoria, with remarks on the various trades, institutions etc prepared as an accompaniment to the Hongkong Almanack," *1848 Almanack*.

　　整修改裝船舶的能力十分關鍵，因為船主面臨的市場環境瞬息萬變，他們應對市場變化的速度有多快，是受制於這方面的能力。用來運送一箱箱茶葉的船，其設備明顯迥異於運油、運米或運送錢幣的船。運貨和載客的需要十分不同，兩者的轉換自然須作徹底改裝。因此，當客運業和貨運業開始在香港蓬勃發展，迅速有效地改裝船舶的能力正好派上用場。

　　船長和船員喜歡到香港還出於另外一些原因。高級船員喜愛生氣蓬勃的港口所提供的社交生活和娛樂，如海軍醫官克里（Edward Cree）所描述，[28] 每次靠泊香港，他都會上岸參加熱鬧的派對。對船員來說，如酒館、旅館和妓院 [29] 等設施提供休息和娛樂。名叫倫敦酒館、皇冠與船錨酒館、海神等的酒館沿着海岸開設。這些酒館大多數由歐籍人經營，專以歐籍客人為對象；它們很可能是分成不同階級，有些供船長和船副光顧，有些供普通水手消遣。有些酒館專門招待有色人種水手，他們的人數可不少。除了供應酒類，這些酒館也是蜚短流長的集散地。船長、貨運監督和船副自然有興趣知道市場資訊，如貨物價格、運貨和包船的價錢、替補患病船員的水手供應、保險公司的聲譽。我們可以想像不論職位高低的男人討論岸上和海上妓院，互相交流消息的光景。同樣，我們可以想像加州發現金礦的消息在這些場所爆發開來的情況。

28　克里生動地描繪了香港平民、海軍和軍人之間的生活，他們不知凡幾的飲宴、舞會、騎馬活動等。他不只以文字描述，還附有水彩插圖。見 Edward H. Cree, *The Cree Journals: The Voyages of Edward H. Cree, Surgeon RN, as Related in His Private Journals, 1837-1856*, edited and with an introduction by Michael Levien（Exeter: Webb & Bower, 1981）。

29　關於香港的妓院和娼妓，見 Elizabeth Sinn, "Women at Work: Chinese Brothel Keepers in 19th Century Hong Kong," *Journal of Women's History*, vol. 13, no. 3（2007）, pp. 87-111。

　　香港還有其他物質享受。船舶一駛進香港水域，為不同海員旅館兜攬生意的跑腿就會蜂擁上船找人投宿。[30] 有些水手為了省錢會度宿船上，船長則通常會租住旅館，並縱情於在海上所錯失的各種娛樂。美國捕鯨船和各國軍艦等不是來貿易或運送財寶的船，也為香港港口和海旁增添熱鬧，[31] 這些船來這裏除了為工作，也受消遣娛樂所吸引。

　　香港航運業的發展在 1845 年出現一個里程碑，那一年鐵行輪船公司（The Peninsular & Oriental Steam Navigation Company，又名大英火輪船公司）選擇香港為由倫敦經印度至亞洲航線的終點。鐵行是成立於 1835 年的英國航運公司，英國政府在 1844 年與它簽訂合同，委託它運送郵件到印度，鐵行後來又得到額外的政府資助，每月經由錫蘭運送郵件去香港，從此定期和頻繁地把香港與英國和印度聯繫起來。鐵行在 1846 年 5 月開設孟買至香港和加爾各答至香港的航線，進一步拓展其服務。為了擴大接觸面，鐵行開始派小型汽船從香港運送貨物到澳門，之後沿河上溯至廣州；1850 年又推出另一項服務，沿海岸航行到上海。這些中國城市不屬於英國郵政合同的涵蓋範圍，但該公司的目標是：凡是有貨物的地方就去做生意，無論是否運送郵件的目的地。[32] 運送鴉片和金銀財寶利潤豐厚，是最初令鐵行對香

30　John D. Whidden, *Ocean Life in the Old Sailing-ship Days: From Forecastle to Quarter-deck*（Boston: Little, Brown and Company, 1908）, p. 50. My description of port activities has largely been inspired by him. Also see James B. Lawrence, *China and Japan*（Hartford: Press of Case, Lockwood and Brainard, 1870）, pp. 134 - 137.

31　如見 Matthew Calbraith Perry, *Narrative of the Expedition of an American Squadron to the China Seas and Japan, Performed in the Years 1852, 1853 and 1854, under the Command of Commodore M.C. Perry, Comp. from the Original Notes and Journals of Commodore Perry and his Officers, at this Request and Under his Supervision by Francis L. Hawks*（New York: Appleton, 1856）.

32　David and Stephen Howarth, *The Story of P&O: The Peninsular and Oriental Steam Navigation Company*（London: Weidenfeld and Nicolson, 1986）, pp. 78 - 79.

港感興趣的主要原因。[33] 每月到達的輪船加強了香港的流動性和連繫性，這些特點加強了它作為航運和貿易中心的地位。

　　航運活動增加後，香港水域就成為航海人才輻輳之地。這些船長和大副熟悉由中國東北岸至東南亞、印度，繞過好望角到歐洲大西洋沿岸的海域，以及朝另一方向穿越太平洋經合恩角到北美洲大西洋沿海地區的海洋（捕鯨船的船員尤其對太平洋瞭如指掌）。這些人憑着豐富經驗和出眾能力，航行於各個季節，對抗各種天氣，往來於危險水域。毫不奇怪，香港將發展為招募船員的重要港口，尤其是後來僱用遠洋輪船不可或缺的中國水手。

　　香港是航運樞紐，擁有資訊流通便捷的優勢。當時所有政府、商業、軍事和個人資訊都是靠船運送，來自世界各地的報紙也是一樣。能夠迅速獲得資訊，而且資訊可以很容易在境內外流通，是寶貴的優勢。擁有如此快速自由的資訊流動，加上生氣勃勃的本地新聞界，兩者相得益彰。

　　在鐵行郵政船抵達香港的同一年，香港出現了另一個里程碑，那就是本地首家銀行成立。東藩匯理銀行是一家成立於孟買的合資銀行的分行，這家未獲特許狀的銀行當時名叫西印度銀行。到了 1848 年，這家銀行已把總部遷往倫敦，除了香港，在孟買、加爾各答、馬德拉斯、可倫坡、廣州都有分行。它設有儲蓄和定期戶口，處理票據、匯票和支票，並提供借貸和

33　Freda Harcourt, *Flagship of Imperialism, The P&O Company and the Politics of Empire: From Its Origins to 1867*（Manchester: Manchester University Press, 2006）, p. 87。另見 Freda Harcourt, "Black Gold: P&O and the Opium Trade, 1847-1914," *International Journal of Maritime History*, vol. 6, no. 1（1944）, pp 1-83；Andrew Pope, "The P&O and the Asian Specie Network 1850-1920," *Modern Asian Studies*, vol. 30, no. 1（1996）, pp. 145-170.

核准證券的現金信貸。它售賣可在倫敦聯合銀行（Union Bank of
London）、蘇格蘭國民銀行（National Bank of Scotland）、愛爾蘭地方銀行
（Provincial Bank of Ireland）及印度三個管轄區、可倫坡和新加坡兌領的匯
票，藉此便利覆蓋廣泛地區的跨國交易。它發行憑票兌換的港幣鈔票。它
的業務一定做得很成功，因為在 1847 年它付了 10% 的股息。[34] 雖然貿易行
有向客戶提供金融服務，但銀行提供的服務更為全面和多樣化，也可為更
多客戶利用。

　　香港的匯兌市場很活躍，此地出現了一家銀行肯定有助這方面的發
展。在中國售賣鴉片所得的白銀大量運到英國，或者在價錢適合時兌換為
黃金。香港吸引鐵行的原因之一，是有大量金銀財寶不斷須從此地運往印
度和倫敦。香港沒有自己的錢幣，而是使用如印度盧比、西班牙和墨西哥
銀元等外國貨幣，以及中國錢幣和英國貨幣。[35] 華人鍾情於白銀，西班牙銀
元多年來都是外國錢幣中最受人喜愛的，直至 1850 年代才被墨西哥銀元
取代。東藩匯理銀行發行鈔票，但不獲政府接受，大概流通不廣。香港成
為愈來愈純熟老練的外匯中心，在淘金熱出現後這方面的功能將變得舉足
輕重。[36]

34　*1848 Almanack.*

35　專門為香港發行的硬幣，要到 1863 年才出現，那一年香港首次發行皇家錢幣，亦即鑄有在位
　　君主肖像或皇室徽號的錢幣。它們由倫敦皇家鑄幣廠鑄造，分為一毫銀幣、一仙銅幣，還有一
　　文硬幣，一文等於十分之一仙。在本地錢幣之外，外國貨幣繼續流通，但它們大多數不獲接受
　　用來支付政府費用。1866 年成立的香港鑄幣局，因財政虧損而在兩年後關閉。來自美國、日本
　　和英國的貿易銀元，被用作皇家錢幣的替代品。見 "Hong Kong Currency," http://www.lcsd.gov.
　　hk/CE/Museum/History/en/pspecial_2.php，2009 年 3 月 6 日瀏覽。十九世紀最受歡迎的銀元，
　　最初是西班牙銀元，後來則是墨西哥銀元。

36　Pope, "The P&O and the Asian Specie Network."

華人

　　如果沒有華人，所有這些發展都不可能發生。在 1841 年 5 月，即英國佔領香港後四個月所做的人口普查顯示，總人口有 7,450 人，包括 2,000 名住在船上的人。[37] 這個新港口城市提供的機會，吸引了鄰近地區的人前來居住，令人口迅速增長。到了 1848 年，華人人口增至 15,000 至 20,000 人，當中不少人仍以舟楫為家。法律和治安對貿易極為重要，所以殖民地政府採取非常嚴苛（事實上高壓）措施對待罪犯和其他可能破壞法律、擾亂治安的人，[38] 但香港仍向所有想前來的人開放。

　　馬丁說，在香港開埠初年，事業有成的廣州華商都裹足不來，此言大致不差。清政府把在戰爭期間無論以任何方式協助英國人的人都視為漢奸，即使到了戰後，官員仍厭惡那些與外國人工作和通商的人。對於有名望的商人來說，如果因與香港扯上關係而不見容於官方，風險實在太大。不過，那些冒險到香港的華人，肯定不全是無賴奸徒。如馬丁自己承認，陳濟南這名頗殷實的商人確實來到香港 —— 雖然他居住的時間很短。陳濟南是鴉片商人，與三名夥伴一同經營敦和行。在 1843 年，陳濟南以 8,000 元買下香港海旁地段 54 號，興建一家中式大商行。同時，他也用一艘船運送貨物。但是，在那房子建好前，他感冒發燒返回廣州，1844 年 7

37　Sayer, *Hong Kong 1841-1862*, p. 203, Appendix II "Original Gazetteer and Census, May 15th, 1841."

38　*1848 Almanack*. 其主編台仁特（William Tarrant）抱怨香港過於嚴刑峻法，罪犯和犯了小罪的人所受的懲罰太重。文基賢（Christopher Munn）對有關香港法律和司法制度有精彩的分析論述，見 Christopher Munn, *Anglo-China: Chinese People and British Rule in Hong Kong 1841-1880*（Richmond, Surrey: Curzon, 2001）。

圖 1-1　陳濟南大宅內觀

陳濟南是首名到香港開業的廣州富商，這是「1845 年香港維多利亞城內唯一的優良中式大宅」。

【圖片來源】Edward Ashworth, "Chinese Architecture," in *Detached Essays and Illustrations* (London: Architectural Publication Society, 1853), pp. 1–18, Plate no. 2.

月在廣州病故。[39] 他因發燒而早逝，可能警告人們前往香港十分危險的另一
證明。不過香港有幾個地點以他命名，包括濟南公司和濟南碼頭，顯示了
他的影響力。除了陳濟南，也有其他擁有可觀資產的人冒險到香港去，例
如亞九。[40]

普通華人

那 15,000 至 20,000 在陸上和海上工作的華人，在多個層面為這個港口
城市的經濟和社會提供服務。他們從事超過 80 種不同的工藝和行業：他們
是店主、麵包師、屠夫、船具商、菜市場商販、文員、報紙排字工人、家
傭、運輸工人、藝術家和娼妓。快速成長的建築業帶來各種工匠：石匠、
砌磚工人、泥水匠、木匠、油漆匠和裝玻璃工人。航運業需要各種技術和
勞動力，包括帶領船舶入港的領港員，以及整修翻新受長途航行摧殘的船

39　"Extracts from a Report on Hong Kong by Robert Montgomery Martin, July 24, 1844," p. 96; Carl
　　T. Smith, "The Emergence of a Chinese Elite," in his *Chinese Christians: Elites, Middlemen, and
　　the Church in Hong Kong, with a new introduction by Christopher Munn*（Hong Kong: Hong Kong
　　University Press, 2005 [1985]），pp. 111-112. E. Ashworth, "Chinese Architecture," in Architectural
　　Publication Society（ed.），*Detached Essays and Illustrations Issued During the Years 1850-51*
　　（London: Thomas Richards, 1853），pp. 1-18 刊登了兩張插圖（一張外觀，一張是內部），描繪陳
　　濟南在香港那間富麗堂皇的商行。

40　另一家在開埠初年到香港立足的廣州商號是亞九行（Akow and Company）。雖然亞九行的規模
　　不能與陳濟南的敦和行相提並論，但比起集中在香港各市場的店商和生意人，亞九行還是略勝
　　一籌。這家公司獲得陸上地段第 22 號，這個地點位於皇后大道和砵典乍街交界一角，就在歐
　　籍人的聚居區。同時，該公司也在廣州經營招待外國人的酒店。有趣的是，雖然亞九只能說洋
　　涇浜英語，但卻飛黃騰達，而且似乎與美國人和其他外國人做生意完全沒有問題。在 1848 至
　　1949 年間到訪香港和廣州的美國醫師鮑爾（Benjamin Lincoln Ball）訝異地發現，看起來不像會
　　擁有 500 美元身家的亞九，事實上擁有 78,000 美元財產 ——「在中國人眼中已是富甲一方」。
　　見 Benjamin Lincoln Ball, *Rambles in East Asia, Including China and Manila, During Several Years'
　　Residence: With Notes of the Voyage to China, Excursion to Manila, Hong Kong, Canton, Shanghai,
　　Ningpoo, Amoy, Foochow, and Macao*（Boston: James French, 1856），pp. 101-102。

所需的縫帆工、捻縫工、木匠和家具木工。除了提供妥善的維修工作，香港也有足夠的知識和人力按市場需要裝備和改裝船舶。雖然有些工匠只是在航運業工作，如縫帆工和捻縫工，但可以很合理地推測，在市場出現需求時人們會很靈活變通，通常在岸上工作的油漆工和木匠都會轉到船上工作。[41] 同樣地，通常為住家製造門鉸鏈的白鐵匠，如有需要也能為船製造槳架。因此，1849 年對客運船的需求激增時，許多原本用來運貨的船就能在很短時間內改裝為載客。

　　到了 1848 年，已有不少華人同業行會成立。總的來說，殖民地政府和外國人以猜疑的眼光看待這些組織，有時候稱之為祕密結社，因為他們不了解這些組織的原則和運作方式，認為它們會妨礙自由貿易而加以敵視，情況就如當代英國譴責工聯主義。[42] 然而，我們可以用正面的角度來看行會：它們為其所屬的職業或行業提供規管和維持秩序的制度，照顧成員福祉，並代表成員的利益與其他行業和職業打交道。那時候香港政府不大清楚如

41　"List of Chinese Traders in Victoria in the Autumn of 1845," in *The Hong Kong Almanack and Directory for 1846 with an Appendix*, compiled by William Tarrant（Hong Kong: Office of the China Mail, 1846）：

建築：3 搭棚工人、11 細木工匠、19 木匠、1 油漆工人、3 裝玻璃工人

貿易：12 歐洲貨物商人、8 曼徹斯特貨物商人、13 銀匠、11 絲商、8 木材商

航運：40 船具商、1 製繩工、1 縫帆工

藥商：18

旅館：30

一般：7 陶瓷商、3 匯兌商、5 生鴉片商、11 煮鴉片商和零售商、5 典押行、3 米商、15 燒酒商。

42　Joe England and John Rear, *Chinese Labour Under British Rule*（Hong Kong: Oxford University Press, 1875）, pp. 74, 207; James William Norton-Kyshe, *The History of the Laws and Courts of Hongkong, Tracing Consular Jurisdiction in China and Japan and Including Parliamentary Debates, and the Rise, Progress, and Successive Changes in the Various Public Institutions of the Colony from the Earliest Period to the Present Time*（London: Unwin, 1898）, 2 volumes, vol. 1, pp. 436-437。事實上，對華人行業公會缺乏了解，是在華洋人的長期問題。見 Hosea Ballou Morse, *The Gilds of China with an Account of the Gild Merchants or Co-hong of Canton*（New York: Russell & Russell, 1967 [1932]）。

何管治華人，也不覺得須要照顧他們的福祉，行會為維持華人社會的穩定發揮了重要作用。

　　香港的存在極為依賴有效率的後勤工作。不可缺少的不只碼頭和貨倉這類硬件，還有各種軟件 —— 各階層華人勞工的靈活、幹練和流動性。船舶不論是載客，還是運載供本地消耗或轉運的貨物，全都需要快捷俐落和嫻熟諳練的人手。肉類、家禽、蔬菜、水果、柴薪、油等供香港消耗使用的物品，幾乎全都要從中國內地輸入。其他主食來自更遙遠的地方，例如大米來自峇里和印度。西方人的必需品，如紅酒、烈酒、芝士、做麵包的麵粉、西藥，也是由水路運來。甚至連冰塊也要從美國進口！為滿足香港人口的日常需要，要靠許多人手從事採購、裝卸、運輸和銷售的工作。

　　此外，這個轉口港的轉運活動（茶和絲運往歐洲和美國；生鴉片、斜紋棉布和白細布運往中國）需要有人負責裝卸處理。有時候只是把貨物從一艘船搬到另一艘，或者搬到港內的躉船儲存，而毋須運到岸上。海港不只是國際和地區交通的往來通衢，在那個陸上道路網絡系統還不太完備的時代，海港還是本地交通的要道。所有這些活動所需的基礎建設，是由不同大小和種類的小艇來形成，這些小艇運載人、貨和牲畜往來於岸上與大船，往來於一艘船與另一艘船，或往來於岸上一個地點與另一個地點。商販船向停泊港內的船舶販售食物、水和其他貨物。這個由舟船形成的繁忙網絡，通常是靠一羣以舟楫為家的人來運作，這些人稱為蜑家人，世世代代在中國沿海和江河上的船上生活、工作和亡故；他們往返於維多利亞港，停泊在附近的海灣，隨時為來自遠近地方的船舶服務。我們會在下文再討論蜑家人。

　　外國船舶抵達香港水域時所遇到的第一個人，很大可能是帶水人（領港員），帶水人多半是蜑民，他們會登船帶領船舶進港。船入港後就會被舢舨包圍，舢舨上有工匠、洗衣婦和販賣各種物品的商販，吵鬧地推銷他們

圖 1-2　香港港口（1855－1860 年）
　　　　港口停泊了形形色色來自不同國家的船隻
　　　　【圖片來源】香港歷史博物館提供，P1976.553。

的服務和貨物。大家不難想像這喧鬧景象，艇販大聲吆喝和揮動手上商品：
水果、蔬菜、雞、鴨、鵝、蛋、魚和肉 ── 各種船員會感興趣的消費品，
他們可能已在海上生活了多個星期，靠吃醃製食物和硬餅乾為生。無論船
上的糧食供應安排得多麼完善，剛入港的船都難以拒絕能令船員健康愉快
的新鮮食物，而且購買新鮮食物，能節省下一趟航程所需的醃製豬牛肉。
船員會很高興能購買或用以物易物方式獲得水果和其他美食。[43] 該船在港內
喧囂情景會一直持續，因為這艘船一天未走，船員就需要有人供應食物和

43　對於中國和東亞其他地區的海港生活的描述，見 Lawrence, *China and Japan*, pp. 134-137;
　　Whidden, *Ocean Life*, and Van Dyke, *The Canton Trade*。

替他們洗衣服。船快要再次啟碇時，必須補充物資以供即將來臨的航程之用，這種人聲鼎沸的場面就會再升級；甲板會堆滿雞鴨等家禽的籠子，而豬和羊就塞滿欄圈；還會存放用來煮食的水和木柴、鹹牛肉和火腿，以及供歐籍船員享用的紅酒、醃菜和果醬。提供貨物和運輸服務的多半是蜑家人。

　　大多數外國船（無論是軍艦還是民用船）都自備雙槳小艇，用來載人運貨往來船和岸上，儘管如此，舢舨 [44] 和中式帆船還是不可或缺的。舢舨是穿梭於港內的水上計程車，等待船員和搭客召喚去接載他們和準備帶回家留念的貨品：中國古董、陶瓷茶具、木箱、畫、絲圍巾、小擺設。不要忘記，旅遊業自開埠之初就是香港的主要收入來源，另外，船長和船員經常自行做買賣，買入他們可以免費託運的貨物數量，再在其他港口賣出圖利。[45] 舢舨和帆船也參與運送貨物上下船。實際的貨物堆裝很可能是由貨船的船員負責，因為裝載不同貨物需要專門知識，幾乎是一門藝術，[46] 但從一艘船運載和吊升貨物到另一艘船的工作，則大多數由舢舨和帆船的船員進行。除了要運送的貨物，這些駁船還運送船的儲備物資 —— 由新的索具、船帆與桅桿、水桶和船錨等大型物件，到手柄和環圈、鈎子和艙蓋，以及各種門扣、門閂等小型物品。必須帶上足夠的木材和油漆，以備在航行途中維修之用，要是船遇上風暴受重創，這些東西就至關重要。有時候，船不是買入儲備物資，反而會賣掉物資，這時候就需要駁船和搬運工來運走這些東西和船所不可或缺的許許多多事物。到了蒸汽輪大行其道時，裝煤就成為另一項大作業。只有少數公司擁有自己的碼頭，所以卸煤和裝煤的

44　舢舨是船底較平坦的中式小艇，一般用於在沿岸水域或江河運輸，也用來捕魚，有時候還是住家艇。

45　例如，惠登（Whidden）船長在雪茄很便宜的馬尼拉買入三萬根雪茄，留下一些自用，其餘在波士頓賣出，賺了一大筆錢（Whidden, *Ocean Life*, p. 224）。

46　關於堆裝的專門知識，例如怎樣令沉重的貨物「富於彈性」，見 Whidden, *Ocean Life*, p. 90。

工作，常常要在海中央進行。負責這些工作的裝卸工大概也是蜑家人。香港穩定地成為航運中心，仰賴這些水上人來維持其基本運作，又反過來為他們帶來大量機會。

蜑民是以舟楫為家的水上人，擁有港口城市需要的多種技能。刮除船底的附着物，為之塗焦油和漆新油，還有捻縫、製帆，以及製繩和染繩，全是他們日常生活的基本工作，使他們成為巧手工匠。因此，他們是港口基礎設施不可或缺的基本要素。

在中國備受歧視的蜑民，在十九世紀中葉的香港華人人口中佔大多數，許多人無疑是為這個新殖民地港口所提供的機會而來。[47] 中國法律禁止蜑民上岸居住，也不准他們參加科舉考試，而受習俗所限，蜑民不能與其他人通婚，這令他們一直貧窮、疏遠和受到鄙視，因此他們與中國政府和岸上中國民眾的政治聯繫很薄弱。原為傳教士、其後加入公務員隊伍並成為歷史學家的歐德理（E. J. Eitel），注意到蜑民與英國人有深厚淵源。他說，蜑民與廣州商館的外國商人的社會生活有密切聯繫，曾「促使廣州當局每年發出公告，警告外國人這些人會帶來傷風敗俗的影響」。[48] 他指出，從東印度公司的最早期歲月開始，蜑民就一直是深得外國人信任的盟友。他們為英國戰艦、運兵船和商船擔當帶水人和供應補給，那時候這樣做被中國政府視同叛國，一律處以極刑。他們是廣州外國商行及在內伶仃島、金

47　人口普查和登記官費倫（Samuel Fearon）在 1845 年 6 月 24 日的一份報告中描述了香港最早定居者的來源，施其樂（Carl Smith）在其 "Chinese Elite" 第 108 頁中引述。

48　E. J. Eitel, *Europe in China*, with an introduction by H. J. Lethbridge（Hong Kong: Oxford University Press, 1983 [1895]）, p. 168。歐德理是德國傳教士，1838 年 2 月 13 日生於德國符騰堡。他前往中國傳教，1870 年 1 月來到香港，那時候他仍掌管博羅福音會。歐德理被視為中國通。他在 1879 年 4 月辭去倫敦傳道會牧師職務，出任香港監督學院（Inspector of Schools）一職，後來成為軒尼詩（John Pope Hennessy）爵士的私人祕書。他在 1866 年迎娶女性教育會的伊頓女士（Mary Anne Winifred Eaton），1908 年在澳洲阿德萊德去世。關於其生平見 *Europe in China*, pp. v - xvi。

星門和香港的英國船的「隨從」。他們在香港成為殖民地之初就「蜂擁」到此地，最初與家人以停泊港內的舟船為家，慢慢再移居岸上，此後帶水人和船員幾乎清一色都是蜑民，他們還壟斷水產和牛羊業。我們會在下文看到一些蜑民「企業家」。不過，不只男性蜑民對香港的發展有貢獻，蜑家婦女也參與許多操作舟船的體力勞動，並為水手洗衣服；令歐德理為之慨嘆的是，她們還有不少人淪為妓女和成為外國人的情婦（又叫涉外婚婦）。因此，蜑家婦女也是這個殖民地的政治經濟不可或缺的組成部分。

蜑民在個人、政治和社會方面的流動性，惹來中國當局的猜疑和恐懼，但他們正是因為擁有這些特質，才得以在香港這個新殖民地把握機會，在新的政治、經濟和社會結構中找到合適的位置。在 1860 年代坐美國戰艦「沃楚西特號」（*Wachusett*）和「哈特福德號」（*Hartford*）到香港的勞倫斯（James Lawrence），對於蜑民的靈活流動和「不屈不撓的精神、堅毅和勤奮」印象十分深刻，他們的這些特質無疑有助造就香港的獨特活力。[49]

華人企業精神

需要指出一點，儘管像陳濟南那種已名成利就的華商不願從廣州遷來香港，但此地不乏企業精神，而且一如今天，當時香港的特點是人們能夠從低開始通過不同渠道積累資本。很難估計 1840 年代華資企業的規模，但有些企業一定擁有很可觀的資本。

我們只須看看 1846 年《年鑑》（*Almanack*）中所列的典押商（5）、匯兌商（3）、生鴉片商（5）和米商（3）就可知道他們之間的經濟規模。在1848 年，典押商每年向政府繳付了 350 元牌照費，並且生意興旺，每年收

49　Lawrence, *China and Japan*, p. 136.

取的利息由 35% 至 50% 之間。[50]

　　鴉片的重要性不只作為輸往中國的再出口貨物；它對香港本地也很重要。政府最初以專賣方式管制鴉片貿易，之後改用發牌制度。1845 年，在香港境內零售整箱以下的鴉片（不論生、熟）都要課稅，以此實行專賣。最早承攬鴉片專營權的商人是都爹利（George Duddell）和馬西森（Alexander Mathieson）這兩名小型貿易商，他們月付 710 元承充為期一年的鴉片包稅權；此後承充鴉片包稅權的都是華人。在 1846 年，鴉片承充人付出 4,000 英鎊（折合近 19,000 港元）獲得鴉片零售專營權。在 1847 年，包稅制度被發牌制度取代，即以牌照分為三種等級給予販售鴉片的專有權，第一種是零售全箱（1.25 英擔）以下的鴉片煙土，年納 360 元；第二種是熬煮提煉鴉片煙膏，年納 240 元；第三種是經營鴉片煙館，年納 120 元。[51] 在 1848 年，這些牌照的總收入達 1,867 英鎊（8,961 元）。[52] 鴉片不但成為殖民地政府的重要收入來源，也是華人企業家積累資本的手段。

　　土地投資是積累資本的另一個重要手段，許多人的財富就是在土地投資和投機中積累或散盡。香港島上的土地全由政府擁有，能獲得的土地數量受到嚴格限制。土地只會在不定期舉行的拍賣中出售，「買下」土地的人事實上只買下租用權，租期一般是 75 年。聖約翰座堂的所在地，是全香港唯一以永久業權形式持有的土地。地價、地稅和交易印花稅等來自土地的收入，是政府重要的收入來源，因此維持高地價對政府有利。在 1848 年，維多利亞城租出土地的每年收入超過 13,000 英鎊（約 62,400 港元）。雖然華籍承租人只付出當中的兩千多英鎊（約 9,600 港元），[53] 但在未來的

50　*1848 Almanack.*

51　*1848 Almanack.*

52　*Hong Kong Blue Book 1848*, p. 28.

53　*1848 Almanack.*

歲月裏，他們所佔的份額大大增加。政府維持高地價，而在十九世紀的餘下歲月香港相對得享太平，土地成為對香港和海外華人很有吸引力的投資。

社會流動

雖然有地位的商人對香港望而卻步，但香港事實上非常吸引社會地位卑微而又想能出人頭地的華人。這個新建立的殖民地與主流華人社會隔離，成為不受官紳精英和有聲望華商主宰的「另類空間」（alternative space）。這個年輕的殖民地如同其他邊疆城鎮，社會結構仍沒有定形，令有膽識有魄力的邊緣人（那些擅於抓住和創造機會的人）得以鯉躍龍門，改換門閭。這些人來自不同背景，以不同的活動起步，最後卻往往被吸引到容易發財致富的主要領域，包括房地產、航運、供應食物和其他消費品，以及建築。從 1850 年代起，與加州和其他目的地的貿易，以及前往這些地方的大規模移民，令這些機會大量增加。

香港有巨大的流動性。一方面，只要華人參與的活動不違法，香港政府很少干預。事實上，建立香港是為賺錢，對於公然賺錢營利和炫耀式消費，社會上不會譏謗或以之為恥。

在這個初期階段，只有少數正式行業公會成立，規管廣州和其他國內商業中心的商業行為；在香港，行規往往被漠視或敷衍地執行，人們可以隨意轉行，因此能隨時集中精力於賺錢最快的商業活動。想要多元化發展，涉足利潤豐厚的新領域，不會遇到甚麼障礙，唯一限制就是資本的有無──金錢資本、社會資本和網絡資本，另外就是是否有合適的機會。

這些早期的精明老練之人，其名字大多不為我們所知，但從一份 1848 年的文件中可見一些成功的華人。這是由一羣地主呈交政府的稟帖，

圖 1-3　譚才與其他著名商人和商號在 1857 年獻給義祠的匾額，讚揚它無止盡的行善精神
　　　　【圖片來源】東華三院提供

要求政府免除他們認為過高的地稅。簽署者包括怡和洋行、顛地洋行及其他外國公司，還有 27 名華人大地主。社會學家陳偉羣指出，這些華人是「歐籍人不會羞與為伍的人」。[54] 這說明了這些華人簽署者的地位，當時的種族鴻溝極大，而殖民者的態度十分勢利。這些能夠攀到如此高位的華人是何許人？

他們有不少人飛黃騰達，是因與英國人的早期聯繫，所謂早期是指英國佔領香港之前。譚才（亦稱譚亞才、譚三才、譚錫珍）是其中之一，他無疑是在香港發跡變泰的最顯著例子。他曾在新加坡政府船塢擔任工頭，1841 年到達香港，據說那時候很難找到技工和獲得興建房屋的物料，因此須從新加坡以幾艘船運來幾間木屋框架，譚才很可能是隨其中一艘來香港。[55] 他有與外國人合作的經驗，具有很大的優勢；他甚至可能與一些英國人有私交，所以才到香港開展事業。他一定預見這個新殖民地對於建築營造有殷切需求，到 1848 年時香港已矗立有一千座建築物就是明證。譚才興

54　W. K. Chan, *The Making of Hong Kong Society: Three Studies of Class Formation in Early Hong Kong*（Oxford: Clarendon Press, 1991）, pp. 72-73; for the memorial, see CO 129/23: 222.

55　*Canton Press*, September 11, 1841, cited in Sayer, *Hong Kong 1841-1862*, p. 118.

建了香港早期最著名的建築物，包括鐵行大廈和交易所大樓，港府後來買
下這座大樓，用作高等法院多年。此外，他獲政府批出香港島西北岸下市
場的最東邊地段，不久還開始買下相鄰業主的業權，由此獲得大片臨海土
地。他擁有的物業繼續增加。他的資本增加後，就涉足更多生意，並獲政
府許可興建和經營街市，這是另一個利潤豐厚的活動。如我們將會看到，
他在 1848 年深入參與各種與移民有關的生意。[56] 譚才是開平人，而開平是
許多前往北美和澳洲的移民的故鄉，所以他參與這方面的生意毫不令人驚
訝。他還是「漢密爾頓號」（*Hamilton*）的擁有者之一，這艘船在 1853 年抵
達舊金山，是第一艘由華人擁有的船前往當地。[57]

　　郭松（亦稱郭甘章、郭亞祥）也是靠與英國人密切合作而致富，他在
戰爭期間為英國艦隊擔任帶水人和供應物資。他留在香港以利用因此而獲
得的好處。他最初為皇家海軍供應糧食，在 1845 年當上鐵行輪船公司買
辦。雖然他的英語「頂多只是尚算不俗的『洋涇浜』」，但靠着非凡的智
慧、精明的營商手腕和組織能力，受到華人和洋人敬重。[58]

　　鐵行是世界最大的航運公司之一，郭松為它工作除了賺取大筆金錢，
必定還在多方面打開了眼界，鐵行在 1854 年放棄其造船木工和工程部門，

56　下市場在 1852 年聖誕節毀於大火，譚才不久後將之重建，並以其商號「廣源」的名義來經
　　營。他在自己擁有的土地前興建碼頭，1865 年省港澳輪船公司（Hongkong, Canton and Macao
　　Steamboat Company）成立後，他把碼頭租給該公司。譚才在 1860 年被控海盜罪出庭受審。他
　　應家鄉開平的官員要求，協助清剿客家土匪。譚才向鐵行輪船公司買辦郭松租用名叫「吉吉博
　　伊號」（*Jamsetjee Jeejeehboy*）的船，並在香港招募了一批歐籍水手，帶着他們到開平攻打一些
　　客家村落。譚才向法庭求情時說，他不知道這樣做違犯英國法律，並說會任憑法庭裁決。譚才
　　在 1865 年再次為家鄉出力，這次是出貲購買洋槍供應當地鄉勇。此舉令他獲得官方讚賞，《開
　　平縣志》還為他立傳。後來，他因為吸鴉片的習慣弄垮了身體，不再積極參與公共事務。他在
　　1871 年去世，留下大筆財產。《華友西報》在 1857 年形容他「毫無疑問是本殖民地最堪敬重的
　　華人」（Smith, "Chinese Elite," pp. 114-115）。

57　*Sacramento Daily Union*, June 2 and 3, 1853; *Alta California*, June 3 and 25, 1853.

58　Death announcement, *Daily Press*, April 23, 1880; see also Smith, "Chinese Elite," pp. 115-124.

郭松就將之買下並成立航運公司。他對付由歐籍人把持的省港澳輪船公司
（Hongkong, Canton and Macao Steamboat Company）的手法，再次顯示他進
取的營商手段。省港澳輪船公司成立於 1865 年，郭松雖然是該公司股東和
董事，但又自己另組一支蒸汽船隊與之競爭。他的船隊十分成功，省港澳
輪船公司不得不付他 12,000 元，請他不要在珠江經營。[59]

郭松很可能是蜑家人，香港為他和其他像他那樣的人提供了改變身份
的空間。水上人一旦獲得「岸上人」身份和聲望，就馬上拋棄和隱藏原本
的種族根源，這種做法十分普遍。有些人獲得珠江三角洲其中某個縣的戶
籍，以此獲取岸上人身份，郭松不知如何成為了番禺人，反映了蜑民身份
變動不居的性質。[60]

但是，郭松在水上世界能有長足發展，一定大大受益於其蜑家背景。
蜑民對於香港成為轉口港的發展居功甚大，但至今還得不到充分研究。郭
松是否參與移民相關的生意無從稽考，但他是繼善堂的司理和主要捐助
人，繼善堂是專門協助把美國華人移民骸骨運回家鄉安葬的早期組織。我
們會在第七章講述繼善堂的工作。

有些小商人也從廣州和其他地方來到香港，在譚才控制的下市場（現
今文咸東街一帶）落腳。當中有福建和潮州貿易商，這些人經營中國與東
南亞之間的貿易，他們在東南亞早已建立了商業立足點。但當他們看到自

59　Report of the Hongkong, Canton and Macao Steamboat Co. in *Daily Press*, January 18 and 21, 1869。
　　郭松從董事局退休時獲得 12,000 元補貼，換取他把他的汽輪撤出珠江，因為他擁有的四艘船全
　　都運作良好，對省港澳輪船公司來說是威脅很大的對手。該公司在 1865 年 10 月 19 日創立。
　　見 Eitel, *Europe in China*, p. 453。

60　關於蜑民這個亞族羣身份的流動性，見蕭鳳霞和劉志偉的分析：Helen Siu and Liu Zhiwei in
　　"Lineage, Market, Pirate, and Dan: Ethnicity in the Pearl River Delta of South China," in *Empire at the
　　Margins: Culture, Ethnicity, and Frontier in Early Modern China*, edited by Kyle Crossley, Helen Siu
　　and Donald Sutton, pp. 285-310（Berkeley, CA: University of California Press, 2006）。

由港的相對優勢，遂把主要業務遷到香港，慢慢把香港變成華北貨物輸往華南和東南亞的主要轉運中心，也從華南和東南亞運貨物到華北，建立南北行貿易。南北行貿易開始時規模不大，後來急劇成長，主導香港經濟多年，而這種成長是與加州貿易密切相關的。

在 1840 年代，一個不那麼受人注目的羣體受香港吸引到來，當中包括藝術家。如師從著名畫家錢納利（George Chinnery）的關喬昌（西方人稱他為林官）等畫家聚居廣州，他們的畫作以外國人為銷售對象，專門繪畫外國商人的肖像畫，或生產迎合外國人口味的作品，外銷歐洲、印度和美國市場。這些畫家中有些人不久後就落戶香港，李良是其中之一，而繪畫是香港最早的出口貨物之一。[61] 根據家族流傳的說法，李良與許多欣賞其藝術的西人結交，並通過他們了解海外情況。當他得悉外界的巨大機會，遂棄畫從商，日後發展成商業王國。他的公司和興號是金山莊的原型，從事航運、進出口、匯兌、招工，以及其他與美國、加拿大、澳洲、新西蘭（華人最初認識這些國家都是因為黃金）交易的業務。李良早逝，其事業由堂弟李陞繼承，李陞幹勁十足，在他領導下和興號事業蒸蒸日上。[62]

我們也不應忘記有一羣受過英語教育的年輕華人，他們主要是教會學校的學生。這些人是支持政府管治和商界經營的助力，並且在淘金熱期

61　根據李氏家譜記載，李耽良（李良）是和興金山莊創辦人，在香港開埠翌年來到香港〔1842年？〕。他擅長國畫，而許多西人雅好中國藝術，並欣賞李耽良的畫作，他因此與西人結交，由此得悉海外商場情況。見《李氏居安堂家譜》（香港，1962），頁 24。然而，一個國畫家在當時到香港謀生或與外國人過從，都是極不可能的事。較可能的情況是李良繪畫的油畫深得西人喜愛，他們買下這些油畫裝飾家居，或作為帶回本國或寄往歐美的禮物。有趣的是，1848 年的《年鑑》記載：「維多利亞城的水墨畫家和其他畫家，在技巧上都遠不如他們在廣州的兄弟，所以得不到太大的鼓勵。」見 Wells Williams' description of paintings as an export item in his *The Chinese Commercial Guide*（Hong Kong: A. Shortrede & Co., 5th ed, preface, 1863），p. 132。

62　李良四十二歲時去世。李陞是他的遺囑執行人，並繼續打理其生意。雖然李良稱李陞為「弟弟」，但李陞其實是他的堂弟，是他伯父的兒子。

間，許多人挺身而出，在加州華人間扮演重要角色。無論辦學者教導學生英語是出於甚麼原意，大多數學生及其父母最感興趣的，是以學習英語作為謀生手段。一名就讀於馬禮遜紀念學校的年輕男孩，在 1846 年寫了一篇題為〈接受教育所為何事？〉（"Why do you wish to get an education？"）的文章，他說：「我來〔這所學校〕是為了學英語，這樣就能與英國人打交道賺錢，我無意成為學者。」[63] 畢竟，英語是官方語言 —— 政治和經濟力量的語言。在某些情況中，洋涇浜以上的英文讀寫程度是必需的。撰寫或謄寫各種英文文件，由港督致倫敦的信函到提單乃至法例草案，全都需要文員來做。法庭和政府部門需要翻譯員和口譯員。事實上，能幹的口譯員長期缺乏，在初年，香港和上海競爭那些新加坡和澳門訓練的口譯員，而在香港之內，私人公司和政府之間，以及不同政府部門之間爭奪人才的情況很普遍。學校培養口譯員的速度不夠快。那些接受英語教育的年輕人包括唐亞植（又叫唐植、唐茂枝）和李根，他們都是馬禮遜紀念學校的學生。在 1852 年初，唐亞植隨叔父前往加州，不久為就成為華僑社會中的顯赫人物，充當華僑與加州當局的中間人。[64] 除了英語能力，唐亞植熟知歐洲禮儀，因此能融入西方社會和政治世界。[65] 李根也在 1852 年前往舊金山，擔任

63　*Eighth Annual Report of the Morrison Education Society for the Year ending September 30, 1846*（Hong Kong: China Mail Office, 1846），p. 33, cited in Carl Smith, "The Morrison Education Society and the Moulding of Its Students," in Carl Smith, *Chinese Christians*, p. 20.

64　1852 年 8 月 23 日的《上加利福尼亞報》（*Alta California*）提到唐亞植（即唐茂枝）和袁生（Norman Assing）對於比格勒（Bigler）的「苦力文告」充滿睿智的反駁，認為是「入情入理和邏輯推理縝密，這種令人歎服的例子有時候這是來自智力被鄙視和地位卑微之人，反駁和推翻了想煽動羣眾的人和統治者自以為是的看法和漏洞百出的責難」。在一篇有關唐人街打鬥的開玩笑式報道中，唐亞植被稱「唐亞植將軍」（*Sacramento Daily Union, July 28, 1854*）。他還在涉及華人的案件中擔任法庭通譯，甚至以燒黃紙這種中國發誓儀式為證人監督，並且翻譯誓詞（*Sacramento Daily Union*, September 13, 1854）。他又為採金華工翻譯了中國礦工管理規則（金山採金條規），載於《遐邇貫珍》，第一號（1853）。

65　Smith, "Morrison Education Society," p. 19.

傳教士所辦的雙語報紙《東涯新錄》（*The Oriental*）的主編。[66] 在 1848 年，這些年輕人已在摩拳擦掌，蓄勢待發。

美國人的存在

要了解香港對於淘金熱的迅速反應以及它與加州的未來關係，我們須要研究一下美國人的作用。在 1848 年，以香港為總部的美國公司只有三家——布什公司（Bush & Co.）、羅爾杜斯公司（Rawle, Duus & Co.）和德林克海爾公司（Drinker, Heyl & Co.），但單看數字無法反映它們的重要性。布什在 1843 年來到香港，翌年成立公司。他在 1845 年獲委任為美國駐香港領事，他肯定利用這個職位來謀取商業利益，並令自己成為有吸引力的生意合夥人。他的公司是許多廣州公司在香港的代理行，包括旗昌洋行、瓊記洋行（Augustine Heard & Co.）和它們的上海分公司，以及不少英國和歐洲公司。更了不起的是，32 家在廣州的「英屬印度」公司中，有 19 家是由它代表。[67] 發現金礦的消息傳出後，這三家公司，尤其是布什公司，迅速抓住機會利用香港與加州的聯繫。

然而，我們須要上溯更早一點的時期，以了解已在珠江三角洲存在幾十年的美國人的廣泛影響。美國在華經商的歷史，慣常是以 1784 年「中國皇后號」（*Empress of China*）抵達中國為起點。在獨立戰爭後，塞勒姆、波士頓、紐約、費城和巴爾的摩的美國商人擺脫了英國人的宰制，可以自由

66　關於李根，見 Smith, "Morrison Education Society," pp. 24, 28。

67　*1848 Almanack.*

地與廣州建立直接聯繫。他們最初不熟悉「廣州貿易」，但很快就掌握箇中
訣竅，並且汲汲於開拓中國市場，主要是從中國出口茶葉和絲到美國。長
途貿易的風險很大，為攤分財政負擔和分擔風險，可靠的朋友和親屬一般
會以臨時的方式集資，派船到廣州並銷售船上所載的貨物。為增添靈活性
和加強對市場需求的知識，美國商人早在 1803 年就在廣州派駐代理人，波
士頓的普金斯洋行（Perkins & Co.）還決定在廣州成立首個機構，顯示在美
國人心目中這個港口愈來愈重要。到了 1820 年代末，當地有九家美國公司
在經營，它們從土耳其進口鴉片，以由此賺得的金錢購買中國貨物，供應
美國市場。

　　除了這些公司，美國船也絡繹不絕在珠江三角洲旅行，雲集於澳門和
黃埔，黃埔是外國船可以開到的最遠之地，美國船長和水手在這些地方出
現，已成為司空慣見之事。

　　成立於 1824 年的旗昌洋行，是中國首屈一指的美資公司。1829 年普金
斯洋行決定撤出中國，顧新（John Cushing）就把該公司的生意交給旗昌洋
行，從而加強了它的商業地位，同時奠定波士頓商人在廣州的影響力。旗
昌洋行的業務擴大，而且愈來愈興旺，部分原因是美國鴉片貿易集中在它
手中。如韓德（Michael Hunt）所說：「旗昌洋行的職員表讀起來像是早期
對華貿易的名人錄 —— 普金斯、歐德、洛、亨德、福布斯、多利那、斯特
金斯，還有金。」[68] 其中一名合夥人歐德（Augustine Heard）後來另外成立
瓊記洋行，而麥康德雷（Frederick Macondray）這名前僱員則創辦麥康德雷

68　引自 Michael Hunt, *The Making of a Special Relationship: The United States and China in 1914*（New York: Columbia University Press, 1983）, p. 9。韓德清楚勾勒了十八和十九世紀美中關係的背景。另見 Jacques M. Downs, *The Golden Ghetto: The American Commercial Community at Canton and the Shaping of American China Policy, 1788-1844*（Cranbury, NJ: Associated University Presses and Bethlehem, PA: Lehigh University Press, c. 1997），以及 Tim Sturgis, *Rivalry in Canton: The Control of Russell & Co., 1838-1840 and the Founding of the Augustine Heard & Co.*（London: The Warren Press, 2006）。

公司（Macondray & Co.）；兩者都在香港與加州貿易中十分活躍。

　　在中國與西方的貿易，傳統上一直依賴橫越印度洋和大西洋的交通，美國商人開發跨太平洋和太平洋之內的貿易路線，這對於促進香港與加州的未來關係發揮了極重大的作用。美國商人在太平洋西北地區蒐集海獺、海豹和河狸的毛皮賣到中國，以換取瓷器、茶、絲和其他商品。在這個太平洋境內的貿易中，三明治羣島很自然地成為來自中國和運往中國（和其他目的地）的貨物交換中心，形成了一個連接加州、夏威夷和中國的環狀貿易路線。這種貿易在 1822 年後大幅增長，因為加州由那年起不再受西班牙人統治，改為受墨西哥統治，之前西班牙頒佈的限制得到解除，來自新英格蘭尤其是波士頓的美國貿易商，開始在蒙特雷和聖巴巴拉定居，參與對華貿易。這些貿易商中有不少人是船長和貨運監督，他們在廣州、三明治羣島和加州之間航行和做買賣，建立了從新英格蘭延伸至珠江三角洲（並由此延伸到東南亞）的網絡。這個網絡中的美國商業機構很快看到把加州納入中國貿易「體系」[69] 的潛力 —— 畢竟中國當時是世界經濟的中心。

　　美國商人為增進自己的利益，令華盛頓政府相信對華貿易有助促進美國的整體利益，以及奪取加州會帶來好處。這些是美國與墨西哥交戰兩年後在 1848 年奪取加州的主要原因。如歷史學家德爾加多（James Delgado）所說：「如果沒有對華貿易和毛皮貿易 …… 加州就不會成為在美墨戰爭中值得征服的戰利品。」[70] 紐約航運商豪蘭阿斯平沃爾（Howland & Aspinwall）

69　有關太平洋境內貿易的發展，見湯普森家族（Thompson family）信函，收錄於 D. Mackenzie Brown（ed.）, *China Trade Days in California: Selected Letter from the Thompson Papers, 1832-1863*（Berkeley, CA: University of California Press, 1947）。太平洋毛皮貿易由波士頓的船主和商人主宰，關於其興衰，見 James R. Gibson, *Otter Skins, Boston Ships, and China Goods: The Maritime Fur Trade of the Northwest Coats 1785-1841*（Montreal: McGill-Queen's University Press, 1991）。

70　James P. Delgado, *To California by Sea: A Maritime History of the California Gold Rush*（Columbia, SC: University of South Caroline Press, 1996 [c. 1990]）, p. 1.

在 1848 年開設一條由東岸繞過合恩角到加州的大型遠洋汽船航線，當時世人還不知道這個地區有金礦。開闢這航線的目標，是為了在對華貿易中佔有更大份額。[71]

　　一名在香港的美國人積極把加州發展為中國貨物的潛在市場，他是記喇士庇（C. V. Gillespie）。他來自紐約，由 1831 年起就多次坐船前往廣州，1841 年英國人佔領香港，成為首名在香港的美國僑民。早在 1841 年 7 月 15 日，即香港島首次賣地後不夠一個月後，他就刊登一則廣告，宣傳一座擁有「雙層蓆子屋頂」的貨倉，地點是「香港維多利亞大道 46 號」，即後來的皇后大道 46 號，而這個貨棧後來成為以花崗岩建造的雅賓利貨倉（Albany Godowns），是香港首座結實堅固的商用建築物。[72] 他不斷往來於香港、澳門和廣州之間，同時蒐羅適合向太平洋羣島出售的物資和貨物。他對於加州感興趣除了出於一般在華美國商人對這個地方的熱情外，還可能因為他在美國海軍陸戰隊擔任中尉的弟弟阿奇博爾德・記喇士庇（Archibald Hamilton Gillespie）身在當地，他的這位弟弟最初與墨西哥人打仗，1846 年 8 月加州由美國控制後，又與當地支持墨西哥的叛軍作戰。

　　在 1847 年初，記喇士庇在加州售賣一批中國貨，那是五花八門的奇怪商品，他一定覺得在當地會有銷路，或者可再出口到阿卡普爾（Acapulco）、

71　James O'Meara, "Pioneer Sketches-IV, To California by Sea," *Overland Monthly*, vol. 2, no. 4（1884），pp. 375-381；另外，有關太平洋郵輪公司的早期歷史，見 John Haskell Kemble, *The Panama Route, 1848-1869*（Columbia, SC: University of South Carolina Press, c. 1990）。

72　Sayer, *Hong Kong 1841-1862*, p. 114。那是位於海旁地段 46 號。施其樂有關香港與加州之間聯繫的先驅之作，一直為人忽略，令人惋惜。見 Smith, "The Gillespie Brothers — Early Links between Hong Kong and California," *Chung Chi Bulletin*, no. 47（December 1969），pp. 23-28。

卡廖（Callao）或瓦爾帕萊索（Valparaiso）。[73] 這批貨物包括裝在錫罐的松節油、裝在瓶子和籃子的德國亞麻子油、絲手帕、頭巾、繡花圍巾、花瓶和扇子。如當時有人嘲諷地說，他是熱中於把「任何礙手礙腳的東西」運到加州的眾多美國商人之一。[74] 查爾斯在 1847 年底再次前往加州，在 1848 年 2 月 2 日乘坐「老鷹號」（*Eagle*）抵達舊金山。這批商品同樣龐雜無章——絲手帕、繩子和流蘇、絲絨拖鞋、大黃、珠茶。但這次他沒離開。看到美國人在加州的利益急速擴張，他決定留下定居。他打聽過購買「牧場」之事，又認真考慮輸入華工，以填補經濟擴張所需的勞動力。他在 3 月寫信給加州仍受墨西哥統治時曾任美國駐當地領事的加州著名美國貿易商拉金（Thomas Larkin），說：

> 〔中國〕技工、農業工人和僕人要多少有多少。他們願意出售他們的服務一段時間，以支付橫渡太平洋的旅費。他們會是難得的礦工。華人是慎重勤奮的民族，如果可以大量引進加州，土地財產價值會升至原來的四倍。[75]

73　Delgado, *Gold Rush Port*, p. 40。他詳細描述了耶爾瓦布埃納（Yerba Buena，即後來的舊金山）、阿卡普爾、卡廖、瓦爾帕萊索和其他太平洋東部沿岸港口之間貿易，以顯示早在發現黃金前已出現了一個貿易地帶。

74　Samuel J. Hastings（New York）to Thomas Oliver Larkin, January 14, 1848, in Thomas Oliver Larkin, *The Larkin Papers: Personal, Business and Official Correspondence of Thomas Oliver Larkin, Merchant and United States Consul in California,* edited by George P. Hammond（Berkeley, CA: University of California Press, published for the Bancroft Library, 1951-68）, 11 volumes, volume 1, p. 118。擁有麻薩諸塞州背景的拉金，早在 1832 年就到達加州，並從蒙特雷與中國、三明治羣島與墨西哥通商。他在 1843 年獲委任為美國駐蒙特雷領事。一本關於他的傳記生動地描述了加州自 1820 年代起的政治和經濟發展，見 Harlan Hague and David J. Langum, *Thomas O. Larkin. A Life of Patriotism and Profit in Old California*（Norman, OK: University of Oklahoma Press, 1990）。

75　In C. V. Gillespie（San Francisco）to Larkin, March 6, 1848, *Larkin Papers*, volume 1, pp. 167-168.

　　毫不奇怪，發現金礦後記唎士庇成為黃金商人，以高價收購來自這些金礦的金粉。[76]

　　另一個美國人黑斯廷斯（Samuel J. Hastings）也覺得華工是寶貴資產。黑斯廷斯不看好貨物貿易，他告訴拉金：「中國唯一能有益於加州的事物，是引入移民工去做採礦等工作，因為他們有些人非常適合於開採砂礦。」[77]這封信寫於 1848 年 1 月 14 日，十天後蘇特在他的鋸木廠發現黃金，引發震撼世界的淘金熱，黑斯廷斯在這麼早就預見結合華工和加州的豐富資源可以帶來好處，可謂獨具慧眼。

　　另一個協助培養早期中國與加州聯繫的美國人是麥康德雷。他生於麻薩諸塞州，早年受過航海訓練，1825 年參與一次為期兩年的航行，前往加州蒐集毛皮，他在此行中擔任文書和四副。[78]他在 1831 年動身前往中國，並在中國水域運作了一段時間，之後在 1836 年至 1838 年指揮旗昌洋行的鴉片躉船「伶仃號」（Lintin）。他回到美國後，最初落腳於波士頓外的多切斯特（Dorchester），一聽到加州發現黃金的消息，就偕同奧蒂斯（James Otis）和沃森（R. S. Watson）橫越巴拿馬地峽，並在 1849 年 5 月於舊金山成立一間代辦行，名叫麥康德雷公司。他佔盡天時地利，利用加州新出現的繁

76　Larry Schweikart and Lynne Pierson Doti, "From Hard Money to Branch Banking: California Banking in the Gold Rush Economy," in *A Golden State: Mining and Economic Development in Gold Rush California*, edited by James Rawls and Richard J. Orsi（Berkeley, CA: University of California Press, in association with the California Historical Society, 1999）, p. 215.

77　Samuel J. Hastings（New York）to Larkin, January 14, 1848, *Larkin Papers*, vol. 1, p. 118.

78　"Biographies" [related to the Frederick W. Macondray Papers（1821-1823, 1851-1880）at the California Historical Society]. See also Elizabeth Grubb Lampen, *The Life of Captain Frederick William Macondray, 1803-1862*（San Francisco[?]: E. G. Lampen, c. 1994）.

榮，尤其是華人移民湧入加州後帶來的航運和貨物生意。[79] 他多年來的中國聯繫將證明是很有價值。

在商業活動的期間，一些美國和中國商人培養了長期而密切的關係。顧新和浩官（行商伍秉鑑）之間的友誼和之後浩官與旗昌洋行之間的情誼為人津津樂道，但其他華商也與美國人同樣合作無間。威廉・亨特（William Hunter）記述了他自己在開放通商前的廣州的個人經驗，把這種商界關係描繪為充滿互信、彼此尊重和親切友善。[80]

細看一下這個情況會看到，美國人和中國人之間的接觸，遠遠不止是著名商人之間的接觸。美國人方面，除了船長和船副、船上的醫生和後來的傳教士，還有商行的成員，由大班到剛從美國來到的學徒都有，尤其是來自波士頓或麻薩諸塞州其他港口。在中國人方面，除了在鴉片戰爭前主宰對外通商的「行商」，還有各色各樣的人與外國人接觸。例如，按規定本應不能與外國人直接打交道的「行外」商人，在十九世紀愈來愈重要，而且每年都與外國人做巨額生意。如絲綢、草蓆、南京布、皺綢、苧麻布和其他貨品的製造商，他們都發了大財。另外還有外國商行的僱員，包括買

79　麥德康雷公司在 1852 年 6 月 12 日解散，並且麥德康雷與另外三名合夥人沃森（R. S. Watson）、卡里（T. G. Cary）和明特恩（J. Minturn）將之重組（Folder 2 of the Macondray Papers [BANC MSS 83/142] at the Bancroft Library）。另見 Circular dated June 12, 1852 in Heard II（Heard Family Business Records, Baker Library Historical Collections, Harvard Business School, MS 766 1835-1892）: Case LV-18 "Correspondence, Unbound," f. 20, "1850-1854, Canton from Macondray & Co., San Francisco." 這家公司每隔幾年就解散，再與不同的合夥人重組。

80　William Hunter, *The "Fan Kwae" at Canton Before Treaty Days 1825-1844*（Shanghai: Kelly & Walsh, Ltd., 1911 [1882]）, pp. 42-49. 書中有些段落十分令人感動，描述浩官和其他中國商人對待美國商人慷慨大方、親切友好，彼此過從甚密。同樣地，我可以看到美國人幫助浩官。在 1858 年，浩官被廣州官員壓迫，旗昌洋行為他提供 20 萬元：N.W. Beckwith（Russell & Co., Hong Kong）to W. H. Forbes（Russell & Co., Shanghai）, October 12, 1858（Russell & Company Letter Book, Massachusetts Historical Society, Ms N-59.46; pp. 244-247）。

辦、看銀師、僕役、通事等等。[81] 此外，如前所述，黃埔是航行珠江的外國
船獲准前往最遠之地，黃埔的美國人依靠照料外國船的買辦協助料理他們
的船，情況就如廣州的買辦為商館提供擔保和便利一樣。[82] 這是互惠互利的
關係。中國靠與外國人通商、提供服務或供應物資謀生，而美國人沒有他
們就無法在中國做生意。多方面的接觸令強大的網絡得以形成，有助促進
資金流動、商業交易、社交往來、商業情報和各種蜚短流長。

　　與美國人緊密合作的華人，有些對他們非常有幫助，波臣則（Boston
Jack）是其中之一。他在歐籍人社會中很有名，既能當翻譯，又可為船舶提
供補給物資，還可委託他尋找僕人、苦力和帶水人；事實上，他似乎隨時
可與外國人做任何生意。據說他擁有十萬元財產，深得黃埔的其他中國人
敬重。威廉・亨特形容波臣則「溫文有禮且樂於助人」，是美國人最喜歡的
人物。他名字的由來，是他曾在船上當管事到過波士頓，並且經合恩角和
美國西北岸返回黃埔。在 1840 年代末至 1850 年代初到訪廣州的美國人，
就算不需要任何特別服務，似乎全都要去找他見見面。他會為客人提供啤
酒，並自豪地談及他住在紐約的兒子。[83] 淘金熱出現後，他成為最早向舊金
山出口貨物的商人之一。

81　亨特也描述了中國人與美國人在不同層面的接觸，即美國人所接觸到的各類中國人。有關「行
　　外」商人，見 Hunter, *Fan Kwae*, p. 35。按規定，行外商人只准為外國人提供衣服、雨傘、草
　　帽、扇子、鞋子之類的物品，但他們可以鑽漏洞擴大業務範圍。

82　Hunter, *Fan Kwae*, p. 102.

83　Hunter, *Fan Kwae*, p. 102; Ball, *Rambles*, pp. 99, 108.

小結

　　令人難以置信的淘金熱的消息，在 1848 年底某段時間傳到香港。這消息到底是何時和如何傳來香港無從稽考。會不會是記喇士庇最早在信中告知香港、廣州或澳門的朋友？會不會是怡和洋行在檀香山的代理人透露這消息？會不會是從船長、水手和來自加州的搭客之間的圈子流傳出來？還是因為 1848 年抵達香港和澳門的美國船「普雷布爾號」（*Preble*）帶來了幾份檀香山的《波利尼西亞報》（*The Polynesian*），報道加州發現金礦和人們蜂擁前往的消息，說到「數以千計的人像友報所形容那樣突然發燒，從四方八面跑去那裏」？[84] 我們永遠不會知道答案，但可以肯定一旦這消息傳來，很快就傳遍各個辦公室、家庭、酒館和海濱，像野火一樣沿着珠江從城市延燒到鄉郊，在每個地方引發出興奮和懷疑。在 1848 年末至 1849 年到訪香港和各通商口岸的美國醫生鮑爾（Benjamin Ball）說：「每個人開口閉口都是加州。」他每到一處都遇到鋪天蓋地的熱情，令他印象深刻。如他觀察所見，中國人一樣熟知情況和滿懷熱情，因為「你常常會聽到中國人每句話開首和結尾都不離『加利福尼』幾個字」。[85]

　　這個新消息傳來時，正值香港大興土木，進行了近十年的基礎設施建設。即使國際貿易量仍然相對少，但這個港口城市在許多方面的活動，從信貸到匯兌，從貨物裝卸到船舶維修，從法庭到貨倉，都日趨成熟老練，在專業知識方面也有所成長。它正在發展為一個流動空間，既促進人的遷移，又令資訊傳播迅速、貨物轉運便捷。來自不同國家的人以不同的方式

84　*Hongkong Register*, September 28, 1848.

85　Ball, *Rambles*, pp. 204, 208.

積累資本，對一些人來說，能接觸環球金融就是其方式。雖然香港從來不是一個公平的競爭環境，但它是個開放靈活的英國殖民地，令不同背景的人得以發揮創業經營的活力，而且不用以發達致富為恥。香港在靜待大突破的時機。

　　對於香港來說，在大洋彼岸出現淘金熱的消息，不只是另一個市場資訊，而是採取行動的呼籲。這個地方已準備起飛。

第二章

到加州去：淘金熱與香港成為出洋港口的發展

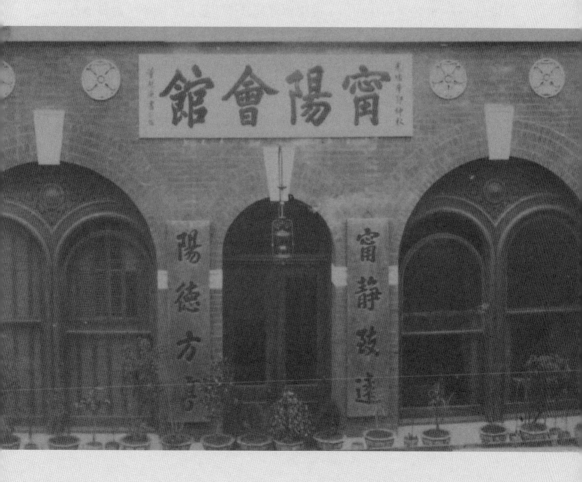

　　加州發現金礦的消息最早是何時傳到香港，如何傳來，我們大概無法確切知道。關於驚人寶藏的各種傳聞，到處流傳。消息說，大量淘金者從世界四方八面湧入加州，令當地變成了巨大的消費市場；香港商人的反應是向加州輸出各種各樣的貨物，希望藉此賺一筆快錢。香港不但由於淘金熱而得以發揮其貨物轉口港的潛力，而且因為受到新邊疆的黃金和其他機會所吸引，成千上萬的中國人在往後幾十年絡繹不絕，於香港登船前往加州，使這個地方也演變為人的轉口港，這是英國人把它變成自由港時無人能預見的發展。這種人口流出把這個殖民地變成重要的出洋港口 —— 最先是前往加州，後來也奔赴其他「金山」國家，最終遠及世界各地。

　　淘金熱觸發十九世紀最矚目的遷徙潮。雖然相較於非中國移民的數目，或者前往東南亞的中國移民數目，前往加州的華人並不算多，但由於多方面的原因，十九世紀這場華人前往加州的遷徙歷史意義重大，[1] 對於美國（尤其是加州）的政治史和社會史，以及華南的僑鄉社會和經濟發展都影響深遠。

1　1830 年代至 1930 年代這一百年，是全球大規模移民的高峯期。從 1840 年代至 1920 年代，計有超過 16,000 萬趟長途航程。超過 5,500 萬名歐洲和中東移民，以及 300 萬名東亞和印度移民前往美洲。超過 5,000 萬名來自南亞和華南的人，加上 500 萬名來自中東和歐洲的人移居東南亞、澳洲，以及印度洋和太平洋上的島嶼。另外有 4,800 萬人從華北、俄羅斯、韓國和日本遷往中亞、西伯利亞和滿洲。所有這些人口遷移都促成了世界人口的重要重新分佈。見 Adam McKeown, "A World Made Many: Integration and Segregation in Global Migration, 1840 to 1940," in *Connecting Seas and Connected Ocean Rims: India, Atlantic, and Pacific Oceans and China Seas Migrations from the 1830s to the 1930s*, edited by Donna R. Garbaccia and Dirk Hoerder（Leiden: Brill, 2011）, pp. 42-64。

此外，它重塑了香港的命運。由於此書是以香港為焦點，本章會探討它因淘金熱帶來的客運業而發展為重要出洋港口的過程。我們會檢視香港的政治、法律和社會框架如何演變，從而促成一種新的中國移民模式出現 —— 以廣東人為主的越洋自由遷徙，它對香港和這個地區有巨大而深遠的影響，而且是中國近代史上的矚目現象。

香港最早的淘金客

香港最早去加州淘金的不是華人。在 1849 年 1 月 9 日，四名美國搭客搭上英國雙桅船「理查德和威廉號」（*Richard and William*）在 3 月 20 日抵達舊金山。他們是曾指揮旗昌洋行鴉片走私船「安格羅納號」（*Anglona*）的馬文（Marvin）船長，德林克海爾公司的海爾（William Heyl），車馬行老闆溫斯洛（George Winslow），開酒館的麥康奈爾（W. H. McConnell）。[2] 之後再有其他人踵行於後，包括公務員，其中之一是華民政務司英格利斯（A. L. Inglis），他在 6 月搭「隆河號」（*Rhone*）前往，據說是辭了職去加州碰運氣。[3]

2　*Hongkong Register*, January 23, 1849; for McConnell, Heyl and Winslow, see, "Residents in Hongkong, 1848" in *1848 Almanack*.

3　Inglis's resignation letter, May 21, 1849, enclosed in Bonham to Grey, May 24, 1849, # 56: CO 129/29. 他很快就回來恢復工作，並在香港政府任職一段很長時間，事業有成。見 G. B. Endacott, *A Biographical Sketchbook of Early Hong Kong*（Hong Kong: Hong Kong University Press, 2005 [1962]），pp. 119-120。

幾個月後，任職副巡理府的霍爾福思（Charles Gordon Holdforth）也請了十個月假，與兩名中國僕人坐「凱爾索號」（*Kelso*）前往。他一到加州就惹上各種麻煩，後來大概沒有再回到香港。[4]

　　加州貿易的影響俯拾可見。到了 1850 年 4 月，香港政府報告，由於「與加州的貿易增加，為工商業帶來」刺激，華人人口在該年增加了 7,993 人。[5] 有些人來香港是為了投身供應加州市場的製造業。例如，有些木匠來到香港建造加州大量需求的房屋框架。事實上，《華友西報》預計，製造輸往加州的房屋框架將成為香港的主要產業。[6]

　　不用說，許多在此時來到香港的華人，只是以這個港口城市為前往加州的踏腳石。不久後華人就以「金山」來稱呼加州，香港和廣州的外國航運商積極招攬這地區的民眾，他們派發海報、地圖和小冊子，把「金山」描述得一片美好。無數的船委派當地代理人去招攬搭客。[7] 在 1851 年初，三四名華人搭客乘坐「賽犬號」（*Race Hound*）回到香港，每人身上帶着三四千

4　霍爾福思在 1850 年 3 月請了十個月假（Bonham to Grey, March 12, 1850 #25: CO 129/32）。據說他是在澳洲因賣馬惹上官非，為逃避法律制裁才跑到香港。他在香港最初是當初級文書，後來獲得驗屍官的職位，取代曾反對某些政府措施但很受人歡迎的義務傳票官法恩科姆（Edward Farncomb）。之後他獲委任為傳票官（sheriff）。他擔任此職位時，令任職甚久的政府拍賣官麥克威克（Charles Markwick）遭解除職務，改由較圓滑的都爹利（George Duddell）出任，接着兩人合作無間，低價買入土地，然後轉售圖利。他最後前往加州時，擔心會被拘捕，所以藏身船艙之內。見 Patricia Lim, *Forgotten Souls: A Social History of the Hong Kong Cemetery*（Hong Kong: Hong Kong University Press, 2011）, pp. 140, 190。他因為把華商金龍（Cumloong）從中國運來的貨物非法取去並據為己有，在加州被告到舊金山最高法院（*Alta California*, July 17, 1851）。他也提出一些關於土地售賣和按揭的訴訟（*Sacramento Daily Union*, May 11, August 3, August 8, 1858）。他認購了幾家黃金公司的股票，卻沒有付錢（*Sacramental Daily Union*, November 27, 1860, *Alta California*, July 29, 1864）。

5　Bonham to Grey, April 2, 1850, "Blue Book for 1849 and Reports Generally on the Contents" : #25, CO 129/32.

6　*The Friend of China*, December 19, 1849.

7　William Speer, *The Oldest and Newest Empire: China and the United States*（Hartford, CT: S. S. Scranton and Co., 1870）, p. 486.

元回來，令人們對金山的嚮往更為熾熱。他們展示找到的金粉，述說採金地區令人神往的故事，[8] 燃起其他人前往金山的慾望。

開往舊金山的船

前往舊金山的船和搭客數目激增。在 1851 年，有 44 艘船從香港開往加州。[9] 翌年的 1852 年是大興旺的一年。海港一片繁忙景象，滿是不斷裝載搭客和貨物準備開往加州和澳洲的船，市內也充滿各種熱鬧的活動。單是 2 月 20 日就至少有「安‧韋爾什號」（*Ann Welsh*）、「特爾納特號」（*Ternate*）、「尼古拉‧尼古拉森號」（*Nicolay Nicolayson*）這三艘船開往舊金山，總共搭載了 522 名搭客，大家可以想像人們看到這種景象時心情有多興奮。這種不凡的現象在 4 月 16 日重複出現，「蓋勒特號」（*Gellert*）、「喬治‧波洛克爵士號」（*Sir George Pollock*）和「艾奧瓦號」（*Iowa*）帶着 868 名搭客前往。一天之內有多艘船出發幾乎成了司空慣見之事，在 5 月 2 日，另外三艘船「佩拉號」（*Pera*）、「奧古斯塔號」（*Augusta*）和「諾森伯蘭公爵號」（*Duke of Northumbria*）出發。十天後的在 5 月 12 日，「金門號」（*Golden Gate*）、「埃塞克斯號」（*Essex*）和「倫弗魯男爵號」（*Baron Renfrew*）是另一批三艘同日出發的船。船上搭客數目不一，但通常是十分大量。「挑戰號」在 3 月 18 日運載 550 名搭客，創下新紀錄。「挑戰號」是一艘美國飛剪船，原本很可能是建造來運送茶葉的，在這次被用來載客。它的紀錄很快被打破，「倫

8　*Alta California*, May 9, 1851.

9　Eitel, *Europe in China*（Hong Kong: Oxford University Press, 1983 [1895]），p. 273.

圖 2-1　被稱為「異教徒」的中國人在加州勘探黃金（1852 年）

【圖片來源】FN-04470. Photographer: Eadweard Muybridge, 1830-1904. Martin Behrman copyprint. California Historical Society.

弗魯男爵號」在 5 月 12 日載了 580 名搭客，之後「蘇布倫號」（*Sobraon*）
在 5 月 19 日載了 630 人。到了該年年底，根據總督說，有三萬名華人取道
香港前往加州，但如我們所說，這數字很可能有所誇大（有關移民數字，
見附錄 2）。

　　為滿足前往舊金山的驚人運輸需求，船舶開始大量來到香港，但似乎
一直供不應求。應當注意，澳洲在 1851 年發現黃金，華人稱當地為「新金
山」，到 1854 年時也有大量華人前往澳洲，令船舶短缺問題更形嚴重。雖然
初時前往澳洲的人並不多，1853 年只有 268 名搭客，[10] 但人數在翌年大幅上
升。在 1854 年頭三個月，總共有 2,100 人前往墨爾本，而在 1854 年 11 月至
1855 年 9 月間，再有 10,467 人搭船到澳洲。[11] 結果，香港對船隻的需求很殷
切，一些幾年前被視為不適合運載貨物的歐洲船，也被人以高得離譜的價錢
買下，改裝為載客船。據說有些船十分老舊、骯髒和破爛，已經過了正常使
用時間，曾被用作捕鯨船並且後來被棄用。[12] 各公司在中國海域之內及其周邊
競相爭奪船舶，不但用來載客到北美和澳洲，還前往古巴、祕魯和西印度羣
島等亟需廉價華工的地方。在全球方面，當澳洲金礦吸引大量來自英國和歐
洲大陸的移民，就令船舶短缺問題更為嚴重。美國駐香港領事在 1854 年觀
察到許多人渴望前往加州，卻「無法找到船運載那些想走的人」。[13] 此外，貨

10　Eitel, *Europe in China*, p. 274.

11　Elizabeth Sinn, "*Emigration from Hong Kong* before 1941: General Trends," in *Emigration from Hong Kong*, edited by Ronald Skeldon（Hong Kong: Chinese University Press, 1995）, p. 21.

12　Speer, *The Oldest and the Newest Empire*, p. 487.

13　Henry Anthon Jr., Vice-Consul to Peter Parker, March 25, 1852. *American Diplomatic and Public Papers*, Series I, vol. 17, p. 151.

物與搭客爭奪船上的空間。如《上加利福尼亞報》（*Alta California*）在 1854 年寫道：「從中國運貨到這個港口的費用高得驚人，一般船舶隨時開價每噸 26 美元，但前來的搭客數目，擠掉了大量原本可以運來這個港口的貨物。」[14]

前往加州移民的身份與出洋方法

移民原籍地

淘金熱促成了華人出洋潮，這是以廣東人為主的越洋遷徙運動，其性質是自由、自願的，由此深遠影響了以香港為中心的客運業的性質，把它變為世界上重要的出洋港口。

關於華人移民加州歷史的著述頗豐，在此不贅。為甚麼那麼多人離開華南的家鄉，解釋這種現象的原因通常是：農地短缺，不足以供應龐大人口所需的食物；鴉片戰爭造成經濟凋敝；地方動盪和暴力；自然災害和失業引發飢荒。[15] 然而，加州這個繁榮的新興市場可找到黃金，又提供龐大的

14　*Alta California*, June 28, 1854, reprinted in *The Friend of China*, August 23, 1854.

15　Madeline Hsu, *Dreaming of Gold, Dreaming of Home: Transnationalism and Migration Between the United States and South China, 1882-1943*（Stanford, CA: Stanford University Press, 2000）, pp. 18-25. In Yuk Ow, Him Mark Lai, and P. Choy, *A History of the Sam Yup Benevolent Association in the United States 1850-1974* 旅美三邑總會館簡史（San Francisco: Sam Yup Benevolent Association, 1975）, pp. 55-57, 根據記述，這三個縣繁榮和富有生產力，但在十九世紀中葉當地民眾卻感到絕望而被迫背井離鄉，作者竭力調和這種說法之間的矛盾。

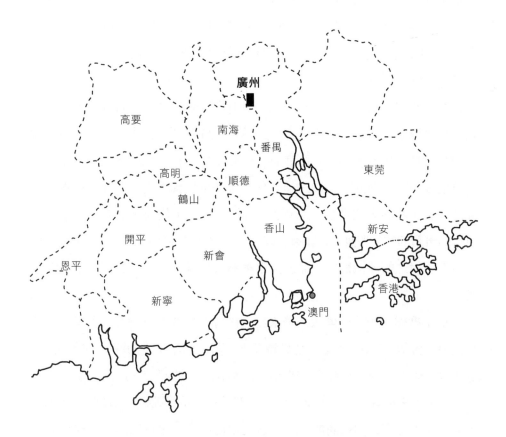

圖 2-2　珠江三角洲（1909 年）

　　顯示最多民眾出洋前往加州的縣。香山後來改名 中山，新寧改名台山，新安改名寶安。

　　【圖片來源】《廣東輿地全圖》第一及二冊。

投資和就業機會，似乎是誘使人們背井離鄉的巨大吸引力 —— 即使他們在
家鄉的生活並非那麼困頓。換言之，觸發在這場遷徙運動的拉力因素大
於推力因素；如下文會談到，許多前往加州的華人都非赤貧之人。就此
書的目的而言，我們必須釐清這些移民源於何鄉，以及他們的旅程如何
組織。

　　那些前往加州的人，絕大多數來自廣東省內的粵語地區，主要是廣
州府和肇慶府，這是華人出洋史的大轉折。儘管朝廷自十八世紀開始就實
行海禁，禁止民眾出洋，返鄉者有可能被處以斬首，但中國人幾百年來都
一直前往和定居海外。在此之前，移民大多來自福建省某些縣和粵東一些
潮語地區，那些人主要前往東南亞，而在 1850 年代前，主要是坐沿海岸
航行的帆船前往。[16] 他們對廣東人來說，太平洋彼岸的加州成為了美麗新世
界，他們對之的憧憬嚮往不亞於來自美洲大陸其他地方、歐洲、南美洲和
澳洲的人。

　　最早抵達加州的中國人，是來自最接近廣州城的三個縣：番禺、順德
和南海，合稱「三邑」；這三地是廣東省最富庶和商業化的縣。其餘移民來
自新會、恩平、開平和新寧（後來改名台山），這四個地方合稱「四邑」。
另有大量人來自香山（後改稱中山），澳門也隸屬這個縣，而澳門已有幾百
年與外國人打交道和通商的經驗。這些縣從前也有民眾出洋，主要是前往

16　有關之前幾百年中國船舶和移民的描述，見 Felipe Fernandez Armesto（ed.）, *The Global
　　Opportunity*（Aldershot: Variorum, 1995）。有關華人遷徙出洋的概況，見 Lynn Pan（ed.）,
　　Encyclopedia of the Chinese Overseas（Richmond: Curzon Press, 1999）; Philip Kuhn, *Chinese
　　Among Others: Emigration in Modern Times*（Lanham, MD: Rowman & Littlefield, 2008）。

東南亞；在 1840 年代，許多香山人前往新開闢的通商口岸工作，尤其是上海，或者去到更遠的地方為外國船舶工作。此外，來自珠江三角洲東部和上述各縣的客家人，在前往加州的華人羣體中佔一小部分，這些客家人的語言和文化都和廣東本地人不同。來自上述地方以外的加州華人數目十分少。

羅密士（Rev A. W. Loomis）在 1868 年從幾個會館所蒐集的數據，反映了美國華人的人口分佈（表 2-1）。[17]

17　A. W. Loomis, "The Chinese Six Companies," *The Overland Monthly*, vol. 1（September 1868），pp. 221-227。羅密士並不完全清楚這些會館的組成，它們自創辦後經過多次重組。Fong Kum Ngon, "The Chinese Six Companies," *Overland Monthly*, vol. 23, no. 4（May 1894），pp. 518-528，此文提供了當時的中國人對這種制度的看法。另見劉伯驥：《美國華僑史》（台北：黎明文化，1976），頁 150-166。近期有關這六大會館的學術研究，見 Qin Yucheng, *The Diplomacy of Nationalism: The Six Companies and China's Policy Toward Exclusion*（Honolulu: University of Hawai'i Press, 2009）。
　　在 1868 年，這些會館大致有如下幾間：主要由南海、順德、番禺和少量來自花縣、三水、清遠、高要、高明和新會六縣的人組成的三邑會館；新會和鶴山人組成的岡州會館；有台山、恩平和開平人組成的合和會館；陽和會館是香山、東莞和增城人組成；人和會館主要由來自珠三角東部的客家人組成。在 1850 年代初，只有五間會館 —— 三邑會館、四邑會館（它分裂為寧陽、岡州和合和三間會館）、陽和與人和會館（劉伯驥：《美國華僑史》，頁 150）。
　　羅密士的數字與美國聯邦政府根據舊金山海關記錄所提出的數字相若。按照美國政府數字，在 1848 年至 1868 年間，有 126,800 名華人抵達舊金山：US Congress, Senate, "Report of the Joint Special Committee to Investigate Chinese Immigration, February 27, 1877" : US Congressional Serial Set Vol. 1734, Session Vol. No. 3, 44th Congress, 2nd Session. Senate Report 689（1877），p. 1196, Appendix Q。這些數字似乎不太準確，因為在 1849 年至 1851 年間，該數字都只是一萬這個約數。
　　羅密士提出的總人數是 106,800，但他的文章發表在 1868 年 9 月，那年有 11,085 人抵達，所以他頂多只是包括其中一部分。有鑑於此，出入不是特別大。造成出入的原因可能是雙方面計算錯誤所致。此外，有些人可能是羅密士忽略了的，包括那些雖然來自六大會館包括的縣，但沒有登記加入會館的人，另一些人則來自六大會館涵蓋範圍以外的地方，因此沒有資格加入。

表 2-1　按鄉籍統計的在美華人人口分佈（1868 年）

會館	到達人數	離開人數	身故人數
三邑（主要由南海、番禺和順德縣人組成）	15,000	4,200	800
岡州（主要由新會、恩平和鶴山縣人組成）	16,000	7,000	700
陽和（中山、東莞和增城縣）	26,000	13,200	1,000
南陽（台山縣）	27,000	7,800	1,000
合和（台山和開平縣某些地方）	17,000	8,200	300
協吉（人和）（客家人）	5,800	2,400	100
總數	106,800	32,800	3,900

　　三邑、四邑和香山等地區不但人口稠密，而且民眾慣於遷徙，香港在地理上與這些縣如此接近純粹是偶然。由於連鎖移民的效果，一旦廣肇人士捷足先登前往加州並在當地立足後，很快就主宰這個移民路線，把美國西岸變成他們的「活動範圍」，情況就像潮州人支配前往暹羅（後稱泰國）或福建人主導前往西印度羣島（後來的印尼）的移民活動。廣東（廣肇）移民佔大多數，是令香港能壟斷跨太平洋航運路線的因素之一，而隨着其基礎設施加強，它成為有助自由移民出洋的精良、安全和有效的港口，香港不但維持這個地位，還成為前往其他金山（澳洲、加拿大和新西蘭）和東南亞、大洋洲、南美洲、加勒比海國家等地並從這些地方回國的主要港口。

自由還是受奴役？

　　華人遷徙加州，是以廣東人為主的越洋活動，這點殆無異議，然而，這是自由和自願的遷徙運動，這點就須稍加解釋。我們必須強調它與後來被稱為「苦力貿易」之間的區別。

　　如第一章所述，在十九世紀中葉，法國、英國、西班牙和其他歐洲列強的殖民地對廉價勞動力需求孔殷，引發華人大規模出洋。一些輸入華工

的國家工作環境極為惡劣，尤其是古巴、德梅拉拉（在英屬圭亞那）和祕魯，招工行只能靠拐帶、引誘和其他欺騙方式獲得華工。根據當時一個駭人聽聞的報道，華工在祕魯的鳥糞島工作時死亡，會被丟在鳥糞堆裏任其腐爛，而售賣鳥糞時會連同已腐爛的遺骸賣走。[18] 因為生病、自殺、物資匱乏和工作過勞致死，以及最重要的是他們的合約不包括回程，許多被迫流落異鄉的人，再也沒有回到中國。

　　這些被強迫的移民大部分是從事粗重體力活的工人，大概也因為他們是華人，所以被蔑稱為「苦力」，而這些華工的買賣就稱為「苦力貿易」。此外，由於合同可以買賣，這些華工可以從一個擁有者轉讓到另一人手上，人道主義者和反奴隸制的政客馬上譴責「苦力貿易」是隱蔽的奴隸制度。此時歐美的廢奴團體正在大力呼籲取締奴隸制，「苦力貿易」成為他們可以大做文章的事，反對苦力貿易的言論也出現在政府辯論和報章。[19]「苦力貿易」一詞受人操弄來達到不同目的，有時候是故意混淆問題，它被不加區別地用於描述不同類型的華人移民，前往加州的移民與其他人混在一起，被當作「苦力貿易」的一部分。最終，它被用來挑撥反華運動，並導

18　《中外新聞七日報》，1871 年 4 月 8 日。清政府在 1874 年派出調查團到古巴調查華工狀況，記載了他們的經歷。見 China Cuba Commission, *Chinese Emigration: Report of the Commission Sent by China to Ascertain the Condition of Chinese in Cuba*（Taibei: Cheng Wen Publishing Co., 1970; originally published by the Chinese Maritime Customs Press, 1876）。另外，關於向哈瓦那和祕魯貿易的詳細研究，見 Robert Irick, *Ch'ing Policy Toward the Coolie Trade, 1847-1878*（Taibei: Chinese Materials Centre, 1982）。有關祕魯的華人，見 Watt Stewart, *Chinese Bondage in Peru: A History of the Chinese Coolies in Peru 1849-1876*（Westport, CT: Greenwood Press, 1970）。

19　Persia Campbell Crawford, *Chinese Coolie Immigration*（London: P. S. King & Co., 1923）描述當時流傳的那種言論。見 US Congress, Senate, "Chinese Coolie Trade: Message of the President of the United States, Communicating, in Compliance with a Resolution of the House of Representatives, Information Recently Received in Reference to the Coolie Trade. May 26, 1860. — Referred to the Committee on Commerce and Ordered to be Printed" : US Congressional Serial Set Vol. No. 1057, Session Vol. No. 13, 36th Congress, 1st Session, H. Exec. Doc. 88（1860）。

致1880年代的《限制華工法》。[20]

　　即使在1850年代，那些看得出遷往加州的華人並非「苦力」的少數明辨是非之人，都必須大聲疾呼，才能令別人聽見他們的說法。美國駐香港領事布什大力反對把前赴美國的華人視為「苦力」（即奴隸）。他在1851年報告有大量華人離開香港前往美國，他說：「這些移民來自不同階級——商人、小貿易商、農務工人和工匠，他們全是可敬體面之人。」[21]

　　香港總督寶靈爵士和這位美國領事一樣，急於指出前往加州的移民不但是「可敬體面之人」，而且事實上屬於「高等階層」。[22]更重要的是，他們是自由的。他說：

　　　前往澳洲和加州的那類數目龐大的移民，他們是自願和自立自主的，出洋是靠自己或家人的財力來支付旅費和準備一切必需的物資。這些人並非被人拉伕或拐帶，其行動自由似乎也不受蒙騙或歪曲事實的言語所妨礙。他們一般都是正當盛年的壯健男子，勇於冒險又勤奮。前往澳洲和加州的移民船死亡率很低，與簽下勞務契約前往殖民地的苦力的死亡率成強烈對比，這些苦力往往境況悲慘，精疲力竭，若非已患隱疾，就是隨時可能染病，令健康受損，或多或少因此造成不幸的死亡數字，這引起女王陛下政府的關注，是很自然的事。[23]

20　Moon-ho Jung's *Coolies and Cane: Race, Labor and Sugar in the Age of Emancipation*（Baltimore, MD: Johns Hopkins University Press, 2006），此書詳盡細膩地論述了在美國「苦力」的形象如何變得種族主義化和令人產生種族偏見，並談到它在當時的政治言論中如何被扭曲，「反對苦力的立場」被推崇為「支持美國、支持自由的立場」（p. 12）。

21　Bush to Webster, April 11, 1851: Despatches from US Consuls in Hong Kong, 1844-1906.

22　Bowring to William Molesworth, October 6, 1855: #147: CO 129/52, pp. 108-114.

23　Bowring to Edward B. Lytton, October 22, 1858: #141: CO 129/69, pp. 332-336.

布什說得大致不錯，除了有一些例外情況：在最早的階段，有些前赴美國的華人確實是與美國公司簽了合約的契約勞工。例如，在 1849 年亞桃（Atu）、亞興（Ahine）和亞偉（Awye）簽了合約為蒙特雷的利斯（Jacob P. Leese）的工作三年，分別擔任廚師、苦力、雜工和裁縫；美國駐香港領事為他們的合約副署。他們毋須付船費，並獲得兩個月的預支薪水，「苦力」每月的薪水是 12 元，另外兩人則是 15 元，這可是一筆巨款了。[24] 但這種契約工人的數目很少，他們的工作環境遠沒有古巴和祕魯那麼苛刻，而這牽涉到一個問題：是否非契約勞工全都是被強迫出洋的移民，亦即「苦力」，所以就是奴隸？

一些沒有簽定勞動合約的貧困華人確實也去了美國。有些擁有合適技能的人在船上當廚師或木匠。有些人向親友以低息或免息借錢前往，另一些人則向放貸者借錢，因為風險大所以利息很高。[25] 還有些人獲得的旅費，是別人對他們這趟冒險之旅的投資，他們須要以賺得的金錢歸還 —— 移民通常須把所得利潤的十分之三歸還貸款人。[26] 前往加州的早期移民中，確實有許多人帶着積蓄回到家鄉，更重要的是，許多勞工最後成為店主和小商人，我們從此可以推測，大多數借款人都有能力及早歸還欠款，而且還債

24　From Jacob P. Leese Papers in California Historical Society on Online Archive of California: "Indenture of Ahine, Chinaman," http://www.oac.cdlib.org/ark:/13030/hb100000v8/?brand=oac4, viewed September 25, 2010; "Indenture of Awye, Chinaman," http://www.oac.cdlib.org/ark:/13030/hb587003vc/?brand=oac4, viewed September 25, 2010; "Indenture of Atu, Chinaman," http://www.oac.cdlib.org/ark:/13030/hb6z09n88s/?brand=oac4, viewed September 25, 2010.

25　歷史學家談到「賒單制度」（credit ticket system），打算出洋的乘客利用這個制度，只須付出船費的某一比例，餘款可在到達加州後才歸還，但我們對於這個制度的詳情所知不多。我不打算把這裏描述的船費賒賬做法稱為「制度」。

26　Letter to Governor Bigler, *Sacramento Daily Union*, May 8, 1852。這封信是代表華僑社會抗議州長比格勒（Bigler）污衊華人移民而寫。順帶一提，執筆者是唐亞植，他是香港教會學校所培養的學生。

以後可以自己另謀發展。事實上，加州華人引以自豪的是他們知恥重諾、忠厚老實、樂善好施，並擁有中國人所珍視的許多其他美德；要是沒有這些美德，這種賒借制度就無法如此成功運作。[27]

　　布什和寶靈想要強調的主要差別是：不同於前往其他國家的人，前往加州的移民是自願出洋。這些移民的本質是自由和自願，這點再怎麼強調也不嫌多的，它塑造了這種客運業的形態，並反過來決定香港作為出洋港口的性質。

　　然而，反華的辯論家置若罔聞。他們譴責苦力貿易，認為華人既非自由人，也不是白人，不符合美國公民資格。他們說，大多數華人移民的旅費是靠中國資本家出資，而在移民還清債務前，其妻兒會被這些資本家扣押為人質，以此「證明」華人移民並不自由。他們說，不只負債的華人移民不自由，連身在中國的華人也非自由人，因為他們是「土地的苦力，頹唐委靡又卑躬屈膝」。這個毫無邏輯的論據最快應用到所有華人身上，縱使有些華人明顯十分富有，這些批評者仍堅持必須把華人視為「同一類別」看待，「除非有直接證據證明事情與此相反，我們會把對於他們大部分人的所知，視為他們全體的情況」。[28] 也就是說，由此推而論之，所有華人都是不自由，是苦力，所以是奴隸。如麥基翁（Adam McKeown）洞中肯綮地說，「自由移民」這個類別其實是由美國政府創造，用來把華人移民摒諸門外，因為十九世紀的中國人大多都與家庭和親族有密切聯繫，而對於中國

27　Letter to Governor Bigler, *Sacramento Daily Union*, May 8, 1852.

28　*Alta California*, May 21, 1853。這點很關鍵。此爭論關乎華人能否成為美國公民；根據美國法律，「任何外國人，如是自由的白人，都可獲接納為美國公民」，因此，反華政客就大力強調華人既不自由也非白人。

文化來說，自由和個人是陌生的概念。[29] 他的論文無疑會啟發日後移民研究的論述。

　　然而，我在這裏所要做的工作，是要把十九世紀中葉不同類型的華人移民一一拆解，並把前往加州的自由搭客從其他種類中抽出，以還原較準確的歷史真像。例如，像巴思（Gunther Barth）這些歷史學家，重複一個陳舊主張：借了旅費須要還債的華人移民，其情況「無異於農奴」。[30] 我認為這樣類比並不合理。像奴役之類會令人浮想聯翩的概念，可以應用於很廣泛的人類狀況和實踐，所以歷史學家須做的重要工作，是在使用這詞時要加以區分，到底是不折不扣有所指，還是只是比喻用法，是誇大其詞，還是真實，並且要很具體說明他們在任何時間所指的奴役的類型和程度。舉債與當農奴不能相提並論，農奴一般是指地主對其勞動擁有財產權的人，他一生下來就被扣上這個枷鎖。移民的債務如果能算是「奴役」的話，也明顯與農奴或奴隸完全是兩碼子事。

　　我對於自由移民的定義，是那些能夠自主抉擇（agency），自願離鄉前往自己選擇的目的地的人。借了錢的移民被債務「束縛」，這是事實。為了努力還債，他往往備嘗辛苦，這是事實。他到頭來或許無法實現黃金夢，而在異鄉潦倒而死，這也是事實。但是，為此而舉債是他祈求並甘願做的事，心裏有數。願意承擔經計算的風險，難道不是自主抉擇的特點嗎？

29　Adam McKeown, *Melancholy Order: Asian Migration and the Globalization of Borders*（New York: Columbia University Press, 2008），especially "Creating the Free Migrant," pp. 66-89.

30　Gunther Barth, *Bitter Strength: A History of the Chinese in the United States, 1850-1870*（Cambridge, MA: Harvard University Press, 1964）。不過，他這書是這個題目的先驅之作，這點應得讚揚。

新的移民類型與新的客運業

　　加州、澳洲和之後在新西蘭和加拿大卑詩省（英屬哥倫比亞）相繼發現金礦，吸引了中國冒險家——工人和企業家皆有。如布什和寶靈所急於強調，許多前赴加州的華人頗為富裕。除了支付自己的旅費，他們經常還帶着大量衣服、其他個人物品和現金，供到達美國後使用。舊金山海關的記錄顯示，有些人還帶同商品去售賣。[31] 1852 年舊金山報章上的一篇報道，活靈活現地描述了滿載搭客的船抵達後亂哄哄的景象：

> 昨天傍晚時分，本地來了約五百名中國人，拎着行李在長碼頭上岸。碼頭上長長的一段路，被一片由草帽和長辮形成的森林覆蓋，一捲捲的蓆子和箱子向各個方面翻開，長杆子到處揮舞，每個人講起話來，都像是在為自己辯護一般，聲音就像一羣烏鴉在討論某塊玉米田好不好吃一樣。這些孔子的追隨者下船所製造的吵鬧與擾攘，引來許多人圍觀。最後事情顯然有了令人滿意的安排，每個人扛起能考驗挽馬體力的重擔，開始排成單行縱隊走進城裏，前往由他們同胞提供的住處。[32]

---

31 《上加利福尼報》記載許多乘客帶着貨物，例如在「亨麗埃特號」（*Henrietta*）（*Alta California*, June 23, 1851），在「布蘭德號」（*Brand*）（*Alta California*, February 20, 1852），在「閃電號」（*Lightning*）（*Alta California*, February 22, 1852）上都有；「威廉・沃森號」（*William Watson*）上有些貨物是運給亞樂（Look）和日昇（Yesing）的，兩人都是船上的華人搭客（March 3, 1852）。

32 *Alta California*, March 28, 1852.

　　這些人不可能是因貧窮而出洋的。中國人遷徙是有幾百年歷史的現象，或在中國境內移動，或遠赴海外，人們冒着經過計算、認為可承擔的風險，把財富投資於前往未知之地的旅程，離開家人和熟悉的事物，尋找心所想更美好的前景。1850 年代的中國淘金客延續這種傳統，爭相到發現金礦的加州一碰運氣，希望從巨大利潤中分一杯羹，或當工匠、貿易商、金礦工人，或當廚師、建築工人和家僕，這些工作有的是受金礦吸引的白人放棄的，有的是由新的繁榮所創造。前赴加州和澳洲的中國移民，絕非如許多人所說那樣是身不由己的卒子或俘虜，他們是主動的施為者，在許多方面決定自己的動向，並為自己的經濟前景運籌鋪謀。

　　袁生是最早一批抵達舊金山的華人之一，他在 1849 年 5 月 6 日乘搭「燕子號」（*Swallow*）離開香港；是在數以千計走上這趟旅程的華人搭客中，首個被提及名字的人，其他人只是被稱為「搭客」或「僕人」的無名氏。根據一個說法，袁生是香山縣人，很可能是在澳門長大，1820 年左右來到紐約定居。[33] 他很可能在逗留美國東岸時歸化為北卡羅來納州公民，[34] 之後在某個時間回到中國，但又再次離開，這次去了加州。他在襟美慎街（Commercial Street）和乾尼街（Kearny）交界處開了一間名為澳門吳淞的餐廳（Macao Wosung Restaurant），還經營貿易公司，以他自己的名字取名袁生號。[35] 他在 1852 年安排首個粵劇團到加州演出，尤其體現了他開創進取的

33　區天驥：〈中華三邑寧陽岡州合和人和肇慶客商八大會館聯賀陽和新館序〉，《金山重建陽和館廟工金徵信錄》（1900 年）。

34　Norman Assing's letter to Bigler, *Alta California*, May 5, 1852.

35　1851 年「瑪格麗塔號」（*Margaretta*）運了兩批貨物給袁生：三箱茶葉（25 元）和鹽等（426 元）：Box 7, San Francisco Custom House Records（hereafter, CA 169）。

魄力。[36]

他一直保持高姿態，《上加利福尼報》在 1852 年初形容他是「本市知名商人」。[37]他懂英文又深諳西方的處事方式，能擔當華人移民與加州當局之間的橋樑，因而成為華人社會領袖。他為香山縣人創辦陽和會館，對同鄉有特殊建樹。在 1852 年，加州州長比格勒（Bigler）提出立法禁止華人移民，令袁生大為氣忿，在《上加利福尼報》上刊出一封憤怒的長信，撻伐州長的種族主義態度，並提醒他華人是擁有優越文化的民族。袁生的信不只顯示他運用英文自信嫻熟，對美國憲法有深入認識，還反映加州華商愈來愈自信和老練。

陳樂是另一個早期旅居當地的華人，他在 1850 年與幾名夥伴在舊金山創立濟隆號，開設零售商店，向外國人售賣精美花哨的中國貨，同時經營興旺的進出口業務。濟隆號後來成為該市最大的華人商號，在香港、上海和橫濱都設有分號和聯號。[38]除了這兩人，到了 1849 年底，至少有另外 300 名華人來到舊金山，這些人絕不能以「苦力」來形容。他們聚集在昃臣街（Jackson Street）的廣東酒樓舉行集會，通過決議委任美國人伍德沃思（Selim Woodworth）為華人的律師。他們覺得自己是「身處異鄉 …… 的外國人」，在遇上意想不到的困難時，需要有人提供指導和建議，並擔任他們的仲裁者和顧問。這是個嚴肅的場合，我們可以合理地推測，只有華人羣體中「體面高尚」和擁有崇高社會地位的成員，才獲邀參與這次聚會並通

---

36   John Kuo Wei Tchen, *New York Before San Francisco: Orientalism and the Shaping of American Culture 1776-1882*（Baltimore, MD: Johns Hopkins University Press, 1999）, pp. 86-87; Ronald Riddle, *Flying Dragons, Flowing Streams: Music in the Life of San Francisco's Chinatown*（Westport, CT: Greenwood Press, 1983）, p. 18.

37   *Alta California*, March 18, 1852.

38   Ow, Lai, and Choy, *Sam Yup Benevolent Association*, pp. 179-80; *Alta California*, September 1, 1889.

過此決議，[39] 大概還要貢獻金錢支付這項服務的成本。難以想像被壓榨和受勞役的人能夠參與。到了 1850 年底，許多華人企業都雲集在那裏，沙加緬度街（Sacramento Street）因此被稱為「唐人街」。[40]

不需說，這些移民的社會背景影響了客運業的性質，並且明顯反映於搭客船經營者的態度和行為，他們十分關注這些付費顧客是否滿意其服務。對旅程感到滿意的顧客，日後自然可能選擇同一經營者管理的船，並且肯定會在朋友之間傳開口碑。這點對於航運業者的想法有多大影響，從擁有「康羅伊號」（Conroy）的羅比內特（W. M. Robinet）向該船船長下達的指示可見一斑，羅比內特最近從舊金山抵達中國，以抓住興旺的跨太平洋航運生意帶來的機會，這艘船在 1852 年初開往加州。[41]

羅比內特責成船長邁耶（Meyer）盡心妥善照顧搭客。他指示須提供充足飲用水，每人每天要有一加侖。食物供應也要充裕。邁耶船長如果不

39　*Alta California*, December 10, 1849.

40　Hubert Howe Bancroft, *History of California*（San Francisco: The History Company, 1890），7 volumes, vol. 6, 1848-1859, p. 185.

41　Robinet to Meyer, February 3, 1852: Heard II, Vol. 541, "W. M. Robinet Letters." 此書收錄了羅比內特在 1850 年 12 月至 1853 年寄出的信，有些用英文有些則以西班牙文寫成。關於此書的一個註釋說，不清楚此書信集為何會納入瓊記洋行檔案。1858 年 11 月 6 日的《德臣西報》清楚地綜述了羅比內特特立獨行的一生。有關從歐洲和美國東岸開往加州的船的著作甚多。例如見 John Haskell Kemble, *The Panama Route, 1848-1869*（Columbia, SC: University of South Carolina Press, 1990），以及 James P. Delgado, *To California by Sea: A Maritime History of the California Gold Rush*（Columbia, SC: University of South Caroline Press, 1996 [1990]）。可惜的是，幾乎沒有坐船從中國前往加州、澳州和加拿大的華人移民寫下第一手記述。巴思在 *Bitter Strength* 一書中引述了歐洲旅行者的記述，但它們充滿歐洲中心觀的偏見（見 Barth, *Bitter Strength*, pp. 70-71）。關於大規模越洋遷徙造就的新興統艙客運業，有一些簡短而有用的描述，見 Bernard Ireland, *History of Ships*（London: Hamlyn, 1999），pp. 98-99；以及 Marjory Harper, "Pains, Perils and Pastimes: Emigrant Voyages in the Nineteenth Century," in *Maritime Empires: British Imperial Maritime Trade in the Nineteenth Century*, edited by David Killingray, Margarette Lincoln, and Nigel Rigby（Woodbridge: The Boydell Press in association with the National Maritime Museum, 2004），pp. 159-172。

熟悉中國人的習慣，可以徵詢「中國佬老黃」（Chinaman Voong）的意見，老黃會提示他如何提供糧水，並告知他搭客的日常需要。為了維持船上秩序，羅比內特指示他「在中國人之間指派一些頭領，你會了解他們，而他們會約束其他搭客。」羅比內特亟欲避免船上發生任何不測事件，令搭客抵達美國後會向該公司提出訴訟。他指出，如果他們到達時「稱心如意」，邁耶可能「獲他們給予證書，表明自己得到善待，這樣就能建立好口碑，有利日後的載客生意」。對羅比內特和其他載運自由移民的經營者來說，我們今天所稱的「客戶關係」十分重要。

羅比內特亟欲從搭客手上獲得的感謝狀，這在當時有很大需求。「歐佛洛緒涅號」（*Euphrosyne*）在 1851 年 7 月到達舊金山時，它的華人搭客在《上加利福尼報》上刊登啟事，感謝船長的「妥善對待」和「紳士行為」。他們讚揚他是偉大航海家和君子，並向所有同胞推薦這位船長，還指出這艘船物資充足，舒適方便。[42] 在同一個月，250 名乘坐「黎巴嫩號」（*Lebanon*）的華人搭客在報上刊登啟事，感謝船長德魯（Drew）。[43] 給予（或者不給予）這種鳴謝肯定是自由移民自主抉擇的表現。

搭客感謝船長的優良服務有不同形式。1852 年從黃埔坐「巴爾莫勒爾號」（*Balmoral*）到舊金山的華人搭客，為向船長羅伯遜（Robertson）表示謝忱，送上「以加州黃金所製的精美指環」，而船桅頂端則掛上一面「華麗的絲質旗幟」，以中文書寫「中國搭客四百六十四人乘舟渡海，自粵而赴金山，承蒙羅伯遜關懷備至，照拂周到，特獻上此物以表謝忱」。乘搭美國船「波斯號」（Persia）的華人以一面錦旗向庫克（M. M. Cook）船長致謝，旗上寫着「我族銘感五內 —— 獻給庫克船長，亞良、袁生等致意」。乘坐英

42　*Alta California*, July 4, 1851.

43　*Alta California*, July 22 and 26, 1851.

國船「澳大利亞號」（*Australia*）的廣東搭客以一面繡字錦旗表達謝意，向船長保證他們全都「以汝為友」。在 1856 年在香港，飛剪船「艾倫．福斯特號」（*Ellen Foster*）的船長獲華人搭客致贈一面重縐紗旗子，以感謝他的善待。在 1857 年夏天，舊金山華商讚揚飛剪船「魔法師號」（*Wizard*）船長斯萊特（Slate），因為由他運載的 700 名中國移民，無一生病或死亡。[44]

　　船上搭客受到親切有禮和富有人情味的對待，與運載被迫的移民的船有天壤之別，後者的環境往往極為惡劣，船員要花很大力氣和以粗暴手段去束縛搭客，防止他們逃走，搭客與船員之間經常發生暴力事件。在極端情況中，憤怒的搭客會爆發叛變，造成許多船員和搭客死亡。[45] 載運被迫的旅客到祕魯和哈瓦那，船長和船員可以獲得較高薪水，但他們往往寧願行走運載自由移民由香港至加州和澳洲的路線，因為安全得多。如十九世紀香港史家歐德理所觀察到，「苦力」船上一再爆發叛亂，令英國船長視祕魯路線為畏途。[46] 有時候船還在港口內就已爆發暴力事件，要報警處理。[47]

　　英國駐舊金山領事在 1858 年證實這種情況。他比較前赴加州的船與開往「熱帶地區」的船，強調前者的船長和船員都覺得華人搭客循規蹈矩，

44　Barth, *Bitter Strength*, pp. 74-75.

45　Crawford, *Chinese Coolie Immigration*, p. 105; Robert Schwendinger, *Ocean of Bitter Dreams: Maritime Relations Between China and the United States, 1850-1915*（Tucson, AZ: Westernlore Press, 1988）.

46　Eitel, *Europe in China*, p. 273.

47　見「波特蘭公爵號」船長對於船上暴力事件的記述，收錄於以下國會文件："Copies of any Recent Communications to or from the Foreign Office, Colonial Office, Board of Trade, and Other Department of Her Majesty's Government, on the Subject of Mortality on Board the *Duke of Portland, or Any Other British Ships, Carrying Emigrants from China*," reprinted in Great Britain. Parliament, House of Commons, *British Parliamentary Papers: China*（Shannon: Irish University Press, 1971）（以下簡稱 BPP）, 42 volumes, vol. 4, "Chinese Emigration," pp. 424-425；這事件也記載於 "Copies of Recent Communications to or from the Foreign Office, Colonial Office, Board of Trade, and Any Other Department of Her Majesty's Government, on the Subject of Mortality on Board British Ships Carrying Emigrants from China or India," in the same volume, pp. 459-493。

「十分容易管理」，而且船上氣氛和諧友好，令船員能保持甲板清潔，防止疾病發生。偶爾有一兩名搭客可能因病或其他原因身故，但都屬個別事件，非船上衛生惡劣所致。另一方面，前往西印度羣島的移民通常都是被迫上船，或者有些人是從監獄放出來的盜匪，一直是船員的心腹大患，船員相信他們會「聯手嘗試把船控制」。船員不敢走下甲板執行保持全船潔淨的衛生規則，所以甲板變成了「公用污水溝」，引起不適和疾病叢生。[48] 對船員來說，不同的載客路線顯然是類型迥異的工作，對所有人帶來不同的風險。

　　加州運輸的另一個顯著特點，是它從一開始就是雙向往來。許多船一到舊金山卸下貨物和搭客，就會馬上返回香港，重複這一航程。我們之前說過，早在 1851 年已有少數華人返國，帶回賺得的驚人收入，引起極大轟動。[49] 該年年底再有一些人歸來，在 10 月「凱爾索號」（*Kelso*）上有 30 人，在 11 月「北卡羅來納號」（*North Carolina*）上有 17 人，而在 12 月則有 24 人坐「女王號」（*Regina*）和 3 人坐「飛雲號」（Flying Cloud）回鄉。[50] 在 1853 年 10 月，飛剪船「瞪羚號」（*Gazelle*）載着 350 名華人離開舊金山前往香港。[51] 在這些早期回來的人當中，有的掙得足夠金錢永久歸鄉，另一些人在與家人度歲或完成一趟甚有收穫的採購買賣之旅後，就返回加州。

48　W. Lane Booker, British Consul at San Francisco, to the Earl of Malmesbury, July 3, 1858, enclosed in Foreign Office to Colonial Office, August 21, 1858: CO 129/70。布克的這份公文還附有「穆爾斯堡號」（Mooresfort）、「加勒比海號」（Caribbean）和「萊奧尼德斯號」（Leonides）這幾艘英國船上須遵守的「規條備忘錄」（Memoranda of Rules），從中可見不少內情。

49　*Alta California*, May 9, 1851.

50　*The Friend of China*, passim, 1851.

51　Barth, *Bitter Strength*, pp. 60-61.

圖 2-3　修築太平洋鐵路的最後一哩路，歐籍和亞裔工人在聊天。
　　　　【圖片來源】*Harper's Weekly*, vol. 13 (May 29, 1869), p. 348.

　　十九世紀的華人移民在國外工作一段時間後，就渴望帶着積蓄返回中國，這種現象已見諸大量文獻記錄。歷史學家孔飛力（Philip Kuhn）說，這時期出國的華人移民並非「離開家鄉」，而只是把工作地點和故鄉之間的走廊延長。這是很有啟發性的概念，有助我們在多個層面了解移民的心態和行為。信件、金錢、貨物、消息，甚至移民的骸骨，都是通過這些走廊流動，令移民與親友保持聯繫，並維持他們對於日後能最終衣錦還鄉享受舒適生活的夢想和抱負。[52] 眾所周知，華人移民一般無意在美國永久定居。想不到他們不願意留下卻受到美國人批評，而令人哭笑不得的是，這些人通常是那些痛恨華人來到他們之中，並想華人離開的美國人。[53]

　　這種慾望決定了華人遷徙的軌跡大多是循環狀而非單向的。這種歸家的衝動很強烈，移民希望即使自己不幸客死異域，骸骨都能歸葬家鄉。在往後幾十年，數以萬計放了身故華人移民骸骨的箱子會取道香港運返中國。最早想到組織這種大規模運送骨殖／遺體活動的人是誰無從稽考。從感情角度看，移民知道如果他們客死異鄉，遺體會以恰當的儀式歸葬家鄉，心裏能得到慰藉；而從生意的觀點看，這是十分進取創新的意念。運送骨殖成為大受返回中國的船歡迎的收入來源，對貨運生意的影響也一定十分可觀。

52　Kuhn, *Chinese Among Others*, pp. 43-49.

53　US Congress, Senate, "Report of the Joint Special Committee to Investigate Chinese Immigration, Feb 27, 1877" : US Congressional Serial Set Volume 1734, Session Vol. No. 3, 44th Congress, 2nd Session. Senate Report 689, p. VII：「華人來這個國家不是為建立家園；他們的唯一目的，是獲得一筆在中國來說很優裕的財富，然後回去享受。雖然有愈來愈多人不斷前來，但也有一批人持續離開，儘管數目較少，他們工作了一定年期，結束受奴役生涯，賺得足夠在中國生活所需的金錢，就斷絕與這個國家的聯繫。」

在 1855 年 7 月 7 日，美國船「南方豔陽天號」（*Sunny South*）把 70 名
華人的遺體從舊金山運到香港。[54] 這是無數這種船運的首批，因為在之後差
差不多一百年，數以萬計在世界各地身故華人的遺體，陸續經香港送返中
國。在華工已被大量招募去修築鐵路的 1870 年，1,200 名「爆破內華達山
脈的花崗岩」的鐵路華工遺體，共 9,000 公斤骸骨被送回鄉。[55] 每具遺體運
費 10 元，即共 12,000 元美金。從澳洲、加拿大和後來的新西蘭[56] 運送回鄉
的骨殖，規模也十分可觀，這種為財力充裕的中國淘金者進行的運輸，在
十九世紀較後期似乎也成為東南亞和祕魯華僑社會仿效的模式。

　　運送骨殖回鄉會在第七章論述。我在此章主要想顯示，對於民眾（生
者或死者）不斷重複於太平洋兩岸循環往來移動，航運業是如何因應配合。
太平洋郵輪公司（Pacific Mail Steamship Company，當時華人多稱之為「花
旗輪船公司」，下文沿用此名稱）在 1867 年建立首條正式的定期客輪航
線，但在此之前，連接香港與加州的航程已非常頻繁。[57] 往來船舶交通十分
有規律和頻繁，有助鞏固香港作為太平洋主要港口的地位，因此花旗輪船
公司開闢其航線時，就選了香港為中國的終點站。如歐德理所觀察，所有
付得起旅費的華南移民，都選擇以香港為登船出洋的港口。[58]

54　*China Mail*, July 12, 1855; Yong Chen, *Chinese San Francisco 1850-1943: A TransPacific Community*
　　（Stanford, CA: Stanford University Press, 2000）, p. 105.

55　Mark O'Neill, "Quiet Migrants Strike Gold at Last," *South China Morning Post*, February 14, 2002.

56　關於從新西蘭運送骨殖回中國的細緻描述，見 James Ng, *Windows on a Chinese Past*（Otago:
　　Otago Heritage Books, 1993）, 4 volumes, vol. 4, Chapter 1D, "Burial Customs"。

57　有關花旗輪船公司的歷史，見 John Haskell Kemble, *A Hundred Years of the Pacific Mail Steamship
　　Company*（Newport, VA: Maritime Museum, 1950）和 E. Mowbray Tate, *TransPacific Steam: The
　　Story of Steam Navigation from the Pacific Coast of North America to the Far East and the Antipodes
　　1867 1941*（New York: Cornwall Books, 1986）。大批關於該公司的檔案，現存放在亨廷頓圖書
　　館（Huntington Library），我特別感謝劉易斯（Dan Lewis）和埃諾迪（Mario Einaudi）協助我查
　　閱這批檔案。

58　Eitel, *Europe in China*, p. 344.

客運業的實際運作

「蘇丹娜號」事件

　　在淘金熱的初期，香港的船位經紀常常會派代理人到中國內地宣傳金礦的神奇故事，藉此兜攬生意。打算坐船的人付出約五元「訂金」就會獲得「訂單」，經紀會在訂單上蓋章，確認這宗交易。之後他就前往香港（大部分人大概是坐帆船去）並且向相關航運經營者出示那張「訂單」並支付餘下的船費，就可獲得前往加州的船位。[59] 然而，準備坐船的人可能無法馬上登船，情況就如今天的飛機搭客在「登機時間」前無法上飛機。這時候，經紀或其他代理人就以各種方式為持有船票的人安排住宿。從「船」的觀點看，令搭客清楚知道在特定時間前不准登船十分重要。因為他們上船後，該船就須負責他們的安全，並為他們提供糧水和燃料；而且船也運載貨物，搭客可能會令貨物受損。因此必須嚴格控制登船時間以及登船與啟航之間的時間。[60] 另一方面，經紀人或租船人須負責為留在岸上準備搭船的人提供食宿，自然希望盡早把他們弄上船，撇開他們。搭客不用說也急於盡早上船離開。這些不同人之間的內在緊張可想而知。

　　「蘇丹娜號」（Sultana）事件清楚反映出客運業的動態變化。[61] 在 1852 年夏天，香港發生一樁聳人聽聞的醜聞，震撼全市，570 名乘坐「蘇丹娜號」前往舊金山的華人搭客，被一班武裝人員強迫下船，無法繼續行程。搭客

59　Caine to Newcastle, May 4, 1854 #11: CO 129/46.

60　*Hongkong Register*, December 7, 1852.

61　*The Friend of China*, August 7, 11, 14, 1852; November 20, 1852; January 12, 1853.

遭受巨大損失，並引發一連串複雜的法律訴訟，一直持續到翌年。《華友西報》頗為誇張地說：「本市的和平和市民的生命，從而都被我們毫不猶豫稱之為本殖民地所見最罔顧法紀、寡廉鮮恥的商業交易所危害。」[62]

這雖然是不尋常的事件，卻為我們提供不可多得的機會，一窺這個行業所涉及的參與者和運作方法。我們看到有許多人參與其中：船主和租船商，船的代理人和船長，承保人和貨物託運人，搭客和為他們提供資金的人。他們之間不同的利益衝突，交織成一張複雜的大網，所有人都糾纏於其中，而他們採用的策略是提出各自關注的事項。此事例顯示了人類自主抉擇的力量，同時也顯示環境加諸個人的限制。此外，我們可趁此難得機會近距離觀察搭客，他們不是一羣面目模糊的大眾，而是擁有不同資源和各有其能耐的人。事實上，審視他們普遍擁有的資源，證實了美國領事布什和港督寶靈的觀察，即出洋前往美國的人都是有財力的，而非潦倒貧民或被犯罪集團強迫勞役的人。

急欲前往金山的搭客因租船人潛逃而滯留香港，有些人向一名本地金融家求助。他們全都是受害者，有些人因這次經驗而萎靡不振，另一些人則堅持爭取到底。大多數前往加州的移民或許不像那些被迫遷移他方的人那樣，遭遇極端暴力、虐待和欺騙；但前往任何地方的旅客，隨時都可能遭遇其他危險和不明朗情況，即使是他們也無法倖免。

取道香港前往美國的搭客的經驗我們所知不多，只可根據報紙在幾個月間的詳細報道來部分地重構。過去對於移民的研究多把焦點放在輸出國和接收國，鮮有人會注意在途中的旅客。「蘇丹娜號」事件可以顯示「過境經驗」的重要性，顯示香港這個轉運中心及華僑「中介之地」在遷移過程中所發揮的關鍵作用。

62　*The Friend of China*, August 14, 1852.

　　這戲劇性事件在 4 月開始，帕西（又稱巴斯人）商人卡邁沙‧艾哈邁德（Kamesa H. Ahmed）等人擁有一艘孟買的英籍船「蘇丹娜號」，他簽了合約，以 25,000 元租出這艘船載客到加州。租船商是廣州義記行（Yee Kee firm）的容熙（Yung Hee），他在廣州付了 18,500 元給卡邁沙，尚欠 5,500 元未付。租船契約中列有延滯費每天 200 元的條款，若違反租船契約則要罰款 8,000 元。

　　這艘船的船位在廣州售賣，由於需求很大，生意很興旺。至 7 月初，已有 570 名搭客以約每人 60 元的票價買了票，這是相對高的票價，因為其他行走相同路線的載客船可以低至每人 28 元，這無疑反映當時對船位的需求很大。這 570 名對金山滿懷期望的人抵達香港準備上船。此時，租船人與卡邁沙就應繳付的金額發生爭執，之後潛逃，結果，船主拒絕讓船開航。在 7 月 7 日，八名「為首搭客」（大概是搭客中最敢言和最有主見之人）去見「蘇丹娜號」的共同擁有人伊沙（Easa）和船的代理商美資公司羅爾德林克公司（Rawle, Drinker & Co.）的文員，看看怎樣做才可令船開航。這些搭客得到的答覆是，他們要向其他搭客籌款支付義記行所欠的餘款，他們提出反建議，說不如每人再額外付出 5 元。但這樣只有 2,850 元，遠不夠尚欠的 5,500 元。伊沙很不滿意，堅持除非他們多付一些，否則他會再讓額外 30 名搭客上船，以彌補不足的 1,200 元。再增加 30 名搭客船就會超載，危害航行安全，也肯定會令原有的搭客不舒適。但他們急於啟程，故沒有因這些顧慮而卻步，同意了這個條件。

　　同時，有人發現羅爾德林克公司手上有一些義記行的資產，可以抵付所欠餘款。那些資產是 686.49 元現金和價值 1,500 元的鴉片。須要指出，鴉片當時常被人當作貨幣來支付各種交易的費用。有了這兩筆錢，再加上搭客願意籌措的額外船費，現在大致可以抵銷租船商的欠款，幾方人馬最終能夠達成協議。根據協議，搭客要在由 7 月 10 日起至 13 日午夜 12 時止

的三天半內，每人額外付出 5 元，如果他們無法在限期前支付，則每天罰款 200 元。

為了籌措必要的金錢，「為首搭客」向譚才求助。如我們在第一章所說，譚才是香港開埠初期最成功的華人企業家。這些搭客一定聽聞過，急需金錢可以去找譚才。因此，即使他們大部分在香港是陌生人，但可以借助於某些資源，包括獲得貸款。譚才（和其他人）願意為即將遠行幾千英里的人擔保，這點值得說明一下。譚才當然很富有，而且以香港華人的社會領袖自居，向落難同胞施以援手，是顯示他慷慨大度和具有領導地位的機會。然而，當中還有更物質方面的考慮。貸款給準備前往金山的人是利潤非常豐厚的生意，只要有有效的制度去收回債項。從譚才從事借貸活動可知，他一定與太平洋彼方的公司或個人有聯繫，這些公司或人會照顧他的利益。事實上，在 1849 年後不久，涉及商業、財務和社會各方面的多重跨太平洋聯繫便出現，並且變得愈來愈緊密複雜。譚才在加州有貿易聯繫。他在 1852 年運了價值逾 4,000 元的貨物到舊金山，這絕非小數目，[63] 收貨人是譚亞汝，顯然是他的親戚或族人，此人不但接收譚才寄來的貨物，很可能也能替他去討債。

名為「會館」的同鄉組織提供了有效的討債制度，我們會在第七章深入討論這些會館。此外，以加州為基地的各個商號，與譚才等廣州和香港的公司和個人密切合作，接受中國寄來的應收賬目代為討債。例如，鄉籍會館定立規條，試圖逃債的人會受嚴懲 —— 最嚴厲的懲罰是被禁止返回中國。會館有欠債會員的記錄，而任何想回中國的人，都須獲所屬會館發出的出港票，證明他已還清債務。各會館（六大會館）之間達成了安排，沒

63　這批貨物包括 4,268 包大米、65 箱豬油、1 箱帽子、1 箱空白的寫字簿、1 箱長襪、1 箱鞋子、1 箱爆竹、89 塊花崗岩石材。見 certified invoice 10061 on the Ann Welsh: Box 14, CA 169。

圖 2-4　由新寧縣（後稱台山）人組成的舊金山寧陽會館
【圖片來源】BANC PIC 19xx.258-PIC, Bancroft Library, University of California, Berkeley.

有這種出港票的人買不到船票。[64] 這種極為有效的討債制度，大大減少了香港或中國的借款人向打算出洋的人放貸的風險。這種減低風險的制度是建立在互信、密切合作和嚴格監督之上。此制度可以達到多種功能，但主要是為企業家擴大投資機會，同時令那些原本沒有本錢出洋的人能夠成行。

「蘇丹娜號」的搭客很幸運，譚才願意擔保他們。譚才與他們開會後，就通知德林克（Drinker）他與搭客達成的協議，但由於他手頭沒有現金，所以告訴德林克，在「蘇丹娜號」準備好開航時，他會付清所有尚欠的金額。根據譚才後來在法庭的供詞，德林克對他說：「譚才，如果由你來擔保，等一個月才收這筆錢，我也願意。如果你來擔保，可以這樣做。」由於譚才的地位，德林克這樣說完全有可能。

在 7 月 12 日，「為首搭客」前往羅爾德林克公司的辦公室，支付了 300 元現金和價值 300 元的鴉片，他們一定是從其他途徑籌得這些鴉片；他們付了這筆錢後，現在只欠船 2,250 元，亦即譚才願意代為支付的數額。

譚才在 7 月 13 日早上把「為首搭客」找來，叫他們給他借貸的抵押

64　" The Chinese Companies, " enclosed in "Remarks of the Chinese Merchants of San Francisco Upon Governor Bigler's Message"（San Francisco: Printed at the Office of the Oriental, January 1855）, pp. 12-14。為了證明成立會館的合理性，商人說，協助追討欠債是會館能提供的重要服務之一：「為追討欠債提供了很大便利。如果對於歸還債項有任何疑問，賬目會傳到舊金山的代理人處。這裏的人們不斷來來去去；這樣做的話，欠債的人可以更容易找到；他們的情況會為人知悉，如果他們不肯還債，就可以訴諸我們的法庭，他們會被捕並償還欠款。」另見 Speer, *The Oldest and the Newest Empire*, p. 562，當中引述了陽和會館的規條：「追還債款，為避免錯誤起見，負債者之真姓名、紙名、何埠何縣，必須詳寫。本會館理事發給投訴者一收據，迨債款已償還，收據要繳回。不足十元之債款，不得提出投訴。投訴自提經本會館，負債者如以後償清時，必須領有本會館所發之憑據，否則不准其離境 …… 債權人歸國，可託人代收其債款。由中國寄來應收之賬目，可託本會館代收。」

這個制度後來有所演化，想離開加州的華人必須先從所屬會館取得憑條，證明已還清包括會員費的所有欠債務；之後向船公司出示憑條才能購買船票。六大會館與船公司達成協議，沒有憑條的人是買不到船票的。加州政府在 1880 年末曾試圖禁止這種做法，但不成功（*Alta California*, January 21, 1881）。

品。但是，事情到這階段急轉直下。在 9 時 30 分，譚才前往德林克的辦公室，發現他去了船那裏，譚才前去找他，卻被阻止接近該船。他大喊德林克的名字。德林克看到譚才，問他為甚麼不早點來。之後德林克宣佈令人意想不到的消息。他說，為時而晚了，因為他已把一半搭客趕上岸。原來德林克較早前派了 50 名武裝人員上船，強迫搭客下船，那些之前上了岸的人則被阻止回船。

　　譚才大為震驚。這艘船早前容許搭客上船，已經承認了他們坐船出航的權利，現在強迫他們下船是嚴重違反合約；這種行動極為不尋常。譚才也很錯愕，他已答應做擔保，而且事實上已告知德林克的員工，他會在幾個鐘頭內帶所有錢來，但德林克還是採取這種激烈的行動。德林克在那天稍後嘗試解釋自己的奇怪行為，說消息傳來的同時，加州當局要求每名搭客繳交 5 元人頭稅，並問譚才是否願意代付這筆錢；如果他願意，船就可以起航。譚才答道，他要先獲得搭客的抵押，才肯承擔這筆額外費用。搭客顯然現在已很絕望，別無選擇，只得逆來順受，並同意在加州支付這筆錢。然而，當譚才回到德林克處去確認他願意擔保，德林克告訴他沒有用了，這艘船已不再由船主擁有，再次令譚才又驚又怒。

尋找公義

　　這些意料不到的事件令譚才十分難堪，也令搭客處境悽涼。搭客被趕下船時，混亂間有些人行李盡失。被鋪、衣服、糧食，還有收藏現金的箱子和其他貴重物品，統統丟失不見。他們失去旅費，前往金山的夢想破滅，現在不名一文滯留香港。有些人萬念俱灰返回廣州，據說有幾個人甚至自尋短見。

　　另一些搭客留在香港，主要是得到本地人幫助，譚才無疑是提供協助

的人之一，他們嘗試通過香港法庭追討賠償。那時的香港華人已學會利用法庭向外國人索償，以保障自己的權益，可是這些來自廣東省的人如何懂得可以依賴英國法庭，現在無從稽考，但譚才或其他人可能教導他們這樣做，甚至可能協助找律師代表他們。並非所有「蘇丹娜號」的受害者都獲得賠償，法庭判決的結果常常出人意料，令人極為懊喪。到此時，法庭頻繁要審理有關客運業的案件，由此得益最大的人無疑是法律界人士，他們從中大賺其財。

搭客開始控告船東的代理商羅爾德林克公司和船長賴斯（Rice）。最早這樣做的是其中一名「為首搭客」廣泰來，[65] 他在 8 月 6 日傳喚賴斯上庭，要求歸還他聲稱曾支付賴斯的 62.5 元。他因為無法證明「立約雙方的相互關係」而輸掉官司。

另一名搭客秦亞義（Chun Ayee）運氣好一點，在 8 月 19 日他為自己失去貴重物品而傳喚德林克和賴斯上庭。他說，「蘇丹娜號」的船副在 6 月 28 日接納他為搭客，7 月 12 日發給他一張離船許可證讓他上岸，之後卻拒絕讓他回船，令他無法看管自己的行李而最後弄丟。法庭命令賴斯和德林克向秦亞義支付 24 元，外加兩元成本。另外一位搭客嘗試向賴斯提出同樣的索償，但為時太晚了。這個案件直至 9 月 6 日才在法庭審理，那時「蘇丹娜號」已出港兩天。裁判官撤銷案件。

之前向賴斯船長索償敗訴的廣泰來，在同一天再作嘗試，這次是向船東卡邁沙‧艾哈邁德索償。這是一個重要舉措。雖然他自己只索償 57.5 元（船費）和 5 元（後來徵收的費用），但如果他勝訴就會成為先例，有利其他搭客也向卡邁沙索償，影響總共 18,000 元。法官判廣泰來勝訴，可惜這只是有名無實的勝利。卡邁沙跑到不受香港司法權管轄的澳門，廣泰來無

65　廣泰來聽起來像商號的名字，而不像人名。當時人們習慣用店名來稱呼其東主。

法取得應得的賠償。

　　無論如何，卡邁沙堅稱船費從沒交給他。搭客現在推測他們的錢在羅爾德林克公司手上，遂改變策略，改為向這家美國公司索償。該公司最初提議向每名搭客提供 10 元來解決事情；但搭客不接納這個建議，他們渴望全數取回近 60 元的船費。此外，許多人為放在船上的行李丟失而苦惱萬分。如高亞義（Koo Ahee）後來作供說：

> 我有一個箱子，內有衣裳、錢和被鋪，價值二十五元，另外我也付了二十五元前往加州的費用。由於那艘船那天將要啟航，我把所有被褥都攤開，當我要去拿回那被子和其他東西時，水手把我推開，所以我拿不到它們。[66]

　　搭客的慘況和苦惱可想而知。經過幾個月在法庭上與船主、代理人和船長周旋，許多人都沒有甚麼進展。他們或許被繁複的英國法律程序弄得茫無頭緒，也可能被似乎難以理解的判決搞糊塗。他們心力交瘁又無計可施，在 11 月向香港總督呈上稟帖求助：

> 具稟人籌募銀兩以赴金山，無奈一波三折，苦楚不堪，現繁華夢碎，飢寒切身，苦楚艱難，無力回鄉，伏望大憲哀恤蟻等慘況，大發慈悲，格外恩施，允准所請，以昭公義……[67]

66　*The Friend of China*, January 12, 1853.

67　*The Friend of China*, November 30, 1852.

陳情者想要得到的不只是抽象的公義。他們很想繼續靠法院來解決事情，但法律訴訟很昂貴。首先，光是向最高法院入稟訴狀就要 1.75 元。這份陳情書的結尾是請求港督免除法庭費用。

搭客向輔政司署呈上陳情書，但被告知無能為力，他們只能求助於法院。許多人不再追究下去，在 11 月到翌年 1 月都沒有這案件的消息。有些原告獲賠償留在船上的財物，取回部分損失，但沒有人獲賠償船費，理由是他們把錢直接付給租船人，沒有證據顯示那些錢曾交到卡邁沙或羅爾德林克公司手上。這似乎與廣泰來控告卡邁沙的判例不符，但這種前後不一的情況並不罕見，因為很多時須視乎每宗案件的細節而定。

搭客損失慘重，但絕非唯一蒙受損失的人。船主和代理商的處境也很堪憐。羅爾德林克公司是在原本的租船人潛逃後，才在 6 月 26 日受邀擔任「蘇丹娜號」的代理商，那時船已被扣留超過應啟程的時間 42 天，因此要沒收 8,000 元，另被罰 8,000 元違約金。雪上加霜的是。這艘船不只被租來載客到加州，還要運貨，而涉及搭客的延誤不利於貨主。其中一名託運人孖剌士甸臣洋行（Messrs Murrow, Stephenson & Co.）控告船長賴斯，因為運貨到加州的提單是由他簽署，所以要求他賠償損失。託運人惱忿忿地抱怨搭客邋遢污穢，弄髒他們的貨物，最終卡邁沙要悉數買下這些貨物。另一個託運人丹拿公司（Turner & Co.）則控告賴斯沒有履行合約。

丹拿公司為它託「蘇丹娜號」運載的穀物，向諫當保險行投了保，這艘船最終無法開航後，丹拿公司也要求退還保費。但保險行對這個要求不予考慮，理由是雖然船沒有開航，但差不多兩個月來都承受着風險，這段期間船的港口險是每月保費的 0.5%。另外，這段時間船上華人搭客的數目增加了火災和其他傷亡的風險。保險公司寫道：「若我們知道這些搭客在船上住了這麼長的時間，肯定會抗議他們這種做法。」此外，從岸上運送貨物到船上的小艇也造成風險。這些風險全加起來，被認為相當於從香港駛

往舊金山海上旅程的風險；因此在這樣的情況下，保險公司不能考慮丹拿洋行的要求。[68]

　　羅爾德林克公司自己也苦不堪言。訴訟費用和其他開支最終高達 3,000 元。據德林克說，搭客仍在船上等待啟航的日子，有些船員說覺得受搭客威脅，船長也不肯在船上過夜，聲稱自己生命有危險。此外，這艘船在港內的那幾個月，還要向船員支付薪水和提供食物。

危險與問題

　　「蘇丹娜號」的例子只顯示搭客面臨的一些危險，只是冰山一角，還有許多其他憂慮。即使船主 / 租船人不是有意虐待搭客，有些像羅比內特的租船人十分照顧搭客的需要，但還有另外一些事情須要擔心，而且世界上有許多無良之人。曾有一些例子是經紀在租用或買下船之前，就先收了一船搭客，[69] 或者經紀和租船人收了搭客的錢後捲款潛逃，如同「蘇丹娜號」的例子。有時候，延誤是因租船人與船東、代理商或船長發生爭執引致，把搭客置於茫然無措的境地。還有一些情況是乘客所搭的船漏水、船上提供的食物腐爛或者飲用水不足。[70]

68　Canton Insurance Office, Hong Kong to Messrs. Turner & Co, September 8, 1852: Jardine, Matheson & Co. Archives（JMA）C36（Letters re Canton Insurance Office）/12（Letters from Hong Kong），p. 113

69　Caine to Newcastle, May 4, 1854, #11: CO 129/46.

70　在 1852 和 53 年被發現有嚴重漏水情況的船舶，包括準備駛往舊金山「安·韋爾什號」（*Ann Welsh*），它在離開該香港港口後就要折返維修；打算前往澳洲的「極光號」（*Aurora*）也嚴重漏水。*Hongkong Register*, November 30, 1852, September 13, 1853。

（轉下頁）

在 1855 年前，英國沒有任何法例限制船的載客人數，超載情況很常見，有時候還十分嚴重。由於船主和租船商獲得的報酬是視乎載客人數而定，把盡量多的人塞到船上顯然有利於他們。例如只有 490 噸的「自由號」（*Libertad*），在 1854 年接到運載 526 名搭客的合約，等於每一噸對多於一人。這艘船準備起航時，船政官發現船上有 390 名搭客，不肯放行。經過一番爭論和重新測量，他最終把載客上限定在 297 人。[71] 更令人震驚的例子是「時代號」（*Time*），它是一艘只有 96 噸的小帆船，卻載着 135 名搭客前往澳洲。《香港紀事報》對於一名「行事合度的英國官員」（指船政官）會容許 135 人（即一噸對一人半）「把自己塞進這樣的小舟之中」感到很憤怒。[72] 從船主和租船人的角度，這是很值得冒的風險。在規則付諸闕如時，船能否離港基本上是由船政官當場決定，而這種決定往往十分武斷。

在 1855 年《華人搭客法》通過前，對於運載華人搭客的唯一限制是 1848 年的《美國搭客法》，此法例主要規管通風、潔淨和搭客人數。[73] 它規定，船超載會被罰款或充公，但還是未能遏止超載情況發生。那些膽大妄為的航運商肯定置若罔聞，他們在船離開香港前，以額外收取的船費來買保險，盤算如果船抵達加州時被充公，保險可以賠償損失。此外，如

（接上頁）

　　在 1854 年 8 月 28 日，《墨爾本阿格斯報》（*Melbourne Argus*）（引自《華友西報》，1854 年 12 月 27 日）報道，雙桅帆船「縞瑪瑙號」（*Onyx*）的 214 名搭客中有 24 人死亡。這些華人乘客和船公司有協議，船主負責供應大米、蔬菜和魚。雖然食水很充足，但蔬菜已腐爛，魚從一開始就已變壞。前往菲利普港（Port Phillip）的航程走了 123 天，每名乘客為這趟航程付了 70 元。十九世紀中葉，運送西歐移民到美國和澳洲的船的情況也好不了多少。有關移民貿易，見 Bernard Ireland, *History of Ships*（London: Hamlyn, 1999），pp. 98-99。

71　*Hongkong Register*, April 4, 1854 and May 2, 1854.

72　*Hongkong Register*, March 23, 1854.

73　《美國搭客法》全文，見 *The Friend of China*, February 25, 1852。

果船主想把船要回，可以在美國政府把船拍賣時輕易買回。[74] 這法例很少被執行，而且如歷史學家巴思和施文丁格（Robert Schwendinger）所指出，曾有一些駭人聽聞的違法事例獲法庭撤銷，[75] 然而，船長和船主並非不知道有此法例存在，所以不敢太肆無忌憚，還嘗試去遵守它 —— 儘管只是半心半意。至少在大部分時間中，他們不敢太明目張膽違法。例如，羅比內特的「康羅伊號」上運載的搭客，有比法定上限超出十人，故特意提醒邁耶船長，要把這些人說成是船員。他還細心地指示邁耶船長，為了使獲計算在內的甲板面積最大化，在測量員於舊金山上船測量時，要確定他們不只測量甲板之間，還測量下層甲板 —— 那是像閣樓的平台，在船上加建以容納更多搭客。邁耶還得到指示，要令督察相信「這個區域光線充足、通風良好」。為以防萬一，羅比內特加上一句，如果邁耶判斷有需要「給一點小錢來通過檢查」，那麼他獲授權可給予賄賂。[76] 這裏要補充一點，此法例後來在1850 年代執行得更嚴格，但目的不是為改善搭客的環境，而是要限制華人移民。

除了詐騙，搭客還面臨可以避免和無法避免的延誤，以及因超載造成的危險和不舒適。狂風巨浪、船難、海盜劫掠和疾病，以及航行途中有少數人死亡，這些都已被視為必然之事。死傷枕藉的事件也時有發生。災難甚至會在旅客還沒出發就發生。在 1852 年 3 月，超過 60 名等待前赴加州的人受到大風暴蹂躪。當時他們獲安置在一間懸於海邊的木造建築物中（土地屬譚才所有），在強風吹襲下，連人帶屋被吹入海中，其中二三十人游回

74　*Hongkong Register*, May 2, 1854.

75　例如，「自由號」在 1854 年載了 560 名乘客從香港駛往舊金山，其載客上限應是 297 人。航程最後六天船上缺水，在抵達金門海峽前有 100 名華人死亡，連船長也不能倖免。Schwendinger, *Ocean of Bitter Dreams*, p. 67；關於其他事例見 pp. 67-68。另見 Barth, *Bitter Strength*, pp. 72-73。

76　Robinet to Meyer, February 3, 1852: Heard II, Vol. 541.

岸上，其餘人得到一艘法國捕鯨船的船長和船員營救，才倖免於難。據說六人死亡，幾個人失蹤。[77]

　　在海上災難頻仍，疾病永遠存在。1854 年，命途多舛的「自由號」爆發熱病，航行途中有 90 人死亡，連船長都不能倖免，另外 29 人抵達舊金山後也身故。據說搭客在航程最後六天缺水。[78] 古怪的意外也時有發生。在1852 年 5 月 12 日，「倫弗魯男爵號」載着 600 名華人開往加州，船長柯倫（Curran）拿一把左輪手槍試槍時意外射傷自己。他在第二天返回香港動手術，船在香港島東面的鯉魚門外十英里的地方下錨，搭客滯留船上，他們鼓譟並要求大副指揮該船馬上繼續行程。沒有船長的命令，大副不肯照辦，搭客就嘗試自行開船。最後皇家海軍「斯芬克斯號」（Sphynx）的艦長查爾斯·沙德韋爾（Charles Shadwell）上校將船帶回香港。為防有人「擾亂治安」，兩名警察登船，一艘水警艇則在船的四周巡邏戒備。報紙評論說：「六百名焦急的尋金者對於被扣留感到不滿，一點也不令人驚訝。」他們沒有採取更極端的行動已是萬幸。[79]

　　海盜同樣是嚴重威脅。在 1854 年，前往舊金山的智利三桅帆船「火山臼號」（Caldera），在途中遭海盜劫持，他們不但擄去船長，劫掠船上所有物品，還帶走船上一名法國女人和一名華人搭客。「火山臼號」的代理商馬上租用一艘汽輪，載了 80 名海軍人員趕去現場，盡量取回貨物和拯救被擄走的人。似乎接着就是大規模的軍事行動。[80]

77　*Hongkong Register*, March 30, 1852.

78　*Hongkong Register*, September 18, 1854; Schwendinger, Ocean of Bitter Dreams, p. 67.

79　*Hongkong Register*, May 18, 1852.

80　*Hongkong Register*, October 17, 24, 1854.

規管客運業

讚頌自由貿易

　　移民貿易對於涉及其中的各方來說都是充斥虐待情況和風險的，但沒有別的人比搭客更沒保障。英國政府在 1855 年通過《華人搭客法》，為他們稍稍帶來一點保障。儘管促成這個法例的那些惡劣問題與前往加州的航船無關，但這法例通過後，深遠影響了香港的整體航運活動，包括前往加州的客運業。

　　自 1840 年代起，反對「苦力貿易」的辯論在英國愈來愈有燎原之勢，各方都力促政府阻止虐待事件。英國駐中國沿岸的一眾領事奉命報告這種貿易的情況，尤其從廈門到哈瓦那以殘暴而惡名昭彰的運送交通。倫敦政府受到愈來愈大的壓力要實行規管，但在香港，支持「自由貿易」的聲音仍然高漲，而所謂「自由貿易」，基本上是指政府不予干預。

　　在 1853 年，倫敦政府終於決定把《帝國搭客法》施行到所有英國殖民地，以遏止華人搭客受虐待的情況，制定此法原本是為保障前往澳洲的英國移民。概括而言，這法例規管離開香港（和其他英國屬地）的船的妥善程度、搭客人數、糧水供應數量，並要求航程中船上須有醫生、藥物和醫療儀器。一如所料，香港商人大力反對，認為這令他們的自由被侵犯，利潤受到限制。他們尤其痛恨對搭客人數的規限。這法例規定了搭客人數與噸位和空間的比例：每兩噸和每十五淨平方呎可載一名搭客，這個比例會令每趟航程的搭客人數銳減。商人也反對規管甲板用途的規定，這些規定令以下層甲板載客的做法變成違法。港督文咸深知商界的想法，他向殖民地部指出，雖然他按照倫敦的命令宣佈實施此法，但無法嚴格執行；他說，

如果這樣做，所有船都會避開香港改往其他港口。他警告，這樣的話只會兩頭吃虧——英國當局無法管轄這些船，而香港商界也會受害。[81]

同時，澳洲維多利亞省政府歡迎這個法例，當地華人原本被視為勞動力而很受珍視，現在則被當成是「禍患」。[82] 當地政府大力執行此法例，到了 1855 年，有不少船長因為船上所載來自香港的華人搭客超過許可範圍而受罰。[83] 在一個極端的例子中，根據墨爾本的署理移民官說，從香港開出的「艾爾弗雷德號」（Alfred）所載的乘客數目，比按搭客噸位比例計算的法定上限超出 192.5 人，他不留情面地指摘香港的管理出洋事務官（Emigration Officer）無能，令這種事情發生，引發兩地政府之間大量針鋒相對的書信往還。[84]

在對於此法的一片反對聲中，香港政府內有一人支持它——至少初期是。他是副總督威廉・堅（William Caine）。總督文咸在 1854 年 4 月任期屆滿後離開香港，威廉・堅馬上在 5 月致函殖民地部，批評文咸無所作為，揭露這個行業的許多不堪情況，亟需馬上整頓。他任命總巡理府（Chief Police Magistrate）希利爾（J. W. Hillier）擔任管理出洋事務官，執行《帝國搭客法》。[85] 但威廉・堅很快了解到這法例「過於嚴苛」，其後去信殖民地部

81　Bonham to Newcastle, January 6, 1854, #4: CO 129/45.

82　Hillier to Mercer, September 3, 1855, enclosed in John Bowring to Lord Russell, September 14, 1855: #140, CO 129/52.

83　*The Friend of China*, January 20, 1855.

84　Letters enclosed in John Bowring to Lord Russell, September 14, 1855: #140, CO 129/52. 令彼此意見出入的原因之一是，這位墨爾本官員以每兩噸可載一名乘客的比率來計算可容許的乘客人數，而計算噸位的方式不同，引致大家對該船究竟重多少噸有不同看法。另一個不一致之處是把乘客安置在最下層甲板，那是違反這法例的。但是，導致嚴重超載是由香港管理出洋事務官的許多重大疏忽造成。主要原因是香港管理出洋事務官認為這法例不必要地嚴格，所以無意認真執行其限制。指摘墨爾本政府反華的人就是他。

85　Caine to Newcastle, May 4, 1854: #11, CO 129/46; approval for the appointment given by Colonial Office in Colonial Office to Bowring, August 29, 1854: CO129/45.

解釋為何無法嚴格執行某些規定。[86] 他這樣做時，其實不經意地反映了香港商人最堅決的反對理由。

　　幾家著名商行在 1855 年 1 月致函輔政司表達對此法例的不滿。雖然他們同意必須制定具體和適當的規例保護移民，但以古雅的行文形容這法例「如所周知不適宜於」香港。他們對管理出洋事務官過去「裁量得宜」感到很滿意，但清楚表明反對日後更為嚴格執行這些規例。他們尤其反對以船的噸位來對載客量分級。由於不同國家計算噸位的方法不同，得出的噸位數可能相差高達 40% 或 50% 之譜，故按噸位分級並不可靠。有鑑於此，商人建議，計算載客量的唯一基礎，應是可設置搭客居住區的淨甲板空間。在這封信的作者看來，事情的癥結是：如果如此嚴格限制人數，香港就無法與不受《帝國搭客法》管轄的鄰近港口競爭。他們大致上是重複文咸之前的警告。

　　這些商人指出，這法例中另一個異常之處，是它規定要有的藥箱：對於運載華人的移民船來說，歐洲藥箱完全是多餘的，因為華人寧願吃中藥。此外，《帝國搭客法》所規定的手術儀器也毫無用處，除非有外科醫生同行，而外科醫生很難找到。商人聲稱，他們派往加州和澳洲的移民船很少傷亡，他們毫不猶豫地說，成千上萬移民中，死亡的不到 0.5%。[87]

　　港督把對於這法案的這批評轉給殖民地部，殖民地部討論後認為：「對於香港來說，在當地制定的法例會比帝國法律更適合，因為帝國法律是以

86　Colonial Land and Emigration Office to Herman Merivale, Colonial Office, April 26, 1855: CO 129/53.

87　Letter to Mercer from Dent & Co., Lindsay & Co., J. F. Edgar, Lyall, Still & Co., John Burd & Co., Y. J. Murrow, William Anthon & Co., Gibb Livingston & Co., Wm. Pustau & Co., January 11, 1855, enclosed in #3273 in CO 129/55, pp. 100-106.

源於英國港口的經驗為根據，逐漸形成現在的形態。」[88] 因此，按理說更適合於華人情況的《華人搭客法》在 1855 年 12 月制定，並在 1856 年初在香港頒佈施行。[89]

《華人搭客法》

這個法例向商人做了一些讓步。現在決定搭客人數的計算方法，是完全按甲板面積而非噸位。[90] 華人搭客每人只獲得 12 平方英呎，而非《帝國搭客法》規定的 15 英呎，這樣大大增加了每艘船的載客量。商人屢次抱怨的下層甲板問題，此法例沒有提及，不了了之，令船主可隨意建造這種甲板載客。

這法例中增加了一項值得注意的條文，就是要求管理出洋事務官在搭客出發前查問他們，以確定他們了解合約內容（如有合約的話），並知道船

88　Colonial Land and Emigration Office to Frederick Peel, September 15, 1854: CO 129/48.

89　這法律規定，來自香港任何港口的船隻，以及從中國任何港口或其沿岸 100 英里內載客的英國船，如果航程超過七天並運載超過 20 名亞洲裔搭客，就要受管理出洋事務官檢查；沒有得到這官員的批准放行證書，任何船都不得開航。從經濟角度看，最重要的規定之一是乘客與空間的比例：這法例所仿照的《帝國搭客法》法規定，每名成年搭客要得到 15 呎的空間，但此法例只規定 12 平方呎和 72 立方呎，認為這對亞洲人來說已經足夠。它也規定糧食種類和數量、藥物級別和小商店，還有每艘船的設備。為消除拐帶、誘騙和其他方式的欺詐和威逼，管理出洋事務官須確定所有搭客都了解自己要前往何地，並了解自己所簽的工作合約的性質。
　　這法例還附有前往不同地方的航程時間，而這時間會定期修訂。在 1856 年，坐帆船前往加州的航程，由 10 月至 3 月被認為需時 100 天，從 4 月至 9 月是 75 天；在 1858 年，兩者分別修訂為 73 天和 59 天；蒸汽輪則分別需時 52 天和 44 天。
　　《1868 年第十二號法例》規定，任何能令國家大醫官滿意其資歷的中醫，都合資格在華人搭客船擔任外科醫生。根據《1870 年第四號法例》，如果出發的搭客是自由移民，而且並無簽下任何工作合約，港督可給予豁免，使其免受《搭客法》的限制。

90　有關「艾爾弗雷德號」的事例，見 Bowring to Lord Russell, September 14, 1855, #140: CO 129/52 所附的信件。

的目的地。這措施明顯是針對契約勞工貿易中最不堪的惡行，例如綁架和誘騙，而且無論管理出洋事務官在執行法例時多麼懈怠，它還是加強了香港作為出洋港口的整體安全。所有船只要運載超過 20 名華人搭客，航程超過七天，全都受此法例管轄，離開港口前須受船政官檢查，在他認為各項規定都得到遵守後，船才可以離開香港。

《華人搭客法》是兼顧多方利益的舉措，一方面保障了移民的福祉，滿足英國政府要讓人覺得它秉持人道主義原則的需要；另一方面令英國船舶在經營生意時維持競爭力，保證英國殖民地能繼續獲得發展其經濟所需的廉價勞動力，並保障香港仍會是繁榮的出洋港口。

有些香港航運商還沒有慢慢了解新法例的影響及其讓步，就先恐慌起來，為了令利潤豐厚的生意不受新的限制威脅，他們把船從香港的港口開走。張亞海包租的「黎凡特號」（Levant）是其中之一，這艘夏威夷船準備開往澳洲。張亞海得知會實施新規例，馬上把這艘載着搭客的船暫時駛去澳門，去澳門的航程少於七天，因此不受新法例規管，毋須受船政官檢查。香港總督得悉張亞海打算把船開到澳洲，而此航程超過七天，就下令派人扣留該船，把它帶回香港扣押。

此事件令《華友西報》感到震驚。它很同情「黎凡特號」的搭客，船被扣押時，這些搭客孤立無援，無所事事，只能在岸上閒逛，等待船再次啟程。他們損失的船費超過半年的收入，到了 5 月，即「黎凡特號」被扣押後三個月後，該報說即使這艘船獲准「明天」啟航，它也無法開出，因為季風已經變化。它也慨嘆租船人的困境。除了扣押這艘船，港督以它「明顯蓄意逃避法律」為由，重罰 100 英鎊（約 480 元）。該報還估計張亞海面臨的其他法庭罰款，將至少達到 300 或 400 英鎊（約合 1,440 元至 1,920 元），而在那三個月船被拘留期間，船員的薪水不會少於 2,000 元。此外，有價值超過 3,000 元的糧食被滯留的搭客吃掉或變壞，還有船無法運行的損

失。「總損失」加起來約一萬元，差不多相當於這艘船的價值。[91]

　　毫不奇怪，有些船也靠少報搭客人數來逃避這個新法例。雖然許多船「合法地」離開港口，但有些匪夷所思的欺詐情況後來被揭發。「加爾文號」（*John Calvin*）是一個明顯的例子，它在 1856 年帶着 81 名搭客獲准離開香港，但它到達哈瓦那時，據報告有 110 名移民死亡！同年另一艘違反法例的船是「波特蘭公爵號」（*Duke of Portland*），它帶着 332 名移民，150 天後到達哈瓦那時，少了 128 名搭客，這些人或因熱病或自殺而死亡。值得一提的是，「加爾文號」的船長被判有罪並罰款 1,000 英鎊時，怡和洋行、顛地洋行、仁記洋行（Gibb, Livingston）和太平洋行（Gilman）等大公司，一同向倫敦的殖民地大臣替他求情減刑，租船商藹乜士的厘行（Lyall, Still & Co.）則不包括在內，結果罰款大減至 50 英鎊。[92] 由此清楚可見，大企業在重大利益受威脅時，會聯手捍衞自己的利益，而政府往往會讓步。

　　「加爾文號」和「波特蘭公爵號」的醜聞引發國際輿論大譁，英國擔心西印度羣島亟需的華工，可能因為這種慘劇而更加視之為畏途，遂向香港施壓，要求它更堅定執行法例。在 1857 年 3 月香港發現豬仔館（barracoon，表面上是供等待開船的搭客住宿的設施，實際上往往被用作監獄，關押被拐騙的受害者），政府很快就將之取締。[93] 這些改革的結果是，運送移民前往祕魯和哈瓦那的行業在香港幾乎絕跡，轉而集中到澳門經營。

　　對於經紀的規管也有所改善。搭客船經紀不誠實，是這個行業最惡劣的問題之一，而《華人搭客法》沒有處理這個問題，但兩年後香港通過一條本地法例，規定任何人擔任搭客船經紀，都須繳交保證金和領取牌照。

91　*The Friend of China*, May 21, 1856.

92　有關「波特蘭公爵號」和「加爾文號」事件的詳細記述，載於兩份國會文件，見註 48。

93　Eitel, *Europe in China*, p. 344.

在 1857 年，保證金定在 5,000 元。[94] 此舉或許令搭客船經紀錯愕，但對搭客是十分需要的保障，長遠來說有助提升香港作為安全出洋港口的聲譽。

英國政府與港府之間的角力持續，殖民地部不時頒佈一些新限制，香港定例局則極力抵制，因為定例局的非官守議員全是商人，而許多人都與航運業有利益瓜葛。例如，殖民地部在 1858 年頒佈規定，要求船上須有醫療室；定例局接納這項規定，但很快就通過一條本地法例，容許計算載客量時把撥作醫療室的空間考慮在內。[95] 換言之，定例局接納在船上設置醫療室，但前提是搭客人數不會因此減少。

另一項香港商人亟欲修改的條文，是船上要有醫生的規定。鑑於本地的現實情況，他們覺得聘任中醫師和攜帶不同級別的藥物和外科儀器更合理。[96] 他們認為英、美醫生很難找到，但他們的主要着眼點似乎是中醫師較便宜。孖乜（George Lyall）來自把「加爾文號」送上悲慘旅程的孖乜士的厘行，他在 1858 年的定例局會議上說，無論如何，中醫非常充足。他解釋：「在只有一名中醫負責、運載自由搭客往來加州和澳洲的船上，平均死亡人數是千分之一。」[97] 此外，華人一般較信任中醫中藥，他們可能也較喜歡這種安排。[98] 關於中醫的規定（在聘不到英國醫生時作為替代）最終寫入

94　Ordinance no. 11 of 1857: "An Ordinance for Licensing and Regulating Emigration Passage Brokers," *Hong Kong Government Gazette*（*HKGG*）, November 7, 1857, pp. 3-4.

95　Ordinance no. 6 of 1859, "An Ordinance for Providing Hospital Accommodation on Board Chinese Passenger Ships and for the Medical Inspection of Passengers and Crews About to Proceed to Sea on Such Ships," *HKGG*, December 31, 1859, pp. 100-101.

96　Colonial Land and Emigration Office to Herman Merivale, Colonial Office, April 26, 1855: CO 129/53, pp. 302-308.

97　Minutes of Legislative Council meeting, *The Friend of China*, October 20, 1858.

98　Ordinance no. 8 of 1871, "Ordinance ... to modify ... the 'Chinese Passengers' Act, 1855'," *HKGG,* September 16, 1871, pp. 400-404. A clear summary of the amendments to the Chinese Passengers' Act up to 1872 is provided in a notice dated November 16, 1872, *HKGG*, November 16, 1872, pp. 483-486.

《1868 年第十二號法例》。在 1871 年通過一項法例，禁止簽下勞務合約的人出洋，除非是前往英國殖民地，理由是只有在英國領土，合約才會得到適當地履行，工人的權益才會受保障。[99] 之後，政府再通過了一些法例，以遏止拐帶和把婦女賣到外國為娼。

　　十九世紀香港的管理出洋事務官一般都很冷漠，也沒甚麼效率，而且這門生意涉及許多既得利益集團，所以《華人搭客法》及後來的修訂，執行起來完全算不上完美。然而，整體來說它確實稍為提供了一點保護和安全 —— 除了仍有一些令人髮指的違法例子。有些船長小心翼翼遵照法律條文行事，例如我們在下一章會見到的溫切斯特（Winchester）船長。此外，想要出洋的人（至少識字的那些）能夠自己閱讀載於報章和《香港轅門報》（*Government Gazette*，後稱《香港政府憲報》）的法律條文。香港的司法或許看起來很武斷，但移民知道有這些法律存在，並可以求助於它們，至少能稍感安慰。長途旅行充滿風險，它一定能為那些即將遠行的人帶來一些安全感，令他們願意選擇香港為登船和離船的港口。儘管這個法律架構漏洞很多，但相對廣州和黃埔等其他港口完全沒有保障可言，仍足以把港口經紀和租船業務吸引到香港來。

　　威廉・堅認為法律上的規限可能會趕走一些生意，這畢竟是正確的預測：「然而，實行有效的監管，為搭客提供了更多保護和舒適，這會不會令此殖民地更能吸引出洋的人，尚是未知之數。」[100] 既因為有法律，也無論是否有法律，淘金熱造就的客運業仍然扎根於香港，並成為發展其他路線和

99　有關香港法治早期歷史富有洞見的分析，見 Christopher Munn, *Anglo-China: Chinese People and British Rule in Hong Kong 1841-1880*（Richmond: Curzon, 2001）。

100　Caine to Newcastle, May 4, 1854 #11: CO 129/46, pp. 16-22.

一系列輔助活動的基礎。[101] 總的來說，制定了法例令客運業不至於過分逾矩越軌，結果反而使其運作更有效和蓬勃，這樣說可謂合情合理。

報業

在香港，許多人的投資和工作都與移民出洋息息相關，這件事也自然成為報章（無論英文還是中文）的重要題材。報上除了關於船舶和市場的資訊，還大量報道與移民出洋有關的其他事情，既有瞬間致富的誘人故事，也有海難和疾病、自殺和其他死亡事故的駭人故事，以及搭客到達目的地後不足為外人道的辛酸。

然而，中文報紙處理這個題目時須與讀者產生共鳴，角度必然不同於英文報章，因為其讀者包括打算出洋的各階層人士，以及已身在海外的華人。我們甚至可以在《遐邇貫珍》看到這點，《遐邇貫珍》是在中國內地和香港出版的首份中文新聞期刊，1853 年由倫敦傳道會創辦，麥都思（Walter H. Medhurst）牧師主編。[102] 它為移民提供有幫助的實用資訊，例如澳洲不同工作的薪金，以及加州管理中國淘金工人的規例。[103] 它也刊載了英、美兩國的搭客法，使讀者對在旅途中會遇到甚麼情況心裏有數，並知道自己的權

101　有關香港港口實體設施的發展，見 T. N. Chiu, *The Port of Hong Kong: A Survey of Its Development*（Hong Kong: Hong Kong University Press, 1973）。至於更為大眾化的著作，見 Austin Coates, *Whampoa: Ships on the Shore*（Hong Kong: South China Morning Post, 1980）以及 Robin Hutcheon, *Wharf: The First Hundred Years*（Hong Kong: Wharf [Holdings] Ltd., 1986）。

102　《遐邇貫珍》在 1856 年停刊。有關這份期刊的創辦的記述，見卓南生：《中國近代報業發展史 1815－1874》（台北：中正書局，1998），頁 78-101。

103　《遐邇貫珍》，第一號（1853 年 8 月）。

益。[104] 更重要的是，它報道虐待事件，以提醒讀者移民過程是危機四伏，警告他們要小心騙子，並建議他們應只與信譽良好的船長和經紀打交道。[105] 這是英文報章無法發揮的功能。

另一份中文報紙《中外新聞七日報》（《七日報》）更進一步。它致力於改善旅居外國華人的苦況，竭力促進他們的福祉。《七日報》在 1871 年面世，是《德臣西報》每周出版一次的中文專版，雖然它涵蓋全世界的新聞，但特別關注海外華人。主編陳言，亦即陳靄亭，[106] 是在香港聖保羅書院受教育，那是由聖公會所辦的學校；他的語言能力廣受讚賞，尤其是翻譯技巧。在加入《德臣西報》擔任助理編輯前，他曾在香港巡理府的法庭工作七年，最初擔當四等傳供（即口譯員），之後任三等文員。《七日報》雖然由《德臣西報》擁有，但它從一開始起，就對於出洋問題持清晰和獨立的編輯立場。《七日報》同情華人移民，並着意促進他們的利益，強調出洋遷徙經驗的個人和情感層面。陳言曾在法庭工作，或許是該報關注法律問題的原因，包括一再力陳海外華人亟需法律保護，而只有靠派出中國領事才能提供這種保護，這在當時是極為敏感的議題。

在 1871 年 6 月 3 日，《七日報》上有一篇文章打響頭炮：

---

104 《遐邇貫珍》，第五號（1854 年 5 月）。

105 《遐邇貫珍》，第三、四號（1854 年 3、4 月）

106 陳靄亭又名陳言或陳賢，外國人叫他陳亞言（Chan Ayin）。見 Elizabeth Sinn, "Chan Ayin," *Dictionary of Hong Kong Biography*, edited by May Holdsworth and Christopher Munn（Hong Kong: Hong Kong University Press, 2011）, pp. 68-69。另見 Elzabeth Sinn, "Emerging Media: Hong Kong and the Early Evolution of the Chinese Press," *Modern Asian Studies*, vol. 36, no. 2, pp. 421-466，以及 Elizabeth Sinn, "Beyond Tianxia: The Zhongwai Xinwen Qiribao（Hong Kong, 1871-72）and the Construction of a Transnational Chinese Community," *China Review*, vol. 4, no. 1（2004）, pp. 90-122。

> 王者盛治，首重保民，然推保民之極功，極保民之能事，則匪
> 惟保之於版圖之中，且宜保之於幅員之外。

它接着長篇大論闡述華人大規模出洋的現象，但主要目的是勸說中國政府
派出領事甚至公使，照顧身在海外的國民。文末同樣有大膽的案語：

> 竊願中國朝廷，念此蒸民實為邦本，雖已出版章之外，仍當存胞
> 與之懷，毋謂已適異域遂可膜外置之也。[107]

　　這種同情移民的態度，與中國長期奉行的政策背道而馳。清廷禁止人
民出洋，違令出洋的人會被處死。雖然到了 1860 年代，清廷受到外國壓
力，儘管心不甘情不願，也只得承認中國人移民出洋的權利，但卻不願處
理保護中國移民的問題。外國使節不時建議中國政府派領事照顧海外僑民
的利益，中國政府卻大多冷漠對待，嗤之以鼻，[108] 這反映了中國對於那些背
棄皇帝仁澤的人，懷有根深柢固的蔑視。《七日報》的建議也很激進，因為
建立公使館和領事館，表示中國和其他國家地位平等，這個想法有違中國
所持的基本天下觀 —— 中華文明較優越。更甚的是，一個平民（即使是新
聞工作者）可直接向皇帝進言，還批評國家政策，這在中國是完全無法想
像的，然而《七日報》敢冒天下之大不韙提出這種建言，正正因為它很清
楚朝廷官員在意它所說的話。[109]

107　《中外新聞七日報》（下稱《七日報》），1871 年 6 月 3 日。

108　Irick, *Ch'ing Policy Toward the Coolie Trade*, p. 63.

109　《七日報》，1871 年 3 月 18 日。在 1854 年的人民訴賀爾案（People v Hall）中，加州最高法
　　院裁定，不採納一名目擊白人謀殺的華裔證人的證供，主要是因為人們普遍認為，華人「這
　　個民族稟賦較差，智力發展至某一程度就無法再有進步」（http://www.cetel.org/1854_hall.html,
　　viewed May 4, 2011）。

它通篇強調海外華人缺乏領事保護所面臨的苦況，揭露美國華人不獲准在法庭作供這個令人震驚的事實。[110] 它不但為抽象上的不公義感到氣憤，出於更實際的理由，它還擔心華人缺乏權利，壞人就會肆無忌憚欺侮他們，並無止盡地佔他們便宜。到了 1860 年代末，加州政府和民眾日益反華，華人遭遇暴民施暴的事件愈來愈多，例如 1871 年 10 月洛杉磯發生血腥的「華人大屠殺」，《七日報》撰寫了一篇令人不寒而慄的文章描述此事。

該報關注海外華人或許不完全出於利他之心。作為商業機構，它必須迎合讀者的需要和興趣，而這些讀者主要是香港、珠江三角洲和海外（當然包括加州）的商人。對於許多參與出洋生意的香港企業的東主和員工來說，海外華人的身家性命安全是重大問題；對一般居民來說亦復如是，因為許多人與海外華人有家族和個人聯繫。事實上，有些香港商人經常到海外，常常在外國同樣遭到歧視、不公義和暴力對待。因此《七日報》要求中國派遣領事的呼籲，與讀者的物質和情感利益是一致的。

《中外新聞七日報》出版十四個月後，於 1872 年 4 月 6 日停刊，取而代之的是《華字日報》這份新報紙，主編依然是陳言，而且仍由《德臣西報》出版。兩年後更著名的《循環日報》問世，主編是晚清重要改革思想家王韜。這些報紙繼續捍衞華人移民的福祉，尤其是密切關注中國成立領事館的發展。[111] 中國最終在 1878 年任命首名派駐美國、古巴和祕魯的公使，這是具有里程碑意義的決定，而陳言則獲委任為中國駐哈瓦那總領事，這項任

110　《七日報》，1872 年 2 月 10 日；*Alta California*, December 3, 1871；另見 Barth, *Bitter Strength*, pp. 144 and 270, n. 43 以及 C. P. Dorland, "The Chinese Massacre at Los Angeles（1871），" read before the Historical Society of Southern California, January 7, 1894, reprinted in Cheng-tsu Wu, "*Chink*!"（New York: World Publishing, 1972）, pp. 148-152。

111　例如，陳蘭彬奉派去調查古巴華人情況時，《循環日報》在 1874 年 7 月 15、17 日和 8 月 8 日都密切報道。

命或許不令人驚訝，他在哈瓦那「為民服務，卓有建樹」，約十年後回到中國。[112]

　　香港是不受中國司法管轄的華人社會，在香港經營的中文報章是來自邊緣的聲音，力求有所不同，致力表達意見。它們是傳遞資訊和意見的重要渠道，在出洋港口的社會基建設施中是寶貴元素，此外，它還有特殊的貢獻，那就是能左右清廷的政策制訂。香港明顯是個有利的位置，可以密切觀察中國和中國的政策，並加以批評，同時觀察海外華人情況和更廣闊的世界。它是無與倫比的中介之地。

移民出洋與慈善工作：東華醫院

　　此時發生了一件意料之外的事件，深遠廣泛地影響了香港的出洋港口地位和全球華僑社會。

　　那就是 1869 年東華醫院在總督麥當奴（Richard Graves MacDonnell，任期：1865–1872）爵士授意下創立。在此之前，香港唯一醫院是國家醫院（Civil Hospital），這間政府醫院是由採用西方醫學的英國醫生運作。華人比較信任中醫，對他們來說，西醫是陌生的醫學傳統，所以很少前往國家醫院求診。他們尤其害怕截肢和屍體解剖，在這個講究全屍下葬的民族眼中，這是野蠻殘酷的做法。華人患病會看中醫和留在家裏；在香港沒有家

112　“Excellent work,” *North China Herald*, August 11, 1905, p. 322。陳言擔任領事時用陳善言這個姓名，其官銜是候選同知。見莊國土：《中國封建政府的華僑政策》（廈門：廈門大學出版社，1989），頁 178。另一個關於陳言的有用參考資料，是伍廷芳所寫的訃文，此訃文原載《字林西報》（*North China Daily News*），《孖剌西報》（*Daily Press*）在 1905 年 8 月 26 日加以轉載。

圖 2-5　東華醫院倡建總理與港督麥當奴，上排左三是和興行東主李陞。
【圖片來源】東華三院提供

的人，例如等候坐船出洋的人，會被送到義祠，由到該處出診的醫生診治或者等死。

　　義祠名為廣福義祠，原意是公眾祠堂，它建於 1851 年，用來安放在香港身故者的神主牌，讓他們的朋友可去拜祭，直至神位遷回家鄉供奉。建立義祠是一項善舉：籌建義祠的人全是成功商人，包括譚才，他們稟請政府撥地舉建祠堂，獲得政府批准。然而，隨着旅居香港的人數增加，愈來愈多病倒的人無家可歸，被送到義祠收容。那裏的情況日益惡劣；由於缺乏管理，有時候病人和死者雜處其間。在 1868 年，有政府官員發現義祠的髒亂情況，引發輿論大譁；倫敦和香港的報章都以顯著篇幅報道這宗醜聞。麥當奴明白到華人為甚麼去義祠而不到國家醫院時，就建議設立一所專為華人服務的中醫院，按照中國習俗來運作；他當然也急欲以此向倫敦顯示，他會有所行動矯正這種情況。他認為華商非常富有，這間醫院應該由他們出資設立。他們很快答應，籌募了一筆巨款，並組成委員會籌建這所華人醫院。

　　翌年，定例局通過《華人醫院則例》（Chinese Hospital Ordinance），為這間醫院的存在提供法律依據，列明其業務範圍，並設立一個委員會來管理它。根據其章程，該院會聘任華人醫生，提供中藥，並遵循中醫治病原則。這意味着華人病人會得到他們所信任的中醫藥治療，在東華醫院過世的病人也不會被解剖，這是華人對西醫院深以為懼的一個原因。在英國殖民地，西方人一般都蔑視中醫藥，覺得中醫不過是江湖術士，因此，能夠在這樣的文化環境中按照上述原則創辦一間中醫院，從政治和文化而言委實是不小的成就。

　　其他著作已述說了這間醫院的歷史，這裏毋庸贅言，只須指出，香港的成功華商自 1850 年代起財富大為增長，東華醫院創辦，令這些華商得以聯合起來照顧本地華人的諸多需要，藉此擔當起華人社會的文化捍衛者、道德領袖，並成為與港府面對面協商的代表。之前不曾有香港華人團體獲殖民地政府支持為華人社會服務，並且幾乎可說是獲得了發揮社會甚至政治影響力的許可。[113]

　　十九世紀的東華醫院是由一個董事局管理，董事局由 12 至 14 名總理組成，這些總理每年由主要行業的公會推舉，包括買辦、銀行家、鴉片商

113　Carl T. Smith, "Visit to the Tung Wah Group of Hospital's Museum, 2nd October, 1976（Notes and Queries）," *Journal of the Hong Kong Branch of the Royal Asiatic Society*, vol. 16（1976）, pp. 262-280；H. J. Lethbridge, "A Chinese Association in Hong Kong: the Tung Wah," in H. J. Lethbridge, *Hong Kong: Stability and Change, A Collection of Essays*（Hong Kong: Oxford University Press, 1978）, pp. 52-70；Elizabeth Sinn, *Power and Charity: A Chinese Merchant Elite in Colonial Hong Kong*（Hong Kong: Hong Kong University Press, 2003）, first published as Power and Charity: *The Early History of the Tung Wah Hospital, Hong Kong*（Hong Kong: Oxford University Press, 1989）；何佩然：《施與受：從濟急到定期服務》（香港：三聯書店，2009）；何佩然：《源與流：東華醫院的創立與演進》（香港：三聯書店，2009）；何佩然：《破與立：東華三院制度的演變》（香港：三聯書店，2010）；丁新豹：《善與人同：與香港同步成長的東華三院（1870－1997）》（香港：三聯書店，2010）；葉漢明：《東華義莊與寰球慈善網絡：檔案文獻資料的印證與啟示》（香港：三聯書店，2009）。

和國際貿易商，所謂國際貿易商，是指金山莊商人（他們與加州、澳洲、新西蘭和加拿大通商）和南北行商人（他們與華北、日本、華南和東南亞貿易）。這個制度令領導權掌握在最有權力的商人手中；而獲委任加入東華醫院，也反過來令華商精英的個人地位更加鞏固。參與金山行貿易的成員提供了穩固的橋樑，聯繫東華醫院與加州及所有其他金山國家的華人社會，這點會在第四章詳細探討。

　　東華醫院創辦後不久，其工作就超越單純的醫療。清廷沒有在香港派駐領事，所以東華承擔了許多領事的功能。[114] 這個慈善機構為病者贈醫施藥、收容安置無家者、為死者（包括在海上身故的人）施棺送殮，以這些工作保障過境移民。它與無數在世界各地和中國內地的組織合作，協助把數以千計殘疾移民（失明、生病、跛腳、船難和海上叛亂的受害者）和被賣到海外為娼的華人婦女送回原籍。長途航行中不時會有搭客死亡，東華醫院很清楚華人害怕自己如死於途中會被拋下海，也十分明白他們渴望入土為安，所以在遠洋船上準備了棺木，讓不幸身故的搭客可以運回中國下葬。東華既獨力又與同鄉會和其他海外機構合作，協助運送成千上萬來自各地的棺木和骨殖箱回鄉。這部分的工作會在第七章論述。無怪乎船員和搭客是東華醫院主要資金來源之一，他們一定很感激東華的工作，而且該醫院組織的任何海外募捐活動（通常是為賑濟中國內地的天災），全都得到各地華人社羣的熱烈響應。

　　東華醫院最早期活動是與移民相關。在 1870 年 10 月，載着 310 名移民從澳門前往祕魯卡亞俄（Callao）的「新佩內洛佩號」（*Nouvelle*

114　Elizabeth Sinn, "A Chinese Consul for Hong Kong: China-Hong Kong Relations in the Late Qing Period," paper presented at the International Conference on the History of the Ming-Qing Periods, University of Hong Kong, December 12-15, 1985; Peter Wesley-Smith, "Chinese Consular Representation in British Hong Kong," *Pacific Affairs*, vol. 71, no. 3（1998）, pp. 359-374.

Penelope）爆發暴動，其中一名叛亂者郭亞勝在香港被捕，被控以謀殺和海盜罪。以思想開明自由著稱的正按察司司馬理（John Smale）撤銷郭亞勝的控罪，理由是他是被綁架出洋，有權重獲自由 —— 即使其手段是殺死這艘運載被拐華工的船的船副。[115] 郭亞勝獲釋後在香港無親無故，孑然一身，獲東華醫院董事局收容。

很快就有另一場災難發生。「德洛麗絲‧烏加特號」（Dolores Ugarte）載着 690 名乘客離開澳門後不久就發生火警，約 600 人葬身火海，生還者被送回香港，再次交由東華醫院董事局照料。東華募捐送他們回原籍，又把這些人的姓名、籍貫和其他個人資料送交名叫愛育善堂的廣州慈善機構，以找尋他們的親人；還說服了一家船公司以半價船費載他們回鄉，剩下的捐款則均分給他們。《七日報》被這種善行所打動，代表生還者說：「生我者父母，再生我者東華醫院紳董也。」[116] 這一定準確反映了獲救者的感激之情，以及全體華人社會的讚賞。這些事件促使東華醫院進行新的活動，而之後陷於困厄的移民，無論身在何處，如要尋找棲身之所、需要救濟、希望返回原籍或需要其他方式的保護，都會向東華求助。

此外，東華醫院總理以家長式領袖自居，負有匡正社會弊端的道義責任，以根除虐待和詐騙情況為己任。雖然前往美國的出洋活動較少發生虐待事件，但也並非全無問題。在 1871 年初，一名美國招工者抵達香港，招募工人到美國南部的種植園工作。他通過在中國的代理招募了 350 人，這些人不是來自三邑或四邑，而是來自珠江三角洲東部的客家地區。他們簽了合約後被帶到船上，後來有些人改變主意想要下船，但遭到阻止。他們在束手無策之際，派人向東華醫院董事局求助，東華馬上知會華民政務

115　Irick, *Ch'ing Policy Toward the Coolie Trade*, pp. 215-218.

116　《七日報》，1871 年 5 月 27 日。

司，亦即負有「保護」華人之責的政府官員，華民政務司插手事件，那些不願意隨船出發的人獲准離船；而其他人則仍然十分渴望前往金山。[117] 政府考慮控告那個美國代理人違反香港新通過的移民法例，因為法例明令禁止簽契約前往大英帝國以外的地方。

倫敦和英國駐華公使阿禮國（Rutherford Alcock）不斷向港督麥當奴施壓，要他採取行動遏止虐待移民的事件，麥當奴在 1871 年為化解壓力，委派東華總理（他形容他們是「完全不偏不倚之人」）查問準備出洋的人，確保他們是自願前往。他強調，這些總理必須確信「他們是在完全不受束縛的情況下同意」，才會獲准上船。[118]

以這種方式把「土著」納入殖民地管治架構十分巧妙，無論他們的角色多麼微不足道！東華醫院董事局愈來愈有自信，要求政府更切實執行法律和制定新法律，以更妥善保護華人移民，尤其是阻止如拐帶之類的惡行。得到新任總督堅尼地（Arthur Kennedy，任期：1872–1877）批准後，東華董事局採取進一步措施，派偵探找尋拐匪和收容獲救的受害者。[119] 舊金山和其他城市的中國領事和華人志願組織，在林林總總的問題上求助於東華。[120] 甚至連駐香港的美國領事，在執行阻止華人婦女前往美國當娼時，也要求東華總理協助審查。我們會在第六章討論婦女出洋的問題。從加州回程的船上的賭博，是東華努力要消除的另一個大問題。搭客面對沉悶的長途航程，可想而知會以賭博來排遣苦悶和娛樂。他們許多人身上帶了大量金銀，那是他們自己和朋友的積蓄，很容易成為騙子的獵物，這些騙子

117　*Daily Press*, October 7, 1871.

118　MacDonnell to the Earl of Kimberley, January 8, 1872, enclosed in no. 10, Mead to Hammond, March 16, 1872: BPP, vol. 4, pp. 21-23, 22 [287-289, 288].

119　Sinn, *Power and Charity*, pp. 106-107; generally 103-113.

120　Sinn, *Power and Charity*, pp. 109-110.

在船上開賭局，結果許多人到達香港時就輸光所有，引致許多人破產和自殺。東華總理提出一些措施來阻止船上的賭博，例如，要求搭客把錢寄放在船長處，每人身上不能帶超過 20 元，他們還要求香港政府協助遏止賭博罪行。

透過跨太平洋的強大商業和個人網絡，資訊流通十分便捷，東華的工作在加州自然廣為人知。舊金山的中文報章《唐番公報》（*The Oriental*）深切讚賞東華醫院的卓越成就。它驚歎於近年香港慈善工作數量之多，說香港商界精英的成就大於廣東官員和士紳。它尤其讚揚東華致力遏止賣淫和賭博。這份報紙甚至提出，舊金山應成立一間華人醫院服務當地華僑，並說東華醫院的規章甚善，應在加州採用。如果模仿是最真誠的恭維，我們可以說，舊金山華人對於東華醫院的讚賞是發自衷心誠意。

我們可以推斷，《唐番公報》所想的不只是一間普通醫院，而是按照中醫藥原則運作的醫院，或許更重要的是，一間像東華那樣，執行諸多不同社會功能和擁有半官方地位的機構。事實上，東華醫院成為往後幾十年許多華僑社會仰望的典範。[121]

小結

加州淘金熱令香港從小規模的貨物轉口港，一躍而成大型旅客轉口港，並促使它發展為全球移民中心，不只服務前往加州、講粵語的搭客，還有遠赴世界各地、說其他不同方言的華人。

---

121 《唐番公報》，1875 年 9 月 18 日、1875 年 10 月 23 日。

前赴加州的搭客人數在 1852 年達到高峯，達三萬多人，儘管人數其後趨於平穩，但在香港上下船往來太平洋兩岸的人，以及貨物、資金、資訊和其他東西，一直絡繹不絕。在 1850 年代，澳洲、加拿大和新西蘭也發現金礦，華人開始陸續前往這些地方和美國其他地區，事實上，香港是唯一能讓華人搭客前往這些國家的港口。在 1870 年代初，許多東南亞的港口都被視為從香港出發七天航程內可達，所以不再受《華人搭客法》規管，香港遂也成為前往東南亞的主要出洋港口。

到了 1850 年代末，採金已不如以往容易，前赴加州的華人數目在那時下降，但沒有停止。華人繼續渡越太平洋尋找其他就業和營商機會，並到內華達、奧勒岡、愛達荷和加拿大卑詩省尋找金和銀。規模更大的第二波華人移民潮在 1868 年開始，這次是響應修築鐵路。對於築路工人的需求，首先在早期移民中引發變化，把這些人從礦場吸引到建築工地。在 1868 年，移民人數躍升至超過 11,000 人。之後幾年回落，其後又再上升，在 1873 年超過 17,000 人，1874 年有 16,000 人，1875 年則是 18,000 人。[122] 一如淘金熱的先驅，這些後繼者仍然是從香港前往舊金山和其他西岸港口，而且是取道香港返回家鄉。到了 1876 年第一季，共有 214,226 名華人到達舊金山，90,000 人回到中國。因此，在美國的「崇山峻嶺」「遍佈蜂擁而至的中國人」之際，[123] 香港的港口則充滿形形色色的船接載他們往返。

很明顯，香港之所以成為出洋港口，除了良港、碼頭、航運公司和租船公司，還有其他因素。值得注意的是，法律和社會元素在基礎建設中是不可或缺的。制定了保障移民的法律，令香港成為對自由移民來說（相對）

122　US Congress, Senate, "Report of the Joint Special Committee to investigate Chinese Immigration, Feb 27, 1877" : US Congressional Serial Set Volume no. 1734, Session Volume no. 3, 44th Congress, 2nd Session, Senate Report 689, p. 1176.

123　關於修築鐵路工人，見 Barth, *Bitter Strength*, pp. 117-118。

安全的港口。法律和司法體系無疑並非全無漏洞，但還是能令違法者沒有那麼容易消遙法外。報界在宣揚與華人出洋有關的各項事情，而出洋這個題目深入植根於香港的經濟和社會生活。華文報章尤其仗義執言為移民爭取各方面的權益，充分體現香港對他們的同情。最重要的是，東華醫院的工作顯示香港可以在多方面協助移民，因為出洋的人不管多有勢力或多富裕，都難免會患病、碰到歧視、遇上暴力、感到孤獨、失去性命、被人詐騙和遭逢其他不測。

　　可以說，在出洋移民中，來自香港的並不多，絕大部分只是取道它出洋。香港既非移民的輸出國，也不是其接收國，因此在移民研究中常被忽略。但它在移民過程的重要性毋庸置疑，而關鍵就在於其「中介性質」。對許多背井離鄉的中國移民來說，香港是他們離開中國的第一站，卻又是他們回鄉時踏上中國土地的第一站。香港為移民提供的舒適、親切和安全是無與倫比的，香港社會本身的性質加強了這個港口的地位。當時所有人都把前往加州的移民事業視為「這個殖民地的重要支柱」，[124] 這無疑是精明務實、計算縝密和利潤豐厚的事業，但同時各機構團體都以同情和體恤文化差異的態度對待移民，令這個英國殖民地在無數移民的心中佔有特殊位置，並成為獨領風騷的出洋港口，在近代中國和世界歷史上發揮關鍵作用。

124　George Lyall, Minutes of the Meeting of the Legislative Council, *The Friend of China*, October 20, 1858.

第 三 章

締造連結太平洋的網絡：航運業

前往美國的主要港口

　　淘金熱令太平洋出現一個以舊金山及其灣區為中心的蓬勃貿易區。舊金山難以由陸路到達，尤其難以從美國東岸和歐洲的巨大市場前往。在鐵路把舊金山與美洲大陸其他地區連接起來之前，海路是聯繫世界的唯一經濟、便捷的途徑。數以千計的船載着淘金客，運送供他們吃用的食物衣服，還有建設這個城市所需的材料，從四方八面駛進舊金山，開闢出新的海上航道，並建立新的貿易模式。如德爾加多所言：「舊金山因船舶和航運業而連結到國際關係和貿易的網絡，成為美國在太平洋的主要港口，並參與到全球經濟活動之中。」[1]

　　香港深刻感受到這個新航運市場的熱鬧亢奮。雖然香港濱臨太平洋，但之前主要是為往西、往北和往南航行的船舶服務，不大注重東面這片遼闊的海洋。但事情將有巨大變化，因為運貨和載客的船舶開始往來橫越這片「熙來攘往」的新海洋，首先把香港與舊金山聯繫起來，之後再連接美國沿岸其他港口。香港不只會成為主要的太平洋港口，還成長為蓬勃的航運、貿易和移民樞紐，與舊金山合力把太平洋變成全球經濟的中心舞台。

　　巴爾德（Robert Barde）在其近著《金門海峽的移民：搭客船、排華和天使島》（*Immigration at the Golden Gate: Passenger Ships, Exclusion, and Angel Island*）中指出，儘管二十世紀初有大量亞洲人遷往新世界，但鮮有著述寫到運送他們的方式。[2] 然而，他的書主要談《限制華工法》後的時期，

1　James P. Delgado, *Gold Rush Port: The Maritime Archaeology of San Francisco's Waterfront*（Berkeley, CA: University of California Press, 2009）, p. 5.

2　Robert Eric Barde, *Immigration at the Golden Gate: Passenger Ships, Exclusion, and Angel Island*（Westport, CT: Praeger, 2008）, p. 78.

沒有處理該法案通過前華人移民如何從中國內地經香港被運到北美。事實上，關於跨太平洋航運的著作大多是研究蒸汽班輪，而忽略了帆船，這些帆船主要是不定期船，在十九世紀運載大量華人搭客往來太平洋。[3] 本章探討直至 1890 年代在移民過程中不斷演變的航運活動，以及維持船舶運作的個人和公司。它會顯示運載移民的方式，航運在不同層面帶來哪些投資機會，以及航運活動如何擴大和令橫跨太平洋的網絡更形複雜。此外，本章還能填補香港史的一個重要空白，因為儘管航運的發展對於香港整體發展如此重要，但很可惜它在過往一直為學者所忽略。

　　華人旅客喜歡由香港上船前往加州，後來也取道香港前赴其他目的地，將之變成主要的出洋港口，為這個英國殖民地帶來龐大的航運生意。但是，香港並非從一開始就壟斷往來中國與加州的客運業。在淘金熱的高峯期，也有船從其他港口接載搭客，但從來無人懷疑香港在此領域的領導地位。在 1852 年，至少有 86 艘船從香港開出，接載了 17,246 名搭客；而從澳門開出的則有七艘，接載 1,335 人；從黃埔開出了三艘，接載 944 人；從上海開出的只有一艘，載了 46 人。[4] 見附錄 3 以及表 3-1 和 3-2。

3　例如 Eugene Waldo Smith's *Trans-Pacific Passenger Shipping*（Boston: G. H. Dean Co., 1953），此書完全集中談蒸汽客輪。事實上，關於太平洋旅客運輸的著述很少。但我發覺，對於我這本研究太平洋的著作來說，有關大西洋客運業的文獻是很有用的參考資料，包括 Torsten Feys, "The Battle for the Migrants: The Evolution from Port to Company Competition, 1840-1914," in *Maritime Transport and Migration: The Connections Between Maritime and Migration Networks*, edited by Torsten Feys, Lewis R. Fischer, Stephane Hoste, and Stephan Vanfraechem（St. John's, Newfoundland: International Maritime Economic History Association, 2007），pp. 27-47，以及 Yrjö Kaukiainen, "Overseas Migration and the Development of Ocean Navigation: A Europe-Outward Perspective," in *Connecting Seas and Connected Ocean Rims: Indian, Atlantic, and Pacific Oceans and China Seas Migrations from the 1830s to the 1930s*, edited by Donna R. Gabaccia and Dirk Hoerder（Leiden: Brill, 2011），pp. 371-392。

4　「帕爾梅托號」（*Palmetto*）在 1852 年 6 月 2 日從上海抵達，載了 46 名搭客（*Alta California*, June 3, 1852）。有些來自香港的船沒有載客。

表 3-1　從澳門開往舊金山的船（1852 年）

抵達舊金山日期	船名	船長	搭客人數
5 月 1 日	「索菲婭號」 （*Sophia*）	羅扎里奧 （Rozario）	164
5 月 2 日	「康羅伊號」 （*Conroy*）	邁耶 （Meyer）	109
7 月 4 日	「安娜號」 （*Anna*）	克蘭默 （Cranmer）	178
7 月 5 日	「總督號」 （*Viceroy*）	莫里森 （Morrison）	358
7 月 20 日	「琳達號」 （*Linda*）	霍華德斯 （Howards）	54
7 月 21 日	「俄亥俄號」 （*Ohio*）	倫帕克 （Renpach）	220
7 月 28 日	「海洋女王號」 （*Ocean Queen*）	里斯（Rees）	252
總數			1,335

【資料來源】《上加利福尼亞報》

表 3-2　從黃埔開往舊金山的船（1852 年）

抵達舊金山	船	船長	搭客人數
6 月 3 日	「阿米蒂號」 （*Amity*）	帕森斯 （Parsons）	278
6 月 3 日	「巴爾莫勒爾號」 （*Balmoral*）	魯賓遜 （Robinson）	454
6 月 10 日	「丹尼爾・羅斯號」 （*Daniel Ross*）	克特爾斯 （Kettels）	212
總數			944

【資料來源】《上加利福尼亞報》

香港繼續獨領風騷。在 1856 年，有 41 艘船從中國駛往舊金山，當中只有一艘不是由香港出發。[5] 同樣地，在 1859 年，32 艘從中國出發的船，當中 28 艘是從香港開出（總噸位達 27,105 噸），餘下的有兩艘來自上海，來自澳門和汕頭各一艘；[6] 而載客的船全是從香港出發，其餘的似乎都不是載客的。

香港之所以成功壟斷客運業，不只因為前面各章提到的許多優勢，例如優良港口、開放的自由港政策。就華人出洋而言，香港也得益於清廷的出洋禁令。

雖然這項禁令沒有嚴格執行，而且法律上只有那些返國的人才會受罰，但仍然令船難以從中國內地的港口公然大量接載乘客出洋。此外，香港得益於區內主要競爭對手的沒落。黃埔位於珠江三角洲出海口，離廣州城只有 12 英里，曾是外國船舶的樞紐，在 1850 年代中期由於內亂、叛亂與外國的戰爭，以及本地人對外國人的仇視愈來愈不可收拾，令當地環境動盪，因而喪失優勢，令外國船不敢來，也迫使外國公司把總公司從廣州遷到香港。[7] 另一方面，澳門在運送自由移民方面無法與香港競爭，轉為集中於運送移民到哈瓦那和祕魯，結果這個聲名狼藉的行業令其名譽掃地。想出洋的人大部分來自珠江三角洲地區，這點進一步令移民集中在香港上船。

5　"Commercial Statistics," *Alta California*, January 3, 1857, p. 1。唯一例外的是從黃埔開出的「巴雷達兄弟號」（*Barreda Bros*）。

6　"Freight Table," *Alta California*, January 2, 1860, p. 1.

7　Gunther Barth, *Bitter Strength: A History of the Chinese in the United States, 1850-1870*（Cambridge, MA: Harvard University Press, 1964），p. 65; Austin Coates, *Whampoa: Ships on the Shore*（Hong Kong: South China Morning Post, 1980），此書記述了黃埔作為船舶維修中心的興衰。

新發展

如第一章所說，十九世紀中葉的遠洋船大多是不定期船，是按需求隨時啟航，沒有固定船期。船主可以隨意把船派到某個目的地，但那時候最常見的做法是由人包租，可以是計時租船或是計程租船，由租船人決定目的地並承擔航程風險。出口商和旅客對於從香港到舊金山的運貨和載客運輸有巨大需求，令大大小小的眾多船隻麇聚於此地，以充分利用這個市場。

最初，行走這路線的船大多數只走單程；它們抵達舊金山後會接受新的委託，前往其他需要它們的目的地。然而，隨着這條路線上的需求增加，船常常被租下往來於兩地。舊金山出口貨物數量（當然包括金銀財寶）和返回中國的旅客人數（不要忘記還有身故移民的骸骨）逐漸增加後，舊金山至香港這段航程本身就變得有利可圖。有些船甚至多次往返兩地，這種新的運作模式帶有一點定期船的味道，反映對於運輸的持續需求，亦可見支付高昂船費的搭客十分重視熟悉此路線、富有經驗的船長和船員。

每個人都以爭取時間為目標。在 1850 年代，船平均需要 50 至 60 天完成一趟香港到加州之間的單程航程。在 1852 年，美國飛剪船「挑戰號」只花了 33 天就橫越太平洋，引起巨大關注。它把全部 553 名搭客載到舊金山，而且所有人都十分健康！此外，當它在 6 月返回香港時，它以 85 天完成了整趟往返航程，創下新紀錄。[8]「糕餅之國號」（*Land o'Cakes*）雖然比不

8　*Hongkong Register*, June 15, 1852.

上「挑戰號」的紀錄，但它在九個多月就完成兩趟的來回之旅，由此可見事情進步神速（見表 3-3）。[9]

表 3-3「糕餅之國號」的航海日程表（1852 年）

從舊金山出發	航行日數	抵達香港	離開香港	航行日數	抵達舊金山
1852 年 3 月 31 日	48	1852 年 5 月 18 日	1852 年 2 月 2 日	52	1852 年 3 月 26 日
1852 年 8 月 23 日	51	1852 年 10 月 13 日	1852 年 6 月 28 日	48	1852 年 8 月 14 日

【資料來源】《香港紀事報》、《德臣西報》、《上加利福尼亞報》

美國三桅帆船「安・韋爾什號」的表現也令人刮目相看，在 1852 年 2、3 月間，只花了 49 天就抵達舊金山（見表 3-4）。它是持續重複行走於這條路線的船之一，在 32 個月內完成五趟往返航程，從這艘船的時間表可見當時氣氛之狂熱、交通之密集，以及往來香港和加州路線航程的重複性。

在 1850 年代初，其他進行這些跨太平洋航程的船包括「極光號」（*Aurora*）（見表 3-5）和「北卡羅來納號」（*North Carolina*）（見表 3-6）。

9　「糕餅之國號」是一艘長 150 呎、重 560 噸的小型桅帆船，1847 年在蘇格蘭格蘭奇茅斯（Grangemouth）建造，在利物浦註冊。我感謝戴偉思博士提供船舶的註冊資料。這艘船很小，但它在 1852 年兩次前往舊金山，總共運載了 591 名搭客。環境一定是擁擠不堪！

表 3-4 「安・韋爾什號」的航海日程表（1850 － 1852 年）

離開舊金山	抵達香港	離開香港	抵達舊金山
1850 年 6 月 5 日	1850 年 7 月 23 日	1850 年 8 月 17 日	1850 年 10 月 13 日
1850 年 12 月 8 日	1851 年 1 月 28 日	1851 年 2 月 20 日	1851 年 4 月 25 日
1851 年 6 月 12 日	1851 年 8 月 8 日	1851 年 9 月 12 日	1851 年 11 月 7 日
1851 年 12 月 1 日	1852 年 1 月 22 日	1852 年 2 月 20 日	1852 年 4 月 9 日
1852 年 5 月 12 日	1852 年 7 月 19 日	1852 年 10 月 23 日	1853 年 2 月 7 日

【資料來源】《香港紀事報》、《德臣西報》、《上加利福尼亞報》

表 3-5 「極光號」的航海日程表（1852 － 1853 年）

離開舊金山	抵達香港	離開香港	抵達舊金山
		1852 年 4 月 20 日	1852 年 6 月 15 日
1852 年 7 月 10 日	1852 年 9 月 14 日	1852 年 10 月 13 日	1853 年 1 月 1 日
1853 年 3 月 26 日	—	1853 年 8 月 23 日	1853 年 10 月 19 日

【資料來源】《香港紀事報》、《華友西報》、《上加利福尼亞報》

表 3-6 「北卡羅來納號」的航海日程表（1851 － 1852 年）

離開舊金山	抵達香港	離開香港	抵達舊金山
1851 年 9 月 20 日	1851 年 11 月 13 日	1852 年 1 月 29 日	1852 年 3 月 29 日
1852 年 4 月 16 日	1852 年 6 月 1 日	1852 年 7 月 26 日	1852 年 9 月 25 日
1852 年 10 月 24 日	1852 年 11 月 13 日	1853 年 1 月 30 日	1853 年 4 月 10 日

【資料來源】《香港紀事報》、《華友西報》、《上加利福尼亞報》

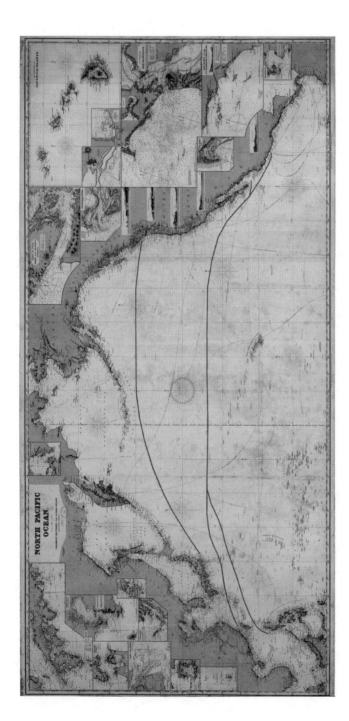

圖 3-1　十九世紀中葉的太平洋航行路線

這幅北太平洋航道圖屬於格里菲思（Griffiths）船長所有，他是利物浦的三桅帆船「大公號」（Hospodar）的船長，該船長 76.1 米，重 1,625 噸。該船在 1884 年從中國天津到北美的航跡仍然可見。圖上印了兩條從中國到北美的標準路線，「大公號」所走的是較短的北方航線。選擇哪條航線視平船的種類、目的地和季節而定。從香港出發的客船通常走較長的南方航線，這條航線經過的水域較平靜，天氣較和暖。航道圖被稱為「藍背圖」（Bluebacks），因為它們是幾張拼在一起，黏在堅固的藍紙上（資料由戴偉思博士〔Dr. Stephen Davies〕提供）。

〔圖片來源〕香港海事博物館提供

成一門大生意的搭客運輸

　　前往加州的客運是巨大商業機會，公司和個人都很快看到這一點。在
1852 年 7 月，香港報章《華友西報》對它所帶來的生意額大感驚歎：

> 我們發覺，今年中國和加州之間的貿易，僱用了 82 艘船，平均
> 每艘 500 噸 —— 合計約 43,000 噸；假設搭客量是兩噸對一人
> （整體來說是偏低的估計），我們共有 21,500 人。這個數目乘以
> 平均每人 50 元的船費，顯示這半年所得的總金額是 1,075,000
> 元，或者以殖民地的貨幣計算，是 234,000 英鎊。估計平均五個
> 月航程船的淨收益是其五分之四，即 187,200 英鎊，即每噸四堅
> 尼 —— 當然快船會賺得比慢船多。

　　該報注意到仍有六艘船停泊在港內，預計到 6 月 30 日上半年結束時，
出洋總人數可以「很有把握地估計達到二萬五千人」。[10] 歷史學家歐德理大概
參考了港督文咸的說法，在多年後寫道，1852 年出洋的三萬名華人，如果
每人付出 50 元，船費總收入就有 150 萬元。[11] 如前所述，三萬名搭客是高估
了；較接近實際的數目是兩萬人，但即使這樣，船費收入也有約 100 萬元。
而同年殖民地政府的總收入只有 43,331 英鎊（大約 208,003 元），兩相比較
就可知這筆收入有多重要。[12]

10　*The Friend of China*, June 23, 1852.

11　E. J. Eitel, *Europe in China*（Hong Kong: Oxford University Press, 1983 [1895]），p. 259.

12　*Hong Kong Blue Book 1852*, p. xx [28].

　　參與這種貿易的船來自許多不同國籍。從記錄上看，在十九世紀駛往加州的船中，只有兩艘是中國籍。第一艘是三桅帆船「金泰利號」（*Kam Ty Lee*），它在 1852 年 1 月 4 日在船長克努森（Knudsen）指揮下從香港啟碇，當天就因為遇上強大逆風而要返航，之後似乎沒有再嘗試。[13] 另一艘是「安・韋爾什號」，它重複往來於這航線。此外，如歷史學家萊登（Sandy Lydon）所說，可能有另一些中國籍的中式帆船駛進蒙特雷灣（Monterey Bay），但沒有文獻記錄佐證此說。[14] 事實上，可以頗肯定的說，橫越北太平洋的路線是由西方船舶主宰，它們由西方船長指揮，按照西方海事規則航行。華人船員自十八世紀起就駕船西行前往歐洲；到了十九世紀，在西方船舶上擔任不同職位的華人水手數目大增。[15] 花旗輪船公司很喜歡僱用他們，這會在下文談到。

靠客運業大賺其財

　　許多公司，大的小的，中國的、英國的、美國的和其他國籍的，都以不同角色參與航運生意。有船主和他們的代理、包租人和他們的代理、船

13　*The Friend of China*, January 10, 1852; *Alta California*, March 13, 1852；後來的記錄顯示，「金泰利」由船長亞泰（Atay）指揮，從馬尼拉駛到香港，所以它很可能留在當地附近活動，而沒有再次嘗試渡越太平洋。

14　Sandy Lydon, *Chinese Gold: The Chinese in the Monterey Bay Region*（Los Angeles, CA: Capitol Books, 1985），pp. 26-30。在 *Chinese Junks on the Pacific: Views from a Different Deck*（Gainesville, FL: University of Florida, 2007）一書中，范・提爾堡（Hans Konrad Van Tilburg）論述在二十世紀橫渡太平洋的中式帆船，力證中國造船技術之精良，中國海員能力之高超。

15　Schwendinger, *Ocean of Bitter Dreams: Maritime Relations Between China and the United States, 1850-1915*（Tucson, AZ: Westernlore Press, 1988）；另見亨廷頓圖書館所藏的花旗輪船公司人員名單。

位經紀、貨物經紀和保險商。在另一層面，有船塢和船台、木材商人、縫帆工和蔴纜廠，以及製造船錨、鐵鏈和其他大型金屬製品的鑄造廠。還有食物、飲用水和煤炭的供應商，供應航海用品的船具商，驗船師，維修船舶的承辦商，以及各種較小的服務提供者，如帶水人、駁船操作員、酒館經營者和旅館經營者。還有一個專為水手而設的旅館體系，顯示整體中國船員勞務基礎結構的本質。[16] 換言之，航運是許多人生計和財富的所繫。

到了 1840 年代末至 1850 年代初，香港有許多公司既熟悉本地情況，又有廣泛國際聯繫，並擁有專門知識，能處理前往舊金山銳增的客運需求。有長期經驗處理中國水域船務的公司，如怡和洋行、旗昌洋行等巨擘，還有如畢行（John Burd & Co.）和羅爾德林克公司（我們在上一章討論「蘇丹娜號」時，已見過它作為代理商）等規模較小的公司，都是船主尋找代理商時的不二之選。如布什公司和威廉斯安東公司（Williams, Anthon & Co.）等歷史較短的公司，也為許多船擔任代理。此外，瓊記洋行這家波士頓中型公司，自 1840 年起就在中國立足，1856 年至 1857 年把總公司從廣州遷到香港後，它利用與加州的密切聯繫，也活躍於代理業務。

在香港與加州貿易的頭幾年，畢行處理了大量船舶。蘇格蘭船長畢特（John Burd）駕駛一艘丹麥船到東方，之後在 1839 年在廣州成立公司。這家公司在 1842 年遷到香港，買賣「各種各樣的貨物和商品」，包括米、椰子油和咖啡，並且顯然與航海世界建立良好聯繫。畢特在 1847 年獲委命

16　關於香港的中國船員勞務制度的著述很少。我曾簡單討論它與同鄉會的關係，見拙文 "The History of Regional Associations in Pre-war Hong Kong," in *Between East and West: Aspects of Social and Political Development of Hong Kong*, edited by Elizabeth Sinn（Hong Kong: Centre of Asian Studies, University of Hong Kong, 1990），pp. 159-186。

為丹麥駐香港領事。[17] 船舶代理似乎是他的主要業務，儘管出現新的競爭對手，但在 1852 年駛往加州的船中，至少一成是由他的公司（以不同的化身）代理。

　　另一家處理許多前往舊金山的船的公司，是相對遲來中國立足的布什公司。布什在 1843 年來到香港，翌年成立公司。他在 1845 年獲委命為美國駐香港領事，而當前往美國的船舶數目在 1840 年代後期增加，布什公司就忙於擔任船的代理，這似乎是十分順理成章。領事沒有權力，也沒有薪酬或津貼，還要負責徵收應繳的費用，以獲取資金維持領事館運作，但這個職位帶來聲望。[18] 它可說是一種榮譽勳章，是讚許某人值得信賴的標誌，並因此提升他在商界的地位。在更為實際的層面，所有停泊在港內的船，都須把文件存放到領事那裏，領事也要為運往美國的貨物的發貨單簽署認證，以及簽署債券的完稅證明書，所以船主自然很樂意委託這位領事代理他們的船，而且船主、租船人和出口商都覺得，僱用由領事本人擔任代理的船，一定會很方便有利。他肯定近水樓台先得月，能夠獲知美國市場情況和當地海關和入境法規的情報，使他成為更有價值的合作者。然而，布什似乎遭遇一些挫敗，他公司的貨倉在 1850 年遭到拍賣，翌年 9 月停止在

17　Solomon Bard, *Traders of Hong Kong: Some Foreign Merchant Houses, 1841-1899*（Hong Kong: Urban Council, 1993）, pp. 53-54; *Hong Kong Blue Book, 1847*, p. 138.

18　James R. Gibson, *Otter Skins, Boston Ships, and China Goods: The Maritime Fur Trade of the Northwest Coast 1785-1841*（Montreal: McGill-Queen's University Press, 1991）, p. 95。韓德論述了美國外交人員業餘和教育程度不高的性質，見 *The Making of a Special Relationship: The United States and China in 1914*（New York: Columbia University Press, 1983）, pp. 15-16 and p. 389, n. 11。美國要到 1854 年才在中國設立全職領事職位，以薪水低、任期短的政治任命人員，取代了一部分商人兼任的領事（在廣州和上海，這些人通常是旗昌洋行的合夥人，因為只有他們才有錢有閒去履行這個職位的社交和公務職責）。1854 年後，美國駐香港領事館仍然主要靠徵收的費用來維持運作經費。

香港的業務。[19] 安東（H. Anthon）在 1847 年獲委任為副領事，他同樣處理大量前往美國的船舶。在 1852 年，前往美國的 86 艘船中，19 艘是由他的安東公司（Anthon & Co.）和威廉斯安東公司處理。其他在這行內很矚目的公司，還有邁耶斯謝弗公司（Meyers, Schaeffer & Co.）和孖剌士甸臣洋行，它們和畢行一樣，各處理 14 艘船。

代理商的工作

簡單看一下代理商多方面的職責，不只看到代理工作的重要性，還顯示航運活動如何牽涉到經濟生活的諸多層面；它也將凸顯出香港作為港口的微小細節。事實上，代理工作（無論是船舶代理還是進出口代理）是十九世紀中葉在中國經商的西方商人的重要商業活動。

在船到達之前，代理商就要做宣傳工作，為船招募包租人、吸引搭客和兜攬貨運，並通知收貨人準備接收運給他們的貨物。[20] 在有些情況中，船舶代理商還要負責為運到的貨物尋找買家。它要安排領港員、泊位和貨倉；又要與船長結清賬目，向他發薪水並償付他在航程中的開支。經過長途海上旅行後，船的狀況往往會很差，代理商很大一部分工作是組織必要的維修保養。整理索具、補帆、修理船底和填縫是例行工作。還要製造新

19　布什在香港成立的第一家公司是佣金代理商布什米勒公司（Bush and Miller）。他在 1846 年左右成立布什公司。見 Solomon Bard, *Traders of Hong Kong*, pp. 80。另見 Eldon Griffin, *Clippers and Consuls: American Consular and Commercial Relations with Eastern Asia, 1845-1860*（Taipei: Ch'eng Wen Publication Co., 1972 [1938]），p.280。

20　《上加利福尼亞報》上有許多受託代理人通告。

水桶，訂購新木板。對於愈來愈頻繁出現在中國水域的蒸汽輪來說，鍋爐必須檢查和維修。有時候，船主／租船人會盡量安排船在香港維修，即使這些工作並不是很迫切，因為這裏比舊金山便宜。[21] 船維持在良好狀況有其實際原因，因為船的狀況欠佳就無法投保；即使這時候，保險並非強制要購買，而且許多船沒有投保就開航，但愈來愈多船主自願為船投保，部分原因是他們知道，船能夠獲保險公司受理投保，本身就是賣點。此外，1855年《華人搭客法》通過後，船必須接受船政官檢查，令其確信它處於適航狀態（儘管「適航狀態」很難界定）才會簽發出港證。這表示儘管市場對老舊殘破的船十分渴求，而香港又是買賣船舶的活躍市場，這些船可能被人買賣，但因為政府有規限，它們的狀況不至於太惡劣；至少在再次啟航前，必須充分修繕以符合某些安全要求。代理商負責安排船接受船政官測量，以判斷它可以合法運載的搭客人數。代理商除了須知道英國和美國政府頒佈的搭客數目限制，還要熟悉不同港口最新的政策、法律和規則。[22]

　　為了準備該船用於下次航行，代理商的工作是在船長協助下招募船員，讓一些舊人離開，讓新成員加入，並請相關領事為新船員簽發證明。有時候，有船長要辭職時也會由代理商接納，並由其負責聘任新的人。如遇海員生病，代理商也會協助海員獲得醫療，如果船開走而船員要留下住院，[23] 也是由代理商負責支付醫療費用。船長和代理商須要經常聲明不會承擔船員欠下的債務，以保障自己不會惹上不必要的麻煩。[24]

21　Ryberg to Augustine Heard & Co., April 19, 1864（Heard II, Case LV-1 "Correspondence, Unbound," f.52 "1863-1865, Hong Kong from C. G. Ryberg, San Francisco"（Reel 303）。賴伯格所指的是填縫，但其他工作大概也同樣便宜。

22　Ryberg to A. H. C., January 13, 1864: "Do not exceed the limits allowed as I think the officials will be rather strict this summer"（Heard II, Case LV-1, f.52）.

23　*Hongkong Register*, May 11, 1852.

24　如見 "Consignee Notice," *Alta California*, November 1, 1867。

　　船員在港內時，代理商會為船員提供食物和其他消耗品供他們使用，並為即將開展的航程供應這些物品。為船供應補給物資逐漸在香港發展成一門大生意。除了食物，水也是不可或缺，另外水桶也很重要。運載搭客不停站橫渡太平洋的航程需要大量淡水。水得靠木桶盛載，而保證水桶不漏水十分重要，[25] 做不到這點會引致可怕的後果。「韋斯頓勳爵號」（*Lord Western*）在 1852 年 4 月 21 日前往舊金山，15 天後因水桶漏水要折返港口，以補充浪費掉的食水。為載客船提供糧食就更為複雜：除了要符合《搭客法》有關食物數量的規定，還要考慮華人搭客的獨特口味。而對蒸汽輪來說，煤炭更是必需品。

　　然而，代理商的主要工作是為即將出航的船尋找租船人，談判租船契約條款，並準備好所有必需的文件。在這個船舶供不應求的時代，有權決定把船給誰，令代理商擁有很大勢力；得到代理商厚愛會有好的回報。如果船沒有人包租，代理商的責任就會是為它招攬搭客，或代表船主尋找貨運、裝載貨物。要不然，代理商也可自己把船租下。

　　我們從重 55 噸的「康沃爾號」（*Cornwall*）的例子簡單看一下租船過程，以及代理商與包租人之間的關係。這艘船在 1856 年初抵達香港，交予怡和洋行代理。船長道森（William Dawson）至少從 1850 年初起就行走於來往香港與舊金山的航線，[26] 他看到市場頗為沉寂，就問孖剌（Yorick J. Murrow）是否有興趣租船。孖剌感興趣，他們達成一個口頭的臨時協議：他可以完全獲得甲板間（中甲板）和約 12 英呎的船尾樓用來載客，並有權把船尾樓延長約 22 英呎，以擴大載客量。此外，他可以使用所有設施和後備水桶，其餘的東西則須由他自己提供。租船只可以到阿德萊德。酬金是

25　*Hongkong Register*, May 11, 1852.

26　Advertisement for Cornwall, agent, Bush & Co. in *The Friend of China*, January 19, 1850.

3,000 英鎊，即 12,000 元，簽定租船合約時支付三分之一，其餘在啟航前付清。這艘船會在兩周內出發，但為保險起見，孖剌要求在租船合約上訂明有四周的許可裝卸期限。他會負責替搭客支付必要的人頭稅，並確保一切符合《搭客法》的規定。

　　同時，怡和收到另一家公司的建議，想要以 15,000 元租下這艘船，載客和運貨到阿德萊德和菲利普港。怡和在達成這項協議前告訴孖剌，如果他願意把出價提高至 12,800 元，這艘船仍然可歸他所有。孖剌自然很不高興。他回信撤銷他的提議，承認：「現在有兩艘船停泊在港內，想要以超過一半的容量用來載貨，所以若接受一個附帶貨運條件的建議，我們無法與之競爭。」換句話說，雖然他可以為這艘船找到足夠搭客，但港內對於運貨噸數已供過於求，他不願意付出更多錢來租用載貨空間。因此他別無選擇，只得拒絕怡和的反建議。「康沃爾號」最後載着 316 名搭客前往亞德萊德，大概是由另一家公司租下。[27]

　　孖剌是 1850 年代十分活躍的租船主，專門租船前往加州和澳洲。他在 1838 年從利物浦到達廣州，翌年加入賈米森豪公司（Jamieson, How & Co.）。他在廣州自立門戶創辦孖剌公司（Murrow & Co.），最初在 1846 年首次在香港註冊。早在 1849 年 6 月，它就以廣利行的中文名刊登廣告，以「前往加州船位的經紀」自稱。[28] 英國商人士甸臣（James Stephenson）在 1851 年與他聯手，士甸臣在 1848 年於香港開了一家獨資公司，在 1849 年 6 月

27　Murrow to JMC, February 7, 1856; Murrow to JMC, February 13, 1856: JMA B7（Business Letters: Local 1813-1905）/ 15（Business Letters Hong Kong 1833-1905）; East Point to Y. J. Murrow, February 12, 1856: JMA C14（Letters to Local Correspondents, 1842-1884）/ 7（October 1855-July 1858）, p. 80. 在 1856 年 3 月 26 日，「康沃爾號」在統艙載了 316 名華人搭客離開香港，並在 5 月 28 日抵達亞德萊德。見 *The Argus*（Melbourne）, June 4, 1856。

28　*The Friend of China*, June 20, 1849 to January 22, 1850.

坐「羅納河號」（*Rhone*）橫渡太平洋，無疑是為了尋金。他何時返回香港無從稽考，但在 1851 年 1 月 13 日，他與孖剌宣佈合夥組成新公司孖剌士甸臣洋行。士甸臣留在舊金山一定十分有利於他們的事業；他在 1853 年 3 月再度前往舊金山，顯然是要去研究市場，並加強在當地的人脈聯繫。[29]

在 1853 年 10 月，該公司宣佈開辦香港與舊金山之間的定期輪船航線，最初行走這航線的是「斯蒂芬・鮑德温號」（*Stephen Baldwin*），它在 12 月 1 日啟航，之後在下一個月「沃里斯頓勳爵號」（*Lord Warriston*）也加入。[30] 該公司宣佈只會選取堅固的大船來行走這航線，這些船的航行能力經過充分測試，對保險公司來說沒有甚麼風險。它甚至承諾，貨物若有損毀就毋須支付運費，而來自廣州的貨物免收運到香港的內河運費，以此吸引貨主託運。

提出開辦往來香港與舊金山的定期航班，是頗創新的建議。迄今，儘管船舶頻繁往來於兩地，但都只是以不定期方式包租，而且是按需求發船。需求高的時候，可供使用的船都會用上，並且使用不同種類的船 —— 雙桅船、縱帆船、三桅船、飛剪船和「舟艇」。船的大小差別十分大。一端是 297 噸的三桅船「約翰・梅奧號」（*John Mayo*），它在 1851 年 12 月開往舊金山，另一端則是重 2,006 噸的美國飛剪船「挑戰號」。

開辦橫渡太平洋的定期航班，理論上是很吸引人的想法，但之前沒有人嘗試是有其理由的。主要問題是：靠帆船無法提供真正的「定期船」服務。跨大西洋的郵船能夠運作，是因為航程較短，只需約三星期；該處的基本天氣模式也為人所充分了解，因此能計算和規劃航行時間，從紐約到

---

29 *Hongkong Register*, January 13, 1851。「簽署人今天合組公司，名稱為孖剌士甸臣洋行，孖剌、士甸臣。廣利行，1851 年 1 月 1 日。」

30 Advertisement, *Hongkong Register*, November 29, 1853, p. 189.

利物浦不超過 22 天，從利物浦到紐約則不超過 40 天。這些優勢太平洋全部付諸闕如。在太平洋，從甲地到乙地最短的路線，即所謂大圓航線（Great Circle Route），對帆船來講，難度很高，只有在風向風力都許可時才能勉強完成。對於蒸汽輪來說，行走大圓航線從香港到舊金山的距離由 6,270 至 6,830 英里不等，視季節而定。基本上，為避開嚴酷的冬季風暴，船要行走較長的行程，那會需時 27 天。然而，帆船可望在 40 天完成，但也可能需要 60 天或以上，因此時間很難預測，無法維持固定船期。在船公司準備好以蒸汽船行走跨太平洋路線前，「定期班輪」是不可行的。[31] 因此，孖剌士甸臣洋行無法兌現承諾，其定期航班從沒實現，這毫不令人意外。[32] 由該公司擔任代理商兼租船商的「斯蒂芬・鮑德温號」，如公告那樣在 12 月初離開香港，不過是在 12 月 3 日而非 1 日。但由怡和洋行擔任代理商的「沃里斯頓勳爵號」，沒有如預定那樣在 1 月 1 日啟程。事實上它要等到 2 月 20 日才離開，即幾乎兩個月後。為甚麼延誤這麼久才啟航，沒有給予解釋。

在 1854 年，孖剌和士甸臣之間的夥伴關係結束。[33] 孖剌繼續處理前往澳洲、加州和祕魯的船，並在 1857 年 7 月正式自稱為「船舶、產品和保險經紀和海損理算師」，[34] 後來又改行去做一件非常不同的事 —— 創辦《孖剌西報》（*Hongkong Daily Press*），而他雖然在 1860 年代中期前往英國，但仍保持這份報紙的擁有權，直至 1884 年去世。作為新聞工作者，他成為香港歷

31　我感謝戴偉思博士提出這個看法和資料。事實上，蒸汽輪盛行於太平洋的時刻是 1870 年代，到那時候複式蒸汽機的使用愈來愈廣泛，這種蒸汽機有更高的鍋爐工作壓力和更大的燃料效率。

32　*Hongkong Register*, November 29, 1853.

33　這家公司在 1854 年 1 月 2 日解散，見 *Hongkong Register*, February 7, 1854。

34　*Hongkong Register*, January 5, 1858.

史上極多姿多彩的人物。[35] 士甸臣繼續自己做生意做了好幾年，經營士甸臣洋行（James Stephenson & Co.），繼續活躍於香港與加州之間的貿易。由他代理的「斯蒂芬・鮑德溫號」和另外幾艘船，如「珍尼特・威利斯號」（*Janet Willis*），在整個 1850 年代繼續行走於這條路線。[36]

華人參與者

華人對淘金熱的反應不只是當移民或貿易商；航運業的不同層面提供了廣泛機會，包括當船主，擔當船的代理人和包租人，還有船位經紀，華人也很快抓住這些機會，而且事實上有些成為舉足輕重的參與者。

我們能夠辨認的第一個直接參與加州客運生意的華人，就是譚才，他在 1852 年兩度擔任「安・韋爾什號」的香港代理。[37] 他在該年年底很可能也租下這艘船前往舊金山。此外，「漢密爾頓號」在 1853 年兩次開到香港，

---

35 G. B. Endacott, *A Biographical Sketch-book of Early Hong Kong*（Singapore: Donald Moore, 1962），pp. 148-151; Prescott Clarke, "The Development of the English Language Press on the China Coast 1827-1881," MA thesis, School of Oriental and African Studies, University of London, 1961, pp. 240-241. 在倫敦，他是《倫敦與香港先驅報》（*London and Hong Kong Herald*）的擁有者或主編（*China Mail,* March 9, 1868）。

36 士甸臣繼續出口貨物到舊金山，例如在 1858 年 5 月以「大氣號」（*Atmosphere*）運了價值 5,419 元的糖給科爾曼（W. T. Coleman）；以及替梅洛（A. Mello）出口價值 3,791 元的糖給古德爾（S. P. Goodale）或普賴斯（Samuel Price）*Atmosphere* 1858: Box 32, CA 169 Part 1）。他在 1860 年 10 月也運了價值 3,800 元的雜貨到舊金山（Insurance Policy #3819, JMA A7（Miscellaneous Bound Account and Papers 1802-1941）/ 443（Miscellaneous Insurance Records 1816-1869, Triton Insurance Co）。

37 *Hongkong Register*, October 5 and 12, November 30, December 17, 1852.

都是由他擔任進港代理，另外大概在沒多久後他就成為這艘船的船主。[38]

「漢密爾頓號」是第一艘由華人擁有駛到舊金山的船。這艘船在 1853 年 6 月 1 日抵達時掀起一陣轟動，因為它有「盎格魯撒克遜船員和船長」，卻由「中國人」擁有，懸掛「中國旗幟」航行（事實上，儘管它由華人擁有，也可能真的升起了中國旗，但行走這趟航程時它是登記為美籍船）。一大羣人前去參觀它，來賓獲得十二響禮炮歡迎，並受到盛大招待。[39] 這艘船的船主無疑渴望宣揚他們擁有此船，藉以招徠生意。華人擁有的船經常易手，每趟航行時都可能由不同的船主或眾多船主擁有；代理商同樣頻繁變換。在 1853 年中期的這趟航程，「漢密爾頓號」是由「同記」（Ton Kee）擁有，代理商是亞興（A Hing）經營的「和記號」（Wo Kee）。[40]

「漢密爾頓號」經過一趟異常長的旅程後，在 1854 年 3 月 9 日再次駛到舊金山。這次其舊金山代理商是譚亞汝經營的裕源號，[41] 而這艘船據說是屬於昌記。譚才買下它後，「漢密爾頓號」有兩年沒有再走這條路線，直至 1856 年，這艘船似乎已落入外國人手中。

38　「漢密爾頓號」（438 噸）在 1853 年 3 月和 12 月兩次以香港為終點的航程，譚才都是受託代理人；它在 1854 年 11 月 14 日登記在譚才名下（ "Notification on Registration of Vessels," in *HKGG*, January 26, 1856）。

39　*Alta California*, June 25, 1853; *Sacramento Daily Union*, June 3, 1853.

40　*Alta California*, June 3 and 25, 1853。有關這艘船交由亞興代理的資料，見 *Sacramento Daily Union*, June 2, 1853。

41　《金山日新錄》，日期不明，但根據內部證據，它是 1854 年 4 月號。原件藏於麻薩諸塞州伍斯特（Worcester）的美國古文物學會圖書館（American Antiquarian Society Library）。這份報紙本身最初在 1854 年 4 月出版。王士谷：〈最早的中文報紙的產生 ── 從《金山日新錄》140 周年談起〉，《新聞與傳播研究》，1994 年 4 月。http://www.cnki.com.cn/Article/CJFDTotal-YANJ404.020.htm，2011 年 5 月 4 日瀏覽。

「波托馬克號」（*Potomac*）是另一艘華人擁有的船，它充分顯示華商在航運市場中如何運作。「波托馬克號」是在 1853 年由舊金山的「茂記先生」（Mr. Mou Kee）以 5,000 元買下，當時船的情況很差。他之後花了 10,000 元修理和改裝，「專門用於中國貿易」，並變「一艘殘破舊船為上佳好船」。[42]《上加利福尼亞報》報道，這艘船的新布局與美國船或歐洲船迥然不同，雖然船長覺得改裝方案有點奇怪，但他認為「設計非常巧妙」，其結果是可以更充分利用空間，容納更多搭客。[43] 這艘船在 1853 年 10 月 12 日開往香港，由斯通（E. L. Stone）船長指揮美籍船員駕駛，並由和記行擔任代理商。[44] 這艘船在香港以約 25,000 元賣給一名華人買家。故事到此還沒結束。新船主在船上加建了一層額外的甲板，擴大載客量，在下一趟駛往舊金山的航程中，它載了 500 名移民，每人收取 75 元的高價，賺了約 37,000 元船費。值得注意的是，這個數額是淨利潤，因為單靠貨運費已足以支付所有開支有餘。[45]

美國人也注意到華商這種企業精神。《上加利福尼亞報》提到「漢密爾頓號」和「波托馬克號」，說自加州與中國之間的貿易開始後，華人「吸收了我們的一些營商概念，以十分活躍的方式參與海事生意」，而且「以如同香港外國商行的精神，租船和以船運貨」。[46] 這份報紙說得有道理，不過華人企業家參與航運和貨運業只是仿效外國商人，這種說法不一定符合事實，

42　"For Hong Kong ... the fine, fast Chinese ship Potomac refitted purposely for the Chinese trade ... Apply to AHING at Wo Kee," Advertisement, *Alta California*, October 4, 1853.

43　*Alta California*, September 18, 1853.

44　*Alta California*, October 12, 1853.

45　*Alta California*, June 28, 1854. 根據 1854 年 6 月 30 日的《沙加緬度聯合日報》（*Sacramento Daily Union*），它搭載了 425 名搭客，每人付了 75 元，合共 31,870 元。

46　*Alta California*, June 23, 1854, reprinted in *The Friend of China*, August 23, 1854.

因為這種生意在中國已存在了很長時間。[47] 然而，由於自 1850 年代起香港與加州之間貿易的發展，華人從中學會擁有和租用由歐美船長指揮的西式船，並且按照西方法律架構（尤其是簽訂合約）運作，依循西方商業習慣，在這方面來說，該報的評論可算是中肯的。就香港與加州貿易成為華人（和廣東人）參與長途越洋航運的首個舞台而言，這個說法也是正確的，這件事本身是中國現代史上的重要里程碑。

　　航運業不只為華人資本家提供發跡致富的另一方法。隨着他們買賣和租用對方的船，並擔當彼此的代理商和船位經紀，航運業代表另一個人脈圈子，能加深香港與加州之間日益成長的網絡。像譚才、亞興、茂記和亞汝，若非在太平洋彼方有可信賴的廣泛聯繫，他們的航運生意不可能經營得那麼成功。我們甚至會猜測譚才是和記行的合夥人。[48] 在往後的章節我們會討論參與香港與加州之間航運和貿易的公司集團，亦即有分號和聯號的公司，它們加強跨太平洋的資本流動，令市場更蓬勃。

　　在航運領域，香港的華人企業家也顯示他們在學習利用英國法律制度上多麼技巧高超。另一艘由華人買下用來行走這航線的外國船是「自由號」，這是一艘智利三桅帆船，（生隆號〔Sia Loong〕的）竹昇（Chook Sing）在 1854 年以三萬元買下。船長倫德（Lund）代表船主出售這艘船，他向竹昇保證，這艘船能載 536 名搭客。事實上它載了 200 名每人付了 52 元船費的搭客，另外 200 人因為較晚買票，得付出 62 元船費，合共賺了

47　關於在十八和十九世紀華人參與航運業的情況，見 Jennifer W. Cushman, *Fields from the Sea: Chinese Junk Trade with Siam During the Late Eighteenth and Early Nineteenth Centuries*（Ann Arbor, MI: University Microfilms International, 1982）；Ng Chin-keong, *Trade and Society: The Amoy Network on the China Coast, 1683-1735*（Singapore: Singapore University Press, 1983）。

48　和記行的老闆在香港（*Alta California*, September 16, 1884）。該公司在 1870 年重組時，合夥人之一是 Tam Choie，這可能是譚才英文名字的異寫。但這需要進一步的研究證明（*Alta California*, March 3, 1870）。

23,800 元，只比購買這艘船的成本少一點。即使考慮到新船主為航行最終要付出的許多固定開銷，如提供糧食、食水、船員薪資、港口設施使用費等，這種投資仍然有非常好的回報。然而，倫德聲稱竹昇沒有如雙方同意那樣支付購買價的餘款，他覺得這代表竹昇所付的首筆繳款 2,000 元可被沒收，所以交易中止。倫德認為此交易已告吹，遂把這艘載了 400 名搭客的船開出香港港口，還帶同他們的船費。但竹昇不服並控告倫德，結果由英國海軍中將指揮戰艦拘留了這艘船，將之帶回港口。[49] 法庭判竹昇勝訴，「自由號」現在由竹昇及其三名合夥人擁有。這場法律訴訟曠日持久，有些搭客改搭其他船，最終一位新船長指揮此船載着 297 名搭客離開。[50]

除了直接買賣船隻，華人資本家也會向其他人提供資金，藉此參與航運生意。由於這種幕後活動的性質，關於它的資料很難覓得，但它偶然會浮現。例如，我們知道一名「金融家」是張亞海。他總共借了 6,000 元給一位名叫麥考密克（McCormick）的船長，整修在 1855 年從東沙礁拖回來的「愛瑪號」（*Emma*）；這艘船的狀況一定很差，因為麥考密克只花了 3,000 元就在拍賣會中把它買下。[51] 這艘船修復之後，被人租用載客從香港前往墨爾本，大家可以想像，沒有張亞海協助，麥考密克就無法把船修復至能夠再次航行的狀態。大約在同一時間，張亞海再向麥考密克借出另一筆貸款，令他可以租下丹麥船「腓特烈六世號」（*Frederick VI*）前往加州。[52] 自古老的「廣州歲月」開始，華商和外國商人之間就發展出多方面的財務關係，他們

49　*China Mail*, March 30, 1854.

50　關於「自由號」的事件，也見 *Hongkong Register*, April 4, May 2, 1854。

51　*The Friend of China*, December 1, 1858.

52　*The Friend of China*, December 1, 1858。另見 *Hongkong Register*, December 7, 1858，它指出張亞海與台仁特（William Tarrant）之間的聯繫，張亞海曾是台仁特的買辦，《香港紀事報》聲稱台仁特慫恿張亞海提出訟訴。

互相貸款，有時候是高利貸，又把資金存放在對方那裏，[53] 而加州客運業成為這種合作的另一個「舞台」。

　　早在 1854 年一家舊金山公司就觀察到：「最近啟航的船，不少是由華人派出。」[54] 這顯示華人也以租船商身份擴大在航運生意上的參與；到了 1860 年代初，有不少大商號插足其中。和興號和金祥泰是主要的華人租船商。

　　如前所述，和興號是由李良與其堂弟李陞[55] 創辦。他們是新會人，新會是廣東省的出洋大縣，有大量移民前往北美。李氏「昆仲」屬於最早一批到達香港這個新生英國殖民地的華人；事實上，李陞甚至被形容為「此殖民地最早的居民之一」！[56] 香港歷史學家施其樂根據土地記錄發現，兩人透過買賣土地白手起家。他們在 1857 年成立和興號，這家商號參與的生意很廣泛。施其樂的分析清晰勾勒了該公司的成長，顯示當時的情況一如今天，香港土地幾乎是變戲法似的資金來源，供應許多其他領域的活動。土地一直是李氏家族的主要業務之一，該家族成員直至二十世紀仍是香港數一數二的地產擁有者。[57]

　　和興號參與租船生意，最初主要是派船去加州和澳洲。在 1858 年，它透過代理商旗昌洋行，向代理「加勒比海號」（*Caribbean*）的怡和洋行租下

53　Jacques M. Downs, *The Golden Ghetto: The American Commercial Community at Canton and the Shaping of American China Policy, 1788-1844*（Cranbury, NJ: Associated University Presses, 1997），pp. 86-89.

54　Fernandez & Peyton（San Francisco）to JMC, May 17, 1854: JMA B6/2（Letter from the United States）

55　見李良遺囑，Probate no 414/1864, March 11, 1864: PRO, HKRS 144-4-139。

56　Testimony by D. R. Caldwell, himself a long-term resident of Hong Kong, *Daily Press*, May 24, 1869.

57　Carl T. Smith, *Chinese Christians: Elites, Middlemen, and the Church in Hong Kong, with a new introduction* by Christopher Munn（Hong Kong: Hong Kong University Press, 2005 [1985]），pp. 117-119.

該船。欣賞李良畫作的那位「西人」（見第一章）似乎可能是旗昌洋行的合夥人，而這兩家公司的密切合作一直持續至 1880 年代，顯示它們的深厚聯繫。同樣是在 1858 年，和興也向代理「波士頓燈塔號」（*Boston Light*）和「馬士提夫號」（*Mastiff*）的怡和洋行租下這兩艘船前往悉尼和墨爾本。之後，它的載運業務還擴大至東南亞。到了 1860 年代初，和興號以租船商、招工經紀和進出口商的身份，深深插足於移民出洋生意。[58] 它大規模參與利潤豐厚的鴉片生意，在 1862 年和 1863 年取得香港零售鴉片的專營權；1868 年賭博合法化時，和興又與其他夥伴一同在 1873 至 1879 年從政府買下開賭牌照；同時還投資買賣大米，從安南進口稻米，出口到中國和淘金國家的華僑社會。[59] 我們會在往後的章節看看熟鴉片、大米、航運和移民出洋之間的密切關係。

1864 年李良過世，和興號就交由李陞打理，他的名字之後變成和興號的同義詞。李陞和其弟李節成立自己的公司與加州貿易，這家公司名叫禮興號。[60] 為擴大他們在加州的業務，李節前往當地設立名叫禮興隆的聯號。[61] 這顯然是一記妙招，因為禮興隆成為了舊金山的重要華資商號。在名叫和興隆的另一家聯號在舊金山成立後，李氏家族進一步鞏固其在香港與加州生意的地位，加州的華裔和美國商人都知道他們資產雄厚，並競相爭取與

58　見 "Labour Recruitment Contract Between Dr Wilhelm Hillebrand for the Royal Hawaiian Agricultural Society and Wohang [Wo Hang] Company of Hong Kong for the Recruitment of Labourers in Hong Kong," Appendix C in Tin-Yuke Char, *The Sandalwood Mountains: Readings and Stories of the Early Chinese* in Hawaii（Honolulu: Hawai'i University Press, 1975）, pp. 275-277。

59　從李節的遺囑可見，李氏家族廣泛參與米業。李節遺囑，Probate no. 7/1898: PRO, HKRS 144-4-1152。

60　見李陞的遺囑，probate no. 150/1900, May 8, 1900: PRO, HKRS 144-4-1347。李陞佔禮興號股份的四分之三，李節佔四分之一。

61　聯號是一些透過重疊的擁有權和／或相互持股而連結在一起的公司，這種聯繫常因個人、家族和鄉籍聯繫而進一步鞏固。

他們做生意和聯繫。[62]

　　和興號租用「加勒比海號」，揭示了 1860 年代這個行業的有趣層面，尤其顯示出和興號這家華資公司如何與兩家美國公司聯手，以與怡和洋行這家「遠東」首屈一指的英國公司分庭抗禮。

　　在 1858 年 4 月，「加勒比海號」從香港出發，載着 380 名搭客前往舊金山。和興號向溫切斯特船長租用這艘船，怡和洋行是船主和船長的代理商；和興號的香港代理商是旗昌洋行，舊金山代理商則是麥康德雷公司。船到達舊金山後，應向溫切斯特船長支付 7,000 元租船費的餘款。據船長說，和興號同意額外支付他 1,400 元，即 7,000 元的兩成，那相當於墨西哥銀元（那是香港的合法貨幣）和美元之間的兌換差價。不過，代表和興號的麥康德雷公司拒絕向船長額外支付 1,400 元，聲稱據和興號所說，由於該船的搭客人數少於和興號原先的預期，溫切斯特同意不收這個兌換差價。

　　引發爭執的根源是：「加勒比海號」原本可以載 426 名搭客，但礙於《華人搭客法》的限制，現在最多只能載 380 人，而和興號聲稱，溫切斯特因此同意放棄那筆額外金額，以補償和興號在船位費上的損失。

　　溫切斯特船長矢口否認有人向他提過放棄權利之事，但麥康德雷公司堅持只能依它的條件來支付租船費用。不過，雙方縱有分歧，卻都極力避免在舊金山做昂貴的訴訟，所以怡和洋行建議不要在舊金山的法庭解決爭執，而把那筆有爭議的款項由舊金山匯到香港東藩匯理銀行的經理處，以怡和與旗昌洋行的名義持有，直至事件解決。同時，以有爭議的款項購買

62　和興號也在許多現代企業中成為華人之間的先驅。它在 1881 年創辦安泰保險公司和常安保險公司，並在 1882 年創辦華合電報公司，鋪設九龍至廣州的電纜。李陞的財富和顯赫社會地位令他成為華人社會領袖，他對於 1869 年東華醫院的成立也起到關鍵作用。李節在 1896 年去世，像李良一樣，他把事業交給李陞打理，令他成為李氏家族的唯一族長，直至 1900 年他謝世為止。然而，和興號的另一名合夥人李德昌，他似乎是遠房親戚，從 1880 年代起扮演愈來愈重要的角色。

水銀運到香港，以代替現金。我們會在下一章看到，在香港與加州的貿易中，這種匯款方式十分常見。

引發爭執的部分原因是搭客人數，也就是温切斯特船長原初向和興號所說的數字，與最終准許上船的人數有出入。怡和洋行承認，在《華人搭客法》實施前，「加勒比海號」可以載 426 人，因為那時候香港的管理出洋事務官容許在甲板室容納搭客。但到這艘船要行走這趟航程時，新法例已實施，管理出洋事務官根據新法例不再「批准甲板室」載客。怡和洋行堅稱和興號應知道新的限制，它說自己不知情是站不住腳的。和興號最終同意承擔責任，水銀由怡和洋行取走。[63]

這事件顯示此領域的一些主要參與者如何運作。和興號的美國夥伴旗昌洋行和麥康德雷公司為它提供了很好的服務。雖然和興號最終讓步，但它不是一開始就退讓，而是堅持到底，直至怡和洋行把情況全面說明清楚。從此事件也可見《華人搭客法》對於實際業務運作的影響。

另一家新興華資租船商是金祥泰，不同於由單一家族經營的和興號，金祥泰是由三名顯然沒有血緣關係的合夥人組成。這家公司最初出現在記錄之中，是作為輸出貨物到加州的出口商，它在 1859 年以「黑沃爾里河號」（*Black Warrior*）運送申報價值為 72.52 元的棉花、瓜子、普通用紙和藥丸。[64] 它是在何時開始租船無從稽考，但在 1865 年，它單單向瓊記洋行就租

63　Jardine, Matheson & Co. to Russell & Co., Hong Kong, August 25, 1858（JMA C14 [Letters to Local Correspondent]/7 [Oct 1855-July 1858]）；Jardine, Matheson & Co. to Russell & Co., Hong Kong, August 27, 1858（JMA C14/8 [August 1858-April 1861]）；Jardine, Matheson & Co. to Russell & Co., Hong Kong, November 8, 1858（JMA C14/8）.

64　Folder, *Black Warrior* 1859: Box 32, CA 169.

了至少 16 艘船。[65] 該公司的「東主」只被稱為「金祥泰」，[66] 他似乎在加州待過一段時間，在當地建立了一些有助其航運和其他生意的聯繫；到了 1863 年，他回到香港。

金祥泰〔人〕顯然頻繁往來於香港和加州兩地，以拓展生意、建立橫跨太平洋的人脈和社交、經濟網絡。他在舊金山有許多朋友和生意夥伴，賴伯格（Charles Ryberg）是其中之一，他是租船人，在 1860 年代租用了無數船隻行走於香港—加州路線，也是活躍的貨物進出口商。兩人互設賒賬賬戶，所以金祥泰在香港可以常常替賴伯格結賬。例如，賴伯格在 1864 年把「阿拉康號」（*Arracan*）交給瓊記洋行代理，他指示瓊記，如果手頭用於支付佣金、碼頭裝卸工人費用等的資金不足，可請金祥泰代付餘款。[67] 金祥泰和賴伯格都經常和瓊記合作，金祥泰租用瓊記所代理的船，而賴伯格派去香港的船，則委任瓊記為進港代理，因而形成緊密的跨太平洋共生關係。雖然瓊記擁有良好條件可以為賴伯格租用於行走往返航程的船（即從加州去香港然後回程）招攬搭客，但賴伯格表明寧願由金祥泰為他在香港找搭客，「因為他是我的老朋友」。[68] 一如許多美國人，賴伯格很清楚，對於為這些路線的船位找搭客，華人經紀是不二之選。

65　見以下船的租船合約 *Erato, Lee Yik, Viscata, W. A. Farnsworth, Oracle, Fray Bentos, Waterloo, Cecilia, Nonpareil, Malvina Schutz, Goethe, Notos, Albrecht Oswald, Marmion, Cheetah, Ceres*: Heard II, Case-22A "Insurance, Unbound," f. 1（1853-1861）to f.8（1865）— "Charter parties"。

66　該公司的東主到底是誰並不清楚。有時候甚至難以分辨金祥泰是指這個人還是指該公司，那是華人商界很令人喪氣的做法。根據 1880 年譚玉珊提供的證據，該公司有三名合夥人，他是其中一，擁有三分之一股權（*Daily Press*, December 6, 1880）。一些貨物提單鈐上金祥泰的印章，而付貨人的名字則是李平。李節在 1876 年所寫的遺囑中指出，他擁有金祥泰的股份。見李節遺囑，Probate File no. 1061 of 1877: PRO, HKRS 144-4-344。

67　Ryberg to Augustine Heard & Co., April 19, 1864, July 15, 1865: Heard II, Case LV-1 "Correspondence, Unbound," f.52 "1863-1865, Hong Kong from C. G. Ryberg, San Francisco"（Reel 303）.

68　Ryberg to Augustine Heard & Co., January 13, 1864: Heard II, Case LV-1 "Correspondence, Unbound," f.52 "1863-1865, Hong Kong from C. G. Ryberg, San Francisco"（Reel 303）.

此外，金祥泰〔人〕在國際貿易和航運方面經驗豐富，資源又充裕，人品也正直，一定很得賴伯格歡心，才如此毫無保留地信任他。金祥泰除了租船到加州，還大量租船前往東南亞，又是規模甚大的米商。黃金是該公司的另一項業務。香港是加州黃金的主要出口地，金祥泰涉足這方面的生意不足為奇。[69] 同樣不令人驚訝的是，它擁有一家大鴉片公司的股份，不過顯然它參與鴉片生意的規模要比和興號小很多。[70]

和興號和金祥泰分別與旗昌和瓊記洋行密切合作，積極地支持從1850 年代末到整個 1860 年代，乃至 1870 年代初的跨太平洋流動。谷文霎（Cornelius Koopmanschap）和何仕文（Charles Bosman）這兩名後來者，令這個密切的跨太平洋網絡更加緊密交織，兩人在 1859 年登場，他們的作風張揚進取，令往後幾年香港與舊金山之間的航運景況更多姿多彩。

跨太平洋雙雄：谷文霎和何仕文

谷文霎來自荷蘭。他在 1828 年生於阿姆斯特丹，約在 1850 年前往加州，在當地經營一家處理中國貨物的佣金代理行，為來自中國的貨物和船舶擔任代銷商。例如，在 1853 年 8 月，至少「霍根多普伯爵號」（*Graf von Hoogendorp*）和「木槿號」（*Rose of Sharon*）這兩艘邁耶斯謝弗公司由

---

69 在《中國人名地址錄》（*China Directory*）中，金祥泰被列為「租船商」。但在差餉記錄冊，從 1860 年到 1881 年，文咸街 41 號和 43 號的擁有者被列為「金祥泰，金業」，從 1882 年到 1885 年，卻列為「金祥泰，租船商」。此外，三名合夥人之一的李節，自己擁有位於文咸街 39 號的金鋪麗隆號（Lai Loong）。

70 在 1880 年，譚玉珊宣稱金祥泰擁有萬和豐的十份股份（*Daily Press*, December 6, 1880），但金祥泰很可能在那之前已涉足鴉片生意。

香港發出的船，是由他擔當代理商。[71] 他在 1850 年代和 1860 年代多次前往中國，在香港盤桓甚久，時間之長令他在 1859 和 1862 年獲列入陪審員名單，《加州警察憲報》（*California Police Gazette*）形容他是「在香港居住的富商」。然而，他是舊金山聯合會俱樂部（Union Club）的會員，這證明他是在加州居住而且地位顯赫。[72]

谷文霎在 1859 年左右於香港開設公司。他的夥伴是在該年到來的何仕文，他可能也是取道舊金山來香港。谷文霎回到美國後，二十三歲的何仕文就留在香港，獨當一面經營這家公司。[73]

他們的公司一鳴驚人。在 1859 年，谷文霎波時文公司（Koopmanschap & Bosman Co.）開業的第一年，25 艘從香港開往舊金山的船中，6 艘是由它代理（或租用），[74] 在 1861 年則在 32 艘船中佔 16 艘。同時，該公司也派船到曼谷和東南亞其他目的地。[75]

在 1862 年 8 月，這家公司重組，分為舊金山的谷文霎公司（Koopmanschap & Co.）和香港的波時文公司（Bosman & Co.），後者加入

---

71 「霍根多普伯爵號」在 8 月 5 日從香港駛到，「木槿號」則在 8 月 22 日到達（*San Francisco Herald*, August 6 and 23, 1853）。由「木槿號」運來的 42 包米，也是由他代這艘船承銷（owner's invoices, Rose of Sharon, 1853: Box 25, CA 169）。

72 "Jury List," *HKGG*, February 26, 1859, p. 167; and March 1, 1862, p. 58; Barth, *Bitter Strength*, p. 191.

73 何仕文在香港歷史留名的原因之一，大概是他生下何東和他的一些兄弟，他們之後在此地創立了富甲一方的王朝。見鄭宏泰和黃紹倫：《香港大老：何東》（香港：三聯書店，2007），頁 23－43；Eric Peter Ho, *Tracing My Children's Lineage*（Hong Kong: Hong Kong Institute for the Humanities and Social Sciences, University of Hong Kong, 2010）, pp. 26-38。

74 有時候是難以知道某艘船是由誰包租，但報紙通常會報道代理商的名字。從谷文霎波時文公司的慣常做法判斷，可以很有把握地假設，當這家公司獲委任為代理商時，它也有權優先租用這艘船的回航旅程。

75 Charter party between William Bellamy, Master of the "good ship" *Arab* of Boston, 400 tons, in Hong Kong and Koopmanschap & Bosman, merchants of Hong Kong, to go to Bangkok, October 30, 1861: Heard II, Case 22 "Insurance, Unbound," f.7, "1861, Charter parties."

了一名新合夥人 —— 來自舊金山的愛德華茲（Henry F. Edwards）。[76] 他們的
目標是在談判租船契約時，爭取獲得委任目的港的代理商的權利，藉此在
舊金山和香港兩地控制跨太平洋客運生意。由於船的代理握有決定讓誰租
船的大權，甚至自行擔任租船人，換言之，代理通常「近水樓台先得月」，
谷文霎和何仕文盡量把船交由對方代理，有可能藉此把競爭者摒除在外。

　　我們會在以下業務交易中看到谷文霎和何仕文的經營手法。在 1862 年
6 月，他們的公司向「極光號」的代理瓊記洋行租下這艘船，在協議中訂明
該船進港後交由舊金山的谷文霎公司代理，佣金是租船費的 2.5%，而租船
費是兩萬元。[77] 這是很常見的費率。但是，並非所有船的代理商都願意如此
優待谷文霎和何仕文，尤其是交由這家舊金山的代理商全權處理。在 1862
年 12 月，何仕文向英國船「李爾王號」（*King Lear*）的代理商怡和洋行申
請租用這艘 1,970 噸的船時，也要求以租船費的 2.5% 為佣金，委任谷文霎
公司為舊金山的代理商。怡和猶豫了一段時間後始同意，還說它原本想把
船交給自己在舊金山的「朋友」代理，因為佣金只需 2%。[78] 怡和也定下限
制。它在寫給何仕文的信中說：「關於這艘船的代理權，我們相信克拉杜斯
（Cradduce）船長在逗留舊金山期間會利用谷文霎公司的服務」，但除此以
外，他「不想受限於任何特定的代理商」。[79] 換言之，一旦谷文霎處理了所有
與該船入港有關的職責，船長就可以隨意另覓租船人，或為離開舊金山的

76　Circular enclosed in Koopmanschap & Co. to Jardine, Matheson & Co., August 1, 1862: JMA B6
　　（Business Letters: Non-local）/ 2（Business Letters: America）.

77　Charter party of the *Aurora*, June 10, 1862: Heard II, Case 24, f.16 — "1855-1865 Charter parties."

78　Jardine, Matheson & Co. to Bosman & Co., Hong Kong, December 24, 1862: JMA C14（Letters to
　　Local Correspondents）/ 9（May 1861-January 1864）.

79　Jardine, Matheson & Co. to Bosman & Co., Hong Kong, December 29, 1862: JMA C14（Letters to
　　Local Correspondents）/ 9（May 1861-January 1864）. 在一封寫於 12 月 27 日的早期信函中，怡
　　和問波時文公司它是否有喜歡使用的特定租船合約形式，如果有就送一份草稿到怡和，以便草
　　擬這份契約（JMA C14/9）。

航程自行委任另一名代理商，如非必要不會把事情交給谷文霎公司辦理。結果，這艘船抵達舊金山並由谷文霎公司處理所有必需的入港手續後，就交予另一家公司承辦，而且沒有返回香港。

怡和的強硬態度沒有令何仕文氣餒，他繼續在可能的情況下堅持嘗試委任谷文霎公司為加州的代理商，包括在另一場合向怡和談判租用 335 噸的三桅帆船「斯皮德韋爾號」（*Speedwell*）。這家英國商行再次展現它是難應付的談判者。它同意「谷文霎公司會在你〔波時文公司〕保證下，為我們收取和匯寄『斯皮德韋爾號』的運費」，但條件是該租船代理商收取的「佣金只會是慣常的一半」。[80] 何仕文同意這項條件，或許是為了履行每月發船的承諾（見下文）。如果是這樣，每月發船的承諾無疑變成了負擔。

他們的生意很興旺：在 1862 年，共有 39 艘船從香港開往舊金山，當中 20 艘是他們派出；1863 年在 41 艘中佔 22 艘，1864 年則在 25 艘中佔 12 艘，從這些數字可見，他們佔有很大的市場份額。令人矚目的不只是這兩家公司處理的船舶數目，而是他們雄心勃勃想要實行定期服務，在兩地每月對開一條船。人們長期希望有規律的定期運作，他們以這種方式實現了比之前更大的規律性。在整個 1862 年，谷文霎在廣告上以「黑球飛剪船航線」來宣傳他的運作（譯註：黑球航運公司〔The Black Ball Line〕是一家經營橫渡大西洋定期客運航線的公司，行走這航線的船，旗幟是紅底大黑圓球，因而得名），但這種宣傳用語只持續一年，原因不明，之後所有的廣告中都沒再用「航線」的說法。[81] 不過，雖然它不曾真的能嚴格定期發船，但還是繼續維持相對有規律的運作。

80　Jardine, Matheson & Co. to Bosman & Co., Hong Kong, December 3, 1864: JMA C14（Letters to Local Correspondents）/10（Jan. 1864 - Oct. 1867）.

81　見由 1862 年 1 月 8 日起，該年刊於《上加利福尼亞報》的廣告。

在 1863 年初，舊金山的谷文霎公司致力定期包船，以每年為單位租船，例如以每月 3,200 元租用 1,200 噸的「帝國號」（*Imperial*）十二個月，並支付了所有港口費用。[82] 這種包船模式或許令該公司更可能每月或幾乎每月發船，但這種雄心勃勃的做法也有很大風險，因為它無法靈活應對變化多端的市場情況。谷文霎和何仕文在租船生意所佔的市場份額，在 1860 年代後半開始萎縮，原因不一而足，但其中之一是兩人之間發生了很大爭執。[83] 何仕文在 1869 年宣佈破產並前往英國，他在 1893 年死於當地（雖然他在這中間可能曾短暫返回香港）。[84] 在太平洋彼岸的谷文霎也退出航運和進出口業，逐漸專注於運送華工到美國修築鐵路和到南方的種植園工作，他在跨太平洋生意的經驗，無疑有助於他在 1870 年代末成為主要華工承包商和進口商。1882 年他前往巴西談判輸入契約華工事宜時在當地逝世。[85]

82　T. G. Cary, San Francisco to Augustine Heard & Co., Hong Kong, April 4, 1863: Heard II, Volume LV-3, "Correspondence, Unbound," f. 65 — "1863, Hong Kong from T. G. Cary, San Francisco." 1863 年 4 月 6 日在《上加利福尼亞報》上刊登的廣告，形容這艘船是頂級飛剪船。

83　有傳言指兩人在 1864 年失和，谷文霎在 1865 年 9 月前往香港可能有助於解決兩人的分歧。在香港，波時文公司轉為專注於進出口，如運麪粉到加爾各答，但該公司的經營明顯陷於困境。在 1869 年，它被控告要賠償 18,563 元，何仕文以谷文霎代理人的名義，從一批麪粉貨物收取了這筆錢。聆訊過程揭露，至少在那時候，何仕文作為谷文霎的代理人的正式職位其實已經終止；更重要的是，我們看到兩人原本的緊密關係已破裂到無可挽回的地步（*China Mail*, June 30, 1869; *Daily Press*, July 1, 1869）。法庭的裁決對波時文公司不利，之後它的物業就招租，家具被拍賣。何仕文把財產交給法蘭西銀行（Comptoir d'Escompte de Paris）的經理德爾班科（Edward Delbanco）代為處置，根據《1864 年破產條例》償還債主。Memorandum of Entry of a Deed registered pursuant to "The Bankruptcy Ordinance, 1864," October 1869: *HKGG*, October 16, 1869, p. 500。

84　何仕文在 1892 年 11 月 10 日於英國過世，享年五十三歲。*Daily Press*, December 21, 1892, citing *London and China Express*, November 18, 1892。

85　*Alta California*, September 21, 1882.

「認識所有華人」：麥康德雷公司

　　谷文霎和何仕文的航運事業偃旗息鼓，麥康德雷公司冒起或許是原因之一，這家公司的故事深入揭示香港與加州之間日益複雜的聯繫。如第一章所指出，麥康德雷船長提供了最早期橫跨太平洋的橋樑。[86] 這家公司是1849 年他在舊金山成立，麥康德雷公司為波士頓、墨西哥、澳洲和中國的公司擔任佣金代理行，同時自己也做買賣，出口麵粉、大麥和木材到中國和澳洲；後來成為主要的茶葉進口商，最初從中國進口茶葉，之後也從日本輸入。[87] 航運成為其重要業務，以香港與加州之間的路線為焦點。單單在1852 年它就派出至少 12 艘船行走這條路線。[88] 如前所述，它在 1858 年為和興號擔任「加勒比海號」的美國代理商。1863 年麥康德雷船長過世，他的兒子小麥康德雷（Frederick W. Macondray Jr.）接手經營後，這家公司變得特別活躍。

86　T. Greaves Cary, "An Essay on Chinese in California and Clippers Ships and the China Trade." Manuscript at Houghton Library, Harvard: MS Am 2181。麥康德雷船長在 1836 年至 1838 年負責指揮旗昌洋行的鴉片躉船「伶仃號」前，在中國水域運作了一段時間。

87　見該公司的廣告，*Alta California*, April 23, 1851。

88　它在 1851 至 1852 年派往香港的船包括「驚奇號」（*Surprise*）（*Alta California*, May 7, 1851）、「瑪格麗塔號」（*Margaretta*）（*Alta California*, July 18, 1851）、「帕默號」（*NB Palmer*）（*Alta California*, September 12, 1851）、「彗星號」（*Comet*）（*Alta California*, February 14, 1852）、「奧塞奧拉號」（*Oseola*）（*Alta California*, April 30, 1852）、「駿馬號」（*Courser*）（*Alta California*, May 28, 1852）、「魔法號」（*Witchcraft*）（*Alta California*, May 29, 1852）、「拉賈斯坦號」（*Rajasthan*）（*Alta California,* June 6, 1852）；它擔任代理商的船包括「瑪格麗塔號號」（*Alta California*, May 21, 1851）、「喬治・波洛克號」（*Alta California*, June 7, 1852）、「魔法號」（*Alta California*, May 17, 1852）和「韋斯滕號」（*Western*）（*Alta California*, July 20, 1852）。麥康德雷公司也處理來自和前往其他港口的船，如澳門、上海、加爾各答、新加坡和檳城。

　　年輕的小麥康德雷滿腹鴻圖大計。他的主要野心之一，是要在加州至香港航運生意中奪取更大份額，甚至將之壟斷。由於這一目的，他自然把谷文霎視為主要對手。麥康德雷很有信心他擁有的資源更雄厚：他的公司認識加州「所有華人」，而且從華人和「白人」那裏取得的貨運數目，會相當於谷文霎的兩倍。他相信他可以「在一兩年內把他〔谷文霎〕擠掉」，又多次與他鬧得很不愉快。[89]

　　為了奪取更大的市場份額，麥康德雷必須在香港找到一個緊密的合作者，這樣就可以互相委託對方為租船人的代理，就像谷文霎和何仕文所做的那樣。為達成這個目標，他在 1865 年 2 月動身前往香港。雖然他知道可以在那裏找到許多公司與他合作，但他的主要目標是旗昌洋行。旗昌洋行在中國的「地位首屈一指」，順理成章是理想的合作對象。[90] 此外，麥康德雷船長曾指揮旗昌洋行的船，來自這一淵源的舊日生意和家族聯繫，一定發揮了作用，小麥康德雷不斷致函達納（Richard Dana）和小德拉諾（Warren Delano Jr.）等旗昌洋行合夥人，恭敬地請教他們的意見。但是，就搭客運輸而言，旗昌洋行對麥康德雷最大的吸引力，是旗昌與和興號的關係。他在抵達香港後寫信給舊金山的辦公室說：「和興〔即李陞〕在華人中的大人物，影響力很大。」[91] 事實上，和興號在舊金山的分號和興隆，為麥康德雷

89　Macondray, San Francisco to Mr Dana, Hong Kong, July 15, 1864, pp. 23-26, Letter Copybook, 1864-1874, Macondray Box, Folder 5（California Historical Society [CHS], MS 3140）; Macondray, San Francisco to Otis, via Panama, July 24, 1864, pp. 3-10, Letter Copybook, 1864-1874; Macondray, San Francisco to Otis, via Panama, July 12, 1864, pp. 16-22, Letter Copybook, 1864-1874.

90　F. W. Macondray, Shanghai, April 29, 1865（Macondray Copybook, CHS, MS 2230A）.

91　F. W. Macondray to Macondray & Co., San Francisco, April 17, 1865（Macondray Copybook, CHS, MS 2230A）.

公司租用的船提供搭客，彼此的業務關係似乎十分良好。[92] 可惜來自香港的
船很少交由他的公司代理。麥康德雷覺得，如果他能夠透過旗昌洋行鞏固
與和興號的合作，就能獲得更多來自香港的船的代理權。[93] 這樣就可以牢牢
掌握跨太平洋往來航運的生意，並且向壟斷市場的目標更趨近一步。問題
是以各自的資產和在商界的地位而言，旗昌洋行和麥康德雷公司的關係並
不對稱；在業務經營方面肯定是不對稱。在 1864 年頭九個月，麥康德雷公
司交了十艘船給旗昌洋行代理，旗昌則只交了一艘香港開來的船給它作為
回報。麥康德雷嘗試促請旗昌注意這個「小小的事實」—— 他們的關係「有
點一邊倒」，但這家歷史更悠久、規模更大的公司似乎不以為意。[94]

　　因此，麥康德雷一到香港就忙於接觸各方人馬，包括李陞，並與他有
過「頗有分量的對話」，麥康德雷談到希望和興號把船交予他代理。麥康德
雷甚至去見何仕文，看看他是否能成為合作對象，儘管他之前聽過許多關
於何仕文的壞風評。何仕文似乎很樂意合作，但麥康德雷最後決定為安全
計，最好還是不要跟他有任何瓜葛。[95]

92　「現在客運生意頗為不俗，而且通過與和興隆（亞亨〔Ahem〕）聯繫，我們今天租用了九百噸
　　的美國三桅船『大一號』（*A One*），其載重量為一千九百噸，有八呎半中層甲板用來運載搭客
　　和貨物到香港。我們在這裏有二十天裝卸貨期限，在香港有七天，我們須為這艘船支付二千元
　　和裝貨費。亞亨認為可以以每人十四元招徠兩百名搭客，現在已有約一百一十人，所以，就算
　　有損失也不會太大。」F. W. Macondray to Otis, September 25, 1864, pp. 94-99, Letter Copybook,
　　1864-1874, Macondray Box, Folder 5（CHS, MS 3140）.

93　F. W. Macondray to Otis, September 25, 1864, pp. 94-99, Letter Copybook, 1864-1874, Macondray
　　Box, Folder 5（CHS, MS 3140）.

94　F. W. Macondray to Otis, Boston, September 12, 1864, pp. 107-118, Letter Copybook, 1864-1874,
　　Macondray Box, Folder 5（CHS, MS 3140）。他後來發現旗昌洋行收取他們 12% 的年息，而不是
　　之前的 9%。（F. W. Macondray, Shanghai to James Otis, April 29, 1865 [Macondray Copybook, CHS,
　　MS 2230A].）

95　F. W. Macondray to Macondray & Co., San Francisco, April 5, 1865, and F. W. Macondray, Shanghai,
　　to Macondrary & Co., San Francisco, April 29, 1865（Macondray Copybook, CHS, Ms 2230A）.

最終令旗昌洋行與和興號與他簽下航運業務協議，麥康德雷感到十分
振奮。協議的具體內容不詳，但他很雀躍地致函舊金山辦公室：「我在此協
議中，提出了所有我認為我們想要達成協議的事情」，而且「全是我們能夠
和願意去做的」，如果「這合約得到落實，我想你們都會同意我所說，上述
各點都是我們希望得到的一切」。[96] 此外，他那時與李陞見過幾次面，相信
他「說話公道合理」，並會履行所諾，[97] 而當李陞在文件上簽名時，他〔麥
康德雷〕覺得可以倚仗他。[98] 麥康德雷與旗昌洋行及和興號達成的協議不是
馬上生效，但到了約 1868 年開始，麥康德雷公司成為發船前往香港的主要
租船商。[99] 它打着「麥康德雷公司航線」（Macondray & Co.'s Line）的旗號運
作，幾乎每月發船，並且強調其運作的規律性，在廣告中宣傳即將出航的
船時，都形容它的船期是「緊接」前一班船。這家公司最終與旗昌洋行建
立了密切合作，這是它夢寐以求的，旗昌還擔任麥康德雷公司的香港代理
商，這點在麥康德雷公司的每個廣告中以顯眼方式呈現，無疑是宣佈麥康
德雷在跨太平洋航運業圈子中的新地位。[100] 他與和興號的聯繫也必然加強他

96　F. W. Macondray to Macondray & Co., San Francisco, April 17, 1865（Macondray Copybook, CHS,
　　MS 2230A）.

97　F. W. Macondray, Hong Kong to Macondray & Co., San Francisco, April 20, 1865（Macondray
　　Copybook, CHS, MS 2230A）.

98　F. W. Macondray to Macondray & Co., San Francisco, April 17, 1865（Macondray Copybook, CHS,
　　MS 2230A）.

99　經過這趟行程忙碌之旅後，麥康德雷在 1865 年 6 月回到舊金山，不久後做了一件驚人之舉，
　　就是在 9 月與瓊記洋行達成協議，「在這兩個港口〔香港和舊金山〕之間開辦一條輪船航線，
　　並且經營一般的中國貿易」。他們同意根據這協議，所有由麥康德雷公司派出的船都會交給瓊
　　記洋行代理，反過來亦如是 —— 除了代理對方交予的船，雙方都不得接受或包租任何船舶。
　　事實上，這協議令兩家公司建立了密切而獨家的關係。具體來說，它迫使麥康德雷公司終止與
　　旗昌洋行的現有航運安排，而與旗昌達成的協議，是麥康德雷夢寐以求並花了很大氣力才爭
　　取到的。(Agreement, dated September 1, 1865: Heard II, Case 9, "Agreements, Contracts, Powers of
　　Attorney," f 17 — "1865, Agreement between A. Heard & Co and employees: Macondray & Co"）。

100　See advertisements in *Alta California* from April 1869.

在加州華人間的地位，這是花旗輪船公司不久後就須要面對的。

定期航線

在香港，關於開辦往來香港與加州之間定期航線的談論，在真正實現之前已風傳很久，但如我們所觀察，除非使用蒸汽船隊，否則不可能成事。這條航線缺乏定期船行走是一個不足之處。商人抱怨，開往加州的船常常沒有預先通知就溜出港口，[101] 令他們難以計劃他們的活動 —— 無論是想以某艘船送信或運貨，還是計算貨運、客運或貨物的供求。

早在 1852 年 5 月，怡和洋行就獲得舊金山商人帕羅特（John Parrott）通知，說美國國會接到陳情書，要求它協助建立一條往來加州與中國的汽輪航線。[102] 兩年後，香港報紙刊登一則消息，說「一羣富裕且具有創業精神的紳士，憑藉一千萬元資本」，計劃建立一條往來舊金山和中國，中途停靠三明治羣島（即夏威夷）的蒸汽輪航線。[103] 翌年又有同樣消息傳出，據說曾擔任旗昌洋行主管的福布斯（R. B. Forbes）建立了一條從美國橫越太平洋到中國的郵輪航線。[104] 這些消息沒有一件真正實現。雖然 1860 年代建立了幾條由香港至舊金山的「航線」，但它們的存在時間都很短暫，而且真正定期

101　Jardine, Matheson & Co., Hong Kong to Parrott & Co., San Francisco, October 3, 1859: JMA C11（Letters to Europe）/26（May 1859 December 1859）.

102　John Parrott, San Francisco to Jardine, Matheson & Co., Hong Kong, May 29, 1852: JMA B6（Business Letters: Non-local）/2（Business Letters: America）.

103　*Hongkong Register*, January 3, 1854.

104　*Hongkong Register*, May 22, 1855.

發船的班輪從沒出現。

但在此時，對於客運、貨運及定期航班的需求繼續增長，美國商人在等待行動的適當時刻。在 1865 年，美國內戰結束，橫貫大陸的鐵路又即將完成，未來的前景非常不一樣，令人振奮的新事物指日可待。美國國會想和亞洲發展貿易，授權撥出 50 萬的資助建立一條蒸汽輪航線，運送郵件到日本和中國，最遲在 1867 年 1 月 1 日開始。花旗輪船公司爭取這筆資助，同意每年在舊金山和香港開辦十二趟往返行程，中途停靠檀香山和神奈川。花旗輪船由一批紐約市商人在 1848 年創立，以從巴拿馬地峽運送郵件到新近納入美國版圖的加州。幾個月後加州發現金礦，該公司擁有天時地利，正好在大批急欲從歐洲和美國東岸前往加州的搭客身上獲利。它憑藉近二十年準時和有效率的服務的優勢，贏得這份運送郵件到亞洲的合約，並獲賦予開創提供一流住宿服務的跨太平洋蒸汽輪航線的任務。

1867 年 1 月 1 日，「科羅拉多號」（*Colorado*）如期從舊金山啟航。這個場合舉行了盛大的慶祝活動，官員和商人在演說中大談未來美國與「遠東」的交流，有人甚至放言將有十萬名來自中國和印度的工人抵達，以協助發展加州和增加貿易云云。[105] 儘管這趟旅程的搭客相對少，只有區區 191 人，[106] 但花旗輪船公司的船在往後幾十年將成為中國搭客的主要運輸工具。

對我們來說，獲選為太平洋西端終點的是香港，而非中國沿岸其他港口，這點意義重大，清楚認可了它是通往亞洲的主要太平洋門戶的地位，

---

105   E. Mowbray Tate, *TransPacific Steam: The Story of Steam Navigation from the Pacific Coast of North America to the Far East and the Antipodes 1867-1941*（New York: Cornwall Books, 1986），p. 23.

106   *Hong Kong Blue Book 1867*, p. [331].

圖 3-2　前往美國的華人移民 —— 花旗輪船公司蒸汽輪「阿拉斯加號」上的繪圖
【圖片來源】*Harper's Weekly*, vol. 20（May 20, 1876）, p. 408.

這個門戶擁有已確立的網絡和重要的海洋碼頭設施。對於蒸汽船來說，香港尤其擁有優勢，因為這個港口能供應優質的煤，蒸汽船可在此地裝煤供返航之用。[107] 然而，香港差點無法成為花旗輪船公司航線的終點。

在 1867 年 4 月，大概是為了省錢，花旗輪船申請批准以橫濱為蒸汽輪航線的終點，並以較小的船行走前往香港的航線。這些變動獲得批准，但最終沒有實施。該公司的總裁麥克萊恩（Allan McLane）巡視整條從紐約到香港的路線後否決這個建議。他聲稱，他「及時抵達亞洲」，阻止了把這條

107　其他中國港口無法競爭，直至十九世紀非常後期，當開平礦務有限公司的開平煤礦能夠提供優質煤。

主要航線的終點從香港轉為橫濱，使他不致於「鑄成商業上的大錯」，因為「現時香港與加州之間的貿易，是今天我們的主要依賴」。[108] 結果香港仍然是如原定計劃那樣，成為該航線的終點。

　　花旗輪船公司在專為中國航線建造大船之前，把原來行走巴拿馬航線的明輪船「科羅拉多號」調來行走亞洲航線。它額外加裝了一根桅杆，水線四周也全部加固，以抵禦太平洋風暴的衝擊。這艘船長 340 英呎，總噸位 3,728 噸，遠比當時行走太平洋航線的帆船巨大。它的首航從舊金山出發後，只花了 28 天就到達香港，考慮到後來的蒸汽輪平均需時 34 天，這算是很不錯的紀錄。這艘船在香港逗留超過兩星期後，載着搭客和滿載逾 2,000 噸貨物返回舊金山。[109]

　　花旗輪船公司特別為中國航線建造了四艘新的明輪船 ——「偉大合眾國號」（Great Republic）、「中國號」（China）、「日本號」（Japan）和「美利堅號」（America），這四艘船在 1867 年至 1869 年間投入服務。在 1872 年 5 月，花旗輪船期待國會會提供進一步的郵政資助，實行每半月發船一次的班期，並再次被徵召「科羅拉多號」協助推行這個新計劃。當年 8 月「美利堅號」遭燒毀後，「阿拉斯加號」加入跨太平洋船隊。[110] 這些船的噸位在 3,500 至 4,000 噸之間，事實上比郵政合同所要求的還要巨大。除了船上須有可容納 1,500 噸煤的燃料艙，這家公司顯然想運載大量旅客，這是它的主要收入

108　Pacific Mail Steamship Company, *Report of the President to the Stockholders, February 1868*（Huntington Rare Book 473305）, p. 21.

109　Tate, *TransPacific Steam*, p. 26.

110　在 1873 年以前，花旗輪船公司的船都是由明輪葉推動和木製的；那時候英國人已有十年不再建造木製蒸汽船。花旗輪船繼續製造木船，直至 1872 年政府發出規定，要求該公司在 1873 年 10 月前須有第一艘 4,000 噸的鐵船投入服務，才符合政府向它增加資助的資格，這令情況為之改變。製造大型木船的麻煩之處在於很難維持其固定而不散架，有了明輪葉和額外的拉力難度就更大了。所以需要作額外加固，以支撐巨大的船槳和明輪殼，以及船體。

源。例如，「偉大合眾國號」設計的的住艙，可載 250 名房艙乘客和 1,200
名統艙乘客。[111] 房艙乘客的豪華房間是宣傳重點：黑色胡桃木家具、絲綢室
內裝飾、地板不是鋪上地毯或油布，而是鑲上「斑馬圖案」的雲杉和黑胡
桃木板。當時的人說，房艙的裝潢猶如岸上的客廳，一名旅客對於「這艘
高貴的船堂皇寬敞和上乘的飾面」歎為觀止。

　　很少華人會坐房艙。因為統艙乘客是主要收入來源，[112] 花旗輪船公司設
計的蒸汽輪主要是為了運載這些人。統艙乘客大多安置在住艙甲板，少部
分人就在主甲板前方，睡在以木框鋪上帆布組成的摺疊式帆布牀。各種記
錄都指出，他們的住艙通風良好，而且在船上的船副監督下，都保持得很
清潔。潔淨程度通常是船公司的賣點。統艙乘客大多留在甲板之下，或賭
博或躺在帆布牀上，還有用布簾隔開的空間供吸鴉片煙之用。然而，甲板
空間也供他們使用，在天氣暖和或另一艘船在眼前出現時，乘客都會蜂擁
到露天處。

　　統艙乘客的食物是由中國廚師在自己的廚房準備，菜色有飯、魚乾、
新鮮豬肉、灼捲心菜、燉蘿蔔，還有鴨蛋這種風味美食。[113] 西方人常嘲笑
中國食物聞起來和嚐起來味道怪異，但是，華人旅客面臨危險的旅途，到
達目的地後前途又不明朗，家鄉菜的氣味和滋味一定非常能撫慰他們的心
靈。同樣，長途旅程非常沉悶，賭博和吸鴉片是解悶的必要娛樂。乘客或
船員還經常表演音樂和戲劇，提供更多歡樂。當時有許多戲班獲安排到美

111　Kemble, "Side Wheelers Across the Pacific," *The American Neptune*, no. 2（1942）, pp. 6, 12.

112　Kemble, "Side Wheelers Across the Pacific," pp. 28, 31.

113　Kemble, "Side Wheelers Across the Pacific," pp. 31-32.

圖 3-3　美籍的花旗輪船公司蒸汽輪「北京城號」(*City of Peking*) 在香港港口（約 1874 年）
　　　　【圖片來源】中式油畫，油彩、木板。舊金山灣區的 Pacific Mail Steamship Company
　　　　Collection of Stephen J. and Jeremy W. Potash 提供並准予使用。

國和加拿大演出，要是剛好有專業戲劇演員和樂師在船上，可以想像他們
的非正式演出會大受人欣賞。許多富有華人即使有能力住房艙，都寧願住
統艙，這點毫無奇怪，不只因為食物更適合他們胃口，還因為意氣相投的
整體氣氛。

　　毫無疑問，花旗輪船公司的主要收入來自載客，見表 3-7 和 3-8 所示。

　　花旗輪船公司滿懷熱情地進入中國市場，是不可忽視的勢力。它找來
所有巨擘，委任旗昌洋行為其上海代理商，瓊記洋行為香港代理商，不過
到了 1869 年，瓊記的代理商位置被萊恩（George E. Lane）取代。[114] 谷文霎
公司面對這種可能威脅它的情況，最初的反應是把自己定位為花旗輪船在
舊金山的貨運和搭客經紀，但這策略不奏效，獲任委是匯發公司（Wells
Fargo）。[115] 花旗輪船反而可能促進了谷文霎的消亡，並協助麥康德雷公司削
弱其對手的實力。

　　從舊金山前往香港的非花旗輪船公司船舶數目在 1867 年後下降（1868
年有 14 艘，相較於 1864 年時的 45 艘），這似乎是意料中事，但花旗輪船從
來沒有完全壟斷跨太平洋的客運業。例如，在 1869 年就有幾乎 5,000 名搭客
是坐包租船前往舊金山。[116] 至少對麥康德雷公司來說，市場份額沒有減少。

114　*A Sketch of the New Route to China and Japan by the Pacific Mail Steamship Co's Through Line
　　　of Steamships Between New York, Yokohama and Hong Kong via the Isthmus of Panama and San
　　　Francisco*（San Francisco: Turnbull & Smith, 1867）, p. [106]; advertisement in *Daily Press*, June
　　　30, 1869。代理商似乎轉換得頗為頻繁：在 1877 年時代理商是埃默里（G. B. Emory），1884
　　　年則是福斯特（F. E. Forster），*The Chronicle and Directory for China, Japan and the Philippines.*
　　　（Hong Kong: Hongkong *Daily Press* Office, 1877, 1884）。

115　Tate, TransPacific Steam, p. 41; Pacific Mail Steamship Company, *Report of the President to the
　　　Stockholders, February 1868*, pp. 28-31.

116　Data from *Hong Kong Blue Book 1870*, *Daily Press*（Hong Kong）and *Alta California*（San
　　　Francisco）.

表 3-7　花旗輪船公司中國分部的收入（截至 1868 年）

來源	金額
來自乘客	$340,650
來自貨物	$258,019
來自郵件	$208,383
來自雜項	$8,165
總共	$821,168
同一航程的大約開支	$673,395
利潤	$147,772

【資料來源】Pacific Mail Steamship Company, *Report of the President to the Stockholders, February 1868*, p. 24.

表 3-8　花旗輪船公司中國分部的收入（截至 1876 年 4 月 20 日）

來自跨太平洋航線的搭客	$910,252.02
來自貨運	$627,029.98
合共	$1,537,282.00
開支	$1,188,996.15
補貼	$500,000.00
餘額	$848,285.85

【資料來源】Kemble, *Side Wheelers Across the Pacific*, p. 34.

例如在 1871 年，仍有 14 艘包租船開往香港，當中 12 艘是由麥康德雷派出。花旗輪船公司開始蒸汽輪服務前一年做過市場調查，既派代表到中國，中國，又調查加州華人，以找出潛在旅客的感受。[117] 雖然花旗輪船大體上滿意這些調查所得，但有些旅客可能仍然寧願坐帆船，價格較便宜是主要原因。在 1866 年，從舊金山到香港的花旗輪船，統艙船費是 55.5 元，但到了 1867 年底必須減至 40 元以保持競爭力。[118]

表 3-9 列出 1869 年從香港開往舊金山的船，那是蒸汽輪航線建立後兩年，此表顯示了一些值得注意的特點。首先，五艘花旗輪船公司的蒸汽輪（總噸位 47,820 噸）在該年的十二趟行程中載了 9,393 名華人搭客前往舊金山，這點毫不教人驚訝，有趣的是另外 22 艘包租帆船（總噸位 18,515 噸）仍然積極參與客運業，載了 4,832 名乘客。另一重要特點是幾乎所有該年前往美國的華人婦女都是坐蒸汽輪，可以想見，蒸汽輪確實比帆船舒適，而且大概也提供了更大的隱私。[119]

117　Kemble, "Side Wheelers Across the Pacific," p. 31.

118　Kemble, "Side Wheelers Across the Pacific," p. 31。他解釋，香港的船費較低，可能是因為那裏的大批搭客，而且白人搭客所需的食物較華人的昂貴。在 1863 年，四名昌後堂成員的船費合共 110 元（《金山昌後堂運柩錄》）收支賬目，頁 6b；他們可能獲得很高的折扣優惠。關於這個重要組織的工作和記錄，見第七章。

119　據說華人航運商不欲載華人娼妓到美國，他們仍主宰航運業時，就能控制婦女的運輸。不過，花旗輪船這家美國公司開業後，華商就不再能禁阻婦女上船。中國總理衙門：〈太平洋行誘拐婦女出洋案〉，《清季華工檔案》，全七冊（北京：全國圖書館文獻縮微複製中心，2008），第七冊，頁 3389。總理衙門一定是受到誤導，因為這說法明顯不符事實。雖然華人婦女一直沒有大量出洋到加州，但在這些蒸汽輪在 1867 年開始行走這條路線之前，她們就已搭帆船到了那兒。華商也不見得比美國商人狷介正直。見第六章關於婦女出洋。

表 3-9　從香港開往舊金山的船舶（1869 年）

離開香港日期	航行日數	抵達舊金山日期	船名	噸位	國籍	船舶種類	船長	香港的發船商	舊金山的代理商	女性華人搭客數目	華人搭客總數
1 月 10 日	35	2 月 23 日	中國號（China）	3,836	美國	蒸汽輪	沃索（Warsaw）	花旗輪船公司	奧利弗·埃爾德里奇（Oliver Eldridge）	359	596
1 月 ?	49	3 月 29 日	金角號（Golden Horn）#	1,114	美國	全帆纜船	賴斯（Rice）	旗昌洋行	麥康德雷公司	NP	NP
2 月 3 日	50	3 月 27 日	北京號（Pekin）#	595	美國	三桅帆船	西摩（Seymour）	同孚洋行	弗農·西曼（Vernon Seaman）	NP	NP
2 月 19 日	36	3 月 27 日	偉大合眾國號（Great Republic）	3,856	美國	蒸汽輪	卡瓦利（Cavarley）	花旗輪船公司	奧利弗·埃爾德里奇（Oliver Eldridge）	95	230
3 月 4 日	51	4 月 26 日	道格拉斯號（Douglas）#	540	英國	全帆纜船	莫里森（Morrison）	波時文公司	合文霎公司	NP	NP
3 月 18 日	46	5 月 12 日	信天翁號（Albatross）#	360	北德意志邦聯	三桅帆船	歐肯（Ouken）	瓊記洋行	威廉斯布朗沙爾公司（Williams, Blanchard & Co.）	NP	NP
3 月 19 日	35	4 月 24 日	日本號（Japan）	4,000	美國	蒸汽輪	弗里曼（Freeman）	花旗輪船公司	奧利弗·埃爾德里奇（Oliver Eldridge）	49	1,239

（續上表）

離開香港日期	航行日數	抵達舊金山日期	船名	噸位	國籍	船舶種類	船長	香港的發船商	舊金山的代理商	女性華人搭客數目	華人搭客總數
4月1日	47	5月20日	雪莉號（Shirley）	1,049	美國	全帆纜船	弗格森（Ferguson）	旗昌洋行	麥康德雷公司	—	372
4月10日	66	6月16日	迎風號（Windward）	782	美國	全帆纜船	巴雷特（Barrett）	旗昌洋行	麥康德雷公司	—	331
4月15日	51	6月17日	帕爾默號（F.A. Palmer）	1,626	北德意志邦聯	全帆纜船	金（King）	瓊記洋行	威廉斯布朗沙爾公司	—	549
4月17日	44	6月4日	國家鷹號（National Eagle）	1,095	美國	全帆纜船	尼克森（Nickerson）	瓊記洋行	威廉斯布朗沙爾公司	—	430
4月19日	29	5月20日	中國號	3,836	美國	蒸汽輪	沃索	花旗輪船公司	奧利弗·埃爾德里奇	—	1,250
4月24日	51	6月17日	海爾維第號（Helvetia）	1,205	美國	全帆纜船	貝利（Bailey）	旗昌洋行	麥康德雷公司	—	515
5月1日	60	7月3日	舊自治領號（Old Dominion）	690	美國	全帆纜船	弗里曼	瓊記洋行	威廉斯布朗沙爾公司	—	299

（續上表）

離開香港日期	航行日數	抵達舊金山日期	船名	噸位	國籍	船舶種類	船長	香港的發船商	舊金山的代理商	女性華人搭客數目	華人搭客總數
5月19日	30	6月19日	偉大合眾國號	3,856	美國	蒸汽輪	卡瓦利	花旗輪船公司	奧利弗‧埃爾德里奇	29	1,249
5月22日	52	7月15日	帕西人號（Parsee）	540	美國	三桅帆船	紹列（Saule）	波時文公司	合文壘公司	—	266
6月4日	70	8月14日	迪莫克號（J.L. Dimmock）	1,047	英國	全帆纜船	溫切爾（Winchell）	旗昌洋行	麥康德雷公司		
6月16日	58	8月14日	馬來號（Malay）	812	美國	全帆纜船	克拉夫（Clough）	瓊記洋行	威廉斯布朗沙爾公司	—	322
6月18日	45	8月3日	愛德華號（Eduard）	687	北德意志邦聯	三桅帆船	柔斯特（Sohst）	旗昌洋行	麥康德雷公司	—	296
6月19日	30	7月20日	日本號	4,000	美國	蒸汽輪	弗里曼	花旗輪船公司	奧利弗‧埃爾德里奇	111	1,164
7月10日	44	8月24日	阿克巴爾號（Akbar）	845	美國	全帆纜船	克羅克（Crocker）	瓊記洋行	威廉斯布朗沙爾公司	—	188

（續上表）

離開香港日期	航行日數	抵達舊金山日期	船名	噸位	國籍	船舶種類	船長	香港的發船商	舊金山的代理商	女性華人搭客數目	華人搭客總數
7月13日	40	8月23日	瑪麗號（Mary）	1,140	英國	全帆纜船	湯森（Townsend）	旗昌洋行	麥康德雷公司	—	447
7月19日	30	8月20日	中國號	3,836	美國	三桅帆船	沃索	花旗輪船公司	奧利弗·埃爾德里奇	80	805
	63	10月3日	薩拉·馬奇號（Sarah March）#	524	英國	全帆纜船	莫頓（Morton）	瓊記洋行	威廉斯布朗沙爾公司	NP	NP
7月30日	46	9月16日	埃爾卡諾號（Elcano）	1,230	美國	全帆纜船	布朗（Brown）	旗昌洋行	麥康德雷公司	—	366
8月19日	30	9月18日	偉大合眾國號	3,856	美國	蒸汽輪	卡瓦利	花旗輪船公司	奧利弗·埃爾德里奇	149	479
9月10日	108	12月30日	夜鶯號（Nightingale）	722	美國	全帆纜船	斯帕羅（Sparrow）	旗昌洋行	麥康德雷公司	NP	NP
9月18日	32	10月20日	美利堅號（America）	4,454	美國	蒸汽輪	多恩（Doane）	花旗輪船公司	奧利弗·埃爾德里奇	244	710

（續上表）

離開香港日期	航行日數	抵達舊金山日期	船名	噸位	國籍	船舶種類	船長	香港的發船商	舊金山的代理商	女性華人搭客數目	華人搭客總數
9月21日	110	1870年1月12日	北極星號（North Star）	818	英國	全帆纜船	傑弗里（Jeffrey）	瓊記洋行	威廉斯布朗沙爾公司	NP	NP
10月11日	75	12月30日	加爾維斯頓號（Galveston）	622	美國	三桅帆船	布里亞爾（Briard）	瓊記洋行	威廉斯布朗沙爾公司	NP	NP
10月19日	35	11月22日	日本號	4,000	美國	蒸汽輪	弗里曼	花旗輪船公司	奧利弗·埃爾德里奇	215	529
10月31日	78	1870年3月16日	猶太女人號（Jewess）	475	英國	三桅帆船	沃森（Watson）	旗昌洋行	威廉斯布朗沙爾公司	NP	NP
11月19日	36	12月25日	中國號	3,836	美國	蒸汽輪	沃索	花旗輪船公司	奧利弗·埃爾德里奇	139	474
12月18日	35	1月23日	美利堅號	4,454	美國	蒸汽輪	多恩	花旗輪船公司	奧利弗·埃爾德里奇	210	668

註：NP：未提供

資料沒有收入香港政府檔案

資料不見於香港報章，只見於《上加利福尼亞報》

【資料來源】《香港憲報／藍皮書》、《孖剌西報》、《上加利福尼亞報》

　　在稍為不同層面，這個表是顯示香港政府數據有巨大落差的另一明證；許多開往舊金山的船因為載客不足二十人（即主要是運貨的）而毋須接受管理出洋事務官檢查，香港政府內也沒有其他部門監管它們，所以不見於記錄之中。然而，開往加州的船會不載客似乎難以置信。

　　花旗輪船肯定面臨競爭。在花旗輪船營運後一年，該公司總裁在文章中承認面臨帆船的競爭，這些帆船主要是受過去壟斷加州與亞洲之間載運業的加州商人所支配控制。[120] 麥康德雷公司肯定是其中之一。它與舊金山華人社會有長期聯繫，尤其是與勢力龐大、人稱五大公司（也稱為六大公司）的華人會館有聯繫，令這家公司成為花旗輪船的勁敵。花旗輪船知道，與其嘗試去擊倒麥康德雷，不如與之聯手會來得容易得多，遂於 1872 年 2 月決定委任麥康德雷為船位經紀，同意該公司每招徠一名華人乘客，就向它支付兩元；而交換條件是麥康德雷必須放棄租船載客。同時，通過麥康德雷居中說項，花旗輪船也向五大公司支付佣金，從而獲得它們支持。花旗輪船之所以這樣攏絡麥康德雷，很可能因為它會在該年 5 月開始每半月發船，而它必然預計到為這些加開的船尋找足夠搭客會遇上問題。[121] 這項協議只針對搭客，所以麥康德雷仍可繼續買賣和包租運貨的船。[122] 該公司有一段時間停止派船到香港，但繼續為來自香港的船擔任代理商。[123]

120　Pacific Mail Steamship Company, *Report of the President to the Stockholders, February 1868*, pp. 24-25.

121　F. W. Macondray to Otis, New York, June 5, 1872, pp. 855-856, Letter Copybook, 1864-1874, Macondray Box, Folder 5（CHS, MS 3140）.

122　F. W. Macondray to Fung Tang, Esq., Hong Kong, August 1, 1871, Letter Copybook, 1864-1874, p. 723, Macondray Box, Folder 5（CHS, MS 3140）.

123　F. W. Macondray to Fung Tang, Esq., Hong Kong, August 1, 1871, Letter Copybook, 1864-1874, p. 723, Macondray Box, Folder 5（CHS, MS 3140）。麥康德雷在 1872 年 4 月最後一次派船到香港（《上加利福尼亞報》在此之後沒有再刊登該公司發船到香港的廣告），它與花旗輪船的協議大概是在這段時間開始。

　　消費者對於舊金山和香港之間定期和有效率航線渴望已久，花旗輪船進入亞洲，對他們來說必然是求之不得的事。但股東的看法就不一樣，有一羣股東指摘此舉風險極高。[124] 他們說，把業務擴大至日本和中國，耗用了該公司將近三分之一的資金。新船造價很貴，每艘要 130 萬元，總共需要 520 萬，很難有利潤。除了面對火災、颱風、驚濤駭浪和煤價波動的風險，他們認為運載華人乘客會令情況雪上加霜，因為移民船上一向有「鋌而走險的血腥事件發生」。花旗輪船為降低成本大量聘用華人水手，[125] 但此舉沒有贏得這些股東讚許，這種省錢措施反而助長他們的攻擊。他們認為華人船員只會為花旗輪船帶來極大風險：

　　這家公司的代理人或船副負有選擇華人司爐、水手和服務生之責，要是他們在挑選手下時犯錯，這些華麗的船就可能在烈火與鮮血的場面中毀滅。[126]

換句話說，華人水手被認為無能，甚至可能會叛變，會把船甚至公司本身毀掉。

124　*Pacific Mail: A Review of the Report of the President*（Pamphlet, n.p., n.d. [1868?]），deposited at the Huntington Library, Call #473305 pp. 13-14.

125　中國航線開航後不久，白人水手和黑人服務生就被華人船員取代。這種變化是在 1867 年總裁麥克萊恩巡視東方時發生。「哥斯達黎加號」（*Costa Rica*）在該年 7 月抵達香港時，船員就被換掉，其他蒸汽輪也陸續效法。麥克萊恩報告，由此省的船員薪水和食物「非常可觀」。這種創新之舉在 1867 年春天已有人在東方提倡，那時一名駐上海記者寫道，長居東亞的人「難以容忍今天的白人甚至黑人侍應那種半獨行其是及『我和你平起平坐』的氣焰」。總的來說，乘客很欣賞華人船員，讚揚他們有禮、乾淨、有效率和安靜。華人是優秀水手，出色地履行操作船舶的職責，而且許多人認為，比起一般能在太平洋港口找到的白人水手，他們的表現更令人滿意。Kemble, "Side Wheelers Across the Pacific," p. 27.

126　*Pacific Mail: A Review of the Report of the President*（Pamphlet, n.p., n.d. [1868?]）.

這種駭人聽聞的事件沒有發生，但這些異議者的另一個預言卻成真。他們也警告會面臨競爭，預計一旦前往中國的旅程對昂貴的花旗輪船公司船隻變得有利可圖，其他公司就會以英國製造的螺旋槳蒸汽船加入行走這條路線，這些船建造較便宜，並且往往更適合於行走這條路線。[127]

在 1872 年 6 月，香港的英國商人開始謀劃開辦一家公司，以蒸汽輪行走香港與舊金山之間的航線。這家航運公司的香港代理商是旗昌洋行，麥康德雷公司順理成章獲邀擔當舊金山代理商。但此代理業務會牴觸麥康德雷公司現在與花旗輪船公司的協議，而這協議要到 1873 年 7 月 28 日才屆滿，中止協議須提前三個月通知。要決定是否斷絕與花旗輪船的關係殊不容易，因為麥康德雷不確定新的航運公司是否或何時能成事，所以千萬不能有任何失算。他精明地寫道：「我們當然不希望為了不確定事物而放棄確定的事物，或者沒有更好的事物的好前景，就放棄一個好事情。」[128] 這家名為中國太平洋輪船公司（China Trans - Pacific Steamship Company）的新公司逐漸組建起來後，[129] 麥康德雷決定把自己的命運押在它身上，讓這家新公司在章程中把他的公司列為代理商。[130] 由於它希望中國人不只以乘客身份支持它，還作為投資者，所以麥康德雷四處奔走要求他們認購。為爭取華人支

127　*Pacific Mail: A Review of the Report of the President*（Pamphlet, n.p., n.d. [1868?]）.

128　Macondray to Otis, New York, June 5, 1872, pp. 855-856, Letter Copybook, 1865-1874, Macondray Box, Folder 5（CHS, MS 3140）.

129　Macondray to Otis, June 2, 1872, pp. 850-851; Macondray to Otis, New York June 5, 1872, pp. 855-856, Letter Copybook, 1864-1874, Macondray Box, Folder 5（CHS, MS 3140）。麥康德雷提到〔1874 年〕9 月時，中國太平洋輪船公司把旗下兩艘蒸汽輪租給了花旗輪船公司，因為競爭很激烈，該公司被迫接受以很低價格運貨和載客，令它營運這兩艘船無利可圖。速度快得多的英國鐵製螺旋槳蒸汽輪也是競爭對手。Report（too blurred to read），pp. 72-77, Letter Copybook, 1874-80, Macondray Box, Folder 6（CHS, MS 3140）。

130　Macondray to Otis, New York, June 19, 1872（p. 864）and June 28, 1872（p. 867），Letter Copybook, 1864-1874, Macondray Box, Folder 5（CHS, MS 3140）.

持，這家新公司答應向華人五大公司支付佣金，金額和花旗輪船公司現在向它們支持的相同。[131]

　　中國太平洋輪船公司是首家提供中國與加州之間航運服務的英國公司。它租下 2,147 噸的鐵殼蒸汽輪「加利洛恩號」（*Galley of Lorne*），在 1873 年 6 月 1 日從香港發船試營運，船上載了 641 名華人乘客，沒有房艙乘客。該船在 26 天後抵達舊金山，創出新紀錄。[132] 其後該公司固定以兩艘船行走。第一艘是「達伽馬號」（*Vasco Da Gama*），廣告中宣傳它是「特別為東方貿易建造，配置最新的改良設施，極盡豪華，應有盡有，令乘客安全舒適」。該公司也宣傳這艘船上會有經驗豐富的外科醫生和女乘務員。另一艘是「温哥華號」（*Vancouver*）。花旗輪船再次靠減價競爭來對付這個新的競爭對手。前往橫濱的房艙船費減至 150 元，往香港減至 200 元，統艙船費的減幅則不詳。[133] 花旗輪船常用的這種減價策略必定對中國太平洋輪船公司造成壓力，令它在將近 1874 年底時歇業。它的兩艘船結果由花旗輪船租用了一年。[134]

　　中國太平洋輪船公司開張不到兩年就準備退出，除了因為被迫與花旗輪船進行價格戰而被擠出市場，還可能是由於有消息指有第三家蒸汽輪公司成立，打算經營同一路線。由聯合太平洋鐵路和中央太平洋鐵路公司在 1874 年 11 月宣佈成立東西輪船公司（Occidental and Oriental Steamship Co.），以旗昌洋行為其代理商。它向英國白星航運公司（White Star Line）租了「比利時人號」（*Belgic*）、「蓋爾人號」（*Gaelic*）、「海洋號」（*Oceanic*）

131　Macondray to Otis, New York, July 18, 1872, p. 887, Letter Copybook, 1864-1874, Macondray Box, Folder 5（CHS, MS 3140）.

132　*Alta California*, June 25, 1873.

133　Tate, *TransPacific Steam*, p. 29

134　*Alta California*, September 12, 1874, cited in *Daily Press*, October 27, 1874, p. 3, col. 2.

三艘船行走這路線，各在某月份的 16 或 17 日開航，以三個月為一循環。[135]

花旗輪船這次不與對手相爭，反而聯手構思出一個明智的安排。雙方同意共用花旗輪船公司的船塢，並協調彼此發船的時間：在頭幾年，花旗輪船的船在每月第一日開航，東西輪船公司則定在 16 日左右。後來班次增至每十天一班，雙方協議港口內有哪艘船在，就由它負責行走下一班航行，不管它屬於哪家公司。

除了這兩家公司的航線以外，不定期的包租船繼續接載華人搭客橫渡太平洋。少數設有搭客住艙設施的大型貨船行走直航路線，[136] 而麥康德雷和帕羅特公司（Parrott & Co.）是 1870 年代的主要租船商。在 1875 年，兩名在加州居住多年的香港華商計劃開設新公司，租用帆船和蒸汽輪運貨和載客。其中一人是亞木（Ah Mook），他是早在 1849 年就前往舊金山的那一代人，1865 年回到香港；我們不清楚他是回香港長住，還是這只是他多次往返的旅程之一。賴伯格形容亞木「在他的人之中能呼風喚雨」，[137] 他顯然在舊金山和香港都交遊廣闊。他的夥伴馮登同樣擅於結交人脈，到達香港後不久，就在當地華洋商界和社交圈子如魚得水。我們會在第四章再談他。馮登明顯是小麥康德雷的老友，曾寫信給他，探詢他對這家新公司的看法，並建議到時候把船交給麥康德雷公司代理；麥康德雷答應盡一切所

135　船的清單見 http://www.theshipslist.com/ships/lines/china.htm; Macondray to Otis, New York, July 18, 1872, p. 887, Letter Copybook, 1864-1874, Macondray Box, Folder 5（CHS, MS 3140）。關於旗昌洋行是其代理商，見《上加利福尼亞報》上的廣告，例如 1875 年 9 月 18 日、1875 年 12 月 10 日。

136　Tate, *TransPacific Steam*, p. 27.

137　Ryberg to Heard & Co., letter, April 27, 1865: Heard II, Case LV-1 "Correspondence, Unbound," f.52 "1863-1865, Hong Kong from C. G. Ryberg, San Francisco"（Reel 303）。亞木有許多身份，其中之一是舊金山一個勢力龐大的華人委員會的祕書，該委員會主要由當地著名華商組成，目的是倡議成立一間華人醫院。*Alta California*, August 30, 1854。

能在舊金山協助他們。[138] 但這計劃最後沒有成事。花旗輪船和東西輪船公司之間盈利甚豐的策略合作，可能令亞木和馮登了解到已沒有讓另一家公司經營這路線的餘地。

花旗輪船公司的蒸汽輪無疑是能運載大量乘客的巨輪。有時候它們運載的乘客很少，例如 1870 年 11 月從香港出發的「日本號」只載了 67 名搭客，1870 年 10 月「中國號」載了 72 人，1872 年 8 月也只載了 72 人，儘管如此，它們仍是載客量最大的船。某些航程的載客數目很驚人，例如「日本號」在 1869 年 3 月載了 1,239 名搭客，「中國號」在同年 5 月載了 1,249 人。在包租船之中，載客量接近這些蒸汽輪的船唯有「外島領主號」（*Lord of the Isles*），這艘英國製造的蒸汽輪，噸位 2,477 噸，它在 1873 年從香港開出時載了 891 名乘客，1874 年 5 月載了 946 人。在這幾年間，這艘不定期的蒸汽輪經常交由舊金山的麥康德雷公司代理，並由它派去香港。[139] 其他包租船的載客人數大都少很多。但大家不要忘記，通報的搭客人數往往少於實際人數，因為常常有人偷渡，船員又會私帶乘客上船賺錢，所以「官方」數字通常不大可靠。花旗輪船本身十分清楚「在諸多方面完全缺乏紀律制度和誠實，而且公司的利益在每一點上都被忽略」，這明顯是指華人船

138　Macondray to Fung Tang, Esq., July 16, 1875, pp. 99-100, Letter Copybook, 1874-80, Macondray Box, Folder 6（CHS, MS 3140）.

139　見麥康德雷公司在 1873 年 5 月 18 日刊登於《上加利福尼亞報》的廣告。「經橫濱往香港，『外島領主號』，2,477 噸，布洛（Blow）指揮 …… 這艘快速和馬力強大的蒸汽輪，是 1870 年在克萊德（Clyde）建造，有兩部 240 匹馬力的複式發動機。它在 4 月 20 日從香港開往本港，到達後會馬上返航。它為頭等、二等和統艙搭客提供優良住宿設施。關於運送商品和財寶或船位事宜，請洽麥康德雷公司（香港代理為旗昌洋行 ……）」。但香港船政官的報告形容它為 1,815 噸。

員的走私勾當。[140]

　　1882 年的《限制華工法》令華人不再能輕易前往美國，它是一系列旨在限制華人進入美國並且愈來愈嚴苛的法律中的首個。1882 年的法案禁止從事某些職業的華人進入美國，並令他們無法成為公民，藉此把「苦力」（包括熟練和非熟練工人及受礦業僱用的華人）摒諸門外。1892 年的《吉爾里法案》（Geary Act）再收緊一些程序，並把《限制華工法》延長十年；此法案在 1902 年再次延長，直至 1943 年羅斯福（Franklin D. Roosevelt，任期：1933－1945）總統將之正式廢除。

　　花旗輪船的總裁因此在 1883 年的報告中估計，該公司在統艙船費方面的損失會高達幾十萬元。[141] 短期而言航運生意事實上十分好。單單在 1882 年就有幾乎四萬名華人在新法律實施前搭船抵達美國。在該年 5 和 6 月，逾六千名華工坐船到波特蘭興建鐵路和開礦，他們有的坐蒸汽輪，有的搭帆船，前者包括七艘英國不定期蒸汽輪，其中一艘是 2,592 噸的「博思韋爾城堡號」（Bothwell Castle），它運載了 1,190 名華工。[142] 從 1883 年起，由舊金山離開的人數也異常地高，從 1883 年至 1889 年，每年有超過一萬人離開。[143]

140　Rufus Hatch, Office of Pacific Mail Steamship Co, New York, July 14, 1874 to W. C. Ralston; Letter 7070, Ralston Collection in Bancroft。我沒有實際看到這封信，但它被摘錄放到 Bancroft / Berkeley Catalog。巴爾德研究了走私和偷渡問題，但其焦點是二十世紀初。巴爾德在 "The Scandalous Ship *Mongolia," Steamboat Bill*（Spring 2004），http://staff.haas. berkeley.edu/barde/_public/immigration/The%20Scandalous%20Mongolia.PDF 中（2011 年 5 月 17 日瀏覽），描述了一件極為駭人聽聞的偷運案例。

141　Tate, *TransPacific Steam*, p. 32.

142　Tate, *TransPacific Steam*, p. 105.

143　Figures from Mary E. B. R. S. Coolidge, *Chinese Immigration*（Taibei: Ch'eng-wen Publishing Company, 1968 [1909]）, pp. 499-500。有幾欄數字反映不同美國機構在文獻記錄上的混亂。但它們仍是很有用的統計數字。

　　長遠來說，航運生意無可避免會因《限制華工法》而受損害，雖然往來流動從沒突然斷絕。新「移民」的數目確實大幅下降，但如巴爾德敏銳地觀察到，美國的華人人口「沒有減少至零」。[144] 華人若非「苦力」，並有所需文件證明自己是商人、學生和老師、公使、名副其實的遊客、外交人員及這些人的眷屬，會獲准進入美國，而他們都須要坐船。[145] 那些在 1882 年時已在美國居住的人，也往來於兩地；他們只要在離開美國前取得適當的文件，就會獲准重返美國。因此，單看美國移民局編製的「新來美人士」數據，就會對中國與加州之間的人口流動實況產生有偏差的看法，並且看不到 1884 年後仍繼續的蓬勃活力。例如，美國移民數字顯示那一年只有十名中國移民正式獲准進入美國，但根據香港政府的記錄，離開香港前往舊金山的華人搭客數字是 8,516 人；翌年這兩方面的數字分別是 26 人和 12,452 人。[146]

144　Barde, *Immigration at the Golden Gate*, p. 12.

145　在 1906 年後，大量人以所謂「買紙仔」（paper sons）的身份來到美國。1906 年舊金山發生大地震和大火，儲存移民記錄的聯邦建築物全毀，許多華人開始聲稱自己是美國公民，不過出生記錄被毀。一旦他們的公民身份得到「確定」，有些人就開始把兒子從中國帶來；另一些人則為「兒子」製造假「紙」（證明文件），並賣給想移民美國的華人，因而產生「買紙仔」一詞。見 "Paper Sons," http://www.usfca.edu/classes/AuthEd/immigration/papersoninfo.htm, viewed June 2, 2009. 一本分析此題目的著作是 Estelle Lau, *Paper Families: Identity, Immigration Administration, and Chinese Exclusion*（Durham, NC: Duke University Press, 2006）。它顯示華人面對美國創造「非法移民」的類別，如何自己想方設法去破壞和操弄這個規管制度和組織結構，藉此阻撓這些規則並進入美國（頁 4）。至於個人自述，見 Chin Tung Pok, *Paper Son: One Man's Story*（Philadelphia, PA: Temple University Press, 2000），陳松柏在此書描述自己身為「買紙仔」的人生。

146　有關美國的數字，見 Barde, *Immigration at the Golden Gate*, p. 11；有關香港的數字，見 Harbor Master's Reports for 1884（*HKGG*, April 25, 1885）, p. 379 及 1885（*HKGG*, June 6, 1886）, p. 508。

事實上，美國華人社會絕非如一些學者所說那樣，是「年老單身漢」的社會，[147] 這樣形容不只表示這些人孑然一身，還暗示他們缺乏流動性。許多人繼續往返兩地，而只要他們這樣做，船就橫渡太平洋來回航行舊金山和香港之間，在這個大洋的水域留下愈來愈深的「航跡」。

小結

香港發展為主要的世界航運樞紐，是由許多因素促成，但跨太平洋聯繫肯定是主要的催化劑。這方面的交通最初是由淘金熱帶來的貨運業和之後的客運業促成，之後幾十年則由持續往來於太平洋的人、貨移動所支撐，有時候還予以擴大。航運加上很多相關活動令一些人致富，也為數以千計的人帶來就業機會，大大促進了香港的整體繁榮，並加強它作為這個城市主要經濟支柱的地位。

到了十九世紀末，香港除了是從舊金山開出的客輪的終點站，還為許多來自太平洋東岸其他港口的船服務，包括定期船和不定期的包租船。除了花旗輪船公司和東西輪船公司，不久後還有其他船公司出現，為從香港出發的旅客提供更多選擇，包括日本的東洋汽船株式會社（Toyo Kisen Kaisha）和

147　Kenneth S. Y. Chew and John M. Liu, "Hidden in Plain Sight: Global Labor Force Exchange in the Chinese American Population, 1880-1940," *Population and Development Review*, vol. 30, no. 1（2004）, pp. 57-58, cited by Barde, *Immigration at the Golden Gate*, p. 12.

少數存在時間很短暫的華資公司。[148] 對於溫哥華和卑詩省的域多利，有加拿大的昌興火輪船公司（Canadian Pacific Railway & Steamship Co.）的豪華輪船，包括傳奇的「皇后號」（*Empress*）客船；而日本郵船株式會社（Nippon Yusen Kaisha）每月提供由西雅圖出發途經神戶和橫濱的班輪。另外，乘客永遠有包租船可以依賴，包括那些由李氏家族的禮興號租用的船，它們在這個世紀餘下時間繼續橫渡太平洋。[149]

事實上到了十九世紀末，接載華人前往不同目的地謀生賺錢並帶他們回鄉的船，都以香港為樞紐，路線遍及太平洋，擴散至溫哥華、波特蘭、西雅圖、舊金山、悉尼、墨爾本和各個太平洋島嶼，並且往南經南中國海直到東南亞各地。客運業無疑帶動了航運活動的成長，但我們也看到，孔飛力所想像的「走廊」，亦即運送郵件、金錢、貨物和遺體的通道，也全都由船構成。沒有船，這個走廊就無以為繼。把孔飛力描述的意象加以擴大，我們可以看到數以百計乃至千計的「走廊」，由家鄉延伸至世界各個目的地國家，而香港就是這些走廊的樞紐，亦即「中介之地」。

然而，在所有這些多方向的走廊中，香港與金山之間的聯繫始終很特殊，甚至是標誌性的。眾多參與其中的人，在各層面編織出深厚而緊密交錯的跨太平洋網絡，對社會和經濟帶來長遠影響，把香港和舊金山這兩個蓬勃發展的中心，牢牢嵌入到日益擴大加深的跨太平洋社羣之中。

148　Barde, *Immigration at the Golden Gate*, pp. 143-179.

149　見 Thomas R. Cox, *Mills and Markets: A History of the Pacific Coast Lumber Industry to 1900*（Seattle: University of Washington Press, 1974）。安斯沃思文書是有關波特蘭、奧勒岡和香港之間的租船和其他航運活動的豐富來源，見 Ainsworth Papers, Box 18, Folders 3-4，現藏於奧勒岡波特蘭奧勒岡大學圖書館。安斯沃思（Ainsworth）有三艘船，定期為人所租用，行走於波特蘭和香港之間。

第 四 章

金山貿易

　　淘金熱刺激中國人出洋到加州已為人熟悉；但它對於貿易的促進作用就較少為人所知。早在中國人大舉前往加州之前，香港和華南的商號和個人就發現加州不只遍地金礦，而且對各種各樣貨物都有似乎無法滿足的龐大需求，為投資者提供極高利潤。加州所有東西都要靠進口，因為數以萬計來到這裏的人中，沒有幾個人有興趣生產貨物以供日常消耗或工業加工。重要的是，賺錢容易推高了各種物品的價格，給人一種任何貨物運到加州都能獲得巨額回報的印象 —— 或幻象。歐洲、美國東岸、南美洲和中國都接到貨物訂單，在 1848 年至 1861 年間，全世界運了逾 680 萬噸商品到舊金山。[1]

　　一片爭先恐後向加州運送貨物的熱潮中，太平洋蛻變成新的高速公路，香港遂變成與舊金山往來最密切的全球港口之一，曾經是邊緣的貿易區，正被整合到主流全球經濟之中。[2] 香港商人加入這行列，在此之前香港的轉口貿易只緩慢地上升，而到了 1850 年代初，這殖民地港口城市成為加州的重要貿易夥伴。香港與加州之間的貿易，刺激了它與其他地方的貿易；由於香港的工農業資源稀缺，為了應付新的出口活動，它須從許多不同來源地輸入貨物以供轉運。後來加州發展出自己的出口經濟，貨物也從加州湧入香港，加強了香港作為轉運樞紐和眾多貿易路線節點的作用。因此，在許多人對香港成為轉口港的前景感到絕望之際，淘金熱就成為了催化劑，

1　Thomas Berry Senior, *Early California: Gold, Prices, Trade*（Los Angeles: Bostwick Press, 1984），p. 20.

2　James P. Delgado, *Gold Rush Port: The Maritime Archaeology of San Francisco's Waterfront*（Berkeley, CA: University of California Press, 2009），p. 7.

幾乎無心插柳地創造一個香港發展的分水嶺，邁向首任港督砵甸乍所設想的「偉大商業重鎮」。

《經濟學人》的記者說，香港或許會因加州貿易而變成「有用的殖民地」，畢竟他提出這樣的評論時，是注意到在 1850 年頭六個月，有約 10,776 噸貨物在這個英國殖民地用船運往美國西岸，所載運的物品包括粗絹、漆器、蓆子、樟木器具、茶葉、糖、糖蜜、經切割齊整的花崗岩和各種其他物品。[3] 在太平洋彼岸，《上加利福尼亞報》也注意到：「我們與中國貿易的價值和數量與日俱增，那些參與這個高風險生意的人，每個月都發現帶來利潤的新來源。」[4] 由於幾乎所有與加州貿易的「中國」船都是從香港開出，這兩個港口之間的聯繫很明顯快速激增。

淘金熱期間香港與加州的貿易不但為參與其中的人帶來利潤，還對香港的經濟和社會發展產生長遠影響。中國尤其是廣東的商人，把加州變成他們大賺其利的樂園，參與一系列經濟活動，並且有策略地組織跨太平洋的分號和聯號。強大的網絡出現。香港與加州之間的走廊，由原本以人的流動為主，變成加上貨物和金錢流動這兩個重心，而這三者是錯綜複雜地交織在一起。此外，除了從香港往外流動的乘客，同時又有向中國回流的「海外」華商。這些多方向的流動加深了這個殖民地的商業和財政能力，同時加強香港作為歸僑的第二故鄉的地位。金山貿易將成為香港的標誌性行業，直至今天仍然香港歷史上最光彩輝煌的一章。

3　*The Economist*, March 8, 1851, reprinted in *China Mail*, May 29, 1851.

4　*Alta California*, May 16, 1851.

1849 年前加州與中國的貿易

　　如前所述，美國商人早在淘金熱前就一直希望在加州開展對華貿易。加州在 1822 年脫離西班牙人統治後，許多貿易禁令獲撤銷，如第一章所說，當時出現了利用三明治島為轉運站的間接貿易。偶爾會有來自中國的船直接駛至舊金山，例如雙桅船「老鷹號」從廣州出發，載着各種絲綢圍巾、繡花拖鞋和手帕、漆器、香料和蓆子，在 1848 年 2 月抵達舊金山。這批商品有些是由人也在這艘船上的記喇士庇付運的。[5]

　　發現金礦後情況丕變。船舶接到緊急命令去香港載貨到舊金山。「伊夫琳號」（*Eveline*）是其中一艘。這艘船是由兩名加州商人拉金和利斯買下，他們在 1849 年 1 月把船派往中國，帶着 53,000 元資金去購買貨物。這次商業活動的總投資額約為 68,000 元，這在當時是一筆巨大金額。拉金後來在 6 月得悉舊金山市場非常沉寂 —— 港內已有五艘來自中國的船，還有另外八艘則正在途中，他這才知道自己冒了很大風險。貨主明顯對於淘金熱的市場需求盲目狂熱，造成供過於求。「伊夫琳號」在 8 月 15 日離開香港前往舊金山，只為投資者賺得「非常微薄的利潤」。[6]

　　同時，孖剌的廣利行在香港刊登廣告，宣傳運茶飛剪船「愛德華·瑞安爵士號」（*Sir Edward Ryan*）可運貨和載客到舊金山。幾個月後，這家公司刊登廣告宣傳「亨格福德勳爵號」（*Lord Hungerford*），強調會有「熟悉這貿易的貨運總監隨船，為貨主服務」。它為推廣業務，免費運載廣州的貨

5　*California Star*, vol. 2, no. 5（February 5, 1848）.

6　Harlan Hague and David J. Langum, Thomas O. *Larkin: A Life of Patriotism and Profit in Old California*（Norman, OK: University of Oklahoma Press, 1990）, pp. 167-168.

物來香港裝船。當然，此時的船主要是為運貨而非載客。英國雙桅船「理查德和威廉號」在 1849 年初啟航時只載了四名乘客。[7] 每趟行程都只有幾個外國人會以「房艙乘客」身份坐船。然而，由於我們之前檢視過的原因，客運業的規模逐漸擴大，並且愈來愈集中在香港，貨物貿易也隨之從澳門、廣州和黃埔被吸引到香港。在往後幾十年，幾乎所有舊金山與華南之間的交通都是通過香港進行，而其資金主要來自統艙乘客。

跨太平洋情報網絡

香港和舊金山的商人急欲獲得關於彼此市場的資訊，一個活絡的情報網絡就於焉出現，並且隨着船舶往來愈來愈頻繁，資訊流通也有所加強。每艘抵達香港的船所運來的報紙和信函，除了帶來關於黃金的消息，還傳播各種貨物都有極大需求的消息。例如，《華友西報》在 1848 年 12 月引述一封由「瑪麗·弗朗西絲號」（*Mary Frances*）運來的信，說到如糖、咖啡和牛油等物品在加州的售價很高，有時候是正常價格的三四倍，引起轟動。[8] 舊金山的商人同樣渴望監察香港的情況，並且《上加利福尼亞報》除了轉載香港報紙的文章，還在其辦公室保存香港報章的檔案，以便讀者參考。[9] 個人和公司孜孜不倦地寫信給與其關係密切的生意夥伴，以告知他們最

7　*The Friend of China*, January 13 and June 20, 1849; January 23, 1850.

8　*The Friend of China*, December 13, 1848.

9　香港報紙定期收到，並且它們的到達會被宣佈；《上加利福尼亞報》辦公室保存一個收集《香港紀事報》和《德臣西報》的卷宗。雖然《上加利福尼亞報》總是嘲笑香港報紙的內容不吸引人，但承認它們含有很重要的商業消息（*Alta California*, August 4, 1851）。

新的市場情況；並向廣大的潛在顧客圈子發放通告，以招徠生意。[10] 事實上，
一些專門收集和發佈商業行情的公司出現，並且編纂諸如《舊金山價格趨
勢》（*San Francisco Prices Current*）之類的通報，它有助商人以準確資料為
根據，決定運送甚麼貨品到加州市場。[11] 加州是個相對新的市場，不為人熟
悉，所以這種資訊尤其不可或缺。在送給對口公司的信函中，會註明所有
影響這個市場的因素，包括匯率和價格、新的移民法例和海關規定等一般
事項，以及特別針對加州的因素，[12] 例如當地人口變化。不斷上升的人口當
然會影響需求，但新移民的特點也是。例如，在 1852 年初大量美國婦女
開始抵達大西洋沿岸，麥康德雷公司通知它的生意夥伴，之前的需求是圖
案豐富、顏色艷麗，迎合墨西哥人口味的絲織品，現在「適合於美國人市
場」的新需求很可能上升。[13] 由於香港的出口貨品，如房屋框架、建築材料、
糖、米、咖啡和其他食品，其他國家也有輸出，所以加州商人一絲不苟地

---

10 Macondray to AHC, Canton, July 31, 1850: Heard II, Case LV-18, "Correspondence, Unbound," f.20,
    "Canton, from Macondray & Co., 1850-1854." 愛德華茲巴萊公司也向怡和洋行連續發去許多含
    有市場資訊的信，怡和一定也從其他公司收到這些消息。見 Edwards & Balley to JMC, July 26,
    1853: January 15, 17 and 19, 1858; March 2, 1859: JMA B6（Business Letters: Non Local 1844-1881）
    /2（Business Letters: America 1821-1898）。

11 Berry, *Early California*, pp. 17-19.

12 Macondray to AHC, Canton, January 17, February 7 and 25, April 4, 1852; January 21, 1854: Heard
    II, Case LV-18 "Correspondence, Unbound," f.20, "Canton, from Macondray & Co., 1850-1854"；
    Macondray to AHC, Canton, August 11, 1855: Case LV-5 "Correspondence, Unbound," f.42, "Canton
    from Macondray & Co, S.F., 1855-1858"（R.324）. Macondray to AHC, Canton, May 28, 1852
    （Heard II, Case LV-18, f.20）reported on the tax imposed on Chinese passengers, and Macondray to
    AHC, Canton, July 9, 1852（Heard II, Case LV-18, f.20）reported on passenger laws.

13 Macondray to AHC, Canton, September 20, 1850; February 25, 1852: Heard II, Case LV-18, f.20.

報告從世界各地到達舊金山的船的動態，還有它們的類型、數量和所載貨物的價值。[14] 一整船的某種商品運到，價格常常被壓至幾乎等於零。無可避免不時會出現某種物品供過於求的情況，在那些早期歲月，一箱箱和一捆捆昂貴商品被用作修築人行道的填充物料，是舊金山的常見景象。[15]

此外，金礦是加州的經濟命脈，礦場情況的變化自然受到密切注視。金礦蘊藏豐富，採金容易時，貨幣供應增加，人們就很捨得花錢。加州商人也要指點香港商人當地的氣候特點。冬季時礦場所處的山區天氣尤其惡劣，而在嚴寒中很難運輸貨物，所以在又濕又冷的冬天貿易停滯。反常地早到的大雨會令市場大受擾亂。礦工有時候因大雨被迫停工，甚麼東西都買得少了。某些商品的消耗會受季節變化影響：聯絡人獲告知 12 月至 3 月不是運來豬肉的時候，因為在這幾個冬季的月份，這個國家野味很多，很少人吃豬肉。[16]

行業情報同樣源源不絕從香港流向舊金山。兩個港口之間早期的書信內容，主要是關於來自香港出口貨物和搭客，但約從 1850 年代中期起，加州的出口增加，搭船返回中國的華人數目上升，這兩者也成為經常受到討論的主題。[17] 相較於一般的通知，關係密切的長期商業合夥人或生意夥伴之間的書信，自然包含着性質較為機密和私人的資料。

14　Macondray to AHC, Canton, February 25, 1852: Heard II, Case LV-18, f.20.

15　Berry, *Early California*, p. 14; Delgado, *Gold Rush Port*, p. 94.

16　Macondray to AHC, Canton, July 31 and August 31, 1850; May 31, 1851; September 22, November 23 and 30, 1852; January 21, 1854: Heard II, Case LV-18 f.20.

17　這在羅比內特的信中尤其明顯，例如，W. M. Robinet, Canton, to N. Larco & Co., San Francisco, February 2, 1852（on sugar）and W. M. R. to Messrs. Alsop & Co., San Francisco Canton January [blank], 1853: Heard II, Volume 541－W. M. Robinet Letters。

淘金熱貿易

在 1849 年香港政府的《藍皮書》中，舊金山首次被列為香港出口貨物的目的地，顯示它突然冒升的重要地位。前一年共有 27 艘船開往該地，根據當中 23 艘蒐集得來的數據製成的出口貨物表，列出了 85 種貨物，品類之紛繁令人驚訝（見附錄 1）。此表讀起來饒有趣味。裏面有滿足加州大興土木所需的建築物料：148,122 塊磚、1,158 塊大理石板和 12,059 塊木板。為了替加州人止渴，除了杜松子酒、蘭姆酒和紅酒，還有 40 桶和 312 箱啤酒、536 箱白蘭地，以及 286 擔咖啡，另加大量茶葉，一整箱的有 1,235 箱，半箱的有 1,267 箱。此外，為供應礦工穿着所需，還有便帽和帽子、靴子和鞋子，以及 138 箱「衣服」。為替他們佈置家居，有牀頭櫃、椅子、躺椅和桌子，還有增添優雅所需的銀器。為供他們飲食所需，要運去林林總總的食物，從雞蛋到醃肉，從巧克力至薑，不一而足，但最重要的是糖和米。有些物品，如啤酒、牛油和蘭姆酒，必須從很遠的地方運到香港，再從那裏轉口！

從這種蕪雜多樣的情況可見，當時可稱為「甚麼東西都運去希望有錢可賺」的心態席捲香港乃至全世界。1852 年至 1856 年《藍皮書》的表格上，反映出同樣蕪雜多樣的情況，也可說是毫無篩選的混亂。儘管這些表格的資料很零碎，但從中可以對香港與加州貿易有個大致的印象。

過了一段時間，亂中開始出現秩序，出口清單上的主要貨物是能夠在香港最有優勢獲得的物品，包括供一般消耗品，如米、糖、咖啡、香煙、雪茄、蜜餞、繩索、衣箱、中國貨品和茶葉，它們來自中國或東南亞，可以輕易運到香港再出口。有趣的是，唯一真正的本地產品是在香港開採、大量出口到舊金山的花崗岩。殖民地政府注意到花崗岩石礦的蘊藏豐富和

蓬勃的開採活動，發出包辦採石的承充權。當時採石業之興旺，在今天香港島一些地名上仍有跡可尋，如鰂魚涌的英文名字 Quarry Bay、石塘嘴和石排灣。此外，維多利亞港對岸的九龍半島也大量開採花崗岩，而這個地方將在 1860 和 1898 年納入這個英國殖民地的版圖。

隨着加州華人人口上升，出現了需求特殊貨物的小眾市場。最重要就是熟鴉片，那是用印度生鴉片在香港煮製而成。香港以生產世界上最優質的熟鴉片而聞名，這種物品的出口也深遠影響了這個殖民地的經濟發展，以及香港與加州之間的關係，第五章會對之專門論述。大米尤其是上等中國米是另一項重要物品，糖也是一樣，包括後來在香港本地製煉的糖。專門供應華僑社羣的貨物包括鞋子、成衣等適合華人風格的貨物，皮蛋、燕窩和鹹魚等符合華人口味的食物，還有諸如中藥、金銀衣紙等中國文化專有的物品。值得注意的是，早在 1852 年就有粵劇戲班前往加州，並且在之後幾十年絡繹不絕，這些人都是取道香港前往，一些出埠藝人的合約是在香港簽定。

此外，也有大量標示為「一般商品」、「雜貨」和「零星雜項」的東西運出。可惜它們的具體內容沒有標出，可能永遠是中國和香港貿易史上的謎團。

歐美公司的活動

香港與加州之間的貿易提供了廣泛的投資機會，兩地很快就成為主要貿易夥伴。規模不一、國籍各異的公司輸出或輸入貨物，有的擔任佣金代理，有的自行進出口。有些參與得更深，擔任運貨船的代理商、船主或租

船商；另一些則向運貨人提供不同方式的信貸，並經營保險公司，為這些船和貨物承保。

　　怡和洋行、旗昌洋行、同孚洋行（Olyphant & Co.）和其他大公司，由於擁有遍及世界各地的聯繫和龐大資源，能夠很早撈得好處；有些公司早在淘金熱前就通過中國 — 三明治島 — 加州貿易而早着先鞭。[18] 一如慣常，怡和因其與成為夏威夷王國外交大臣的懷利（R. C. Wyllie）的友誼，尤其處於有利地位。懷利很渴望維持（英國）與中國的貿易聯繫，所以他在 1849 年安排把若瑟·渣甸（Joseph Jardine）委任為該王國的駐華總領事，大衛·渣甸（David Jardine）為駐香港領事。[19] 同時，這些大公司的一些員工、夥伴和合夥人在 1849 年前後離開中國，到加州設立據點，佔據要衝，有利於這些公司進入這個新市場。

　　怡和洋行參與香港與加州之間進出口貿易的情況，有助我們了解這些早期發展。怡和僱員豪厄爾（Augustus Howell）在某時候前往舊金山，並且在 1849 年初擔任怡和洋行的代理，替它處理林林總總的活動。[20] 有些船是怡和有直接或間接利益關係的，它們的船長也形成寶貴的聯繫。怡和為許多到訪太平洋沿岸的人寫了介紹信，務令他們獲得「怡和洋行的友人提供協助、建議和禮待」，我們從這些信中可見其網絡之廣大和活絡。這家公司與舊金山日益緊密的聯繫，反過來也有助加強它現時與墨西哥與南美洲

18　見 JMC, Hong Kong, to R. C. Wyllie, Honolulu, February 20, 1847，有關碟子和家具貨物：C11/11；JMC HK to Theodore Shillaber, Oahu, S.I. February 20, 1847 on bills: C11/11。

19　JMC to R. C. Wyllie, February 17, 1849: JMA C11/13 January-December 1849，此信接納領事的任命，並提出若瑟·渣甸的名字。

20　JMC to Augustus Howell, San Francisco, May 12, 1849: JMA C11（Letters to Europe）/13（January 1849-December 1849）.

的往來。[21]

　　在 1848 年底或 1849 年初，怡和從加州的希拉貝爾（Theodore Shillaber）那裏收到了兩件黃金 —— 其實是金粉。[22] 希拉貝爾之前是以檀香山為基地，現在則在舊金山經營，他運去黃金是要測試純度，並打探加州黃金在中國市場的行情。要到 1854 年舊金山設立美國鑄幣局後，加州黃金才鑄成金幣，並且其價值得以標準化。在此之前，很少人有信心處理它，無怪乎怡和洋行不是很感興趣。此外，希拉貝爾送去的黃金純度頗低，成色只有八成五和八成。在中國，銀的價值比黃金高很多，即使成色十足的黃金，每兩都只值 25.25 元，這是頗低的價值。怡和因此告訴希拉貝爾「不能指望這種金屬在中國會有暢旺的市場」，反之建議把品質如此低下的黃金拿去英國，或許可以獲得較令人滿意的價錢。[23] 然而，加州黃金後來成為香港金融結構中新的組成部分，主要是以金幣的方式，這會在下文談到。

　　怡和洋行很快就與加州通商。1849 年由「瑪麗・班納坦號」（Mary Bannatyne）運往加州的 50 桶麵粉，是它最早運去該地的貨物之一。不幸這批貨物虧損嚴重。[24] 麵粉要從很遠的地方運到香港以供再出口，把這批麵粉

21　JMC to C. S. Compton, November 18, 1851: JMA C11（Letters to Europe）/15（January 1851-December 1851）。從舊金山，康普頓被要求協助怡和洋行向在墨西哥馬薩特蘭（Mazatlan）的蒙特塔爾博特公司（Mott Talbot & Co.）索償，之後把錢送到香港或在倫敦的怡和洋行。

22　金粉是從地下挖出來的「天然」或未經處理的黃金。「金粉」一詞其實並不是很貼切，因為一般來說「粉」應當是粉末狀，而金粉通常完全不是粉狀。它的形狀更像顆粒或果核。金粉的種類繁多，專家可以憑顆粒的顏色、大小和形狀判斷其產地（Berry, *Early California*, p. 65）。非專家處理起來卻似乎有風險。事實上，早期歲月金粉的生產數量很大，賣家多於買家，所以價格相對低（Berry, *Early California*, pp. 70, 96）。因此，以金粉作為交易媒介頗不切實際。

23　JMC to Theodore Shillaber, February 14, 1849: JMA C11（Letters to Europe）/13（January 1849-December 1849）.

24　JMC to Theodore Shillaber, January 7, 1850: JMA C11（Letters to Europe）/14（January 1850-December 1850）.

運去加州，無疑是出於當時「不管甚麼東西都運過去希望可有錢賺」的心態。事實上，麵粉出口沒有持續很久，原因之一是從其他國家運麵粉去加州會便宜得多，更重要的是，如下文將會談到，幾年後加州自己種植了足夠多的小麥，反而大量出口麵粉和小麥到中國。

康普頓（C. S. Compton）是怡和洋行在舊金山最密切的貿易夥伴之一，他可能跟 1840 年代怡和的一個「商務助理」J. B. 康普頓（J. B. Compton）有親戚關係。多年來，怡和運給康普頓大批茶葉、糖、米和絲。例如，在 1852 年它租用「尼羅河號」（Nile）運去 559 包價值 20,026 元的糖和 3,390 包價值 20,726 元的茶子油。這艘船也運載 130 華人乘客。這批糖包括約 500 擔每擔價值 5.10 元的一級糖，300 擔每擔 4.80 元的二級糖，以及 200 擔每擔 4.40 元的三級糖；高級糖多、次級糖少的比例，顯示加州對優質貨品的需求。怡和對糖收取 3% 的佣金，一般貨物則收取 4%，所以光是這些貨物就賺了超過 1,400 元。該年稍後，這家洋行根據康普頓的訂單，除了運給他總值 4,910.96 元的 837 包茶葉和雜貨，還有總值 30,480.57 元的 837 包糖和 13,333 包米。[25] 康普頓的另一張大訂單是由「蘭里克號」（Lanrick）運送，那是 4,000 擔糖和 2,000 擔一級大米，申報價值 10,000 元。[26]

與怡和關係密切的舊金山合夥人包括麥克弗森（A. W. Macpherson）。怡和在「蘭里克號」上運送了一批價值 12,758 元的貨物給麥克弗森，由他擔任代理，這批貨物裏有茶葉、硃砂、鴉片和蓆子，賣得不錯，連同另一

25　JMC to C. S. Compton, October 22, 1852: JMA C11（Letters to Europe）/16（January 1852-November 1852）.

26　JMC to C. S. Compton, October 31, 1853: JMA C11（Letters to Europe）/18（August 1853-May 1854）; certified invoice, Lanrick 1853: Box 20, CA 169.

批由「阿爾斯特號」（*Alster*）送去的貨物，怡和總共賺了 10,840.79 元。[27]
怡和也從代理商呂貝克公司（A. Lubeck & Co.）租用這艘漢堡的三桅船，要
下這船的全部載運容量。怡和擔心乘客可能會令貨物受損，即使它有權在
中層甲板載客，也故意不這樣做。這艘船在 1853 年 12 月載着怡和付運的
熟鴉片、茶葉、糖和米開往舊金山，簽證發票顯示總值為 35,418.65 元。當
中四分之一的優質糖和大米是麥克弗森所訂的，其餘顯然是康普頓所下的
訂單。不過，該船離開後，怡和發現船長皮寧（Piening）帶了 18 名搭客上
船，其中 16 人是女性。這不但嚴重違反租船契約，也表示船所載的貨物比
怡和所以為的少了 100 噸。[28] 不過，儘管船長有這種違規行為，怡和仍從這
趟航程賺取了頗豐厚的利潤。

　　怡和用「庫阿尼號」（*Cyane*）運載的貨物就沒有那麼幸運。它在 1854
年 8 月運送 150 噸中國糖和 100 噸茶葉（包括紅茶和綠茶），打算把這批總
值超過 32,000 元的貨物運給代理商麥克弗森。怡和希望這批貨可以有好銷
情，因為廣州附近動盪不靖，阻礙了從中國的糖和茶葉出口，所以這些貨
物供應短缺。[29] 怡和必定是得到其在中國沿岸的網絡大力協助，才獲得這些
物資，令「庫阿尼號」在 9 月中旬滿載貨物出港，而其他在香港的船，則
仍然在等待供應品到來，無法起航。不幸「庫阿尼號」遭遇風暴嚴重受損，
不得不折返香港修理和卸貨。在怡和的貨物中，1,807 袋糖和 290 包茶葉受
損，只好拍賣出售。「庫阿尼號」修好後再次啟程前往舊金山。怡和花了

27　JMC to A. W. Macpherson, March 5, 1855: JMA C11（Letters to Europe）/19（May 1854-February
　　1855）.

28　JMC to A. W. Macpherson, March 5, 1855: JMA C 11（Letters to Europe）/19（May 1854-February
　　1855）.

29　JMC to A. W. Macpherson, August 31, 1854: JMA C 11（Letters to Europe）/19（May 1854-February
　　1855）.

5,769 元換上 1,408 袋糖，但找不到新茶葉在這趟行程付運，令它原本想壟斷市場的黃金機會白白溜走。[30]

　　早期從香港運出的糖，是從中國、菲律賓和爪哇輸入的粗糖或稍經精煉的糖。然而，由 1870 年代起，香港成立煉糖廠後，就有能力出口本地精煉的糖。香港最早的煉糖嘗試是糖局（Wahee, Smith & Co.），這家公司的合夥人包括 1852 年至 1857 年間曾在舊金山的唐廷植，還有他擔任怡和買辦的弟弟唐廷樞。不久後，這家製糖廠陷入困境，怡和洋行接手經營，改名中華糖局。[31] 在 1884 年，另一家香港英資大企業太古公司（Butterfield & Swire）創辦和經營太古糖廠。香港的精製糖，無論是紅糖還是白砂糖，在中國、日本、印度和澳洲都大受歡迎，銷路極佳。加州是它的固定出口地之一。[32] 這令人不禁猜想，製糖業這個香港最早的大型產業，最初是為針對加州市場而設立，只是這個假設欠缺足夠證據支持。但有趣的是，加州不光是香港轉口貨物的目的地，而且是本地製造工業產品的目的地。

　　花崗岩是怡和向加州出口的另一大宗貨物。[33] 加州對建築材料的需求甚

30　JMC to A. W. Macpherson, December 7, 1854, JMC to Macpherson, November 8, 1854: JMA C 11（Letters to Europe）/19（May 1854-February 1855）.

31　Carl T. Smith, "The Formative Years of the Tong Brothers, Pioneers in the Modernization of China's Commerce and Industry," in Carl T. Smith, *Chinese Christians: Elites, Middlemen, and the Church in Hong Kong*（Hong Kong: Hong Kong University Press, 2005 [1985]）, p. 50.

32　Sucheta Mazumdar, *Sugar and Society in China: Peasant, Technology, and the World Market*（Cambridge, MA: Harvard University Asia Center, 1998）, p. 353，當中引述大清海關的報告。製糖廠的董事看到與美國市場有關的問題：「另一個令人失望的源頭，是本公司在美國的銷售額。這些銷售通常是利潤的來源，在 1893 年卻遇上困難，原因是美國關稅的性質很武斷，還有美國糖業托辣斯試圖把香港製糖廠擠出市場。這個市場是我們固定的出口地點，而為了供應這個市場，我們購入特製的機器，所以維持我們在這個市場的立足點十分重要，這對各位來說必然是明顯不過的事。我很高興向大家宣佈，根據本公司的舊金山代理商報告，本年度情況已有所改善。」（China Sugar Refinery annual meeting, reported in *Hongkong Telegraph*, March 27, 1896）。

33　怡和運給麥克弗森 7,480 包價值 10,126 元的米，以及 19 箱價值 5,068 元的鴉片。JMC to Macpherson, May 23, 1856: JMA C 11（Letters to Europe）/19（May 1854-February 1855）.

圖 4-1　位於舊金山加利福尼亞街與蒙哥馬利街交界的帕羅特大樓（Parrott Building）
　　　　（攝於 1906 年前）
　　　　這座建築物是以由香港運來的花崗岩興建，並由中國工人 建造。
　　　　【圖片來源】Roy D. Graves Pictorial Collection Series 1: San Francisco Views; Subseries 1;
　　　　San Francisco, Pre-1906; volume 5: San Francisco, Pre-1906. Bancroft Library, University of
　　　　California, Berkeley.

殷，而香港正好擁有能夠供應它們的優勢。維多利亞港兩岸都蘊藏了大量
花崗岩，很適合用作壓艙物，尤其是用於載客船。船缺乏足夠的壓艙物往
往就無法航行，有時候如果它們急於啟航離港，代理商往往會向壓艙貨物
收取很低廉的運費，甚至完全免費。

在 1852 年初，佩頓（Bernard Peyton）來到香港，帶着由舊金山銀行家
兼貿易商帕羅特寫的介紹信與怡和洋行會面。[34] 佩頓帶了四箱價值四萬元的
金錠來買建材和絲。怡和協助他在 1852 年用「羅伯特‧斯莫爾號」（*Robert
Small*）運走 8,500 塊瓦片，並答應一旦它能夠在其他船找到載貨艙位，會
再運去 6,500 塊瓦片和十萬塊磚。[35] 同時，佩頓租下「龍號」（*Dragon*）運送
已切割的石材和其他要帶回加州的貨物。由於帕羅特訂了總值 4,000 元的花
崗岩供自己建屋之用，「龍號」也運載華人工匠去協助建築工作。[36]

這座房子在 1852 年 8 月開始動工興建，12 月 4 日竣工。加州先驅學會
（Society of California Pioneers）的一份刊物上描述了關於建造這座房子的有
趣故事：

> 它是華人工匠以由中國運來的花崗岩石塊建造，這些石材全經仔
> 細切割和加工，並用中文標示，每塊都準備放到它應有的位置。
> 這些華人是乘坐三桅船「龍號」來美國，以石匠或普通工人的身
> 份逗留了整整九十個工作天 …… 竣工後，它被視為本市最宏偉

34　"Death of John Parrott," *Alta California*, March 30, 1884.

35　JMC to John Parrott, February 20, 1852: JMC to Parrott, March 15, 1852; JMA C11（Letters to
Europe）/16（January 1852-November 1852）.

36　JMC to John Parrott, June 11, 1852: JMA C11（Letters to Europe）/16（January 1852-November
1852）; http://files.usgwarchives.org/ca/sanmateo/bios/hayne973nbs.txt, viewed November 15,
2009.

的建築物之一，它不但度過了幾場早期的火災，還撐過 1906 年
的大火，這可以說證明了它的建造者技術出眾，這座建築物直到
1926 年為騰出地方供城市再發展和進步才被拆卸。[37]

　　《印度之友報》（*Friend of India*）在 1852 年預言，「這個新黃金國的
城市，或許會以香港的山丘建造出來」，香港出產的花崗岩變得如此「搶
手」，令這個預言差點成真。[38] 帕羅特建成他的花崗岩房子後兩年，怡和接到
他的另一張合約，要運去 2,000 噸已切割的花崗岩，供美國政府之用。這張
訂單花了很久才完成，部分原因是它要求的數量很大；另外是根據怡和的解
釋，為了符合合約所定的規格，華人工人要花較長時間去加工石頭。但它
沒有說，其他人競相大量購買花崗岩供出口到加州市場，是引致延誤的另
一原因。怡和在 1854 年 8 月在「庫阿尼號」上付運了首批 120 塊花崗岩；[39]
其餘在 1854 年餘下時間陸續由「探路者號」（*Pathfinder*）、「火山臼號」和
「艾爾弗雷德號」運去。意外也引致延誤。我們知道「庫阿尼號」曾因風暴
要折返香港。「火山臼號」命運更悲慘。它受颱風吹襲，無法航行而落入
海盜之手，之後遭劫掠和焚毀。幸好怡和為全數失去的花崗岩買了保險，

37　http://files.usgwarchives.org/ca/sanmateo/bios/hayne973nbs.txt，2009 年 11 月 15 日瀏覽。另外，
　　據說在 1852 年 6 月 8 日華工為帕羅特建造一座花崗岩建築物時要求加薪，是我們所知的舊金
　　山首次工人罷工。見 http://www.sfmuseum.org/hist/chron3.html, viewed November 15, 2009。

38　June 17, 1852 issue of the *Friend of India*, reprinted in *China Mail,* July 22, 1852, cited in Thomas
　　R. Cox, "The Passage to India Revisited: Asian Trade and the Development of the Far West 1850-
　　1900," in *Reflections of Western Historians: Papers of the 7th Annual Conference of the Western
　　History Association on the History of Western America, San Francisco, California, October 12-
　　14, 1967*, edited by John Alexander Carroll, pp. 85-103（Tucson, AZ: University of Arizona Press,
　　[1969]）, p. 85.

39　JMC to John Parrott, August 20, 1854: JMA C11（Letters to Europe）/19（May 1854-February
　　1855）.

可以獲得賠償。[40] 在 1855 年花崗岩繼續從香港運出，並且我們看到怡和到了 1856 年 4 月，還在「阿爾弗雷德大帝號」(*Alfred the Great*) 上運去 284 塊花崗岩，顯然屬於同一訂單。香港繼續運送花崗岩到加州，用於如行人路等公共建設，這種情況維持至 1870 年代。[41]

如果二十一世紀的讀者聽到花崗岩是香港向加州出口的主要貨物覺得驚訝，那麼得知最有價值的出口貨物是熟鴉片（煙膏），會更感意外，與鴉片相比，花崗岩貿易顯得微不足道。盡人皆知，英國把香港納為殖民地，主要是為促進印度與中國之間的英國鴉片貿易，但香港本土的熟鴉片工業就不知那麼為人熟悉。華人是以吸食的方式來使用鴉片，生鴉片主要從印度進口，在中國、香港和澳門熬煮成供吸食之用的煙膏。加州的華人愈來愈多，成為上品鴉片的興旺市場。市場上販售的煙膏有不同品牌，而品牌在這行業中的作用舉足輕重。煙膏的品質不只取決於原材料，還視乎熬煮鴉片工人的技術和經驗；甚至煮鴉片所用的水質也是關鍵因素。香港有大量精於煮製鴉片的人，長期下來有幾個香港品牌被視為最上乘的鴉片煙膏，令加州乃至澳洲、加拿大和世界其他高級產品市場的消費者趨之若鶩。

怡和洋行除了如眾所周知主宰生鴉片貿易，還成為向加州供應最大宗熟鴉片的出口商，直至 1860 年代中期。我們有理由推斷，怡和一定很早就向加州出口熟鴉片，但從記錄上看，這家洋行是在 1853 年運出首批熟鴉片，這批鴉片共有六箱，市值約 3,225 元，預計淨利潤會有 1,200 元，即約

40　JMC to John Parrott, November 7, 1854: JMA C11（Letters to Europe）/ 19（May 1854-February 1855）.

41　見 1876 年 9 月 3 日和 1878 年 12 月 12 日禮興隆在《上加利福尼亞報》上刊登的廣告，宣傳從香港運來的中國花崗岩。

60%。不幸的是，這批貨的包裝在運送途中鬆開了，抵達時狀況很差，怡和的代理商愛德華茲巴萊公司（Edwards & Balley）認為最好是退回香港重新包裝。[42] 但這沒有打消怡和洋行擴大參與的念頭，它在這十年間一直壟斷市場。但到了 1860 年代初，它開始被華人競爭者迫得失去市場。[43]

怡和的主要問題是無法保證它運出的熟鴉片品質。怡和本身沒有熬煮鴉片，所以要依賴華資供應商，卻不知為何無法取得在加州最受歡迎、品質較佳的品牌。這家英國商行或許懂得生鴉片的門道，但對於熟鴉片，似乎欠缺華人鴉片商特有的敏銳。在 1859 年 5 月，一批怡和運出的鴉片被送回香港重新熬煮。[44] 幾個月後，愛德華茲巴萊公司對於怡和運來由香港炳記製煉的鴉片感到很震驚，「這個品牌在這個市場一向臭名遠播」，賣不到好價錢。[45] 雖然香港熟鴉片普遍很受歡迎，但不是所有品牌都賣得好。也有可能較成功的華人熟鴉片商選擇不賣給怡和。香港華商明顯壟斷最上等產品的市場，而且主宰地位日益加強。熟鴉片的故事是香港政治、經濟和社會歷史的重要一環，在第五章會述說。

42　Edwards & Balley to JMC [n.d.] July 1853, July 26, 1853: JMA B6（Business Letters: Non Local 1844-1881）/ 2（Business Letters: America 1821-1898）.

43　Edwards & Balley to JMC, January 10, 1860, January 27, 1860: JMA B6（Business Letters: Non Local 1844-1881）/ 2（Business Letters: America 1821-1898）.

44　Edwards & Balley to JMC, September 26, 1865 refers to the 1859 shipment: JMA B6（Business Letters: Non Local 1844-1881）/2（Business Letters: America 1821-1898）.

45　Edwards & Balley to JMC, June 2, 1860, September 16, 1854: JMA B6（Business Letters: Non Local 1844-1881）/ 2（Business Letters: America 1821-1898）。康普頓發現「阿爾斯特號」所運來的熟鴉片包裝不善，向怡和發出一張通知，讓怡和向預備這批鴉片的人索價（JMC to Macpherson, May 23, 1856: JMC C11 [Letters to Europe]/21 [January 1856-September 1856]）。怡和解釋，鴉片是由新利（Sun Lee）煮製，它〔怡和〕希望能以每兩八毛五分或九毛的價錢售出。

　　除了這些大公司，加州貨物貿易為許多小經營者提供很多生意，例如孖剌士甸臣洋行和羅比內特，我們在前文已看到他們作為搭客船的租船商。羅比內特至今更為多姿多彩。諸如豪厄爾、士甸臣、博克（W. O. Bokee）、克魯葉哈根（J. Kruyenhagen）和數以千計的人前往加州尋找財富，羅比內特卻往西航向中國。他生為祕魯人，為在中國與加州之間開展貿易，在 1850 年末從南美取道舊金山抵達香港。[46] 他獲幾名希望他代為投資的加州商人提供資金。他最早付運的貨物是白砂糖。加州對糖的需求很大，而運去加州的大多數是紅糖，所以他相信精製白砂糖會有很大市場。此外，白砂糖的運費便宜 50%，令運送這種商品更為吸引人。他早期運去的白砂糖的收貨人包括舊金山的戴維森（B. Davidson）先生，此人給了他 1,000 英鎊作投資；羅比內特以很不理想的匯率賣出這筆英鎊，希望靠出售這批糖來彌補損失。[47] 白砂糖是從馬尼拉進口，他尤其喜歡阿吉雷公司（Aguirre & Co.）正在當地開發的新製糖機，這家公司日後會成為菲律賓首屈一指的製糖公司。[48]

　　羅比內特的白砂糖的另一代銷商是艾爾索普公司（Alsop & Co.），這是一家在舊金山的智利公司，他與這家公司有緊密聯繫。除了白砂糖，他也向這家公司運去大量紅糖和黃糖。例如，他在 1852 年 6 月通知艾爾索普公司，他會運去 500 擔白砂糖，每擔 5 元；1,500 擔黃糖，每擔 4 元；還有 1,000 擔一級黃糖，每擔 4.50 元，所以這批糖總值 13,000 元。在同一艘船

46　《香港藍皮書》把他列為 1857 年厄瓜多爾駐香港領事，但 1858 年卻不是。

47　Robinet, Canton to B. Davidson, San Francisco, April 20, 1851, May 21, 1851; Robinet, Hong Kong to William Norris, esq., SF, April 1, 1851, April 25, 1851: Heard II, Volume 541.

48　Robinet to Mr Aguirre [Manila], November 1, 1851: Heard II, Volume 541。關於阿吉雷公司，見 Benito J. Legarda, *After the Galleons: Foreign Trade, Economic Change and Entrepreneurship in the Nineteenth-Century Philippines*（Madison, WI: University of Wisconsin Center for Southeast Asian Studies, 1999）, pp. 317-318。

上，他也運了 2,000 擔一級中國大米。[49] 他對於大米市場非常樂觀，考慮到當地華人的龐大消費力，他早在 1851 年就預見，華人移民愈來愈多肯定會令大米需求上升，不僅是任何等級的米，而且是優質大米。[50] 理論上，中國法律禁止稻米出口，但加州對於優質中國米需求甚殷，引致稻米非法出口。[51] 在 1853 年，高價和低於平均的產量引致中國稻米短缺，清廷當局遂採取行動執行禁令，但效果一定很不彰，因為大量上等大米繼續從廣東運到太平洋彼岸。中國則從暹羅、安南和緬甸進口較便宜、較粗糙的稻米，以供當地較貧窮的消費者食用。稻米繼續由加州經香港供應到加州，直至二十世紀。[52]

羅比內特看出華人是成衣的顧客，顯示出敏銳的洞察力，[53] 這是很合理的，因為加州缺乏妻子、母親或專業女裁縫製作衣服。羅比內特的運作顯示，雖然加州貿易被大事宣傳為利潤極豐厚的行業，但不是所有交易都有利可圖。投資者有時候會虧損，羅比內特肯定也曾遭逢敗績。首先是他把

49　Robinet, Canton to Messrs. Alsop & Co. San Francisco, June 28, 1852: Heard II, Volume 541.

50　Robinet to Norris, SF, April 1, 1851, April 25, 1851; Robinet to B. Davidson, San Francisco, May 21, 1851: Heard II, Volume 541.

51　優質中國米稱為唐山上白米，而美國米稱為花旗米。見《東涯新錄》，1855 年 4 月 26 日。

52　*Alta California*, January 15, 1853。這份報紙預計會有更多的米陸續運來，並提及「龍號」運來 10 萬磅和「海洋女王號」（*Ocean Queen*）運來 45 萬磅米。威爾斯（S. Wells Williams）寫道，從中國出口大米是非法的，從一個港口運米到另一個港口，是需要特別申請和許可；原因是地方縣官有責任保證所管治的地區有足夠糧食供應。見 S. Wells Williams, *The Chinese Commercial Guide*, 5th ed.（Hong Kong: A. Shortrede & Co., 1863），p. 134。十九世紀末《申報》上有兩篇文章，清楚指出昂貴大米如何從廣東出口到加州，同時又從東南亞進口廉價大米，並且解釋這種做法的經濟理由（《申報》，1899 年 12 月 22 日和 1900 年 5 月 19 日。）林通經也分析了這些貿易活動，見其〈洋米穀輸入廣東之史的分析〉，《廣東銀行季刊》，第一卷第二期（1941），頁 297–320，以及 A. J. H. Latham, "Rice is a Luxury, Not a Necessity: The Source of Asian Growth," in *Pacific Centuries: Pacific and Pacific Rim History Since the Sixteenth* Century（London: Routledge, 1999），edited by Dennis O. Flynn, Lionel Frost, and A. J. H. Latham, pp. 110-124。

53　Robinet, Hong Kong to Tait & Co, Amoy, June 8, 1852.

戴維森先生的英鎊以五先令兩便士兌一美元的兌換價賣出，而在那年的大部分時間，英鎊匯率都被認為低於五先令。雖然他預計舊金山是米和糖的巨大消費市場，這點他沒有看錯，而且運米和糖到加州是正確之舉，但實行時他卻不一定能保證供出口所購入的貨物的品質。他運給另一個密切商業夥伴阿爾蘇阿公司（Alsua & Co.）的米，至少有一批因為品質太低劣而惹來投訴，羅比內特被迫承認他很「驚訝」，因為他所見的樣本品質非常好。或許他在稻米生意方面的經驗尚淺，鑑別能力不足，[54] 但他對於中國大麥的判斷同樣錯誤。他在 1851 年運去的大麥，有些運抵當地時長滿象鼻蟲。在中國大麥上損失了 12,000 元，主要是因為他不了解大麥無法在長途旅程中保存，他之後告誡別人不要再碰大麥。[55] 在另一次，他親自挑選一批綠茶要運給阿爾蘇阿公司，船開走後卻發現那批茶葉沒有裝上船。[56]

　　羅比內特作為商人，無疑不如他自己所想的那麼精明，但他確實有長處，其中之一是他的西班牙聯繫，由南美洲經舊金山和香港延伸到菲律賓。如德爾加多所指出，在淘金熱之前，沿着環太平洋地區的東南部出現了一個貿易地帶；[57] 加州與智利、祕魯有根源深厚的聯繫，我們可以看到羅比內特從容地遊走於這個地帶。他利用這些聯繫從馬尼拉進口大量糖、米、煙草和咖啡，相信他在當地的熟人會以優惠價向他出售這些貨物，他再將之出口到加州，而他在加州的商業合夥人，許多是西班牙人或南美人。

54　Robinet to Mr Williams [Nye Parkin & Co.?], Canton? Macao, September 29, 1851.

55　Robinet to Mr Williams [Nye, Parkin & Co., Canton], September 29, 1851; Robinet to L. A. Smith, Hong Kong, November 23, 1852, November 30, 1852: Heard II, Volume 541.

56　Robinet to Nye, Parkin & Co., Canton, September 27, 1852: Heard II, Volume 541.

57　Delgado, *Gold Rush Port*, p. 41.

他充分利用香港的轉口港地位：不只輸入產品轉口到舊金山，還從舊金山進口貨物供再出口之用，例如把水銀再出口到加爾各答和孟買。羅比內特也十分清楚解他可以在香港繼續利用和擴大經舊金山與智利和祕魯的古老聯繫。[58]

　　他在本地頗為成功建立起信譽，連旗昌洋行也覺得他名聲不錯，旗昌對於向付貨人給予信貸通常十分謹慎，卻肯為羅比內特的貨物提供墊款。[59]在 1852 年 4 月 5 日，他從旗昌洋行獲得 14,900 元（受款人為奈帕金公司〔Nye, Parkin & Co.〕），作為旗昌替羅比內特把一批水銀運往印度的墊款。[60]這批水銀很可能是從加州進口。[61]許多他運給舊金山艾爾索普公司的貨物，都獲得旗昌墊款，[62]涉及的金額很大。在 1857 年，羅比內特單單運給艾爾索普公司的貨物，就獲墊款 15,000 至 20,000 英鎊（約 72,000 元至 96,000 元）。[63]

58　Robinet to Todd Naylor & Co., Liverpool, September 24, 1851: Heard II, Volume 541。他的商業網絡儘管運作規模較小，但仍橫跨南北美洲、英國、歐洲和東南亞。他經常與英國的保險經紀打交道，而非香港的那些，一家是倫敦的繆里特公司（Murietta & Co.），羅比內特向它為運往舊金山的貨物投保；另一家是利物浦的托德內勒公司（Todd Naylor & Co.），他向它為船投保。托德內勒公司在利馬設有分行，而羅比內特在當地又有大量生意，所以他能夠在托德內勒公司的利馬分行支付應繳的保費。對於繆里特公司，他大概也以同樣方式處理，這家公司明顯是西班牙或南美洲的公司。除了加州貿易，他忙於從事運送華工到祕魯，這門生意一般被視為不道德的勾當。

59　Robinet to D. Carlos Polhemus, San Francisco, June 30, 1852 on some advance arrangement with R & Co.: Heard II, Volume 541。另見 N. M. Beckwith to Walsh, May 5, 1858, confidential: Russell & Company Letterbook, 1858-59, Ms N-49.46, Massachusetts Historical Society。

60　Robinet to Russell & Co., Canton, April 5, 1852: Heard II, Volume 541.

61　Williams, *Chinese Commercial Guide*, p. 97.

62　Robinet to Alsop & Co., San Francisco, [n.d.] July 1852: Heard II, Volume 541.

63　N. M. Beckwith to Forbes, July 21, 1858: Russell & Company Letterbook, 1858-59, pp. 108-111, Massachusetts Historical Society, Ms N-49.46.

在現代銀行初現的這些早期歲月，許多貿易公司為貿易商提供信貸服務。與加州通商的商人能夠獲怡和、旗昌、瓊記等大洋行提供墊款，這些公司對墊款徵收費用和利息。例如，怡和在 1862 年向波時文公司提供兩萬元，收取每年 10 ％ 利息，在七個月內支付，波時文公司利用這筆錢來支付貨款，貨物以「南十字星號」（South Cross）運給舊金山的谷文霎公司。[64] 相較之下，旗昌洋行給予羅比內特的數額就大得不尋常，尤其是這麼小和頗為名不見經傳的公司。下文會談到大公司也給予華人貨主墊款；這種融資對於支持香港與加州之間的貿易十分重要。

羅比內特的事業在一場震驚香港的醜聞中終結，還為香港社會帶來不少娛樂。在 1858 年，他在一艘開往利馬的船上寄運了大批絲，又為這批絲投了保，自己也隨船出發。這艘船在途中發生了神祕火警，當有些「絲」包打開後，裏面根本沒有絲，只有用草蓆做的麻包袋。據說羅比內特非常沮喪，告訴船長他要自殺，但被勸阻。其後，在船抵達利馬前，他的房艙被發現空無一人，只留下字條說他已投海。他死亡的消息很快傳到香港並上了報，包括旗昌洋行的許多債主一片嘩然。但故事沒有就此結束。對羅比內特來說很不幸的是，後來有人在利馬街頭發現他，他被帶回香港，最終鋃鐺入獄，的故事被被人當作蜚短流長，津津有味地在香港一再傳頌，但那些因他而損失金錢的人，肯定就不是那麼開心了。[65]

64　Bosman to JMC, October 20, October 25, November 4, 1862: JMA B7（Business Letters: Local）/15（Business Letters: Hong Kong）.

65　《德臣西報》報道了此事；安斯蒂（Anstey）把故事告訴當時到訪香港的史密斯（Albert Smith），史密斯把這故事寫入他的書中，見 To China and Back: Being a Diary Kept Out and Home（Hong Kong: Hong Kong University Press, 1974 [1859]），p. 35。

華商

加州華商

　　一如外國商人，廣州、香港和澳門的華商無疑也渴望從加州貿易中
獲利，但他們花了較長時間才涉足其中。畢竟美國西岸對他們來說十分陌
生，在淘金熱之前，鮮有人聽過這個地方。根據傳說，一名叫金銘（Chum
Ming）的華商在 1847 年從廣州到了舊金山，靠賣茶、圍巾和其他中國貨
物為生，但可想而知他的業務規模一定頗微不足道。無論如何，據這故事
說，他很快就放棄經商，在發現金礦後往山裏去。[66] 在數目可觀的華人抵達
加州並在當地立足前，那些在家鄉急於投資這個新貿易的華商，只能依賴
原有的西方（主要是美國）網絡，靠美國中介人運去貨物，並把貨物交給
加州的外國商行代銷。可想而知，他們運去的貨物數量少價值低，而且性
質通常很雜亂，顯示雖然他們渴望投資，但卻猶豫裹足。例如，同孚洋行
在 1851 年替波臣則在「弗蕾亞號」（Freja）上付運了一批價值 169 元的雞
蛋，就是頗典型的例子。[67]

　　如第二章所述，華商逐漸抵達舊金山後情況開始變化，當中有袁生、

66　《舊金山紀事報》（San Francisco Chronicle）報道，在 1847 年名叫金銘的商人從廣東抵達舊
　　金山。1848 年發現金礦時，他與第一批探礦者進入山裏。之後他寫信給在中國的友人張潤
　　（Cheong Yum）談到他的好運氣，張潤又把消息轉告親戚朋友，因此引發華人前往加州「金山」
　　的移民潮。據說這篇有趣的文章是根據華人僑領的訪談和其他「可靠」消息來源寫成：San
　　Francisco Chronicle, July 21, 1878, cited in A History of the Chinese in California: A Syllabus, edited
　　by Thomas W. Chinn（San Francisco: Chinese Historical Society of America, 1969）, p. 9。此書認為
　　該文的某些資料未必準確，例如日期和地區公司的組織方式；然而，其他資料似乎符合來自不
　　同來源的資料。

67　Certified invoice, November 21, 1850, Freja: Box 5, CA 169.

亞輝和亞偉（Afai and Akwai）、亞木（Amook）和陳樂。有些人是專門為從事貿易而去：他們包括帶着資金準備在陌生的大陸一試運氣的企業家，還有華南老字號派去設立分行和聯號的僱員和年輕家族成員。另一些人最初是以僕人、採金礦工或工匠身份前往，在積攢了一小筆財富後從商。到了1850年末，華人商店集中的沙加緬度街被稱為「唐人街」。此外，太平街、戾臣街、華盛頓街上有四家中國餐館。[68] 以廣東人為主的華商在這個商業擴張的新疆界形成灘頭堡，此外，他們擔任主事人、代理、經紀、合作夥伴和銀行家，開闢了道路讓其他來自華南的人能更全面參與其中。除了這些明顯的商業機構，商人成立的會館也發揮了重要作用，尤其是在早期歲月，會館有收債、提供資訊和代辦其他事情的功能，有助於長途國際貿易。在此過程中，它們成為香港與加州之間的走廊不可或缺的部分。第七章會進一步討論會館。

　　有些華人商號存在時間很短，如袁生的袁生號和輝偉公司（Afai, Akwai & Co.）；有些則繼續經營了好幾十年。陳樂的濟隆號到1860年代已成為舊金山最大的華人商號，儘管陳樂本人在1868年就在舊金山過世，但這家商號在二十世紀繼續茁壯成長。陳樂是廣東南海縣人，1850年前往舊金山，與四名合夥人在華盛頓街創辦濟隆號。這四名合夥人中，一名是南海同鄉謝明禮，另外是三名族人陳芳仁、陳昇文和陳女。這家公司在創業初期進口和售賣茶葉、鴉片、絲綢和漆器、中國雜貨和其他日常器具，它在各大英文報章刊登廣告，早在1855年就刊於《東涯新錄》（*The Oriental*），之後又在《上加利福尼亞報》刊登，顯示它的野心是廣為招徠舊金山和其他城市的外國顧客。它的業務範圍之後日益擴大，在太平洋沿岸均有代理，又

68　Hubert Howe Bancroft, *History of California*（San Francisco: The History Company, 1890）, 7 volumes, vol. 6, 1848-1859, pp. 185, 190.

在香港、上海和橫濱設立聯號。[69] 這家公司可作為有用的案例，從中研究這種貿易，以及香港與加州兩地不同公司間及同一公司內的關係。追溯陳樂及其合作夥伴的活動，加州與香港之間深厚的商業和社交聯繫清晰可見。

香港華商

家人、族人、朋友和其他夥伴在加州建立灘頭堡後，已在香港立足的華商和其他後來從廣州地區抵達的商人，就更有信心和更熱切想進入這個市場，他們運送的貨物數目愈來愈大，價值愈來愈高。根據時人的觀察，華人「殷實家族」是在 1850 年代開始來到香港設立新商號，並認為廣東動盪局勢是導致人們離鄉外移的原因。[70] 不過，加州貿易有望帶來的榮華富貴，肯定是促成這種外移的強大拉力因素。

一如西方人的情況，已插足航運業的華人處於最有利的位置，能利用貨物貿易所提供的機會。早期曾擔當船主、租船人和經紀，並向搭客貸款的譚才，就是最早運送貨物到舊金山的重要華人出口商之一。他的公司廣源號於 1852 年在「安‧韋爾什號」（他可能租下這艘船）託運了一批貨物，包括大米、豬油等，價值 4,112 元，這在當時對於華資公司來說是大數目。收貨人是「裕源號的亞汝」——譚亞汝，他也是租船人／船位經紀，[71] 他大概

69　陳樂的訃聞出現在 1868 年 9 月 1 日的《上加利福尼亞報》。見區寵賜編，麥禮謙、胡垣坤著：《旅美三邑總會館簡史》（舊金山：旅美三邑總會館，1975），頁 179－180。

70　如見理雅各（James Legge）神父（神學博士、法學博士）1872 年 11 月於大會堂所做的演講，內容是他憶述長居東方的經歷，題為 "The Colony of Hong Kong"，刊於 *The China Review*, vol. III, pp. 163-176，重刊於 *Journal of the Hong Kong Branch of the Royal Asiatic Society*, vol. 11 （1971），p. 184。

71　Certified invoice, *Ann Welsh*: Box 14, San Francisco Custom House, CA 169。《金山日新錄》，1854 年 4 月。收貨人是裕源店亞汝；裕源是由祥記（Chang Kee）擁有的「漢密爾頓號」的代理商。

是譚才的親戚或同鄉。譚亞汝的商號名叫裕源號，而裕源和廣源兩家商號名稱都有「源」這個字，我們可以推斷它們可能是聯號。譚才似乎也創辦一家專門做美國貿易的公司，名叫廣源添記（Kwong Yuen Tim Kee）。[72] 他甚至可能親自到過舊金山，因為「沃里斯頓勳爵號」的搭客名單中有一名叫「Quong Yune」的人，[73] 而 Quong Yune 很可能是廣源的英文名稱 Kwong Yuen 的另一種寫法。

　　祥和號是另一家出口貨物到加州的早期華資公司。祥和號是 1849 年左右由招雨田創辦，他幾乎是這個殖民地建立後就馬上在香港工作，當時才十四歲。招雨田出身於南海一個貧家，身無分文來到香港，儘管出身寒微，後來卻成為財雄勢大、業務遍及全球的商人。1923 年他以九十五歲高齡去世時，以祥和號為首的許多他創辦的商號仍在茁壯發展。[74]

　　祥和號在 1853 年的《香港人名地址錄》（Hong Kong Directory）中被列為是經營「精美中國貨品」的公司，顯示它可能是進口商、批發商和／或零售商；它同時是活躍的出口商，有時候為其他人擔當代理，有時候自己從事出口。有關其出口活動的記錄最早見於 1851 年，該年舊金山海關的記錄顯示，香港的「華人祥和」在「瑪格麗塔號」（Margaretta）上付運了一批價值 426 元的絲綢、商品和茶葉給亞沃（Ayook）、亞成（Asing）和亞聰（Achung）。[75] 過了一段時間後，祥和號出口的貨物包括圍巾、牀單和漆器，這些都可以歸類以西方人為對象的「精美中國貨品」，另外還有大米、

72　Kwong Yuen to Hoong Yun, Boston Light, 1859; Kwong Yuen Tim Kee, consigned to order; Tam Sek Ki takes delivery; *Lord Warriston*, 1853, voyage 2: Box 21, CA 169.

73　*Lord Warriston*, 1853: Box 21, CA 169.

74　《招雨田先生榮壽錄》（1922），頁 2a, 32a；另見《招成林先生哀思錄》（1923）。我感謝招璞君博士與我分享其家族文件。招雨田（招成林）在 1923 年 7 月去世，見「訃聞」，《華字日報》，1923 年 7 月 30 日。

75　Bill of lading, *Margaretta*, 1851: Box 7, CA, 169.

鴉片、衣服、藥用植物根莖、蔬菜和女鞋，這些明顯是供華人所需。[76] 在
1850 年代，祥和號運送的貨物價值愈來愈高，既反映了普遍的大趨勢，也
反映該公司本身的實力擴大。在 1859 年以「黑沃爾里河號」運送的一批價
值 11,633 元的貨物，內有女鞋、算盤和鴉片，供收貨人永和昌（Wing Wo
Cheong）「售賣和退貨之用」；經舊金山海關重新評估後，這個數額被提高
至 12,082 元。[77]

　　祥和號靠一系列在加州及其他地點的聯號與關係密切的公司擴大業
務。成立聯號是華人普遍採用的營商策略，招雨田就非常善於此道。聯號
是透過重疊的擁有權和／或相互持股而連結在一起的公司，這種聯繫常因
個人、家族和鄉籍的聯繫而得到進一步鞏固。雖然這種集團中的每家公司
都是各自獨立的實體，維持獨立的賬目，但它們往往由一個或少數幾個擁
有者／股東牢牢控制。[78] 以聯號集團運作可以發揮較大效益，因為這些公
司可以分享各種資源，包括資金、行情、商譽和後勤服務。由同一羣以不
同組合持有股權的擁有者經營的公司，經常能夠做到面面俱全，涵蓋進出
口、船舶擁有／租用，貨物和搭客的經紀業務、糧水補給、借貸、存錢和
匯款服務，還有後來的保險和現代銀行服務，從而達成縱向和橫向整合。
除了聯號，有些公司集團在結構上雖然沒有交互持股，但由於長期合作、
交易頻繁，交情鄉誼和／或家族聯繫，使彼此關係十分密切，並且它們也
藉着減少競爭和風險，在多方面互相幫助，情況一如聯號。其結果是造就

76　它在 1853 年「極光號」上，運送了兩批由舊金山的楊偉祥（Young Wie Cheong）所訂的貨物，
　　一批包括種類五花八門的中國雜貨、圍巾、燈玻璃、中國煙斗（可能是鴉片煙管）、比目魚和
　　骰子，另一批有縐紗披巾、茶箱和牀單，總值 1,157 元。

77　Certified invoice, *Black Warrior*, 1859: Box 23, CA 169.

78　陳稼軒：《增訂商業詞典》（上海：商務印書局，1935），頁 1107；Geoffrey Jones and Jonathan
　　Zeitlin（eds.），*Oxford Handbook of Business History*（Oxford: Oxford University Press, 2008），
　　p. 249。

圖 4-2　華人商店（約 1904 年）

店主大概是以或這樣或那樣的方式成為跨太平洋商人網絡的一環，這家舊金山商店中售賣的貨物，應有不少是從香港進口。

【圖片來源】BANC PIC 1905.17500 v. 29:11–ALB, Bancroft Library, University of California, Berkeley.

圖 4-3　華人雜貨店（1898 年）
　　　　這家舊金山雜貨店一定有許多從香港進口的貨品
　　　　【圖片來源】BANC PIC 1905.17500–ALB v. 14:83, Bancroft Library, University of
　　　　California, Berkeley.

了廣泛的利益交纏，以及錯綜複雜的跨太平洋資產流動，把人、組織和地方聯繫起來。

　　我們有理由相信，祥和號是在 1850 年代初在舊金山設立分號，由招雨田的一個兄弟或近親打理。不久之後，祥和號又與幾個夥伴在舊金山成立名叫永和生號的新公司，而且似乎通過這家新公司做了很多生意。祥和號可能也擁有加州其他公司的股份。[79] 祥和號和永和生號既合力又各自地進行蓬勃的大規模貿易，香港的祥和號頻頻把大量米、鴉片和油運給永和生，永和生則向香港運送麵粉和水銀。永和生事實上是主要的水銀出口商，每一艘運載這種礦物的船的付運人名單上，幾乎都有它的名字。根據國家稅務局的加州評稅員的估計，1863 年永和生的收入為 1,800 元，1865 年則是 1,918 元，[80] 因此把它列為加州最大的華資公司之一。祥和號設立永和生號及許多其他它持有利益的公司，不但有助促進它的進出口貿易。例如，祥和號能夠通過永和生投資金礦，[81] 這是許多香港華人夢寐以求的機會，但缺乏適合的代理商而只能望洋興嘆。

79　*Alta California*, April 12, 1877：「解散合夥 —— 茲謹此公告，此前由祥和號、添興〔Tip Hin，原文如此〕、秦勇（Chun Yong）、歐成（Ow Shing）和三松（Sam Chung）以永和生號名義的合夥關係，在彼此同意之下解散。三松先生從公司退休，而公司仍將以永和生號之名義繼續經營。
　　祥和號
　　怡興號〔Yin Hin，原文如此〕
　　秦勇
　　歐成
　　永和生號
　　此公司將負責以歐成的名義買貨。賬單將悉數由秦勇或歐成先生收取，已簽署的訂單和支票則只由歐成收取。」

80　*Sacramento Daily Union*, March 27, 1865; *Alta California*, August 26, 1867; Chy Lung $2,000; Tung Yu $3,908; Wing Wo Sang $1,918.

81　*Alta California*, April 3, 1865, Starlight Gold and Silver Mining Co's notice on delinquent shareholders: Wing Wo Sang held 30 shares.

圖 4-4　招雨田先生，時年九十五歲。
【圖片來源】《招成林先生哀思錄》，招璞君博士提供。

　　祥和號的商業網絡向各個方向擴展，而招雨田慷慨大度，以其人脈協助「不下千百」親戚、鄰居和朋友在海外開業，因此廣受讚揚。[82] 即使這樣說是有所誇大，但仍然可以想像他在一個涵蓋夏威夷，橫跨太平洋東岸，由加州直到巴拿馬、智利和祕魯的網絡中所佔的關鍵地位。舊金山在這種擴張中無疑發揮重要作用，成為香港與南北美洲其他地方貿易的跳板，情況就像香港成為加州進入中國、東南亞和其他地方的門戶。香港與加州之間的走廊變成了廣場，由此衍生出許多分支走廊，而由華人遷移和隨之產

82　〈招雨田公行狀〉，載《招成林先生哀思錄》，頁 1a－2a、1a。

圖 4-5　中國餐館的飯廳
它反映了舊金山富裕華人普遍享受的奢華生活
【圖片來源】BANC PIC 19xx. 111:03–PIC, Bancroft Library, University of California, Berkeley.

生的貿易的動態，則引領和改變這些走廊的方向。

　　應當指出，招雨田把目光向東投向太平洋彼岸的同時，也忙於通過旗下的廣茂泰南北行與中國和東南亞貿易。他在中國沿岸許多城市都設有聯號，包括汕頭、上海、膠州、營口和大連。[83] 這種多方向的業務以香港為軸心往外輻射，創造了巨大的協同效應。

　　招雨田在東華醫院董事局的職銜，清楚反映出他的顯赫地位。如第二

83　這些公司撰文寫詩祝賀他九十大壽：某些公司名稱中有一些共同的字，如：東、永、茂，
　　反映了彼此的聯繫；它們遍佈中國沿岸，但尤其集中於中國東北，在大連、長春和營口等地
　　（《招雨田先生榮壽錄》，頁 4b, 26a, 57a）。

章所說，這個重要華人機構的董事局，是由香港商界的頭面人物組成，由各自的行會提名。南北行商人在 1868 年成立南北行公所，而專門從事與加州、澳洲和其他「金山」國家貿易的商人，也大約在同一時間成立金山莊行。招雨田在 1873 年獲金山莊行提名加入東華醫院董事局，並獲推舉為首總理；之後在 1879 年和 1889 年，又獲南北行公所提名加入，兩次都擔任首總理。能夠多於一次擔任東華總理的人極少，而代表兩個不同的行業公會的就更罕見。東華醫院董事局被視為香港經濟和社會精英的名冊，招雨田無疑是風雲人物。

　　另一個約在 1850 年代初出現的大出口商是洪昇金山行。洪昇的東主大概是陳洪，他在 1852 年 8 月 2 日乘坐「吟遊詩人號」（*Troubadour*）帶着九箱報關價值 1,862 元的圍巾抵達舊金山。他一定在不久後就回到香港，因為他在 1853 年於香港以洪昇的名義，在「極光號」上運送了四批總值 4,097 元的貨物給舊金山三個不同的代理商。[84] 舊金山有一家與洪昇同名的商號，應是它的分號。在街道號碼出現前的歲月，舊金山洪昇的名字常被人印在進口商品的包裝上，作為地址的參照點，從此可見它必定是一家聲名遠播的商號。在 1855 年，它在雙語的《東涯新錄》刊登英文廣告：「洪昇中國貨、米、油、茶葉、糖、蜜餞，華盛頓街 137 號近沙加緬度。」[85] 洪昇的東主是至少另一家商號均棧（Yung Chan）的合夥人，這家公司也在香港和

84　Certified invoice, *Aurora* 1853: Box 15, CA 169.

85　*The Oriental*, April 26, 1855。香港洪昇運送了多批貨物到舊金山，既運給舊金山洪昇，也有運給其他公司的。例如，它在 1852 年從香港以「吟遊詩人號」運了一批貨物給舊金山洪昇。而舊金山洪昇也收到其他香港公司運給它的貨物，例如在 1853 年，它接到敦和行和同昌號（Tung Cheong）以「沃里斯頓勳爵號」運來的貨物。

在 1867 年，*The Chronicle and Directory for China, Japan and the Philippines for the Year 1867*（Hong Kong: Hongkong Daily Press, 1867），p. A34，把洪昇列為銷售「精美貨品」的商店，位於皇后大道 104 號。

舊金山兩地都有業務。[86] 一如祥和號，洪昇繼續在香港興旺發展幾十年，在 1902 年，它的東主陳芹馨當上東華醫院總理，他可能是陳洪的兒子。

到了 1850 年代末，如金昇隆、和興、金祥泰等主要公司都涉足金山貿易生意。金昇隆運送的貨物價值高昂令人矚目，每批往往超過一萬元。例如，它在 1859 年向給昇記運送了一批糖、米、香菇和鴉片，價值 17,530 元（海關把它提高至 19,901 元），還運送了一批價值 13,500 元（提高至 14,453 元）的米，同樣是運給昇記（Sing Kee）。[87] 金昇隆向昇記運送了許多批貨物，兩家公司的名字相似，不禁令人猜測它們是聯號。

我們在前一章談過金祥泰與和興號作為主要租船商。和興號的東主李陞和其弟李節，為了處理日益重要的加州貿易，創辦另一家公司禮興號與加州通商，李節也前往加州建立名叫禮興隆的分號。李節回到香港後，李如碧（大概是另一個遠房親戚）留下來打理這家店。[88] 到 1860 年代中期，李氏家族又在舊金山設立另一家分號和興隆。禮興隆與和興隆之間一定有分工，或者有不同的持股配置，所以才有需要設立兩家不同的分號。李陞和李德昌（經營禮興隆的一個親戚），成為香港社會非常有勢力的人。李陞是東華醫院的創辦人之一，而且是參加第一屆董事局的倡建總理，在十九世紀的香港，華商到達這樣的地位已是登峯造極。李德昌參與第二屆董事局。兩人都是由金山莊行提名。

李氏家族的創業精神，之後也體現在他們成立安泰保險公司，這是

86　洪昇（商人）宣稱美國領事是裕昌號的合夥人（Certified invoice, Aurora 1853, Box 15: CA 169）。同時，須注意均棧（華商）也在他以「黎巴嫩號」（*Lebanon*）運給舊金山均棧的貨物發貨單上簽署：*Lebanon*, 1853: Box 20, CA 169。中環洪昇的陳洪在 1884 年取得鴉片牌照（Opium Bond signed by Kwan Fui [and Chan Hung]: PRO, HKRS 178-2-3759）。

87　Certified invoice, *Black Warrior*, 1859: Box 23, CA 169; certified invoice, *Boston Light*, 1859, Box 23, CA 169.

88　《唐番公報》，1875 年 10 月 30 日。我在李氏族譜中找不到他的名字。

香港首家華人經營的保險公司，也是首家華資公司參與由歐籍人主導的香港總商會。加州明顯是它的目標市場之一，為了在加州運作，美國駐港領事館簽發了它的「狀況與事務」的聲明，之後呈交加州保險監理專員。在1886 年 12 月底，它的資本（以現金繳付的股本）是 416,666 元，總資產653,263 元。禮興隆擔任它在舊金山的總代理多年。[89] 香港與加州之間的商業地帶為華人提供無窮機會，令他們得以實現創業理想，而對於有必要資源（包括廣泛而有效的跨國網絡）的公司來說，保險肯定是無法抗拒的領域。其後，民安保險公司在香港成立，而它的舊金山代理商德祥號辦莊（Tuck Chong & Co.），是由馮登的叔叔馮元秀擁有。[90]

　　分號和聯號在香港與加州湧現的另一個原因，是要建立穩健的機制（和機會）匯寄僑匯，僑匯是華人移民的儲蓄（和資本）。我們會在下文更詳細討論僑匯；在這裏，我們會稍為看一下僑匯在公司和分店之間，以及在公司和公司之間，是如何操作。這些匯款主要是加州的華人商號所收到的金錢，它們會通過各種渠道轉到香港的公司。在涉及金錢的事項上，信任和控制是不可缺少的，而在長途交易中，最可信任和控制的公司，莫過於自己的分號和聯號，至少理論上是如此。毫無疑問，上述一些公司及其分號和聯號一定參與僑匯業務，但還有許多其他公司沾手其中。渴望爭取僑匯生意的加州公司，不只宣傳自己有卓著的商譽，還會着力強調它們在香港設有處理匯款的分號或聯號。例如，祥泰在香港成立名叫東祥泰的聯號接收匯款，後來當東祥泰的經理去世，它改為與另一家公司廣聯泰結成聯盟。[91] 對移民來說，知道他掙來不易的錢會由誰來處理，必定十分重要，如

89　*Alta California*, April 1, 1887, April 16, 1888.

90　*Alta California*, March 29, 1886, April 11, 1887, April 12, 1888.

91　「祥泰告白」，《華洋新報》，1894 年 7 月 27 日。另見祥泰刊於 1890 年 10 月 24 日《上加利福尼亞報》的告白，談到「雷祥（Loy Chong）是唯一獲授權代表祥泰公司簽名的人」。

果他知道在加州收取款項的公司，在香港有可信的夥伴接收這筆錢，再匯
給他在故鄉的家人，一定會感到十分放心。

　　鄉籍身份發揮關鍵作用。大多數公司只為特定鄉籍羣體服務，並且專
注於中國的某些村落羣；它們藉着仔細界定服務的地理範圍，並依賴於緊
密的社會和經濟網絡，建立了非常忠心的顧客羣，他們很欣賞這些公司的
可靠匯款紀錄。[92] 移民的金錢之旅漫長而曲折，可能從內華達山脈最偏遠的
礦場或鐵路營地開始，最後落腳於華南同樣遙遠的村落。在此過程中款項
會有許多人經手處理，大概每一階段的經手人都從中賺取一點利潤，但移
民不是太介意，重要的是他付匯的錢最終安全送到家人手上。

商人流動性

　　除了公司的交互擁有權／持股所結構上聯繫，香港與加州之間的相互
聯繫，也因個人關係而得到進一步加強。首先，商人本身就不斷在各地來
回遊走。例如，以今天的標準來說，陳樂幾乎是「周遊列國的富豪」。他在
1850 年抵達美國後不久就返回香港，並在 1852 年 3 月再次坐「北卡羅來
納號」前往舊金山，帶着大批貨物 —— 24 箱生絲、100 包商品和 200 包大
米。[93] 不久之後，他又乘坐「挑戰號」到香港，[94] 在 1853 年，他就算不是全年

92　香港公司經常在加州的中文報章上刊登廣告，宣傳其匯款服務，指明所服務的特定鄉村。較
　　後期的例子見《中西日報》（舊金山），1901 年 5 月 31 日。Online Archive of California, http://
　　content.cdlib.org/ark:/13030/hb2z09p000/?order=2&brand=oac, viewed February 23, 1904；《大同日
　　報》（舊金山），1906 年 1 月 31 日。

93　*Alta California*, March 31, 1852。除了報紙，我們還可以從舊金山海關記錄追尋濟隆（陳樂）的
　　行蹤。例如，在 1853 年他回到香港，在美國駐香港領事館為於「極光號」、「倫敦號」、「沃里
　　斯頓勳爵號」和「北卡羅來納號」付運的貨物簽署了核證發票。見 *Aurora*（Box 15），*London*
　　（Box 21），*Lord Warriston*（Box 21），and *North Carolina*（Box 22），CA 169。

94　Letter to Governor Bigler, *Sacramento Daily Union*, May 8, 1852.

留在香港，也一定大部分時間留在那裏。他在 1859 年也多次出門，那年他坐「黑沃爾里河號」到達舊金山，帶着一大堆物品，包括價值 7,403 元的鴉片。他在 1860 年代中期再度到香港。

陳樂在香港時忙於買賣，這可見於他為付運的貨物在美國駐港領事館簽署的簽證發票。身為濟隆號的資深合夥人，他在這些簽證發票中自稱「濟隆號的濟隆」。在 1865 年至 1866 年間，濟隆號運了一連串貨物給他，由馬鈴薯至金銀財寶——許多批金銀財寶。記錄顯示，單單在 1865 年他在香港就至少從以下船舶收到這種物品：4 月在「馬米恩號」（*Marmion*）和「酒神崇拜號」（*Bacchantic*）上各有一箱，6 月在「埃爾維拉號」（*Elvira*）上有 9 箱，7 月在「午夜號」（*Midnight*）上有一箱，8 月在「帕西人號」（*Parsee*）上有一箱，11 月在「費爾萊特號」（*Fairlight*）上有 3 箱，總共 16 箱，價值 148,378 元。[95]

濟隆號其他合夥人的活動同樣值得注意。陳芳仁在 1866 年離開舊金山前往中國，離開前在《上加利福尼亞報》刊登告示，「鄭重」告知各界他「攜同家人，乘坐三桅船『急水門號』（*Cap-Sing-Moon*）〔離開〕，到廣州逗留兩年，以處理公司生意」，[96] 他在中國（可能是香港）為濟隆號和舊金山其他公司購買茶葉，成為知名的茶葉買手。[97] 到 1875 年時他已回到舊金山。大約在 1860 年代末或 1870 年代初，陳芳仁和濟隆號其他合夥人陳昇文、謝明禮，加上另外幾人合組明記公司，這家公司成為濟隆號在香港的主要聯號。它創始時的資本是一萬港元，其股份的價值在往後幾十年成長很多

95　Freight lists of *Marmion, Bacchante, Elvira, Midnight, Parsee* and *Fairlight*: Heard II, Case 17-A "Freight Lists," f.10, "1865"（Reel 120）.

96　*Alta California*, August 8, 1866.

97　濟隆號、德祥號和福安號刊登廣告，出售是由濟隆號的「芳仁」（Fung Yun）購買的茶葉（*Alta California*, October 14, 1868）。

倍。到了 1920 年代，它尤以買賣人參聞名。這些合夥人又成立另外兩家公司明德銀號（*Ming Tak Bank*）和濟德號（*Chi Tak*）。謝明禮大部分時間留在香港，1881 年去世，他的股份由其子繼承。[98] 陳芳仁的兒子陳桂祥也打理這家公司，並在 1887 年以明記金山行代表的身份加入東華醫院董事局。

　　陳昇文也常常游走於各地。1853 年時他在香港，在「極光號」上運送了兩批貨物，在發票上署名「濟隆號的昇記」，而那批貨物是交由舊金山昇記（Sinkee）代銷[99]（這令人不禁猜測，Sinkee 事實上就是 Sing Kee；Sing 的中文字在 Sing Kee 和 Sing Man〔昇文〕是一樣）。陳昇文是顯赫商人，在 1869 年，加州的商界代表團官式訪問東岸城市，他是團中兩名華人代表之一，所到之處都因他出現而大受媒體注意，引起不小轟動。他在香港購買了土地（1885 年、1889 年），晚年有很長時間在香港度過。[100] 他似乎在 1892 年永久返回舊金山，於該年把在香港的財產交給陳桂祥和陳洪（Chan Hung）託管。

　　陳昇文長期逗留香港，凸顯香港在華僑社會所發揮的顯著作用。按照傳統看法，大多數離開中國的華人移民最終都想回鄉頤養天年，大多數人也確實如此。然而，同樣真實的是，大量在加州（乃至澳洲、加拿大和其他地方）起家的商人，在年事漸長最終回鄉之前，都在香港逗留一段頗長時間，有些人還在香港辭世。少數人在加州終老。

　　他們受香港吸引的一個原因，無疑是認為這裏是能統理全局的要地，由此控制生意；他們可以利用自己在海外建立的人脈和對西洋狀況的知識，

98　見 Cha Ming Lai's will, PRO, HKRS 144-4-429。

99　陳昇文以「極光號」運送的貨物抵達舊金山後，由濟隆收貨，*Aurora*, 1853: Box 15, CA 169。

100　Hong Kong Memorial 19543, dated July 5, 1892, refers to Inland Lot no. 195A granted by Crown Lease August 20, 1885 and Section C of Inland Lot no. 6 assigned by Tse Kit Man（for $24,000）.

同時開拓中國和東南亞市場。政治方面，美國西岸的反華暴力事件愈來愈多，之後還有《限制華工法》，不難看到他們何以覺得香港是安全的避難所。在中國內地爆發戰爭和民亂的時期，相對安全的香港環境，令它更加吸引。當中還有社會和文化原因：這些人年歲漸長，鄉愁日濃時，東西文化交匯的香港就成為理想的過渡地點，因為這裏既有他們在海外熟悉的西方事物，也有令他們如魚得水的中國元素。此外，地理上與故鄉近在咫尺，他們要是病重，可以很快送回故鄉歸天，如果他們在香港過世，運柩回鄉也較容易。就這方面而言，香港也是很理想的中介之地。

「華僑」返回香港，以這個城市為經營、社交、文化和地理的中介之地，這一現象最清楚見於馮登和馮松柏的例子。我們之前見過的馮登，他在 1857 年十七歲時由叔叔帶到加州。[101] 他在加州除了為他叔叔顧店，還向施惠廉（William Speer）牧師學習英語。他的英語很流利，還略懂法語和德語，令他成為舊金山商界很受歡迎和很有貢獻的人物。他有很多美國朋友，包括首任加州州長伯內特（Peter H. Burnett）、小麥康德雷，以及租船商賴伯格，有趣的是，賴伯格在 1868 年去世時，還在遺囑中留了 350 元給馮登。[102] 馮登成為顯赫人物，代表華人與政府和舊金山白人社會溝通。他能言善道，在 1869 年 6 月發表演說譴責美國政府的反華法例，在舊金山造成很大影響，香港報章也加以轉載。他雄辯滔滔，指出華人對於加州繁榮大有建樹，但只要他們在美國面對不公平對待，如對華人礦工徵收的稅項，以及不獲准在法庭作證，他就不會建議富有的華人銀行家和商人來美國投

101　據他自述，他已在美國十年（*Sacramento Daily Union*, January 3, 1867）。1870 年舊金山的人口調查顯示，馮登，三十歲，商人，私人財產 6,000 元；與其同住者有馮松柏，二十四歲；馮英（Fung Ing），三十歲；馮國（Fung Quck ?）十四歲，正在上學（Carl Smith's notes on 1870 census）。

102　*Alta California*, November 19, 1868.

資，因為他們的人身安全和財產在這裏缺乏足夠保障。[103] 他以一個在跨太平洋商界叱吒風雲的人物身份，充滿自信地發言。

馮登似乎是在 1860 年（或將近到 1860 年時）首次從加州前往香港，在旅程中他運送了一些貨物到舊金山，包括 18 箱價值 8,020 元的熟鴉片。[104] 在 1865 年，他成為沙加緬度一家名為「和安裕記」（Wo Own Yu Kee）的公司的合夥人。他也很熱中於投資金礦。他後來與他叔叔鬧翻，因為他叔叔反對他把妻子帶到美國，他離開叔叔的公司，與當過船長的拍賣商準士（S. L. Jones）合作，成立一家經營中美間進出口貿易的公司。根據 1870 年舊金山人口調查的記錄，他擁有價值 6,000 元的個人財產，數目甚是可觀。[105]

馮登之後還再去過香港，1871 年時他肯定人在香港，[106] 約從 1875 年起開始長期盤桓東方，並深入參與香港的社會和商界。那一年，他與其他少數華人精英一同獲美國駐港領事館委任加入「婦女移民美國委員會」（Committee on Emigration of Women to America）（第六章會詳述）。從 1878 年至 1899 年，他的名字也列入香港陪審員名單，僅 1894 年至 1896 年間不見於其中。馮登經營怡昌正金山行和其他公司，怡昌正似乎專門從事「金幣」生意，[107] 這是加州最有價值的出口貨，此外他也為外國公司工作。他是

---

103 *Alta California*, June 26, 1869, and favorable comments by the *Sacramento Daily Union*, June 28, 1869.

104 Insurance policy no. 3822, October 20, 1860: JMA A7（Miscellaneous Bound Account and Papers 1802-1941）/443（Miscellaneous Insurance Records 1816-1869, Triton Insurance Co.）.

105 《旅美三邑總會館簡史》，頁 182－183。他有兩批星光金銀礦務公司（Starlight Gold and Silver Mining Co.）的股票尚未付款（*Alta California*, April 9, 1865）。這些欠款通告清楚顯示華人投資金礦事業。有關和安裕記（Wo Own Yu Kee）的合夥，見 *Sacramento Daily Union*, March 8, 1865；1870 San Francisco census（Carl Smith notes on the 1870 census）。

106 Macondray to Fung Tang Esq., Hong Kong, August 1, 1871, p. 723, Letter Copybook, 1864-1874, Macondray Box, Folder 5（CHS MS 3140）.

107 施其樂有關馮登的筆記。

華商保安公司（Chinese Insurance Co.）的祕書和東藩滙理銀行和泰豐銀行（New Oriental Bank）買辦，能接觸有助貿易乃至匯兌的銀行服務。[108] 如同在加州，馮登在香港扮演活躍的橋樑角色，這次是在華人社會與殖民地政府之間。他在 1879 年獲金山莊行推舉為東華醫院總理，由此可見他獲香港華人社會接納。[109] 他擁有顯赫的社會地位，又能夠在不同圈子遊走自如，無論在加州還是香港都是巨大優勢，除了有助他的業務往來，也能把香港和加州拉得更加接近。他於 1900 年在中國身故，但馮登記這家他在香港經營的公司繼續業務，直至他兒子在 1941 年去世始告竭業。[110]

　　一如馮登，馮松柏下半生也長期在香港度過。馮松柏大概是馮登的弟弟或堂弟，年幼時就被帶去加州（在 1870 年舊金山的人口調查中，兩人被記錄為同住一屋；馮登時年三十歲，馮松柏二十四歲）。根據記錄，馮松柏第一次前往中國是在 1877 年 9 月（搭乘「北京城號」〔*City of Peking*〕），表面原因是前往最多移民出洋的地區，警告人們美國發生反華暴力事件，勸他們不要去美國。[111] 他那時已經是成功的企業家，無疑也趁機在香港做生意。他的事業很興旺。在 1886 年，據說他的公司每年向香港出口的貨物，「單單人參就總值五十萬元」。[112] 不同於數以千計其他華人搭客是坐統艙，他坐的是客艙。有趣的是，1889 年他四十三歲時是在香港居住，至少當時的一則廣告中是這樣說，這則廣告宣佈他與住在舊金山的弟弟馮楠柏合夥，

108　見 Jury List/ Jurors' List of different years in *Hong Kong Government Gazette*。他的妻子在 1877 年 7 月 9 日於香港誕下兒子（*Alta California*, August 12, 1877）。

109　他後來前往雲南採辦錫和桂枝，並在雲南和貴州設立分號，貿易鼎盛，歷數十年而不衰（《旅美三邑總會館簡史》，頁 182）。

110　Probate 36 of 1900: PRO, HKRS 144-4-1292.

111　*Alta California*, September 13, 1877.

112　*Alta California*, February 9, 1886.

在舊金山成立榮德號（Wing Tuck & Co.）。[113] 在香港，馮松柏擁有永同吉金山行的大量股份，這家金山行是他與一些族人一同創辦，他晚年時一定花很多時間去經營。馮松柏在 1900 年成為東華醫院總理。值得注意的是，他與馮登都是在香港訂立遺囑。

　　一如馮登和馮松柏，其他在加州發跡的華商，不斷往來於香港和加州；又在兩地之間有頻繁的生意交易；為傳遞資訊和保持友誼，還有無休止的書信往還，凡此種種都使香港與加州之間的走廊保持繁忙。他們成為最早受香港吸引的「回流移民」，以香港為總部運作其商務；他們樹立的先例，在之後幾十年為來自世界各地的其他人所依循。[114] 他們的遷徙加強了香港作為海外華人「中介」之地的地位，同時，來自世界各地的「海外華人」輻輳於此，帶來許多資產（財政資本和人脈、創業精神、工商業知識），大大鞏固香港作為商業和文化樞紐的地位。

貿易發展

　　華資公司起步較遲，初始資本一般也少於西商，但從 1850 年代末起，它們的數目增加，能力也因日益複雜的網絡而加強，開始主導香港與加州之間的貿易。在 1859 年，愛德華茲巴萊公司有點憂心地向怡和報告，從香

113　*Alta California*, November 27, 1889, p. 4, col. 2。他在遺囑中把楠柏稱為胞弟，見 Will of Fung Pak, Probate No. 116/1907, Will No. 68/1907, dated March 6, 1907: PRO, HKRS 144-4-1987 and HKRS144-4-2094。

114　回到香港經營的最有名回流移民大概是馬應彪和郭樂、郭泉昆仲，他們從澳洲回到香港，在二十世紀初分別成立先施公司和永安公司，這兩家公司是中國最早的百貨公司。

港開出的「旅客羅伯特號」（*Robert Passenger*），船上貨物包括米、糖、茶葉、油、雜貨，還有 28 箱／14,000 兩鴉片，「貨主和收貨人全是華人」。[115]事實上，船上貨物的「貨主和收貨人全是華人」的情況很罕見。不過，在許多航程中，外國貨主和收貨人肯定是少數，他們付運的貨物價值卻可能很高。例如，1865 年 1 月從香港啟航的「德比號」（*Derby*）上（船上有 146名華人搭客）的 100 批不同貨物中，只有四批不是由華人付運，而當中沒有一批是房艙貨物。[116] 同樣地，在「南風之神號」（*Notos*），它在 1865 年 8 月從香港起航，載有 37 批貨物，只有兩批是由非華資公司付運，並且只有三名收貨人不是華人。[117] 在從香港開出的「法恩斯沃思號」（*W.A. Farnsworth*）上，只有一批貨物是由非華人公司付運，也就是怡和洋行，而在這趟航程共 2,118 元的運貨費中，它所付的僅佔 180 元。[118]

　　愛德華茲巴萊公司的評語給人印象是：香港華商是那些在加州華商背後的強大勢力，以合夥人或股東的身份提供極為重要的財政支持，或作為債權人為香港出口的貨物提供墊款，對加州市場發揮強大影響力。有時候，愛德華茲巴萊公司的說法甚至令人覺得，一家舊金山公司的興衰，是取決於香港債權人是否願意提供借款。愛德華茲巴萊公司尤其擔憂華商在鴉片市場的做法。情況似乎是：這家公司面對價格大幅波動時判斷錯誤，令怡和遭受虧損，反而責怪香港華商「輕率」墊款而令供應過量，導致舊金山市場暴跌，在各方面造成災難性後果。[119]

115　Edwards & Balley to JMC, April 4, 1859: JMA B6（Business Letters: Non-local）/2（Business Letters: America 1821-1898）.

116　Freight List of *Derby*: Heard II, Case 17-A, f.10（Reel 120）.

117　Freight List of *Notos*: Heard II, Case 17-A, f.10（Reel 120）.

118　Freight List of *W. A. Farnsworth*: Heard II, Case 17-A f.10（Reel 120）.

119　Edwards & Balley to JMC, March 21, July 28, 1859: JMA B6（Business Letters: Non-local）/2（Business Letters: America 1821-1898）.

　　這些評語值得分析。華商只跟其他華商打交道的印象是誤導人的。這只是在狹義上說才符合事實，因為香港與加州之間的貿易其實跨越眾多「民族界線」。就算怡和這家似乎只把貨物交給舊金山非華資代理商承租的公司，也無可避免從華人生產商或經銷商人手上購買熟鴉片，更不用說它是船舶代理商，把許多船租給華人載運由華資公司付運的貨物，並把貨物運給華資公司。它和許多西方公司也銷售了大量保險給華人發貨人和租船人。

　　華資與非華資企業之間的合作其實很普遍。如我們所見，賴伯格的運作清楚顯示了這點。他的優勢在於他與舊金山的華商建立了密切聯繫，這些華商經常前往香港，賴伯格就通過他們與他們在香港的夥伴建立聯繫。早期華商在加州建立據點，是靠舊有的西方網絡，而賴伯格現在所做的也和他們一樣，只不過他是借助華人的網絡。在舊金山，賴伯格的華人朋友為其租船契約擔當擔保人，並與他組成合資企業從事出口活動。在香港，他們代賴伯格購買貨物出口到美國，並買下他的租船從舊金山運來的貨物。[120] 在 1864 年 4 月，他自己運了 400 桶麪粉去香港賣給同德號（Tong Tuck & Co.），省卻了其官方代理瓊記洋行為他尋找買家的麻煩。[121] 賴伯格形容為「我的老朋友」的金祥泰，在「午夜號」抵達香港後，接收了賴伯格放在這

120　Ryberg to AHC, July 6, 1863: Heard II, Case LV-1 "Correspondence, Unbound," f.52, "Hong Kong from C. G. Ryberg"（Reel 303）; In Charter party dated May 2, 1865 between Charles H. Allen Jr. and Charles G. Ryberg from San Francisco to Hong Kong and back, five Chinese firms in San Francisco signed to guarantee the fulfillment of the agreement: Heard II, Case S-3 "Shipping, Unbound Materials in Alphabetical Order by Ship Name," f.87, "1856-1865, ship 'Derby'."

121　Ryberg to AHC, April 19, 1864: Heard II, Case LV-1, f. 52（Reel 303）.

艘船上的水桶。[122] 賴伯格的香港朋友為他做的一件重要工作，是為返回舊金山的船尋找搭客。在這方面賴伯格尤其信任金祥泰，認為他可以把事情辦好。[123] 另一個獲賴伯格信任的華人朋友是亞木。如前所述，亞木是成功的租船商和貿易商，在 1849 年前往舊金山；他不時在香港居住，人在香港時十分照顧賴伯格的利益。例如，有一次有一批木材從舊金山運抵香港，當中一半為賴伯格所有，另一半屬於亞木和其他華人，賴伯格授權亞木代表他完成交易。他知會瓊記洋行，亞木在香港所做的任何處理，他都會感到滿意。[124] 賴伯格藉着與華人朋友開設賒賬賬戶，可以要求瓊記洋行從這些香港賬戶中領款，支付他租船的開支，從而加快他的運作。[125]

　　瓊記洋行等外國公司在這種貿易中發揮舉足輕重的作用，它們為華人貨主提供墊款，華商以貨物作抵押，情況就像怡和洋行向波時文公司和羅比內特公司（Robinet & Co.）等小型西方公司提供墊款和信貸服務，從而協助它們。對航運公司來說，提供墊款是吸引貨運生意的方法。除了用於購買貨物，墊款有時候也用來付運費（像「比斯卡塔號」〔Viscata〕的例子），甚至回程運費。我所見瓊記洋行最早的墊款記錄，是 1858 年初提供給在「黑太子號」（Black Prince）上付運的貨物。[126] 在翌年頭三個月，瓊記為六個

122　Ryberg to AHC, July 28, 1865: Heard II, Case LV-1, f. 52（Reel 303）.

123　Ryberg to AHC, January 13, 1864: Heard II, Case LV-1, f. 52（Reel 303）.

124　Ryberg to AHC, April 27, 1865 and September 27, 1865: Heard II, Case LV-1, f. 52（Reel 303）. Also see Macondray to Fung Tang, Esq., July 16, 1875, Letter Copybook, 1874-80, Macondray Box, Folder 6（CHS, MS 3140）.

125　Rybert to AHC, January 13, 1864 and April 19, 1864, July 15, 1865: Heard II, Case LV-1, f. 52.

126　見為向寶龍（Powloong）在「黑太子號」上的貨物提供墊款而發給買辦的付款指示，January 7, 1858: Heard II, Case S-2 "Shipping, Unbound Materials in Alphabetical Order by Ship Name," f.56, "1857-1874, 'Black Prince'"（Reel 339）。

貨主的 11 張提貨單，墊付了 12,284 墨西哥銀元，數額最大的提單，是付給德記的 2,500 元，數目最小的是給予廣裕隆的 500 元，後者包括 34 元回程運費。[127] 大米和鴉片是最常見的抵押貨品。

在香港借出的墊款，會由債權公司在舊金山的代理追收：瓊記洋行在當地的代理包括倫敦及舊金山銀行（London and San Francisco Bank）、科爾曼公司（William T. Coleman & Co.）和麥康德雷公司。貨物會交予追收債務的代理，而真正的進口商須向代理付款後才能收貨。債權公司不但從這項服務的利息和費用中賺取利潤，而且它受到保障，因為墊款的金額是少於貨物的真正價值。如果匯率設得夠高，它還能在兌換中獲利，因為墊款是在香港以墨西哥銀元支付，在舊金山以高於原價的金幣償還；在 1850 年代和 1860 年代的大部分時間，瓊記洋行把這個差額定在 17% 至 17.5% 之間（這很高）。例如，在 1866 年瓊記在香港向「博斯沃思號」（*Bosworth*）上的貨主借出 5,600 墨西哥銀元，而其代理倫敦及舊金山銀行向進口商收回 6,580 元金幣，比原來價值高出 17.5%。[128]

像和興號這樣的華資大企業也廣泛與非華裔商人合作。我們已看過它與旗昌洋行在多方面有密切關係；舊金山的麥康德雷公司則替它處理一些航運和貿易業務。此外，和興號為運往舊金山的貨物所借出的墊款，有時候是會由美國代理古德爾（Sam P. Goodale）代為收回。例如在 1858 年 6 月，

127　見向買辦發出的付款指示：Heard II, Case S-2 "Shipping, Unbound Materials in Alphabetical Order by Ship Name," f.56, "1857-1874, 'Black Prince'"（Reel 339）。有一點很有趣的是，付給香港華資公司的墊款是以現金（墨西哥銀元）支付，而給予西方公司的墊款，則是用在倫敦付款的匯票支付，似乎是華商堅持要現金。可能是因為他們沒有在倫敦結算所需的全球聯繫。無論如何，這些現金交易會推高墨西哥銀元在香港和舊金山的價格，同時妨礙了匯票的廣泛使用，減少其刺激貿易的潛力。這或許可視為限制，不利於釋放有限資本的潛力，但華商大概寧願直接以墨西哥銀元交易，因為這樣經常成本較低，而且他們對這種制度較熟悉。

128　Bills of lading and memo: Heard II, Case S-2 "Shipping, Unbound Materials in Alphabetical Order by Ship Name," f.68, "1868, Ship 'Bosworth'"（Reel 339）.

和興號為「白燕號」（*White Swallow*）所運載的貨物借出墊款；古德爾代和
興號收回借款後，用這筆錢買了水銀運去香港，交予瓊記洋行代銷。[129]

加州的出口貨

　　大體而言，加州黃金確實可以說促進了國際貿易。但是，在早期歲
月，與舊金山貿易的香港和中國商人面對一個問題，就是該怎麼處理賣出
貨物後所得的收入，因為加州買不到甚麼東西可在船隻返航時運回。在倫
敦的銀行設有賬戶的香港公司，可以把收益以匯票方式送往那家銀行。但
這個方法不是對所有公司都行得通，尤其是較小型的華資公司沒有加入這
個體系，而且交易費用很高。另一個辦法是把銷售收入用來購買金粉運回
去；加州有很多金粉，但如上文所說，以金粉為交易媒介並不實用。舊金
山要到 1854 年才設立美國鑄幣局，把加州黃金鑄成金幣，但即使如此，還
要再過許多年後才有足夠金幣滿足貿易的需求。怡和洋行在早年甚至在舊
金山購買物業，大概是以此為方法把銷售收益用於投資，但成效不彰。[130] 幸
好，如何處理加州銷售收入的問題慢慢消失，因為加州漸漸能供應在香港
有需求的物品，包括鮑魚、水銀、蝦乾、人參，乃至麵粉、金銀（主要是
金銀幣）等林林總總的事物。就國際貿易而言，這種新情況有助緩解貿易
不平衡，美國（尤其是加州）政府對於出口總值愈來愈高感到很高興。個

129　Sam P. Goodale, San Francisco to AHC Hong Kong, June 5, 1858: Heard II, Case LV-3 "Correspondence, Unbound," f.45, "1858, Hong Kong from Samuel P. Goodale"（Reel 314）.

130　JMC to A. W. Macpherson, July 13, 1855: JMA C11/20, p. 201; JMC to A. W. Macpherson, June 26, 185.6: JMA C11/21, p. 340.

別公司也很歡迎雙向貿易的發展，無論資本額大小，獲利機會都可能因此
而增加。這對於香港與加州之間的貿易尤其關鍵，由於加州從香港進口的
貨物數量龐大，加上移民匯款回鄉，在這兩個地方間，香港一直是享有國
際收支順差的一方。因此，加州出口麵粉和水銀這些商品，多少有助扭轉
國際收支逆差。[131]

僑匯

　　在探討加州的出口活動前，必須先處理僑匯這個重要問題，僑匯即海
外華人匯寄回家鄉的款項。加州華人到底匯了多少錢回家沒有記錄可尋，
但據估計在 1869 年有將近 500 萬元是在華人手中。有人建議設立華人儲蓄
銀行鼓勵他們存款，以令這筆錢能「流入正規的交易渠道」，並減輕對錢
幣需求的壓力。[132] 這家銀行最終沒有成立，華人繼續匯錢回家。因其性質使
然，從國際貿易的角度看，這種單方向的匯款，是沒有回報的「出口品」，
在此例子中受益的是香港／中國。數額龐大的匯款，以及移民高比例的儲
蓄，一直被視為十九和二十世紀初華人出洋的中心特徵，並且許多經濟學
家和歷史學家都注意到僑匯對中國經濟的重要性。[133] 然而，大多數對於這個

131　Julius A. Palmer Jr., "Ah Ying and His Contemporaries," in Old and New, edited by Edward Everett Hale, vol. 2, no. 1（1870）, pp. 692-697.

132　"Chinese Savings Bank," *Alta California*, May 21, 1869.

133　城山智子（Shiroyama Tomoko）對於匯款渠道有很詳細的分析，見其 "Structure and Dynamics of Overseas Chinese Remittances in the Mid-Twentieth Century," paper presented at the XIV International Economic History Congress Helsinki 2006, http://www.helsinki.fi /iehc2006/papers2/ Shiroy.pdf，2011 年 11 月 20 日瀏覽。她也詳細描述了香港商人馬敘朝的匯款交易。我感謝作者准我引用她的著作。另見 George L. Hicks, *Overseas Chinese Remittances from Southeast Asia, 1910-1940*（Singapore: Select Books, c. 1993）, pp. 90, 100-101。

（轉下頁）

題目的實證研究，一直集中於東南亞而非金山國家的僑匯，因此以下討論
的某些普遍化模式，難免會是以東南亞的情況為根據，但仍可作為日後研
究來自美國的僑匯的起點。

　　對於華人移民來說，維持與家鄉聯繫有兩種最重要的方式，一是匯錢
回家，二是生前就安排運送自己的骸骨返鄉安葬的事宜。來自其他國家的
移民顯然也會匯錢回鄉，但華人僑匯的程度和規模無與倫比。大多數華人
移民都視匯錢回家為主要責任。背井離鄉的男性移民大多沒有攜眷同行，
但他們不是單身漢，而是有父母妻兒在家鄉，這些人全都要靠他們供養。[134]

（接上頁）

C. F. Remer, *Foreign Investments in China*（New York: Macmillan, 1933）是關於二十世紀匯款情
況的經典著作，而 Wu Chun-his, *Dollars, Dependents and Dogma: Overseas Chinese Remittance
to Communist China*（Stanford, CA: Hoover Institute of War, Revolution and Peace, 1967）則涵蓋
1949 年後的時期。

濱下武志指出僑匯對香港經濟發展的重要性，見其《香港大視野 —— 亞洲網絡中心》（香
港：商務印書館，1997），頁 45－69。他也從較為放眼全球的角度討論了這個問題，見其
"Overseas Chinese Remittance and Asian Banking History," in *Pacific Banking, 1859-1959*, edited
by Olive Checkland, Shizuya Nishimura, and Norio Tamaki（London: St Martin's Press, 1994），
pp. 52-60。

134　見 Adam McKeown, "Transnational Chinese Families and Chinese Exclusion, 1875-1943,"
Journal of American Ethnic History, vol. 18, no. 2（1999），pp. 73-110；Sucheta Mazumdar,
"What Happened to the Women? Chinese and Indian Male Migration to the United States in Global
Perspective," in *Asian Pacific Islander American Women: A Historical Anthology*, edited by Shirley
Hune and Gail Nomura, pp. 58-74（New York: New York University Press, 2003）；Chan Sucheng,
"The Exclusion of Women, 1870-1943," in *Entry Denied: Exclusion and the Chinese Community
in America, 1882-1943*, edited by Chan Sucheng, pp. 94-46（Philadelphia, PA: Temple University
Press 1991）；Kerry Abrams, "Polygamy, Prostitution, and Federalization of Immigration Law,"
Columbia Law Review, vol. 105, no. 3（2005），pp. 641-716。

比方說，許多十九世紀英國男性移民的做法就非常不同，他們通常首先前往海外，之後把家
人接來，見 Gary B. Magee and Andrew S. Thompson, "The Global and Local: Explaining Migrant
Remittance Flows in the English speaking World 1880-1914," *The Journal of Economic History*, vol.
66, no. 1（2006）, pp. 177-202。

華人移民的目標通常是在海外賺得了錢後，最終返回中國與家人團聚，並在中國終老，身故後與祖先同葬。孔飛力說，十九世紀出洋的華人肯定不是「離開中國」，而是正在擴展勞動者與家庭之間紐帶的空間維度，[135] 如此解釋這種情況甚有見地。

　　贍家匯款是僑匯最普遍的類型，其數額差異很大。匯款少的移民每次可能只匯出幾美元，僅能使家人不致捱餓。稍富裕一點的移民匯回去的金錢，足夠讓家人過頗為舒適的生活，甚至興建大屋讓家人居住，買幾畝田地，或者經營小生意。至於大富移民，他們匯巨款回鄉興建祠堂，累積龐大的土地財產，並且興建大宅，往往採用張揚顯眼的建築特色，令桑梓面貌為之一新。[136] 這些成功移民被視為楷模，是出洋為飛黃騰達之路的最佳宣傳。金山賺錢容易的神話，吸引了許多人不憚孤獨、體力勞累、種族仇視和無盡風險，走上這趟旅程。而移民須不斷寄錢回家以盡其義務的壓力也隨之增加，這種負擔有時候難免會引發怨恨和令人絕望。

　　此外，有些匯款是捐給慈善團體和用於公共建設，這些捐款能令這些富有移民回鄉後，在地方士紳甚至政治精英間享有特殊地位。在某些地區，僑匯總額中有一成半到兩成的資金是用於在鄉村開辦或改善學校、圖書館、廟宇和公共設施。有些地區變得極為依賴「匯款經濟」。還有些匯款是用於投資。事實上，1871 年至 1931 年的數據顯示，在中國用於保持其國

135　Philip Kuhn, *Chinese Among Others: Emigration in Modern Times*（Lanham, MD: Rowman and Littlefield, 2008）, p. 4.

136　見 http://www.kaipingdiaolou.com, viewed November 20, 2011。

際收支平衡的資源中，海外華人匯款是最重要的——佔所有收入的 41%。[137]

匯寄僑匯有不同方式，但基本上是作為貨幣或投資。在後一種情況，付匯的資金常常用來投資購買商品出口，包括金和銀；這些貨物運抵香港和售出後，投資者就收回現金，幸運的話還會有利潤可賺。雖然缺乏充分的實證數據，但我們有理由假設有很大部分的僑匯進入市場，成為國際金融交易的資金，而研究中美之間商貿關係、華人出洋對商業的影響，以及其他相關題目的學者，都須緊記這點，並在分析時加以考慮，這將對他們的研究很有幫助。

金與銀

隨着從加州出口的貨品種類日益繁多，數量和價值逐漸上升，香港—加州的市場就出現變化。這種貿易的變化發展，清楚見於三種重要事物的動向：金銀、水銀和麵粉。

在 1850 年代中期，金銀財寶通常是由英國（和歐洲）流到亞洲，這個情況保證了倫敦作為世界交易中心的地位，並確保英國船舶，尤其是鐵行的船，可以賺取巨大利潤。金銀財寶從美國往西流往亞洲（大多數是途經香港），形成了反向的新趨勢，對世界產生了深遠影響。返鄉的華人搭客帶了大量黃金上船，尤其是在早期歲月。在 1860 年代，香港船政官提供了一些關於這種運送活動的數據，雖然資料遠遠稱不上齊全，但我們可從中對

137　Leo Douw, in *Encyclopaedia of Chinese Overseas*, edited by Lynn Pan, pp. 109-110（Richmond: Curzon Press, 1999）.

有關數目略有概念（見表 4-1）。在 1864 年，即開始記錄這種資料的第一年，他報告有六艘來自舊金山的船運載了價值 1,181,500 元的黃金；那年從舊金山駛來的船共有二十艘。[138] 搭客一到香港就把黃金換成白銀，之後以不同渠道把白銀送回家。

　　此外，加州的銀行和貿易行也匯出財寶（不同形式的金銀），[139] 當中有些大概是由僑匯組成。財寶也出口用於兌換在美國東岸或歐洲戶口開出的匯票，並且愈來愈被人用於投機買賣。[140] 華人極為偏好白銀，所以對白銀的需求特別高。好幾十年來西班牙銀元一直廣受歡迎，超過其他貨幣和其他形式的白銀，但自 1850 年代起就被墨西哥銀元取而代之。這種變化有利於香港與加州的貿易。大量墨西哥銀元從墨西哥流入加州購買黃金，所以當地墨西哥銀元數量非常多，並且很快進入中國市場。在某些年間，從舊金山運出的墨西哥銀元的目的地，就只有香港和中國內地。中國的需求推高了舊金山墨西哥銀元的價值，令當地墨西哥銀元的價格高於其他地方，包括倫敦。如同經濟史家加尼特（Porter Garnett）所說：「舊金山的商人和銀行家付出高價，以換取用墨西哥銀元與中國做生意的特權。」[141]

138　*Hong Kong Blue Book*（1863），p. 331；（1864），p. 314。由於許多船都沒有報告它們所載運的財寶，船政官在報告中所提的，可能只是總數的一小部分。

139　在 1860 年代，威廉斯在 *The Chinese Commercial Guide*, pp. 104-105 中寫道：「中國現在進口的銀幣主要是墨西哥和祕魯銀元，西班牙銀元已完全停止，而英國、美國和印度的錢幣只少量輸入。南方收到來自加州和澳洲的黃金，有的是匯款，有的是返鄉華人移民的積蓄；這種金屬的每年進口量從不超過一百萬元。英國索維林金幣、西班牙達布隆金幣、美國雙鷹金幣和鷹洋金幣少量出現；其市值約是面值的九三折。七百或八百兩的銀條從英國進口，也有來自舊金山的銀錠。不同形式的金銀財寶也繼續運出，如果鴉片貿易擴大，很可能如 1840 至 48 年時那樣流出這個國家。」威廉斯明顯低估了回鄉移民寄出或帶回家的黃金數量。

140　Porter Garnett, "The History of the Trade Dollar," *The American Economic Review*, vol. 7, no. 1（1917），p. 92. See also David J. St. Clair, "American Trade Dollars in Nineteenth-Century China," in *Flynn, Frost and Latham, Pacific Centuries*, pp. 152-170.

141　Garnett, "The History of the Trade Dollar," p. 93.

表 4-1　從舊金山抵達香港的華人移民所攜帶的黃金（1864 – 1870 年）
（只限特定船舶）

	來自舊金山的航舶總數	船政官檢查的船舶數目	乘客總數	受檢船舶上的乘客人數	所報告的黃金價值
1864					$1,181,500
1868	12	10	4,427	4,067	$3,962,000
1869	14	7	5,103	2,283	$3,147,641
1870	12	6	5,182	2,159	$2,863,748

【資料來源】歷年《香港藍皮書》

　　怡和洋行很早就看到，想把來自銷貨賬的款項從加州匯出，最好的方法是以墨西哥銀元付匯，所以經常特別要求舊金山的代理人和代銷商以墨西哥銀元付款。[142] 其他公司也效法。但是，當在舊金山購買墨西哥銀元的價格太高時，也會改為運出金條、銀條來代替。在 1860 年，當中國商人無法以低於 9% 的貼水購買銀元時，據說他們會改為運出金磚，而那年大部分時間貼水都高於 9%。[143] 結果，對金磚的需求成為香港與加州之間貿易的新特點，這個大概是意料之外的特點令金磚價值在該年由每磚 880 元上升至 890 至 900 元。事實上，對墨西哥銀元和黃金的需求不斷增加，令其價格隨之上升：在 1865 年，購買墨西哥銀元須付出 11% 至 12% 的貼水，而黃金則升至每磚 980 至 990 元之間。[144] 如我們所見，在 1860 年代中期，香港的債權

142　JMC to C. S. Compton, October 31, 1853: JMC C11（Letters to Europe）/18（August 1853-May 1854）; JMC to A. W. Macpherson, May 23, 1856: JMA C11（Letters of Europe）/21（January 1856-September 1856）.

143　"Annual Review on Trade of San Francisco," *Alta California*, January 9, 1861.

144　Macondray, Hong Kong, April 6, 1865 to Mr Gideon Nye Jr., Macao: Macondray Copybook（CHS, MS 2230A）.

人向運貨人墊款時，有時候要求借出墨西哥銀元須付 17% 的貼水，藉此在匯兌上賺取可觀利潤。

小麥康德雷向澳門一名有往來的客戶說，如果想把來自銷貨賬的款項匯出，他建議以墨西哥銀元、黃金或白銀付匯，它們全都是值得考慮的好辦法，但無疑以墨西哥銀元為最佳，他這項建議只是表達一般常識。來自加州的銀條和金條廣受喜愛，是因為它們品質高：前者是純銀，成色高達 99%，賤金屬含量只有 0.0001%；後者則優於純度 99% 的「北京金條」。選擇哪一種貨幣，最終取決於它們當時的相對價值，而小麥康德雷在信中不忘為他自己的生意作宣傳，他說他的公司能為客戶提供寶貴服務，替他們密切留意舊金山的市場，「判斷當時白銀還是黃金較便宜，保證得出最佳的結果」。[145]

從更宏觀的角度看，麥康德雷也觀察到，在 1864 年有過 1,000 萬元的金銀從舊金山運到香港、上海和神奈川。當中將近 900 萬元是運往香港，而同一時期從香港出口到舊金山的商品，價值只有約 135 萬，他認為運到香港的金銀大多是「供匯兌業務之用」。[146] 這個觀察只是部分正確。麥康德雷忘了說，有部分財寶是作為僑匯運出，不過很難把它單獨抽出計算其確切數目。但麥康德雷的分析凸顯了兩個城市之間數額巨大的財寶交易。

香港與加州之間貿易的影響力，從 1873 年美國政府推出美國貿易銀元與墨西哥銀元競爭可見一斑。在此之前的好一段時間，墨西哥銀元在國際貿易（主要是對華貿易）中大受歡迎，明顯把美國銀幣產品排擠出局，並令它們貶值。美國政府為扭轉形勢，決定鑄造更為優質的貿易銀元。新的美國貿易銀元的價值比墨西哥銀元高出兩文（一文〔mil〕等於十分之一

145　Macondray, Hong Kong, April 6, 1865 to Mr Gideon Nye Jr., Macao: Macondray Copybook（CHS, MS 2230A）.

146　Frederick J. Macondray, Shanghai, May 5, 1865 to Messrs Russell & Co. Shanghai: Macondray Copybook（CHS, MS 2230A）.

仙〔分〕），重量和成色更為劃一，藝術工藝也更精湛，結果在華南大受歡迎，很快被視為法定貨幣。雖然沒有在香港獲接納為法定貨幣，但它在市場上非常受歡迎。美國領事報告：

> 舊金山與香港之間的直接匯兌業務（其數目很可觀），很大部分是以這種錢幣來交易，本地人喜歡它多於墨西哥銀元。其後來自舊金山的通告指出，運往中國的貿易銀元需求過於龐大，加州鑄幣廠無法以足夠快的速度鑄造出這種錢幣，以致供不應求。[147]

可惜的是，貿易銀元在 1887 年由於國內原因被廢止。[148] 然而，從這種存在時間不長的貿易銀元的故事可見，香港與加州之間的貿易對太平洋兩岸都十分重要。

幾乎每艘從舊金山至香港的船都載有財寶。財寶這種貨物很受航運商歡迎，因為對財寶徵收的運費是 0.5%，[149] 一般高於其他商品。在有些情況，一批價值高的財寶貨物的運費，就足以支付租船的費用，還留下足夠空間載運其他商品。[150] 載運財寶的另一個好處是，財寶一旦裝上船並鎖起來後，

147　Garnett, "The History of the Trade Dollar," p. 93; "The New Trade Dollar to be Issued Today," *Alta California*, July 29, 1873.

148　美國國會通過法案，迫使政府以相當於標準美元的價值贖回它們，並撤銷繼續鑄造這種銀元的權力。此時白銀已跌至每金衡盎司不足九毛八分，亦即原價的七五折，投機者以折扣價購入貿易元，預期政府在贖回時能賺取巨大利潤。Garnett, "The History of the Trade Dollar," p. 96.

149　Macondray, Hong Kong to Mr Gideon Nye Jr., Macao, April 6, 1865: Macondray Copybook（CHS, MS 2230A）．

150　在 1864 年 9 月，小麥康德雷喜孜孜地向奧蒂斯（Otis）報告，他有一艘船已獲委託運送 18 萬墨西哥銀元到香港，他希望下周啟航時，數目會達到 20 萬以上，包括為申打剌銀行（匯川銀行）運送的 3 萬墨西哥銀元。這是「可觀的貨物」，差不多足以支付他全部運費，而他在這艘船所運的其他貨物幾乎是免費。（Macondray to Otis, Boston, September 12, 1864, pp. 107-118, Letters Copybook 1864-1874, Macondray Box, Folder 5 [CHS, MS3140]）．

就不大需要船員去料理，有別於需要許多服務的搭客。[151] 對於商行和銀行來說，運送財寶到香港是大生意，而保險公司收取 1.5% 的保費，同樣在財寶運輸中大賺一筆。

運送金銀財寶也是一門大生意：香港上海滙豐銀行在 1875 年於舊金山開設分行，據說其唯一業務就是購買墨西哥銀元和銀條出口到中國，當中一部分是僑匯。之後，向數以千計居住在美國西部各州的華人出售港元，供其作匯款或儲蓄之用，也成為了重要業務。[152]

如表 4-2 所示，儘管實行了《限制華工法》，但從舊金山出口財寶到香港的活動仍然很活躍。

表 4-2　從舊金山運往香港的財寶（1856－1890 年）

年份	財寶的價值（美元）
1856	1,475,538
1860	3,377,209
1865	6,943,692
1866	6,533,084
1869	6,487,445
1870	6,055,080
1875	7,168,649
1880	3,511,683
1890	10,550,290

【資料來源】歷年《上加利福尼亞報》

151　Andrew Pope, "The P&O and the Asian Specie Network, 1850-1920," *Modern Asian Studies*, vol. 30, no. 1（1996）, p. 139.

152　Massimo Beber, "Italian Banking in California, 1904-1931," in *Pacific Banking*, pp. 114-138, p. 134。這種從太平洋彼岸運來財寶的新趨勢，令英國航運和銀行利益集團為之驚愕不已，密切注視，並採取不同策略來控制損失，如重訂運送錢幣的運費。見 Pope, "The P&O and the Asian Specie Network," pp. 154-155。

水銀與麪粉

水銀和麪粉是另外兩種加州的主要出口貨物。在 1845 年，加州聖荷塞以南的山丘一個洞穴內發現水銀，但要到 1850 年才開始全面生產。由那時起至 1900 年，加州開採的水銀佔全世界產量的一半；生產在 1870 年代末達至頂峯，滿足了全世界三分之二的需求。[153]1850 年前，中國生產水銀甚至能夠出口，但加州出產的水銀要便宜得多，很快成為向中國供應水銀的主要來源，中國主要利用水銀製造朱砂。[154] 水銀通常是以香港出口貨物賣出後所得的利潤購買，[155] 再從香港轉口到中國和印度。表 4-3 顯示加州與香港之間水銀貿易的增長。

舊金山海關要求貨主宣誓申報其貨物的市場價值，報紙還會加以刊載。報紙也熱切留意水銀創紀錄的運送數目：至 1875 年為止，數目最大的一批貨是該年 11 月由「比利時人號」運載。這個紀錄要再過幾年後才被打破，同一艘船在 1879 年 4 月載了 4,750 瓶總值 134,658 元的水銀。[156]

153　David J. St. Clair, "California Quicksilver in the Pacific Rim Economy 1850-90," in *Studies in the Economic History of the Pacific Rim*, edited by Sally M. Miller, A. J. H. Latham, and Dennis O. Flynn（London: Routledge, 1998）, pp. 210-233, p. 214.

154　水銀價格波動很大。1790 年時，它的價錢是每擔 35 至 40 兩；1848 年時 130 元；1855 年是 60 元。中國也生產水銀，如果外國貨的價格升至每擔超過 100 元，中國就可以出口水銀。中國的需求每年不超過 12,000 瓶，每瓶 75 磅，總價值 40 萬元（即每瓶 33.3 元）。見 Williams, *The Chinese Commercial Guide*, p. 97。

155　JMC to Compton, June 10, 1852, p. 226: JMA C11/16; JMC to Compton, dated April 1, 1853, p. 259: JMA C11/17（Letters to Europe, November 1852-July 1853）.

156　*Alta California*, November 17, 1875, April 20, 1879, December 6, 1879.

表 4-3　出口到中國的水銀（1856 － 1885 年）

年份	瓶數 *	價值（美元）
1856	3,409	-
1860	2,282	-
1866	9,752	331, 464
1870	4,051	126,500
1875	16,856	928,577*
1879	36,896	1,073,183
1880	19,488	578,190
1884	200〔原文如此〕	
1885	595〔原文如此〕	

* 從歐洲和美國出口的水銀是以鐵瓶包裝，每瓶約有 76.5 磅水銀。
【資料來源】歷年《上加利福尼亞報》

表 4-4　「比利時人號」上運送的水銀（1875 年 11 月）

付運人	瓶數	價值（美元）
準士公司（S. L. Jones & Co.）	458	25,000
永和生（Wing Wo Sang & Co.）	197	9,854
成益號（Shing Yik & Co.）	206	10,300
協和號（Hip Wo & Co.）	25	1,224
弗雷德・伊肯（Fred Iken）	400	20,064
昇記（Sing Kee & Co.）	17	826
德格納公司（Degener & Co.）	1,351	66,600
總數	2,656	$133,868

【資料來源】《上加利福尼亞報》，1875 年 11 月 17 日。

在香港，水銀很受歡迎，到了 1850 年代末幾乎獲接納為貨幣。大家或許還記得，在 1858 年怡和與和興號之間就租用「加勒比海號」的費用發生爭執時，在解決事情的過程中，是用有爭議那筆錢購買水銀再運到香港。事實上，投機買賣水銀很盛行。投資者拿它的價錢來碰運氣，買空賣空，箇中關鍵是它由舊金山抵達的時間。在 1877 年，一樁水銀投機事件震撼香港。李陞和李節的一個兄弟李汝舟，是很熱中於買賣水銀的商人，他向有利銀行買辦韋亞光以 50 元利息「借了」200 瓶水銀。韋亞光本人是老練的投機者，他在等待價錢上升以賣出其水銀存貨時，會把水銀借給有迫切需要的人，從中賺取利息。李汝舟通過禮興號和它在舊金山的分號從加州訂了 1,000 瓶水銀，但它們似乎太遲運到。船抵達時，李汝舟把所借的水銀「歸還」韋亞光，加上 50 元利息，但韋亞光拒不接收，他力言李汝舟曾承諾購買那批水銀，而不是借用。問題是李汝舟從韋亞光取得水銀那天，發票上所開的價錢每擔 94.5 元；之後市價在幾天內升至 100 元，接着又劇跌，到了這批水銀交還韋亞光時價值已大減。韋亞光嘗試追究此事之際，李汝舟宣佈破產並離開香港。韋亞光別無他法，只得控告作為擔保人的李陞和李節，要求賠償這筆交易的買賣金額。[157] 法庭認為無法證明李汝舟曾承諾購買，裁定李氏兄弟勝訴。

如同水銀，麵粉頗為出乎意料地成為加州的主要出口貨物，而其價值、市場重要性和文化影響遠超水銀。這是很令人驚訝的發展，因為才在幾年前，加州還必須進口各種食品，以供在 1848 年至 1850 年間湧入的數以千計人食用，連周遭沒有人種小麥的香港也運送麵粉到加州。[158] 但是，加

157　*Daily Press*, December 14, 1877。李汝舟在此時已宣佈破產並離開香港，這場官司事實上是針對擔任擔保人的李陞和李節。法庭裁定李氏兄弟勝訴，理由是韋亞光是受經紀誤導，從沒打算購買那批水銀。

158　For instance, on the *Henrietta* in 1851（Box 5）and the *Aurora* in 1853: Box 15, CA 169.

州農夫很快就開始種植小麥，還出現很大規模的農場和麵粉廠，所以小麥和麵粉出現剩餘，須尋找海外市場。英國對麵粉需求大，理論上應是主要市場，但航程幾乎要一百天，相較之下，到中國的航程只需一個月，運費較低，保險費也較便宜，成為很有吸引力的替代市場。大量從舊金山運載返鄉華人移民到香港的船舶，為運送如木材、小麥和麵粉等大宗貨物提供了理想機會：由於船的成本已大致由船位費和財寶運費所支付，因此能提供便宜的載貨空間，這對於早期把麵粉引進到中國十分關鍵。麵粉和乘客之間的密切關係，也反映在以下半開玩笑的報道之中：「我們在一張舊金山報紙上看到，停泊在奧勒岡波特蘭的『泰坦號』（*Titan*）正在把華人和麵粉裝上船，準備開往香港。前者會載四百五十人，後者會運六百噸。」[159]

這看起來也頗令人驚訝，中國人應是吃米飯的民族，竟會如此大量進口麵粉。事實上，中國人只吃米飯是迷思；中國人也吃其他穀物。不但北方人慣於吃以麵粉製造的麵條、糕餅、餃子、包子和油條，連南方人也吃這些東西。

真正令人驚訝的是，在中國本地可以獲得較便宜的麵粉，為甚麼還要進口較昂貴的加州麵粉？部分原因在於加州麵粉比中國麵粉更純淨和幼細，黏性也較高，而麵粉黏性愈高，做麵條時就可以拉得更長，做糕點時就可以揉得更幼細。對於品牌認識和忠誠度也是箇中因素，諸如斯佩理麵粉廠（Sperry）的「XXX」等加州品牌，一旦令中國消費者確信它們品質優越，就擁有一批堅定支持的顧客。

---

159   *Hongkong Telegraph*, November 9, 1883, p. 2.

　　不過，加州麵粉當初是怎樣來到中國的呢？有些時人聲稱，返鄉的華人移民把許多「外國奢侈品」帶到家鄉，最早把加州麵粉引進到中國市場的也是他們。[160] 這種看法很可信。他們的消費力較高，肯定能夠負擔，而他們引領的風尚為家鄉其他富有華人仿效，令較幼細和昂貴的加州麵粉成為地位的象徵。有趣的是，加州麵粉最早的主要經紀和貨主包括華商。加州著名小麥商人弗里德蘭德（Isaac Friedlander）在 1853 年開設歐雷卡麵粉廠（Eureka Mill），在 1854 年嘗試把一批麵粉賣到中國，之後麵粉貿易就主要落入舊金山和香港的華資公司之手，它們抓住麵粉提供的機會，以之作為匯款到香港的手段。中國麵粉市場或許不只源於華人消費者「自然的」需求；似乎也如馮登在 1869 年所暗示，供應麵粉的舊金山和香港華商為創造需求，很可能向中國消費者積極推廣和培養對麵粉的喜好。[161] 美國生產商為提高銷情，在向華人出口商出售貨物時提供賒賬，有時候是以現金形式，通常是 30 天，有時候更久一些，這種做法一定也鼓勵了後者參與這種貿易。[162]

160　H. B. Morse, *The Trade and Administration of the Chinese Empire*（New York: Longman Green and Co., 1908），p. 289 報告說：「返鄉移民帶來了對外國奢侈品的喜好，在 1867 年不為人所知的麵粉，在 1905 年卻進口了 2,635,000 包之多，每包有 50 磅。」在 1903 年，英國駐廣州總領事在有關該地區貿易情況的報告中說，從加州和美國其他地方回國的華人移民，繼續對麵粉有需求，令 1902 年的進口量比 1901 年高出 854,744 英擔，比過去五年的平均數高出約 700,000 英擔。見 "China," *The Board of Trade Journal*（England），vol. 41（June 11, 1903），p. 488。然而，一年後有報告說，「對中國富人來說是奢侈品」的外國麵粉減少了四分之一，近期有輾磨中國小麥的麵粉廠成立，它們的產品取代了外國麵粉。*The Board of Trade Journal*（England），vol. 45（June 2, 1904），p. 407: "Foreign Trade and Shipping of China 1903."

161　*Alta California*, June 26, 1869.

162　Palmer, "Ah Ying and His Contemporaries," p. 694.

　　雖然加州初期也出口小麥，但沒有持續太久；而麵粉出口卻突飛猛進，僅在一些異於尋常的年份例外。這是因為在二十世紀前，東亞沒有麵粉廠與之競爭，也無法加工美國小麥。清粉機、篩粉機和輥磨機等先進機器，事實上可以把麩粉[163]精製成較低等的麵粉，而這種等級的麵粉是美國向香港出口的主要產品。

　　麵粉貿易成為令香港與舊金山之間的網絡更加活絡的催化劑。亞英（Ah Ying）擁有的廣英記是主要麵粉出口商。在舊金山發跡的亞英出身低下，但在加州著名麵粉生產商金門麵粉公司（Golden Gate Mills）工作後，獲得了關於這行業的足夠專門知識，在出口市場佔據主導地位。據當時一名熟悉華商的商人小帕爾默（Julius A. Palmer Jr.）說，在 1860 年代末，金門麵粉公司每年替亞英運送五萬元麵粉，後來亞英與法國政府簽下合約，為派駐東亞殖民地的法軍供應食品，運出的麵粉數目就更大了。[164]

　　廣英記以外的另一個麵粉大貨主是同裕公司（Tung Yu & Co.），它與香港的同德有很興旺的生意合作。記錄顯示同裕在「埃爾維拉號」上付運了 6,984 袋麵粉（1865 年 6 月），在「午夜號」上運了 3,000 袋（1865 年 7 月），在「帕西人號」上運了 2,000 袋，在「神諭號」（Oracle）運了 6,000 袋（1865 年 9 月）；最後那艘船還載了 310 名華人搭客返回中國。1860 年代中期人在香港的陳樂，收到許多批由他在舊金山的公司濟隆號運出的大宗麵粉。[165]

163　麩粉是把小麥研磨後所得顆粒較粗的麥粉摻雜麩皮而成。

164　Palmer, "Ah Ying and His Contemporaries," p. 695.

165　如我們所見，1865 年陳樂人在香港時也進口麵粉：以「午夜號」運來 5,350 袋，「帕西人號」運來 30 桶，另加 1,049 袋特細麵粉；「神諭號」運來 380 袋。祥和也是麵粉和小麥的主要進口商，在麵粉方面，以「午夜號」運來 2,359 袋，「帕西人號」運來 2,700 桶，「金羊毛號」（Golden Fleece）運來 1,000 袋（由賴伯格所付運），還有「加勒蒂亞號」（Galatea）運來 2,200 袋，「路易莎‧科恩號」（Louisa Kohn）運來 1,163 袋；在小麥方面，以「加勒蒂亞號」運來 1,281 袋，「神諭號」運來 1,470 袋。見 freight lists of Midnight, Parsee, Golden Fleece, Galatea, Louisa Kohn and Oracle: Heard II, Case 17-A "Freight Lists," f.10, "1865"（Reel 120）。

表 4-5　出口到中國的加州麵粉（1866－1890 年）

年份	數目（桶）	價值（美元）
1866	160,960	631,791
1870	138,372	658,454
1875	107,858	550,887
1890	401,392	1,601,791

【資料來源】歷年《上加利福尼亞報》

　　麵粉容易受潮和長蠕蟲、象鼻蟲，令其受損，但這些不利因素沒有妨礙香港發展為蓬勃的麵粉貿易中心。在 1863 年，加州運了超過四萬桶麵粉到香港，相較之下，運到温哥華島和繞過合恩角運到英國的，分別只有 31,000 桶和 12,000 桶。

　　約在 1880 年，一些大的加州麵粉廠在香港開設聯合辦公室，以直接控制它們的出口貨物。這個辦事處由威利（W. W. Whiley）和徐行安（Tsui Hang On）兩名商人打理，不但在香港推廣加州麵粉，還把麵粉轉口到廣州和其他中國港口。到了十九世紀末，塔科馬、温哥華和波特蘭等其他太平洋城市開闢了新的跨太平洋蒸汽輪航線前往香港後，大量麵粉也從這些地方出口到香港。這種發展令加州出口商面臨競爭，但卻進一步鞏固香港作為麵粉貿易樞紐的地位。到了 1900 年，美國麵粉出口到香港超過 140 萬桶，佔所有美國向香港出口貨品接近五成。[166] 無怪乎身兼花旗輪船公司、東洋汽船株式會社和順昌輪船公司幾家航運公司的買辦，並且是波特蘭麵粉廠（Portland Flour Mill Co.）的代理人關佳會成為百萬富翁，控制香港龐大

166　Daniel Meissner, "Bridging the Pacific: California and the China Flour Trade," *California History,* vol. 76, no. 4（1997-98）, p. 92.

的麵粉生意。[167]

　　麵粉在香港重新包裝，以賣到不同市場和重新分銷；它往南送到東南亞 —— 海峽殖民地（包括新加坡）和越南，往北送到中國港口和以外地方，遠達海參崴。在 1890 年，美國駐寧波領事法勒（John Fowler）抨擊西岸的麵粉廠東主繼續以途經香港的方式來運送輸往中國的麵粉，相較之下，直接運到日本，再從日本運往中國各港口，可以省卻 1,000 英里的運費和節省時間。[168] 法勒的干預仍然動搖不了香港的麵粉轉運中心地位，明顯是因為香港自 1850 年代起，迅速發展了複雜精密和根基穩固的市場基礎設施。[169]

金山莊

　　加州貿易為香港的華資和非華資公司開啟了無數機會，而如上文所述，它們之間在許多層面都既有合作也有競爭。然而，某些特定領域只有華資公司才能進入，包括一系列為移民提供的服務。對移民來說，這些公司不只是商業機構，而是一站式服務點，既是銀行、郵局、旅行社，又是移民顧問公司和旅館。

167　*Hongkong Telegraph*, August 4, 1909.

168　WNWM, July 4, 1900, cited by Meissner, "Bridging the Pacific," p. 149, n. 63.

169　麵粉繼續成為加州的主要出口貨物，直至 1900 年代中期，那時候加州種植的小麥數量下降，而中國發展出製麵粉技術。在 1909 年，出口到香港和中國的美國麵粉數量跌至不足 85 萬桶，自世紀之交以來已減少了逾 40%。但是，在麵粉貿易仍繼續時，它是跨太平洋網絡的關鍵元素。見 Meissner, "Bridging the Pacific," 及其 "Theodore B. Wilcox. Captain of Industry and Magnate of the China Flour Trade," *Oregon Historical Quarterly*, vol. 104, no. 4（2003），pp. 1-43。

　　讓我們以僑匯的傳送開始，它是華人移民過程中的關鍵事情。移民從
加州送出的金錢，無論通過銀行，由船上搭客攜帶，還是以貨物或財寶方
式或其他渠道運送，最終往往會交由香港某間金山莊處理，而這間金山莊
會安排把錢送到匯款者家中。一般人相信，錢會安全送到指定地址，不論
地點多麼遍遠或難以到達，最終都會送到指定收款人手上，不過不測事件
還是不時會發生。[170]

　　除了匯款，金山莊也提供滿足各種個人需要的廣泛銀行服務。金山莊
接受移民儲蓄，替他們保管金錢並付利息；也可以根據匯款者的特別指示，
分期把款項匯給收款人，而不是一次全部送去。有時候，它們甚至以賒賬
方式向家庭墊支款項。金山莊的許多服務已不是純粹從商業着眼。《限制華
工法》實施後，想要移民的人必須在香港逗留兩三個禮拜，以等候處理文
件和船的到達，他們在這段時間會獲金山莊提供地方在店內留宿。大公司
的辦公室還附設客廳和睡房供顧客之用。在 1928 年，香港政府甚至要向金
山莊給予特別許可，讓它們不必登記為旅館就可以在自己的場所向顧客提
供住宿。[171] 它們也協助移民及他們的妻子、子女和甥姪買船票、安排健康檢
查、準備身份證明，以及在美國領事館填寫表格，從而順利通過複雜的出
洋程序。這種服務很靈活、貼心周到，而且通常很值得信賴，無怪乎移民
非常依賴這些公司，寧願繼續把金錢交託給它們，而非政府或也向他們招
攬生意的商業銀行。[172]

170　Shiroyama, "Structure and Dynamics of Overseas Chinese Remittances," p. 23.

171　《工商日報》，1928 年 7 月 14 日。

172　Madeline Hsu, *Dreaming of Gold, Dreaming of Home: Transnationalism and Migration Between the United States and South China, 1882-1943*（Stanford, CA: Stanford University Press, 2000），pp. 33-40。《限制華工法》實施後，這些公司可能發揮其他功能。有些積極參與偽造文件的蓬勃市場，令「買紙仔」在《限制華工法》實施期間進入美國，但這需要另外再作研究。見 Chin Tung Pok, *Paper Son: One Man's Story*（Philadelphia, PA: Temple University Press, 2000）。

　　有些金山莊提供因《限制華工法》而催生的額外服務。不少金山莊積極參與偽造文件的蓬勃市場，為「買紙仔」提供假文件入境美國。此外，由於商人可自由進入美國，許多華人嘗試假冒商人入境。《上加利福尼亞報》宣稱所有在香港的中國人，就算是家僕或工人也不例外，全都一心想要買下某家加州公司的股權，以獲得商人資格。[173] 這無疑是誇大其辭，但一些擁有必要聯繫的金山莊會在這過程中提供協助也不足為奇。認為《限制華工法》不公義並為之感到震愕之人，大概把這些試圖繞過《限制華工法》的有組織行動，視為有創意和光榮的行為。[174]

　　金山莊商人憑着他們的財富和廣泛聯繫，成為不可小覷的社會和政治力量。如前所述，東華醫院總理是每年由八九個勢力大的行業公會提名，金山莊行是其中之一，這種做法一直延續至二十世紀初。別的不說，金山莊商人的企業眼光、管理知識和全球網絡，令東華醫院的運作更加有效，並提高它在香港和世界各地作為社會和政治勢力的地位。同樣重要的是，金山莊貿易刺激了香港的其他貿易，與之相輔相成，尤其是南北行貿易。如老字號祥和號金山莊和廣茂泰南北行的東主招雨田的例子顯示，這兩條

173　"No 'Merchants'," *Alta California*, October 21, 1888; "Chinese Tricks," *Alta California*, January 19, 1891，文章描述華人如何利用公司從海關獲得再入境許可；"Exclusion Law Neatly Evaded," *San Francisco Call*, September 17, 1897，此文附上顯示華商如何合謀欺騙美國政府的信件。

174　多年來，利用假文件進入美國的美籍華人（和他們的後裔）把這件事祕而不宣，擔心公開後會有法律後果。最近，一小羣亞裔美國學者採取嶄新角度來看待「買紙仔」，認為這些人面對不公義的移民法例，為進入美國而耍花招是情有可原。Estelle T. Lau 直接抨擊《限制華工法》不公義，強調在研究為入境美國而採取的方法時，不須「為所採用的手段感到難堪」。見 Estelle T. Lau, *Paper Families: Identity, Immigration Administration, and Chinese Exclusion*（Durham, NC: Duke University Press, 2006），pp. 2-5。

主要貿易路線之間的互動充滿活力，凸顯了香港的網絡輻射四方、互相聯繫和重疊的性質。

小結

香港因淘金熱而踏上世界級轉口港之路。香港商人開拓新的貿易路線，形成新的貿易模式，擴大其網絡，以供應加州市場所需，後來又將加州進口的貨物分銷到其他地方。他們過去的焦點是印度洋和大西洋，現在則把目光投向一個活力澎湃的海洋——太平洋，並且看到無盡可能性的新天地。香港是太平洋亞洲端開放的自由港，地位獨特，是華北和東南亞之間的中途地點，並且扼守珠江三角洲的出海口，擁有前所未有的重要性。隨着愈來愈多人來到這裏參與其中，商業和社會網絡大增，並向多個新方向擴展。

香港市場原本由單一種物品鴉片所主宰，加州貿易為之帶來多種多樣的貨物，並令香港蛻變為稻米、砂糖、麵粉、人參和外匯的全球樞紐。隨着出洋華人數目增加，香港與加州的交流變得更為複雜和多層次。最明顯的是往來舊金山的搭客船大增，提供了載貨空間並減低了運費（大多數例子中，不過不是所有），而搭客的船位費成為了貿易資金的主要來源。此外，加州華人日益增加，令某些特定物品的消耗量大增，並且改變了貿易的內容。兩廣總督張之洞（任期：1884－1889）密切注視海外華人的活動，十分清楚出洋到美國和其他地方的華人，無論身為消費者還是貿易商，都是促使中國貨物銷售流通的巨大財源；《限制華工法》令他憂心忡忡。他知道任何對於華人移民的限制，都會對國計民生有大為不利的影響，於是上

奏朝廷，要求向美國政府施壓中止這法案。[175] 可惜中國無法影響華盛頓，排華政策繼續。不過，張之洞的奏摺令人大開眼界。研究華人出洋的學者很清楚僑匯的重要性，但對貿易的認識則較少，張之洞的觀察或許能促使他們去研究華人出洋如何在全國層面影響中國的貿易。

在十九世紀下半葉中國南方的公眾意識中，出現一種新的人物類型 ── 金山客，即高收入和捨得花大錢的加州華人移民。他們是很搶手的丈夫和女婿，也是同樣吃香的顧客、投資者和商業夥伴。金山客的消費模式，大大左右了構成這種貿易的內容。他們偏好香港熟鴉片，令這個產品為世界所知，他們喜歡幼細、昂貴的加州麵粉，令香港出人意表地成為麵粉的國際分銷中樞。他們寄回家鄉的匯款不但造福了家人，還成為香港財務結構不可或缺的寶貴一環，為貿易和其他活動提供資金，並加強香港作為國際外匯中心的地位。

另一方面，金山貿易與其他貿易，尤其是南北行貿易之間充滿活力的相互影響，表示香港這個港口的航運活動增加，香港商行有了更多商業機會。另一方面，加州明顯變成了高級商品的市場，當地對於各種金錢所能買到的上等貨物都有需求，因而令香港進出口貿易的整體價值上升。我想指出，由於加州貿易帶動了香港各種貿易的全面提升，令它成為推動香港發展的寶貴催化劑。我還想指出，正是因為這種情況，最上等的產品都集中在此地以供再出口，供應願意花大錢的顧客所需，所以許多華人都普遍萌生一個印象，認為香港是購買藥材、海味、熟鴉片等林林總總貨物的最佳地點。

175　張之洞：〈寓美華商稟懇詳議新約以維生計據情上陳摺〉，光緒十四年七月十四日（1888 年 8 月 21 日），《張文襄公全集》，二百二十八卷，全六冊（台北：文海出版社，1963），第一冊，卷二十四，奏議，頁 25b 至 28b。

　　加州和香港華商之間重疊的個人和商業利益，令跨太平洋聯繫充滿活力。在 1860 年代，金山莊貿易成為香港特有甚至標誌性的貿易，令這行業更加光彩耀目。金山貿易商的廣泛功能，凸顯了沿該走廊的貨物流動、金錢流動和人員流動之間錯綜複雜的關係。這些商人無疑在許多移民心中佔據特殊位置，也無疑是令香港在華僑社會佔據特殊地位的重要因素。

　　參與加州貿易的商人來自各種國籍，但它對華人尤其廣東人意義最重大。活躍於加州的商人發覺香港很適合他們安頓，因為這裏是要衝之地而且舒適。結果，香港成為了無數商業網絡和商業帝國的神經中樞。幾百年來，福建和潮汕商人創造了屬於他們的特殊國際貿易圈。現在，來自珠江三角洲的商人首次能主宰一項貿易，正如余全毅所說，太平洋變成廣東人的太平洋。這說法相當貼切。[176]

176　Henry Yu, "The Intermittent Rhythms of the Cantonese Pacific," in *Connecting Seas and Connected Oceans: Indian, Atlantic and Pacific Oceans and China Seas: Migrations from the 1830s to the 1930s,* edited by Donna R. Garbaccia and Dirk Hoerder（Leiden: Brill, 2011）, pp. 393-414.

第 五 章

為美國市場炮製熟鴉片 [1]

1　本章原文部分曾刊於 *Journal of Chinese Overseas*, vol. 1, no. 1（2005）, pp. 16-42。

　　加州的高收入造就了優質商品和奢侈品的市場。當地華人想要上等中國大米、精製白糖、魚翅和燕窩，他們都有能力負擔得起。他們尤其渴望得到最優質的鴉片，為此不惜千金。從香港出口到加州的熟鴉片，比任何其他商品都更能凸顯華人出洋與香港政治、社會和經濟發展之間千絲萬縷的關係。它顯示了香港出口貿易的巨大數量和價值，以及鴉片商人為了盡得這種貿易的好處而採取的結盟和策略。鴉片出口貿易對香港政府的財政政策和措施也有關鍵影響，還左右了它管理華人商界的方式。

圖 5-1　麗源煙膏
　　它是香港兩大著名鴉片品牌之一。中間由上至下四個中文字寫着「頂舊公煙」，表示此煙膏是由最陳年的孟加拉生鴉片熬煮而成。
　　【圖片來源】Samuel Merwin, *Drugging a Nation: The Story of China and the Opium Curse*（New York: Fleming H. Revell, 1908）, p. 172.

從煙土到煙膏

香港在 1841 年被英國人佔領後，就成為印度鴉片的主要分銷中心和儲存地，以供應中國市場。這些鴉片主要來自從孟加拉地區，包括巴特那所產的「公班土」和麻窪所產的「白皮土」。到了 1840 年代末，據估計印度全部鴉片收成有四分之三都經香港處理。[2] 香港的存在理由，主要是作為英國鴉片貿易的商業重鎮，而由於資源稀缺，香港也對這種藥物依賴甚深，以其為財政支柱。如歷史學家文基賢所說：

> 鴉片貿易和香港顯然密不可分，探討這個殖民地早期的歷史，幾乎不能不提這種藥物：這個殖民地之所以建立，就是因為鴉片；它也全仗鴉片才能撐過早期的艱難歲月；此地的富商巨賈全靠鴉片發家致富；政府的運作，也是依賴高地稅和其他由鴉片貿易造就的收入來維持。[3]

在 1840 年代，大多數俗稱煙土的生鴉片，會轉運到中國沿岸新開闢的通商口岸，只有少量留在香港煮製成熟鴉片，亦即煙膏，供本地煙民吸食。香港消費者能夠享受大批進口的公班土的奢華，嗎啡含量低的公班土被視為上品。土耳其的金花土和波斯的紅土，由於嗎啡含量高，很少用於

2　Christopher Munn, "The Hong Kong Opium Revenue, 1845-1885," in *Opium Regimes: China, Britain, and Japan, 1839-1952*, edited by Timothy Brook and Bob Tadashi Wakabayashi, pp. 105-126（Berkeley, CA: University of California Press, 2000）, p. 107.

3　文基賢接着說：「早期華人貿易商來到這個殖民地經營鴉片生意；這種『藥物』成為香港華人匯款到大陸故鄉時所用的標準貨幣；許多司法訴訟都是關乎侵權和有爭議的鴉片貨物；香港無數典當店亂七八糟地堆滿鴉片球。」見 Munn, "The Hong Kong Opium Revenue," p. 107。

吸食，而中國本土種植的「土藥」，產量比於一般人所知的為多，但被視為低級劣品。[4]

香港進口的煙土是一箱箱運來，每箱平均重 120 斤，即 1,920 兩，內含 40 個鴉片球。中國人主要是以吸食的方式使用鴉片，所以生鴉片須事先熬煮成煙膏。一個重 48 兩的鴉片球經煮製後只剩 25 兩，所以一箱 40 個共重 1,920 兩的鴉片球可生產約 1,000 兩煙膏。[5]如果煮煙膏工用一箱煙土煮出超過 1,000 兩煙膏，製成品就會變淡，價值隨之下降。雖然這樣做可能暫時獲得較高利潤，但長遠來說，經口耳相傳後，就會信譽掃地。一如今天的香煙，製作鴉片煙膏的公司有很多家，冠上不同的品牌名稱銷售，而著名品牌宣傳自己有頂尖的「煮煙師傅」，並強調產品的其他特色，例如煮煙的水質。眾所周知，香港有兩家公司生產了兩個著名品牌 —— 福隆和麗源，它們從不會由一箱鴉片煮出超過 1,000 兩煙膏，重視品質的消費者很樂意付較高價錢買這兩家公司產品。[6]

4　有關中國種植鴉片的情況，見 David Bello, "The Venomous Course of Southwestern Opium: Qing Prohibitions in Yunnan, Szechuan, and Guizhou in the Early Nineteenth Century," *Journal of Asian Studies*, vol. 62, no. 4（2003），pp. 1109-1142。

5　Russell's memo, enclosed in Marsh to Derby, March 19, 1883, confidential: CO 129/207。關於煮製鴉片，見 "Opium: Its Nature, Composition, Preparations, and Methods of Consumption, paper by Mr Frank Browne, FIC., FCS., Government Analyst Hong Kong," *Hong Kong Sessional Papers,* 1910, pp. 517-533; reprinted from *Hongkong Telegraph*, February 24 and 25, 1910。

6　Edwards & Balley to JMC, August 9, 1859: JMA B6（Business Letters: Nonlocal）/2（Business Letters: America, 1821-1898）. 見 Nathan Allen, *An Essay on the Opium Trade, Including a Sketch of Its History, Extent, Effects, etc. as Carried on in India and China*（Boston: John P. Jewett & Co., 1850），p. 17，當中描述了熬煮過程和煙膏純度的重要性。另見 "Opium: Its Nature, Composition, Preparations, and Methods of Consumption," and Samuel Merwin, *Drugging a Nation: The Story of China and the Opium Curse*（New York: F. H. Revill, 1908），pp. 172-173。

　　吸鴉片一直被廣泛譴責，我們毋須就這點在此多作討論。反之，我們
在這裏應採取更宏觀的眼光，以了解在十九世紀末跨太平洋華人社會的背
景中的文化、社會和經濟問題。對我們有用的是要看到，如歷史學家馮客
（Frank Dikötter）及其合著者所指出，在華人之間，抽鴉片可以發揮多種社
會功能，賦予吸鴉片正面的意義：它可以用作替代或輔助的藥品、好客的
表現、消閒玩意、社會地位的標誌，以及精英文化的象徵。[7] 講究的癮君子不
只像紅酒鑑賞家那樣，能辨別許多不同級數的鴉片，還像品茗者欣賞瀹茶
用的精緻茶具一樣，能欣賞吸鴉片煙所用的華麗精美器具。[8] 吸鴉片的過程和
儀式繁複，令它更添神祕感。如一位作者所說：「鴉片對於好此道者有很大
要求；它需要哄誘和悉心呵護，因為它像愛人一樣，受到無微不至的巧手
照顧，才會報以最好的反應。」[9]

7　十九世紀華人盛行吸鴉片煙是不爭的事實。有爭議的是它對人和社會的傷害程度。傳教士和
　　當時其他的道德機構往往對吸鴉片痛毀極詆，有些人則採取較為容忍的態度。許多學者一直
　　質疑為何要將吸毒者貼上罪犯的標籤，不贊同以嚴刑峻法來遏止這種相對輕微的社會問題。
　　見 Shirley J. Cook, "Canadian Narcotics Legislation, 1908-1923: A Conflict Model Interpretation,"
　　Canadian Review of Sociology and Anthropology, vol. 6（1969）, pp. 36-46; David Courtwright, *Dark
　　Paradise: A History of Opiate Addiction in America*（Cambridge, MA: Harvard University Press,
　　2001[1982]）, pp. 68-69。

8　Frank Dikötter, Lars Laamann, and Zhou Xun, *Narcotic Culture: A History of Drugs in China*（Hong
　　Kong: Hong Kong University Press, 2004）, pp. 7, 49-65.

9　Barbara Hodgson, *Opium: A Portrait of the Heavenly Demon*（San Francisco: Chronicle Books,
　　1999）, p. 53.

圖 5-2　香港的華人享用鴉片
　　　　注意這項活動的社交性質
　　　　【圖片來源】香港歷史博物館提供，HKMH PC1994.0052。

圖 5-3　舊金山一間客棧內部，可見內有人在抽鴉片煙。

【圖片來源】BANC PIC 19XX.111:05–PIC, Bancroft Library, University of California, Berkeley.

建立香港品牌

　　如我們在無數廣告中所見，香港製造（或名義上是）的福隆和麗源繼續主宰市場，直至 1900 年代。人們廣泛使用「正港福麗」一詞來強調其是正宗真品。[10] 香港不只很容易獲得優質的公班土，而且一般人很早就普遍相信「香港的水質特殊，令這個城市比其他地方更適合於熬煮鴉片」，而這個想法似乎歷久不衰。[11] 除了味道醇厚，索價甚高的香港鴉片對於虛榮之人一定也有其吸引力。福隆和麗源的廣告強調自己的顧客是「富商」；即使是那些買不起它們的人，一定也對這些品牌趨之若鶩。[12] 結果，儘管在之後幾十年舊金山和卑詩省都設立了鴉片工場，但香港熟鴉片繼續受追捧，並可賣得高價。

　　同樣值得注意的是，香港品牌成為偽冒品的目標，顧客不斷受到提醒要小心提防。香港是「真正」優質鴉片煙膏的來源地是重點所在。今天的市場研究者深明消費者有產地來源偏好，亦即消費者不只注重品牌，還會

10　《中外新報》（舊金山），1898 年 4 月 20 日。在另一則刊於同一份報紙的廣告上，福興公司說：「啟者：本公司開創有年，崇揀選上等煙坭，擇請精工上手師傅煮口正色公膠，屯藏日久，俟具香味濃舊，然後發售。香港福興公司。」它接着列出舊金山代理商的名字，請顧客把訂單寄往該地址。

11　Bowen to Derby, August 28, 1883: in Great Britain, Colonial Office, series 882, Confidential Prints Eastern no. 5, File 63（Correspondence on the Subject of the Consumption of Opium in Hong Kong and the Straits Settlements [1896]）（hereafter CO 882/5/63）.

12　《大同日報》，1906 年 1 月 14 日；《中西日報》，1904 年 2 月 23 日。

留意產品是在哪裏生產，而這是十分重要的因素。[13] 這種偏好明顯加強了加州華人對香港生產的熟鴉片的喜愛，直至二十世紀中葉。這種現象反映香港在移民心目中是品味高雅、有正宗廣東風格的地方，並且貨真價實。

鴉片煙民開始注重品牌，令美國華人消費者愈來愈對香港製煉的鴉片趨之若鶩。這對於塑造生產模式、運送方法、供應商的銷售策略，乃至政府政策，都產生了關鍵影響。隨着出口加州的熟鴉片數量增加，鴉片和華人出洋就成為香港經濟的兩大支柱，一同成為殖民地政府歲入和商人利潤的另一個來源。

香港煮製的鴉片，原來只供本地人吸食，但隨着華人穩定地移民出洋，加州很快就出現一個現成並且不斷擴大的市場，鴉片也成為重要的出口貨物。鴉片不是由華人引入美國的。在十九世紀中葉時，不同形態的鴉片已成為世界上所有藥典中的標準藥品。[14] 在美國，許多用來令哭鬧的嬰兒安靜和消除神經緊張的成藥都含有鴉片，這類藥物還用來治療霍亂、痢疾、瘧疾、支氣管炎、耳痛、尿淋、麻疹、孕吐和痔瘡。鴉片被認為止咳非常有效，所以許多咳嗽藥水都含有它。吃鴉片的人通常是以鴉片酊（酒精與鴉片的混合物）的方式飲用鴉片，或製成小藥丸，通常混合其他物質以蓋掩其苦味。[15] 但華人是以吸食的方式使用鴉片，對美國來說是較新的事物。[16]

13　David K. Tse and Gerald J. Gorn, "An Experiment on the Salience of Country-of-Origin in the Era of Global Brands," *Journal of International Marketing*, vol. 1, no. 1（1993）, pp. 57-76; John S. Hulland, "The Effect of Country-of-Brand and Brand Name on Product Evaluation and Consideration: A Cross Country Comparison," *Journal of International Consumer Marketing*, vol. 11, no. 1（1999）, pp. 23-40.

14　"Opium: Its Nature, Composition, Preparations, and Methods of Consumption."

15　Hodgson, *Opium*, pp. 2-3.

16　Jonathan Spence, "Opium Smoking in Ch'ing China," in *Conflict and Control in Late Imperial China*, edited by Frederic Wakeman, Jr. and Carolyn Grant（Berkeley, CA: University of California Press, 1975）, pp. 143-173.

把吸鴉片的經驗移植到加州

毫無疑問，抽鴉片在移居加州的華人間非常盛行，外國人對於唐人街的記述全都提到這個現象。「走在唐人街的街區，不會不察覺這個社區受到藥物牢牢控制⋯⋯中人欲嘔的氣味從地庫到門口湧出，證明了它的存在。」常有人指出，不同於白人沉溺喝酒和喜愛酒館的刺激喧鬧，華人「在寂靜中愁戚戚地尋樂，要在闃寂如墳墓的鴉片煙館中尋找安寧，靠這種誘人的麻醉劑來麻痺痛苦和憂傷。」[17] 大多數白人的記述更為不友善，以露骨的種族主義言詞來詆毀這種習慣和煙民。

但這只是故事的一部分。今天這個時代的白人觀察家和學者往往忘記了鴉片不只是嗜好那麼簡單。華人移民從事粗重體力活，例如在極其惡劣的地形中淘金，或爆破岩山以鋪設鐵路，對他們來說抽鴉片是用來緩減疼痛。鴉片被視為治療多種疾病的萬靈藥，因此在一個充滿已知和未知疾病的陌生國度，它尤其受到珍視。許多人在這個陌生國度，與家鄉千里迢隔，沒有家人和女眷陪伴，所以與男性友人一同吸鴉片是一種社交潤滑劑，可以提供很大的撫慰作用。人們除了到煙館抽鴉片，也在家中、餐廳、妓院和移民組織的會館抽，而在這些地方抽鴉片是社交活動，而非反社會活動。它也不一定如西方報章所大肆渲染那樣是烏煙瘴氣的現象，因為人們也會在非常高雅的環境中抽鴉片，置身華美的家具之間，使用製作精緻講究的用具。堅持維持古老生活方式的一些層面，或許被視為踏上危

17　Frederick J. Masters, "The Opium Trade in California," *The Chautauquan*, vol. XXIV, no. 1（1896），
　　p. 55.

險旅途和長期離鄉所做的犧牲的補償，無論它多麼昂貴。在十九世紀中
葉，華人之間十分流行抽鴉片，因此熟鴉片成為輸往美國的主要出口商品。

幾乎每艘從香港開往舊金山的船，都會以不同的方式載有一定數量的
鴉片。例如，在 1853 年 1 月前往舊金山的「沃里斯頓勳爵號」上，有些鴉
片是乘客自帶的商品；有些由香港華商運給舊金山的華人承銷商；兩箱由
香港的歐籍商人委託船長承銷。[18] 此外，乘客常常帶鴉片上船，以在海上和
抵達後自用（或者名義上是自用），因為自用鴉片不用課稅，這種鴉片不
會出現在船的貨單上。為規避海關檢查員查驗以免要繳稅，他們常常把鴉
片藏在衣服、挖空的鞋底、行李箱蓋暗格、皮枕頭，甚至挖空的青檸內。[19]
海關充公沒有人認領的逃稅商品，在報紙上刊登廣告，尋找這種財產的「認
領人」，要求他們前來認領 —— 無疑還要支付應繳稅項；仍然無人認領的
貨物會公開拍賣。[20] 後來鴉片稅提高後，走私就更加有系統，常常有船員和
海關人員參與其中。[21]

熟鴉片通常裝在金屬罐內，再把罐子放在箱子運送。起初包裝方式沒
有一定標準，罐子內的鴉片數量各異，每箱的罐子數目也有不同。例如，
1851 年「忒提斯號」（*Thetis*）的船長約翰・卡斯（John Cass）運了一箱鴉

18　*Lord Warriston*, January 1853: Box 21, CA 169.

19　移民抵達舊金山後會「把鴉片分別藏在衣服和絹手帕中」，以避開海關檢查員的檢查。有關他
　　們的行為的描述，見 Ronald Takaki, *Strangers from a Different Shore: A History of Asian Americans*
　　（Boston: Little, Brown and Co., 1989），p. 71。有關從香港往加州的船上抽鴉片的記述，見
　　Russell Conway, *Why and How: Why the Chinese Emigrate and the Means they Adopt for the Purpose
　　of Reaching America with Sketches of Travel, Amusing Incidents and Social Customs, etc.*（Boston:
　　Lee and Shepherd, 1871），pp. 217-218；Masters, "The Opium Trade in California," p. 59。

20　例如，"Notice to Claimants," *Alta California*, January 23, 1870；當時貨物是在「中國號」（*China*）
　　上充公，除了有共 251 兩熟鴉片，似乎還有大量生鴉片。

21　一名女性海關職員因合謀走私被捕，見《中外新報》，1886 年 7 月 3 日，頁 2。

片到舊金山，箱內有 24 個罐子，每罐 10 兩。[22] 也有每罐只有 7.5 兩的情況，或者其他奇怪的數量，如 1,585 兩或 1,008 兩，[23] 但不久後就開始標準化。1850 年代末，香港流行起「金山煙膏」一詞，用來指運往金山國家的鴉片，[24] 標準的包裝方式是每罐 5 兩：以加州為目的地的鴉片，以每盒或每箱 100 罐的方式裝運，運往澳洲的則每箱 120 罐。1850 年代後，運往美國的鴉片只有很偶然才出現每箱不是 500 兩的情況。

　　如煙槍等吸鴉片用的器具，可以是昂貴的藝術品，它們也和鴉片一同出口，令熟悉的抽鴉片經驗可以在外國土壤上全盤複製。例如，1851 年「穆罕默德・沙號」（*Mohammed Shah*）不但載了兩箱熟鴉片到舊金山，還運去 12 根煙槍。[25]

熟鴉片貿易

　　在早期歲月，太平洋兩岸不同國籍的商人都參與熟鴉片貿易。怡和洋行這家生鴉片貿易巨擘自然是主要參與者；其他外籍貨主包括拿浦那

22　*Thetis*, 1851: Box 10, CA 169.

23　例如，亞寬（Ah Foong）運了一箱有 16 罐的鴉片，總共 120 兩，而 1853 年時亞九（Akow）在「詹姆斯鎮號」（*Jamestown*）運了一箱 1,585 兩的鴉片（*Jamestown*, 1853: Box 19, CA 169）。另一批 1,008 兩鴉片由同利（Tung Lee）在 1853 年以「倫敦號」（*London*）運送（*London,* 1853: Box 21, CA 169）。

24　*Hongkong Recorder*, March 31, 1859.

25　*Mohammed Shah*, 1851: Box 6, CA 169.

（Douglas Lapraik）和李美度士（J. J. dos Remedios）；[26] 士甸臣洋行也運了大量鴉片去澳洲。這種貿易到了 1850 年代末更為有組織，華商在鴉片出口生意所佔的份額開始增加，但如前一章所述，佔主導地位的仍然是怡和洋行。比起供應中國市場的生鴉片貿易，以加州和澳洲為對象的熟鴉片生意對怡和來說一定微不足道，但仍在太平洋兩岸產生了很大影響。在 1859 年 7 月，怡和在舊金山有約 20 萬兩存貨，在 1860 年 1 月，它所擁有的鴉片佔美國所有鴉片存量的八分之五。[27] 它的美國代理商不是別人，就是愛德華滋巴萊公司，這家公司對中國和加州市場瞭如指掌。到了 1860 年代中期，怡和似乎把市場差不多全讓給中國人，自己改為專注於其他活動。

　　以較少資本起家的華商，剛進入市場時規模較小，後來他們所佔的市場份額逐漸增加。在 1859 年初，蒸汽輪「旅客羅伯特號」運送的貨物全部是「由華人運送和運給華人」，那批貨物包括 28 箱鴉片，共 14,000 兩，愛德華滋巴萊公司為之震驚。[28] 個別商人付運的鴉片也有增長。翌年，舊金山商人馮登出口 18 箱價值 8,020 元的鴉片。[29] 其他大貨主包括金祥泰的合夥人李炳，還有廣昌隆（Kwong Chong Loong）。在 1865 年，李炳在六個月內運了至少 66 箱熟鴉片到舊金山，更有趣的是，他的承銷人 / 代理商除了華人

26　Edwards & Balley to JMC, July 1853: JMA B6/2。例如，李美度士以「埃拉 · 弗朗西絲號」（*Ella Frances*）運送兩箱價值 630 元的鴉片，收貨人是麥康德雷公司（見 *Ella Frances*, 1853: Box 18, CA 169）。

27　Edwards & Balley to JMC, July 12, 1859, January 10, 1860: JMA B6/2。怡和也運了三箱生鴉片到加州，但當地似乎沒有甚麼銷路（見 *Lanrick*, 1853: Box 20, CA 169）。

28　Edwards & Balley to JMC, April 4, 1859: JMA B6/2。在 1882 年，凱恩（H. H. Kane）也觀察到，從事鴉片貿易的全是華商。見 H. H. Kane, *Opium Smoking in America and China: A Study of its Prevalence, and Effects Immediate and Remote, on the Individual and the Nation*（New York: G.P. Putnam's Sons, 1882），p. 15。

29　Insurance policy no. 3822, October 20, 1860: JMA A7（Miscellaneous Bound Account and Papers 1802-1941）/443（Miscellaneous Insurance Records 1816-1869, Triton Insurance Co）.

還有外國人，如紐比（Richard Newby）和科爾曼公司。[30] 這再次清楚顯示，在香港與加州的商業世界，華人和非華人的利益關係千絲萬縷。

每艘船所載的鴉片數量也在上升。早期的船每次航程只載幾個鴉片罐，到了 1860 年代中期數量大增：在 1865 年，「阿爾布雷克特·奧斯瓦爾德號」（*Albrecht Oswald*）在一次航程中載了 75 箱，而「比斯卡塔號」（*Viscata*）則載了 98 箱。[31] 和運送財寶的情況一樣，鴉片運費遠高於其他貨物。它通常是以房艙貨運的方式載運，表示它會鎖在裝載設施中。藉着比較「韋爾蒂傑爾號」（*Vertigern*）上所運送的不同貨物的費用，我們可以對相對的運費有所了解，這艘船在 1865 年從香港開出：鴉片運費（房艙貨運）是每一百兩（一兩約等於 1.35 盎司）七毛五分，而茶、米和油的運費是每噸（2,200 磅）八元。[32] 不難想像，任何能夠提供載貨空間的人，都樂於運送鴉片。

至少在早期歲月，鴉片貿易比起其他商品更依賴來自香港的金錢作為資金來源，加州進口商仰仗香港商人提供墊款。在 1859 年，許多加州華商因投機而虧損慘重，無力償債，愛德華滋巴萊公司認為：「除非他們在香港的朋友很富裕，否則他們的業務很可能也會**癱瘓**一段時間。」[33] 這再次顯示香港與加州商人的命運如何緊密相連。

美國市場在多方面很特別。北美華人移民的經歷無論多艱辛，他們的收入都遠高於其他地方擁有相同社會地位或職業的華人。鴉片（它沒有現成的替代品）不只在那裏有其小眾市場，而且出口供當地使用的是品質最上乘

---

30   Freight Lists: Heard II, Case 17-A, "Freight Lists, Unbound," f.10, "1865 Freight Lists."

31   Freight Lists: Heard II, Case 17-A, "Freight Lists, Unbound," f.10, "1865 Freight Lists."

32   Bills of Lading of *Vertigern*: Heard II, Case S-15, "Ships," f.62, "1866, *Vertigern*."

33   Edwards & Balley to JMC, March 21, 1859: JMA B6/2，着重號為原文所有。

的鴉片，因為當地華人買得起最佳產品。[34] 到了 1850 年代中期，兩個價值最高的著名品牌出現，它們是福隆和麗源，而兩者中福隆的價錢一直較高，約每十兩高美金五毛。[35] 被認為是「上品」級數的鴉片煙膏就只有它們兩個。炳記是另一個早期牌子，但沒有那麼受歡迎，售價比麗源低一美元。[36] 加州報章尤其是中文報章，每天都刊登鴉片價格。怡和沒有自設品牌，而是向其他生產商購買鴉片，有時候會購買炳記的鴉片運去，這令愛德華滋巴萊公司很苦惱，因為它對這個牌子評價很低。[37] 在炳記之下，還有其他不那麼有名的牌子，如合隆、華興。

　　美國的鴉片消費者除了十分注重品牌，還有另一個特點。當地消費者雖然收入較高，但個別消費者不會大量購買鴉片，只會買足夠自己日常所需的數量。零售鴉片是以相當於藥丸盒大小的牛角煙盒盛載。[38] 據愛德華滋巴萊公司分析，這是因為華人所擁有或用他們的貨物所能借到的每一元，都匯給了「在香港的朋友」。[39] 這些交易涉及的數量少，令價錢非常容易受公開市場上熟鴉片數量多寡所左右，從而影響零售生意。

　　熟鴉片是高價商品，涉及巨額投資和龐大利潤，還會造成巨大損失。商人緊張地計算市場的時機，以在最有利的價錢賣出，不斷監察舊金山和「內陸」的存貨，密切留意會從香港前來的船舶數目、抵達時間，以及每艘

34　Masters, "The Opium Trade in California," p. 56.

35　Edwards & Balley to JMC, April 4, 1859: JMA B6/2.

36　Edwards & Balley to JMC, June 2, 1860: JMA B6/2.

37　Edwards & Balley to JMC, August 9, 1859: JMA B6/2.

38　Masters, "The Opium Trade in California," p. 55。大多數煙館都備有陶罐，盛載不同等級的鴉片，售賣和吸食鴉片都在同一個房間。

39　Edwards & Balley to JMC, March 21, 1859: JMA B6/2。據馬士德說，零售鴉片是以約莫藥丸盒大小的水牛角製小盒子盛載，足夠普通煙民一天的吸食量（Masters, "The Opium Trade in California," p. 55）。

船會運載的鴉片數量。每家公司應對情況變化的策略都顯然不同。愛德華
滋巴萊公司因與其主要委託方怡和洋行的聯繫，深入參與鴉片生意，這家
公司對此事有自己的哲學。例如，它在 1853 年 7 月致函怡和，說它焦急地
等待「伊夫琳夫人號」（Lady Eveline）和「馬恩玫瑰號」（Rose of Marne）
到來，因為其中一艘船上有六箱鴉片。它計劃盡快在船抵達後，立即以高
於現價的價格賣出鴉片，而不會等待。因為之前抵達的「羅利號」（Raleigh）
和「莫塞勒號」（Moselle）運來大量鴉片，令價格一直處於低點，所以等待
沒有好處。[40]

　　另一方面，鴉片供應短缺時就需要不同的行動。在 1859 年 11 月，「瑪
麗‧惠特里奇號」（Mary Whitridge）只運來少量鴉片，而下一批貨要等「早
鳥號」（Early Bird）運來，但「早鳥號」要過 30 至 45 天才到達。愛德華滋
巴萊公司建議出售手上存貨，但每次只少量賣出，藉此慢慢而必然地推高
市價。據愛德華滋巴萊公司觀察，華人商家不願賣出，結果價錢升至每 10
兩 16.5 元；預期價格在往後兩星期會繼續上升的愛德華滋巴萊公司，以這
個價錢賣出 3,000 兩，相較於它擁有的數量，這只是小數目。一周後，價錢
升至 17 元，該公司再賣出另外一箱（500 兩），之後等待它升至 17.5 元。
這種策略是來自於它對華人商家心態的了解：

　　　可以說，我們的目標是每次賣出都繼續把價格推高，藉此鼓勵華
　　人等待高價而沽，並誘使其他人在漲價前買入，或者付出高價購
　　買他們可能需要的貨品。如果我們從市場上撤出我們的存貨，讓

40　Edwards & Balley to JMC, July 26, 1853: JMA B6/2.

華人賣掉貨物，大家可能認為，我們手上存貨以外的數量並不
多，所以很快就可以看到價格上升。但我們總是發覺，此地的華
人非常不願意令價格突然大幅上漲。慢慢把價格推高，他們的情
緒會更高漲，更想去購買。現在大量出售，可能會以十五至十六
元的價位賣掉我們的**全部貨物**（着重號為原文所有）。但我們的
盤算是，由於最近收到的通報非常令人喪氣，下一艘船（「早鳥
號」）裝貨需時四十五至六十天（它可能在本月 1 號左右啟航），
而且無論如何，估計它無法在下月 15 日前抵達這裏，是很合乎
情理。到時候價格很可能升至二十元，而我們大概能在十九元
左右**全部賣出**。它除了可能無法在本月 1 號啟程，也可能遇上意
外，又或者航程很漫長。假如它真的在下月 15 日前到達，船上
鴉片或許並不多，我們仍然可能以比現在高的價錢賣出。[41]

　　一如其他商品的情況，商人寫信給他們的商業夥伴講述市場情況，商
業情報在兩個港口之間不斷流動：哪些貨品有需求、哪些滯銷、甚麼貨品
應馬上運來，哪些暫時不要付運，但是，在鴉片的例子，這種情報往來之
頻密是超乎尋常的。

　　投機很盛行。尤其是在最初十年左右，到處瀰漫一片狂熱亢奮，許多
人覺得，無論運多少貨物去加州，甚麼東西都能大賺一筆。可惜這種狂熱
亢奮是毫無根據的，商人經常因考慮不周的投機而無力償債。[42]熟鴉片價格
大幅波動，反映了這種不穩定的情況。例如，在 1858 年 1 月初，價錢在兩

41　Edwards & Balley to JMC, November 26, 1859: JMA B6/2.

42　Edwards & Balley to JMC, March 21, 1859: JMA B6/2.

星期內從每十兩 22 美元跌至 15 美元。[43] 在 1860 年代中期，價格幅度經常徘徊在 13 元至 17 美元之間。[44] 但價錢仍然難以預測：1894 年 4 月，麗源和福隆的報價是每一百兩 150 元，而在 1898 年 4 月，兩者的報價分別是 180 和 180.5 元。風險高，但利潤也很高。愛德華滋巴萊公司在 1853 年預計，拿浦那所運的六箱鴉片如果以每十兩 10.75 元售出，淨利潤可以有 1,200 元，亦即每箱 200 元，相當於 59%；[45] 如果以 11 元售出，那是一個月後的價格，淨利潤會有 63%。在整個 1850 年代，熟鴉片的申報價值只是每十兩五毛至五毛五分，所以若能以 22 元售出，表示淨利潤高達 430%。[46]

消耗量也隨時間推移而增加，這是美國華人人口增加的自然結果。[47] 在 1859 年 7 月，加州華人大概有五萬人左右，據估計該年鴉片進口量是 352,404 兩，每月消耗 31,000 兩。在 1860 年 1 月，總進口量是 388,500 兩，每月消耗約 38,000 兩。及至 1860 年 7 月，消耗量上升至每月四萬兩。[48]

同樣重要的是，外銷的熟鴉片（出口到美國、澳洲、新西蘭和加拿大）不久就佔在香港煮製鴉片中的很大部分。在 1869 年佔 80%，[49] 在 1880 年代初

43　Edwards & Balley to JMC, January 15, 1858: JMA B6/2.

44　Koopmanschap & Co. to JMC, January 24, 1863, May 19, 1863, April 4, 1865, June 14, 1865: JMA B6/2.

45　Edwards & Balley to JMC, [n.d.] July 1853: JMA B6/2.

46　舊金山海關的船運文件上載有鴉片的申報價值。以下資料可以找到一些例子：*Thetis*, 1851: Box 10; *Aurora*, 1853: Box 25; *Ellen Francis*, 1853, Box 18; and *Jamestown*, 1853: Box 19, CA 169。

47　後來白人也抽鴉片煙，但有趣的是，當美國在 1909 年禁止熟鴉片進口，美國白人是最先改用注射方式；見 Courtwright, *Dark Paradise*, p. 82。

48　Edwards & Balley to JMC, July 12, 1859, January 10, 1860, July 5, 1860: JMA B6/2.

49　Citing a 1869/70 report by Cecil Smith, Russell's "Confidential Memorandum on the Hong Kong Opium Revenue 1883," enclosed in March to Derby, March 19, 1883, confidential: CO 129/207。在 1869 年，香港政府估計出口到澳洲和加州的鴉片總數達 2,562,000 兩，總值 1,950,000 元。本地消耗的鴉片約 640,000 兩。這表示在香港製造的鴉片總量中，八成是供出口之用。

估計佔 60 至 75%。[50] 這種非常寶貴的貿易快速擴大，不只受商界極大關注，連香港政府也很注意，因為外銷鴉片直接影響其庫房收入。

香港的鴉片專賣

　　大家應當記得，一如東南亞地區大多數政府（無論是否殖民地），港府對鴉片消費課稅。[51] 徵稅方式隨時間而不同，有時候靠設立專營制度，有時候靠發牌照。香港的鴉片專營權最早在 1845 年 3 月以 710 元授予兩名歐籍人 —— 都爹利和馬西森，但因為從中作梗的勢力過於龐大，他們的鴉片專營事業只維持了三個月。[52] 經過 1840 年代至 1850 年代初的幾次失敗，1858 年最終通過法例設立專營權承充制度，只有承充人有權煮賣熟鴉片。根據這條法例，鴉片專營權承充人有權轉發牌照給其他人煮賣鴉片煙膏，而更重要的是，有稅務官員保障他們，裁判官可對被抓到侵犯專營權的人判罰款

50　Bowen to Derby, September 23, 1884, #9: in Great Britain, Colonial Office（CO 882/5/63）; Marsh to Granville, May 17, 1886, confidential: CO129/226.

51　見 Carl A. Trocki, *Opium and Empire: Chinese Society in Colonial Singapore, 1800-1910*（Ithaca, NY: Cornell University Press, 1990）; John Butcher and Howard Dick（eds.）, *The Rise and Fall of Revenue Farming: Business Elites and the Emergence of the Modern State in Southeast Asia*（New York: St Martin's Press, 1993）; Timothy Brook and Bob Tadashi Wakabayashi（eds.）, *Opium Regimes: China, Britain, and Japan, 1839-1952*（Berkeley, CA: University of California Press, 2000）; Lucy Cheung Tsui Ping, "The Opium Monopoly in Hong Kong," M.Phil. dissertation, University of Hong Kong, 1986; Norman Miners, *Hong Kong Under Imperial Rule 1914-1941*（Hong Kong: Oxford University Press, 1987）。

52　Munn, "The Hong Kong Opium Revenue," p. 112.

500 元（1879 年升至 1,000 元）並監禁最高六個月。從 1870 年代末起，鴉片收入的價值增加，並且政府官僚愈來愈有組織，專賣權受到由承充人出資僱用、官方規管的餉員保護。檢控很常見，判刑很嚴苛。[53] 因此，殖民地政府的行政和司法機關都為鴉片承充人服務。

專營權亦即承充權，也叫包稅權或餉碼權，是以投標方式批出，通常由出價最高者獲得若干年的專營權。專營制度除了 1883 年至 1885 年一段短時間沒有實行外，一直執行至 1914 年，香港政府在該年收回專營權。

香港政府長期受財政收入不穩定所苦，鴉片專營是不可缺少的收入來源。這個殖民地以免稅港自居，不得不靠一系列專營權來獲得主要收入：秤鹽、採石、賭博，以及興建和經營街市、開設屠宰場、管理公廁、收集夜香和經營製繩廠的特許權。[54] 可想而知，這些全都遠不及鴉片專營權的價值。在 1845 年至 1885 年間，專營權佔歲入的 4% 至 22%，在 1889 年至 1890 年佔超過 23%。[55] 即使在 1896 年輸往美國和澳洲的數量銳減，來自鴉片專營的收入仍佔總歲入的六分之一。[56] 由於鴉片承充人的利潤極為依賴於鴉片出口數量，所以出口量的多寡，反過來影響他願意為專營權付出的金額，不知不覺間，香港的財政穩健狀況與海外華人的鴉片消耗量連繫起來。因此，對港府來說，專營權的價值必須維持在高水平，專營權競投者之間必須良性競爭，海外市場對香港鴉片的殷切需求必須繼續。政府不想在這有利可圖之事上吃虧，有時候不惜過分地干預市場，並且似乎不擇手段。

商人也不願意錯過這個黃金機會。出口市場擴大和本地消耗量增加，

---

53   Munn, "The Hong Kong Opium Revenue," p. 115.

54   Munn, "The Hong Kong Opium Revenue," p. 111.

55   Munn, "The Hong Kong Opium Revenue," p. 111; Miners, *Hong Kong Under Imperial Rule*, p. 212.

56   Robinson to Ripon, March 11, 1893, #63: CO 129/258.

令鴉片承充人的利潤幾乎年年上升，因此專營權的競爭十分激烈。商人（最初是本地商人，後來還有來自外國的商人）自然競相爭奪專營權，奪得後就不遺餘力擊退想分一杯羹者。政府不懷好意的插手，進一步挑撥華人鴉片商之間的仇怨。

在 1885 年前將近三十年間，仁和、和興這兩大集團主宰香港的鴉片生意。這兩個集團的組成經常變化，在不同時期有不同名稱，但基本組織大致不變。仁和是由五家由東莞商人擁有的公司組成，包括在加州大受歡迎的福隆、麗源兩個品牌，以及產品沒那麼受歡迎的炳記。從 1858 年至 1862 年，鴉片專營權都是由仁和的某個合夥人取得。當時參與競投的就只有他們，所以能夠把投標價壓低，另外還找來幾個出價更低的假投標人來做做樣子，這種做法令殖民地政府很懊惱。[57] 在 1862 年，專營權由一家新公司取得，那就是和興，但它只投得一年的專營權，從 1863 年至 1873 年專營權都落在仁和手上。儘管和興在許多行業都很受矚目，包括租船、房地產、招工經紀等，但它的兩個鴉片品牌 —— 華興、合隆，在加州的受歡迎程度從來不如福隆或麗源，它們的顧客可想而知主要是手頭不那麼寬裕或不那麼講究的人。

仁和與和興之間的競爭很激烈。根據港府的說法，仁和擁有專營權時，很小心翼翼保護它的出口貿易，除了它煮製的鴉片，不容許任何人從香港運出一盎司鴉片。[58] 在 1873 年，和興在受到政府稍加敦促後，提出很高的競標價，成功取得往後三年的專營權。港督堅尼地很雀躍。一方面，他很高興終於打破了仁和對這門專營生意的牢牢宰制。新的承充人跟仁和不同，願意提高專營權的價值，並肯發出授權牌照，讓競爭對手分一杯羹，

57　Munn, "The Hong Kong Opium Revenue," p. 115.

58　Russell's memo, enclosed in Marsh to Derby, March 19, 1883, Confidential: CO129/207.

因此令生意活絡。此外，堅尼地也很高興新的承充人是另一個李氏「兄弟」
—— 李德昌，他在香港擁有很多土地和房屋物業，殖民地官員認為他是有
魄力而且實力雄厚的貿易商。[59] 李德昌的英語似乎很流利，而且是很得殖民
地官員歡心的類型，他們似乎覺得本土人愈是英國化就愈值得信任，並且
愈樂意與英國人合作。可惜事與願違，李德昌結果更為頑逆和自信，並非
如他們所希望的溫順。

　　仁和失去香港專營權後轉往澳門，雖然它旗下兩個鴉片品牌在加州大
受歡迎，但在澳門卻面臨困難，並極力想回到香港。仁和在遭受一段短時
間的反對後，在 1874 年與和興（現在改組為集成）達成協議，和興容許仁
和分沾香港專營權的特權。兩家公司根據這個對集成大為有利的協議，從
1874 年 4 月 1 日起合併，以信宜公司的名義經營。現在，兩個實力雄厚的
競爭對手終於合作，似乎能把精力集中於開拓業務，而非鬥過你死我活。
它們甚至與合利和合益這兩家加州和澳洲的公司結成夥伴，集成和仁和因
此在這兩家海外公司有代表權，令它們也能掌控當地的進口業務。這種垂
直型的精簡改革，令本已很密切的跨太平洋貿易聯繫更形加強。

　　信宜公司繼續掌握香港的專營權，並在 1874 年至 1879 年支配熟鴉
片市場。這種組合自然能把專營權的價格壓低，而殖民地政府對此深惡痛
絕。港府眼見鴉片出口帶來巨大利潤，卻沒有增加它的庫房收入，感到十
分不滿，終於決定打破信宜的主導地位，邀請外人來競投專營權。所以，
擁有新加坡鴉片專營權的萬合，亦即顏珍洧，在 1879 年成為首個獲得香港
鴉片專營權的「海外」承充人，令本地鴉片情況邁入新時代。[60]

59　　Kennedy to Kimberley, March 10, 1873, #58: CO129/162.

60　　Trocki, *Opium and Empire*, p. 179.

維持出口業務

被萬合逼走後，信宜轉往澳門，擁有澳門的鴉片承充權。信宜背後集
合了和興、仁和兩家公司的影響力，勢力非常強大。如《德臣西報》所評
論，該公司的董事也「使出殺手鐧」，把最優秀的煮煙師傅帶走。[61] 信宜甚至
構思在澳洲和加州設立煮煙膏工場。[62] 但是，這再次證明，香港擁有完善的
航運和商業設施，還有人們對香港品牌的聯想這些優勢，鴉片公司一旦離
開香港的基地，向加州和澳洲出口的業務就很難維持。

物流運輸是主要問題，因為開往北美和澳洲的船不會經過澳門。香港
政府要求所有在香港載客的船承諾，啟航後不會前往澳門，這表面上是為
遏止「苦力貿易」，因為前往哈瓦那和祕魯等地的「苦力貿易」大部分是在
澳門進行，但無疑也為保障香港眾多的商業利益。如我們所見，在香港上
船的搭客是這些船的主要收入來源，它們的船長和東主不想冒着被香港政
府控告作偽證的風險前往澳門。[63] 在這種情況下，信宜被迫在航運安排上另
闢蹊徑。

最初，該公司安排小汽艇接駁，會合離開香港前往加州或澳洲的大輪
船，在海中央把鴉片裝船。但香港政府致力於保障香港承充人的利益，禁
止澳門鴉片進入香港水域。因此遭受挫折的信宜公司嘗試另一種策略，安
排一條往來香港與上海的蒸汽輪航線到澳門裝運鴉片。它為這個八小時的
繞道額外付出 2,000 元付運費。鴉片抵達上海後，運往澳洲的鴉片會轉運到
可倫坡，再從當地運去澳洲的港口。運往加州的鴉片會裝上三菱會社的蒸

61　*China Mail,* September 20, 1879.

62　*China Mail,* February 9, 1880.

63　Bowen to Derby, July 19, 1884, #13: CO 882/5/63.

汽輪，船到達橫濱後，會把貨物轉運到每兩星期從香港出發到美國的定期蒸汽輪，亦即花旗輪船公司或東西輪船公司的蒸汽輪，之後再駛往舊金山。

　　不用說，對於澳門出口商來說，這情況是物流運輸上的惡夢，並且損害所有涉及其中的持份者。[64] 承充了香港鴉片專營權的萬合肯定得不到好處。來自西貢的他祖籍福建，在香港沒甚麼本地聯繫。他的產品以萬和豐的品牌名稱售賣，在外國市場鮮為人知，銷量很少。他最初以高價競投承充權，以為能夠開發出口市場，但他的希望落空。他有香港的航運和出口設施的所有優勢，也有香港的印記，但產品在海外缺乏吸引力。此外，他是外人，在香港難以執行專營權，[65] 不久就陷入財務困難。

　　同時，澳門的承充人儘管能靠他們受歡迎的品牌和卓越的海外聯繫主宰出口市場，但無法在香港經營使他們須付出非常高的代價。他們為物流運輸所做的替代安排十分昂貴和麻煩，可想而知也令利潤大減。

　　面臨損失的萬合向仁和（現在改名為和記）建議合組新公司。它們合併後生意大有改善，新公司每年向政府支付 21 萬元高價也綽有餘裕。與此同時，和記與萬合聯手的決定令它與集成公司反目失睦。[66] 它們之間的宿怨和激烈競爭，在一件官司中再次爆發，在這件訴訟中，和記和集成爭奪一批以信宜公司名義運出的鴉片的擁有權，當中 185 箱由「蓋爾人號」運往舊金山，150 箱運往墨爾本和 40 箱運往悉尼。怡和洋行接管這些鴉片，邀請和記和集成競投鴉片的擁有權。集成的李德昌提出以 180,687 元全數買下

64　*China Mail*, January 5, 1881.

65　Munn, "The Hong Kong Opium Revenue," p. 118.

66　1874 年兩家公司合併時，為了杜絕競爭，所有股東都簽署了協議，承諾五十年內不與這家公司競標爭奪專營權，否則罰款 50 萬元，集成對於和記與對手聯手自然非常憤怒。集成為了一批近期付運的鴉片與和記打官司爭奪擁有權，令彼此的敵意公開（《循環日報》，1880 年 8 月 6 日、7 日和 9 日）；*China Mail*, February 9, 1880。

三批鴉片；他最終把競標價提高至 181,720 元，出價似乎比和記高。[67] 此事不只顯示兩大陣營之間難解的仇怨，也顯示他們的生意所涉及的數量與金額之巨大。

和記仍擁有澳門的承充權，集成公司被迫轉到檳城，在那裏收取酬勞替當地鴉片承充人煮製煙膏。[68] 集成的主要目標仍然是爭取美國和澳洲的出口市場，而且它似乎成績不錯，從 1882 年 7 月 1 日至 11 月 26 日出口了1,145,700 兩煙膏。不過，在香港以外的地方經營，成本再度是不利因素。檳城比澳門更遠離橫渡太平洋的路線，鴉片必須經澳洲運到加州，令這路線比起取道上海更為迂迴！[69] 無怪乎集成「覺得在檳城這麼遠的地方繼續經營極為不便」，因此很渴望回到香港。[70]

政府的計謀

就在這些商人互鬥之際，香港政府也覺得鴉片貿易利潤太豐厚，不甘於袖手旁觀。事實上，它為增加歲入採取很進取的措施。與香港的聯繫（不論真假）對於出口的熟鴉片能否熱賣仍然非常重要，殖民地官員很清楚這點。一直處理鴉片事務的庫務司羅素（James Russell），十分明白這些鴉片

---

67 Lee [*sic*] Tuck Cheong, Hong Kong, to JMC, [n.d.] July 1880: JMA B7/（Business Letters: Local 1813-1905）/15（Business Letters: Hong Kong）; Keswick to Lee Tuck Cheong & Co, July 24, 1880: JMA C14（Letters to Local Correspondents）/13（February 1880-August 1880）。凱瑟克（Keswick）也邀請仁和競投鴉片，但仁和得知李德昌提出的投標價後退出（Yan Woo to Keswick, October 22, 1880, JMA B7/15）。

68 收取的費用多少無從稽考；羅素從不同來源得到的答案各異。Russell's memo, enclosed in Marsh to Derby, March 19, 1883, Confidential: CO129/207.

69 Mosby to Secretary of State, April 29, 1882 in US National Archives. Despatches from US consuls in Hong Kong, 1844-1906.

70 Russell's memo, enclosed in Marsh to Derby, March 19, 1883, confidential: CO129/207.

商的主要考量，是「以香港商行之名出現在外銷市場所獲得的巨大優勢」，羅素決心要令他們為這種優勢付出高昂代價。[71] 問題是如何把所有參與者帶回香港，並令他們按照政府的條件經營。

政府考慮以發牌制度取代專營權。實行發牌制度，任何人只要繳付牌費就可以煮鴉片煙膏，政府估計華商賺的利潤愈高，政府從發牌獲得的收入亦愈豐厚。換言之，新制度會是官營企業，由「鴉片專賣局」發牌給煮煙膏者，並管理煮煙的中央工場。[72] 然而，在釐定最合適的牌照費前，必須準確知道這門生意值多少錢。這不是容易的事。因為香港是自由港，出口商毋須申報他們的銷售數量，也沒有現成數據。此外，商人很小心翼翼保護他們的賬目，政府要找出任何資料，唯有暗中行事。為了不讓商人察覺即將發生的變化，羅素像當間諜那樣祕密訪問參與這門生意的人。庫務司不顧體統到何種程度！

羅素根據訪談所得的資料估計，1882 年出口到美國和澳洲的鴉片總量約為 170 萬兩。[73] 他以此為根據，把煮鴉片的費用定在每球 2.25 元，即每箱 90 元，並且滿心歡喜地預計，將於 1883 年 3 月推行的新制度會為政府帶來 22 萬 8 千元收入，大大多於前一年的 21 萬元。[74]

結果政府歲入銳減，他的樂觀大錯特錯。一方面，羅素是以 1882 年和 1883 年出口到加州的鴉片數量為基礎來做計算，這兩年的巨大出口量是無法持續的。那兩年的出口大增是由不尋常的情況造成。美國政府宣佈會在

---

71   Bowen to Derby, July 19, 1884, #13: CO 882/5/63.

72   Munn, "The Hong Kong Opium Revenue," p. 119.

73   Munn, "The Hong Kong Opium Revenue," p. 124.

74   《循環日報》，1880 年 8 月 6 日、7 日和 9 日；*China Mail*, February 9, 1880。Bowen to Derby,19 July 1884: CO 882/5/Eastern no.63（Correspondence on the subject of the consumption of opium in Hong Kong and the Straits Settlements. Colonial Office 1896）.

1883 年 7 月 1 日把熟鴉片進口稅由每磅六美元提高至十美元，[75] 商人收到消息後提前把盡量多的鴉片運到美國，令進口量是幾乎是前一年的兩倍，貨品氾濫市場。

香港煮製的鴉片數量在 1883 至 1884 年下跌，因為政府對每顆鴉片球徵收 2.25 元的費用，即每箱 90 元，結果令人為之卻步，主要商人再次退出，一批人去了檳城，另一批則遷往澳門。[76] 政府的做法太過火，現在要為自己的貪婪和失算付出代價。它面臨兩難局面，應該減費以吸引這兩個集團回去嗎？那可能會令收入大減；還是應維持高價，寄望需求會再次上升？最後政府把徵費減至每箱 45 元，兩大集團都遷回香港。這場鬧劇不只使政府損失收入，還令它丟臉。殖民地部一名官員說，香港政府這樣與商人討價還價實在「有失尊嚴」。[77]

事實上，政府在仁和付出每箱 45 元的費用後，就准許它從香港運出在澳門煮製的鴉片煙膏，更加是自貶身價。[78] 換句話說，這種費用成為某種出口稅甚至再出口稅，這在自由港中是異常情況。箇中關鍵是為維持鴉片是在香港煮製的假象，而港府為了獲得收入很樂意合謀弄虛作假。

有趣的是，1881 年當上美國駐香港領事的莫斯比（John S. Mosby）為在澳門煮製的鴉片發貨單簽發證明，令澳門鴉片能打上香港的標記，進一步鞏固了這個假象。領事館對這項服務收費，那是其重要收入來源。莫斯比經常為並非源自香港，而只途經香港出口到美國的貨物簽發證明；更重要的是，他簽發在澳門煮製的鴉片從沒有接近香港。受人質疑時，他就說

75　Robinson to Ripon, March 11, 1893: CO129/258/63。另見凱恩和馬士德的表（本章表 5-1 和 5-2）："The Opium Trade in California"。

76　Minutes, July 19, 1884: CO 129/217/264.

77　Minutes, July 19, 1884: CO 129/217/264.

78　Bowen to Derby, July 19, 1884, #13: CO 882/5/63.

澳門沒有派駐美國領事，[79] 他是離澳門最近的美國領事。然而，嚴格來說，簽發這種證明並非其職責。他的一個前任貝禮（David H. Bailey）就拒絕為準備運往美國的澳門鴉片簽發證明，理由是這樣做有失他簽發這種證明文件的「體統」。在 1873 年 8 月，曾有一艘蒸汽輪為了等他簽發鴉片證明，在香港滯留了整整一個月，而最終還是得不到。[80]

根據美國法律，如果領事拒絕為貨物簽發證明，貨主只得請求在澳門的某個友邦的首席代表來做這項服務，如果還是不行，就由兩名有名望的公民來做。[81] 澳門鴉片專營權的承充人選擇請美國駐香港領事而非其他管轄區的美國領事為發貨單簽發證明，似乎清晰證明他們十分渴望在自己的貨品打上香港的標記。

1883 年後的發展

經過 1883 年的出口激增後，加州對於熟鴉片的需求開始銳減。港府向煮製鴉片徵費所得的收入大跌，它知道要保證得到可預計的收入，唯有回到舊時的承充制度。承允權由仁和投標贏得。有趣的是，仁和此時也嘗試與 12 家在卑詩省域多利市煮製鴉片供應舊金山的華資公司合作，以把活動

79　美國駐澳門領事館在 1866 年 4 月關閉。見 Jasper Smith, "Macao, Hong Kong Report," Washington, DC, December 9, 1869 in US National Archives, Despatches from US Consuls in Macao, 1849-1869。

80　該船的船主怡和洋行抱怨這個延誤，指摘香港總督試圖阻撓所有鴉片從香港的港口運出，即使這種鴉片只是過境去美國。Jardine, Matheson & Co. to Colonial Office, August 30, 1873, enclosed in Kennedy to Kimberley, August 30, 1873, # 177: CO 129/164.

81　*China Mail*, September 20, 1879.

擴大到當地！[82] 可惜這項交易是否成事不得而知，但無論如何，這清楚顯示香港華商汲汲於大展拳腳，盡量在多方面擴大他們在太平洋彼岸的影響力。

從 1886 年至 1889 年，香港的承充權由李慶炎投得，另一位擁有新加坡承充權的外來人。李慶炎出身馬六甲望族，是海峽華人家族網絡的一部分。[83] 承充權第二度由外來人獲得，是因為港府再次認為應「打散由香港公司組成的小集團」，這個集團一直嘗試令政府接受他們的條件。香港鴉片商再次遷往澳門，從該地控制出口市場。在 1889 年，鴉片承充權由來自檳城的辜禎善取得，但他在 1891 年向政府陳情要求減租。他以為可以從出口獲得可觀利潤，付出了很高的競投價。[84] 就像他之前的萬合一樣，出口市場沒有實現，令他陷入窘境。

從 1880 年代末開始，鴉片「出口貿易的實際壟斷」無疑是掌握在澳門的鴉片承充人手中，這是由遷往當地的香港公司所組成，生產的鴉片品質上好。它們不只主宰美國市場，由於這些鴉片品質極佳，走私到香港的數

82　Bowen to Derby, January 17, 1885, #24: CO 129/220。温哥華島上的域多利市是煮製和分銷北美洲鴉片的主要地點。在 1883 年，該市的 11 家鴉片商店年收入超過 300 萬加元。這門生意利潤如此豐厚，連卑詩省政府都要分一杯羹，每年徵收 500 加元牌照費；見 Anthony B. Chan, *Gold Mountain: The Chinese in the New World*（Vancouver: New Star Books, 1983）, p. 75。

83　李慶炎曾在金聲公司的上海分號工作 13 年，之後回到新加坡，在 1885 年投得鴉片承充權。從那時起，新加坡的華人資金開始投資境外，大量在南洋的殖民地世界和中國沿岸流動。新加坡人不只涉足香港承投權，在上海、巴達維亞、德里、曼谷和西貢也有承充權。有趣的是，來自東南亞各地和中國的外人擁有新加坡承充權的股份，有時候甚至控制其利益的情況愈來愈普遍。見 Trocki, *Opium and Empire*, p. 179。

84　Bowen to Stanley, November 6, 1885, #416: CO129/223; Des Veoux to Knutsford, May 1, 1891, #130: CO129/249，尤見公文所附的辜禎善陳情函。辜禎善來自檳城一個勢力龐大的家族。見 Michael R. Godley, "Chinese Revenue Farming Networks: The Penang Connection," in *The Rise and Fall of Revenue Farming: Business Elites and the Emergence of the Modern State in Southeast Asia*, edited by John Butcher and Howard Dick, pp. 89-99（New York: St Martin's Press, 1993）, p. 98。

量也很可觀。[85] 香港承充權的價值下跌，1892 年承充權再次由香港商人取得時，它只值 340,800 元，比之前少了 136,200 元，但還是比澳門承充人為這項特權所付的 130,000 元高出許多。[86]

　　還有一事值得一提，在十九世紀後期，北美進口的熟鴉片通常是來自廣州、澳門和檳城等香港以外的亞洲城市，但在一般人心中，香港仍然是亞洲唯一的熟鴉片出口重鎮。例如美國傳教士馬士德（Frederick Masters）在 1896 年寫的一篇文章中，很概括地說美國消費的熟鴉片是由「香港煮製、加工和裝罐」，[87] 他在廣東省和美國花了 22 年向華人傳教，獲視為這個題目的專家。事實上，據美國農業部計算，該年輸入美國的熟鴉片價值只有 3,525 美元（614 磅），僅佔該年總進口價值 735,134 美元的一小部分。[88] 然而，香港鴉片在市場上繼續具有象徵性的特殊地位，儘管它的實際作用一直在減少。馬士德進一步說，從卑詩省的域多利和乃磨（Nanaimo）偷運鴉片到加州的私梟，「把鴉片裝在舊香港煙罐中，以逃避國稅局官員檢查」。[89] 香港與鴉片（尤其是優質鴉片）之間的聯繫一旦變成了人們腦海中固定的印象，就大大左右了消費者的行為，還影響供應商的行為，產生長遠的政治和經濟後果。

85　Report by Mitchell-Innes and Ackroyd, enclosed in Des Veoux to Knutsford, May 1, 1891, # 130: CO129/249. See also Robinson to Knutsford, March 16, 1892, #89: CO 129/254.

86　*Daily Press*, November 3, 1891.

87　Master, "The Opium Trade in California," p. 56.

88　Frank Hitchcock, *Sources of the Agricultural Imports 1894-1898*, Bulletin no. 17（Washington, DC: US Department of Agriculture, Section of Foreign Markets, 1900）, p. 131; Frank Hitchcock, *Our Trade with Japan, China and Hong Kong, 1889-1899*, Bulletin no. 17（Washington, DC: US Department of Agriculture, Section of Foreign Markets, 1900）, p. 59。這些數字似乎是少報了。

89　Masters, "The Opium Trade in California," pp. 58-59.

美國政策及其對進口的影響

最終影響鴉片貿易大局的，是美國的移民和關稅政策。這種貿易不但為香港政府帶來重要收入，而且由於舊金山海關徵收的關稅，對美國財政部也十分重要。[90] 在 1862 年之前，輸入舊金山的熟鴉片須付 2.25% 的正常從價稅。在 1862 年 7 月 14 日至 1864 年 6 月 30 日之間，這個從價稅率升至 80%，並且從那時起至 1870 年 7 月 14 日，稅率是 100%。此後，稅率固定在每磅六美元，直至 1884 年提高至十美元。它在 1890 年再提高至 12 美元。這表示儘管進口量下跌，海關收入仍然很高。例如，1882 年進口量是 141,476 磅，每磅六美元的關稅是 848,856 美元。1891 年進口量下降至 63,189 磅，相當於 1882 年的一半，而當時稅率固定在每磅 12 美元，總收入是 758,268 美元，僅減少 90,000 美元（即少了 11%）。[91] 此稅在 1897 年又減至每磅六美元。[92]

美國白人很早就開始反對抽鴉片。禁止抽鴉片的城市法例，最早是舊金山於 1875 年制定，而加州也在 1881 年制訂州法禁止經營和光顧公眾煙館。這些法律無論對於鴉片消耗量或進口規模都沒有甚麼效果。[93] 儘管有這法例，財政部還是欣然繼續徵收鴉片稅，故馬士德指摘「我國政府無恥地

90　Masters, "The Opium Trade in California," p. 56。馬士德相信美國政府打算從鴉片貿易中謀利，這事實上其文章把這個目標明言。美國政府對在美國製造的鴉片煙膏徵收每磅 10 美元的稅，從而將之合法化。這門生意只准美國公民經營，他們須向海關署長提交保證金。然而，1896 年連一分錢收入都沒有。原因是上品煙膏是以印度鴉片製造，而對它徵收的關稅同製成品一樣高。製造一磅煙膏所需的原材料，光是繳關稅就至少要 15 美元，另外還要向國稅局繳交每磅 10 美元。為了獲得利潤，唯一方法是使用輸入美國不用課稅的波斯或土耳其鴉片，因為它們的嗎啡含量超過 9%，而且名義上是以供醫療用途進口。但用波斯和土耳其鴉片製成的煙膏比用巴特那生產的鴉片製造的要拙劣得多，不受消費者青睞。見 Masters, "The Opium Trade in California," p. 60。

91　Masters, "The Opium Trade in California," p. 57.

92　Courtwright, *Dark Paradise*, p. 17.

93　Courtwright, *Dark Paradise*, p. 77.

串通參與這種可憎的勾當」。[94] 此外，商店繼續公開售賣鴉片，並在報紙上肆無忌憚地宣傳。

由於聯邦政策的結果，1880 年代發生了大變化。在 1880 年，中國與美國簽訂《中美續約附立條款四款》。它的主旨是阻止華工進入美國，但當中一款條文禁止華人販運鴉片入美國，同時禁止美國人帶鴉片進入中國。[95] 這種嘗試阻止中國人販運鴉片入美國之舉的消息最初傳來時，引起很大恐慌。羅素擔心這會扼殺香港的鴉片出口貿易，從而大大減低鴉片專營權的價值，因此向殖民地部查問英國能否介入。[96] 事實上，新條約並沒有禁止鴉片輸入美國，而只是規定進口商只限美國白人開設的公司。真正執行時並沒有為華人出口商造成太大問題，他們可以找到與香港華商建立了長期合作關係的美國公司擔任承銷商，如麥康德雷公司。[97] 就進出口貿易的制度而言，生意大致如常。

事實上，如前所述，最直接影響鴉片貿易的措施，不是誰能夠或不能夠把鴉片輸入美國，而是進口稅的增加。香港、澳門和檳城的鴉片出口商在 1883 年 7 月 1 日得知鴉片稅會從每磅六美元提高至十美元後，運去等於一年供應量的鴉片。加稅只是在某程度影響進口量，但沒有完全扼殺了這

94　Masters, "The Opium Trade in California," p. 56。但他把國稅局和海關加以區分，前者發現走私鴉片至少會將之燒毀，後者則把所發現的走私鴉片拍賣，因此鴉片很快又回到市場。

95　Chen Yong, *Chinese San Francisco 1850-1943: A Trans-Pacific Community*（Stanford, CA: Stanford University Press, 2000）, p. 89.

96　Russell to Colonial Office, January 18, 1881: CO129/196。因為沒有清晰指示這個條款會馬上生效，還是要等待國會通過法例來執行，造成了額外的混亂。在 1882 年 6 月，美國領事莫斯比轉來集成公司的投訴，在檳城經營的集成公司說，它的鴉片運抵舊金山時被充公，莫斯比認為投訴有理，提出這條款在國會批准前是否應生效的問題。事情最終釐清後，禁令在 1887 年寫進聯邦法例之中。

97　關於 1888 年至 1889 年從香港運往舊金山的熟鴉片貨物，見花旗輪船公司檔案中的運貨單：Huntington Library, vol. 54, pp. 114-118。收貨人包括麥康德雷公司和阿爾弗雷德博雷爾公司（Alfred Borel & Co.）。鴉片被列為「來自」香港和澳門，並以前者為最大宗，但這種區分似乎關乎貨物裝船的地點，而非生產地。

個貿易，只要消費者的需求仍然存在。事實上，馬士德很肯定高稅率不會降低進口量，只會助長走私，而走私可以是相當於正常進口量的兩倍。

　　長遠來說，把華人摒諸門外的法例對於鴉片消耗量當然會有根本性的影響。而且影響比許多人所預期的還要大。1882 年的《限制華工法》不但限制華人新移民進入美國的數目，還令那些回到中國後要重返美國的人難以歸返。[98] 結果，美國華人數目從 1890 年的 103,620 人下跌至 1900 年的 85,341 人，到 1920 年剩下 53,891 人，導致對進口熟鴉片的需求銳減。[99]

　　非醫療用途的鴉片進口最終在 1909 年被禁。[100] 結果走私很活躍，但這是鴉片貿易故事的另一章了。

鞏固延續香港與熟鴉片之間的聯繫

　　在 1890 年代，香港持續出口鴉片到美國，只是如前所述，規模已大為減小。即使香港承充人不能像過去的承充人那樣自行出口那麼多鴉片，但鴉片貿易以其他方式繼續。只要香港仍然是華人客運樞紐，就會有大量搭客購買鴉片帶上船，以在途中和抵達目的地後自用。政府認為承充人靠這方面的生意，就完全付得出 340,800 元的專利稅。[101]

98　Madeline Hsu, *Dreaming of Gold, Dreaming of Home: Transnationalism and Migration between the United States and South China, 1882-1943*（Stanford, CA: Stanford University Press, 2000）, pp. 64-89.

99　Courtwright, *Dark Paradise*, p. 84.

100　Hodgson, *Opium*, p. 134.

101　Memorial from the opium farmer enclosed in Barker to Ripon, May 4, 1894, #106: CO129/263.

表 5-1　1871 至 1881 年熟鴉片進口（凱恩）

年份	重量（磅）	價值（美金）	關稅稅率	稅金（美金）	
1871*	12,554.00	113,635.00	100%	113,635.00	（每磅 $9.05169）
	25,270.60	239,699.00	每磅 $6.00	151,623.63	
1872	49,375.00	535,597.00	$6.00	296,250.00	
1873	53,059.00	581.656.20	$6.00	318,354.00	
1874	55,343.75	556,844.00	$6.00	232,062.50	
1875	62,774.66	662,066.00	$6.00	376,647.93	
1876	53,189.42	577,288.51	$6.00	319,136.50	
1877	47,427.94	502,662.27	$6.00	284,567.70	
1878	54,804.78	617,160.20	$6.00	328,828.68	
1879	60,647.67	643,774.00	$6.00	363.886.02	
1880	77,196.00	773,796.00	$6.00	463,176.00	
合共	551,642.82	5,222,521.50		2,770,646.94	

* 鴉片稅在這年由 100% 改為每磅六美元

【資料來源】Kane, *Opium Smoking in America and China* (1882), p. 16.

表 5-2　1880 至 1896 年 4 月鴉片進口（馬士德）

年份	進口數量（磅）	徵收稅款	稅率（每磅）
1880	67,741	406,446	$6.00
1881	77,333	463,998	$6.00
1882	141,476	848,836	$6.00
1883	220,867	1,325,202	$6.00
1884	18,820	188,200	$10.00
1885	54,434	554,340	$10.00
1886	58,523	585,230	$10.00
1887	65,397	653,970	$10.00

（續上表）

年份	進口數量（磅）	徵收稅款	稅率（每磅）
1888	94,955	949,550	$10.00
1889	44,674	446,740	$10.00
1890	77,578	818,912	《麥金利法案》（McKinley Bill）該年部分時間 $12.00
1891	63,189	758,268	$12.00
1892	74,268	879,204	$12.00
1893	52,393	628,716	$12.00
1894	84,952	715,860	《威爾遜法案》（Wilson Bill）；8 月 $6.00
1895	116,354	698,124	$6.00
1896（四個月）	43,692	261,852	$6.00

* 注意馬士德與凱恩的數字之間的差異

【資料來源】Masters, "The Opium Trade in California" (1896), pp. 54-61.

　　鴉片出口仍然對香港十分重要，還由於其他原因。雖然澳門承充人主宰出口市場，但香港仍然有其優勢，此地航運設施比澳門優勝，香港的標記聲譽卓著。澳門承充人因此向香港承充人辜禎善每月付出 3,500 元，把在澳門煮製的鴉片運到香港水域，供輸往美國和澳洲之用。[102] 只要消費者鍾情於香港鴉片，維持鴉片在香港煮製的假象就有利可圖。雖然福隆和麗源是在澳門煮鴉片，[103] 但它們可能取得與香港的聯繫，這或許是通過香港的航運文件，或許靠美國領事的證明。加州報章廣告直至 1906 年仍繼續宣傳「正宗」香港鴉片，清楚顯示香港標記對於這種產品的行銷有多重要。這是羅

102　Robinson to Ripon, June 25, 1894, #155: CO129/363; *Daily Press*, March 8, 1892.

103　*Hongkong Telegraph*, March 19, 1909, Robinson to Ripon, June 25, 1894, #155: CO129/363.

素所說的「以香港商行之名出現在外銷市場所獲得的巨大優勢」，無論這種說法到後來已多麼名不副實。

小結

在 1906 年，舊金山中文報章刊登一則告示，警告消費者要提防仿冒福隆和麗源的品牌。這兩家公司說它們在香港和澳門註冊，幾十年來一直以陳年公班土製造鴉片，品牌中外馳名，一直為美國富商所光顧。現在有無恥之徒使用廉價低劣的鴉片，偽貼福隆、麗源名號，或詐稱他們的鴉片是由這兩家公司在舊金山開設的分莊生產。兩家公司希望顧客知道，他們在任何城市都別無分號，而且只有嘻治披厘啡（H. G. Playfair）一人獲授權進口他們的產品，煙罐上有印上此人名字的標記。這則告示建議：「凡購本公司福隆麗源煙者，請認明士擔招牌煙味，庶不致誤。」[104]

這種廣告在如《大同日報》、《中西日報》等舊金山中文報章上所在多有。廣告由不同商店刊登，包括專門售賣煙草和鴉片產品的商店及雜貨店，但全都自稱售賣真正香港煮製的煙膏和正牌福隆和麗源產品。這些鴉片廣告揭示了華人移民和香港經濟發展之間的密切關係。

在淘金熱期間和之後，數以千計華人蜂擁前往美國，造就了當地對於各式各樣高級產品的需求。這些移民難免要適應新環境，在某些方面得有所妥協，例如華人婦女稀少，但在另外一些領域，他們則堅持繼續某種生活方式，包括抽鴉片。他們購買力高所以抽得起鴉片，但即使沒有那麼富

104　《大同日報》，1906 年 1 月 14 日；《中西日報》，1904 年 2 月 23 日。

裕的人，他們離鄉別井，在異國人之間備嘗艱苦，似乎可靠抽鴉片而得到一些慰藉。在此過程中，他們創造了跨國的消費空間，而其基礎不只是某些特定物品的使用，還有它們的特定消費方式，以及認可它們的價值的特定標準，從而把來自舊國度的習慣和價值觀帶到新國度延續下去。抽鴉片除了提供感官享受，與之相關的象徵意義和社會儀式往往同樣重要。鴉片煙膏深受美國華人歡迎，令它成為跨太平洋長途貿易中利潤最豐厚的物品之一，影響了這個市場的各個方面。

在供應方面，香港成為熟鴉片的主要供應源頭，而且長期在消費者心目中是煙膏中的上品。免稅生鴉片可輕易獲得，以及大量前往淘金國家的移民交通這兩大因素，令香港成為這門生意的主要舞台，即使有時候許多鴉片其實不是在香港煮製。

向美國和其他淘金國家出口熟鴉片，顯示香港的政治、社會、經濟發展，與華人出洋是如何息息相關。尤其有趣的是，它顯示了殖民地政府和華商之間，以及華商彼此之間關係的動態變化。我們看到，在十九世紀的大部分時間裏，有兩家香港集團主宰這個舞台，它們時而互相激烈競爭，時而聯手施計對付殖民地政府和抵抗境外集團。香港政府同樣決心要從這個難得的機會中謀取利益，採取不同策略去勝過商人，頻繁採用分而治之原則，這種原則受過考驗證明行之有效。政府十分清楚與香港聯繫的重大意義，只要有人肯為之此付出代價，政府甚至不惜與之合謀，維持在澳門煮製的鴉片是香港鴉片的假象。此外，政府長期干預市場，或許促使學者重新檢視長久以來認為香港經濟是奉行自由放任原則的想法，重新思考香港經濟史的基本假設。

第 六 章

到加州去：華人婦女出洋

必須指出，殖民地香港有中國奴隸制存在，這還一直是中國政治
和社會制度的基本特點，現在香港最高法院的司法判決，以及當
地居民在其嚴肅鄭重的稟帖中承認此事，將奴隸制確立下來，而
香港是所有華人出洋到美國的轉口港。或許應當問，在這種移民
的每一面貌中，難道沒顯示出人類奴隸制的污點？[1]

——前美國駐香港領事貝禮，1879

阿彩的故事

在 1848 年底至 1849 年初某段時間，阿彩（Atoy）把丈夫留在香港，
隻身前往舊金山，她人長得高䠷窈窕，纏了小腳，一雙眼睛笑意盈盈。她
橫渡太平洋，踏上危險和艱辛的旅程，是為了做自由身的妓女來「改善生
活」。起初她的住處很寒傖，那是企李街（Clay Street）旁一條小巷的小木
屋，她那不凡的體態外表令她馬上大獲成功。據說白人礦工排的隊伍繞着
整個街區，付出一盎司黃金（16 元）只為「一睹阿彩迷人的芳容」。[2] 她會說
英語，這點一定加強了她在這個種族和文化混雜的市場的價值。到了 1850

1　Bailey to Payson, December 2, 1879, in US Congress, Senate, "Expatriation and Chinese Slavery.
　　Message from the President of the United States Transmitting in Response to a Resolution of the House
　　of Representatives, Reports from the Secretary of State in Relation to Slavery in China ... March 12,
　　1880": US Congressional Serial Set Vol. No. 1925, Session Volume No. 24, 46th Cong. 2nd Session, H.
　　Exec. Doc 60, p. 16（hereafter, "Expatriation and Chinese Slavery"）.

2　Judy Yung, *Unbound Feet: A Social History of Chinese Women in San Francisco*（Berkeley, CA:
　　University of California Press, 1995）, pp. 33-34.

年，她有能力僱用兩個剛來到的華人娼妓亞萊（Aloy）和亞詩（Asea），顯示她不但有迷人魅力，還很有做生意的手腕。[3]

在 1851 年初，舊金山大概有五六名自由身的華人娼妓。在該年年中，第一屆治安維持會（Committee of Vigilance）收到兩名華人投訴後，將亞露（Ah Lo）和亞虹（Ah Hone）兩名妓女遞解出境。阿彩得以倖免於治安維持會的調查，據說是因為妓院調查官克拉克（John A. Clarke）是她的愛人之一。這兩名妓女被遣返後，阿彩的競爭者就減少了，生意蒸蒸日上。

她在兩三年內就變得很富裕，足以搬去更佳的屋宇。1852 年的一份城市人名地址錄把她列為「客棧」業主，「客棧」明顯是妓院的委婉說法，而她擁有的「客棧」不止一間，而是兩間。[4]為滿足對於女性服務日益上升的需求，無疑也因為她自己的成功而受到鼓舞，阿彩也開始輸入妓女供應其他華人妓院。本地文壇人物蘇萊（Frank Soulé）在 1852 年責怪她帶來幾百名華人娼妓，說「她在家鄉提出的意見，似乎鼓勵了色情行業來到像舊金山這麼怡人的地點」。她可不只是提出意見。在 1854 年，她親自前往中國，以每人 40 元的價格買了六至八個女人帶回舊金山，船費每人 80 元。她不時以 1,000 至 1,500 元的價格，向華商和賭客「賣出她的存貨」。她似乎去過很多趟這種購買之旅。在 1857 年，她向記者宣稱她正在收拾行裝，準備退休回到中國，無意重返加州，但她卻又回去了，據說在 1859 年於舊金山

3　Benson Tong, *Unsubmissive Women: Chinese Prostitutes in Nineteenth-century San Francisco*（Norman, OK: University of Oklahoma Press, 1994）, p. 6.

4　Tong, *Unsubmissive Women*, p. 6。他接着說，她究竟從自己的事業中積攢了多少財富無從稽考，但《上加利福尼亞報》曾報道，她被一名客人劫去價值 300 元的鑽石「胸針」。有報道說她參與在沙加緬度和斯托克頓經營妓院。

因經營「傷風敗俗的屋子」而被拘捕。[5]

她以賣春為業，「作風放浪不羈」，而態度明顯叛逆，不尊重舊金山華人社會的父權體制，因此觸怒了一些當地華人，他們一再嘗試以各種理由把她攆走。早在 1851 年，舊金山華人僑領袁生就宣稱她丈夫找她回香港，試圖逼她回去。他與其他人呼籲加州當局發出命令叫她回去，還說會提供旅費，加州當局拒絕後，他們就要求當局不要干預此事，讓華人以自己的方式處理。[6]

有人猜測袁生對阿彩的敵意，可能源自兩人爭奪加州娼業和買賣婦女的控制權。除了她，還有其他人開始安排從中國內地經香港輸入婦女 ——可以賣作娼妓、僕人或妾婦的女性。這些淫媒幫派[7]的組織日益緊密，勢力愈來愈大；如歷史學家 Benson Tong 指出：「受男性主導的團體控制的新妓女到來，表示自由放任時代開始走向終結。」阿彩這些自由身妓女的事業也隨之沒落。[8] 到了 1860 年代，阿彩已從賣春事業退隱；據說 1868 年後她與丈夫住在加州聖塔克拉拉郡。她在 1928 年去世，差三個月就滿一百歲。

阿彩成功和苦難交織的故事，凸顯出華人移民美國的一些關鍵層面。

5　"Sale of Female Celestials," *Sacramento Daily Union*, March 22, 1855, cited by Lani Ah Tye Farkas, *Bury My Bones in America: From San Francisco to the Sierra Gold Mines*（Nevada City: Carl Mautz Publishing, 1998），p. 143, n. 14.

6　"Chinese Difficulties," *Alta California*, March 6, 1851.

7　Benson Tong 稱它們為「互相爭鬥的堂」（Tong, *Unsubmissive* Women, p. 9）。在有關美國華人社會的文獻中，「堂」這個詞通常是指祕密結社、犯罪、暴力和罪惡。問題是「堂」這個字也用於許多不同組織的名字，包括學校、同鄉會、行會、餐廳和中藥店。為免混淆，我在此用「淫媒幫派」（procuring ring）一詞。

8　Tong, *Unsubmissive Women*, p. 11。據成露茜說，在十九世紀五十至七十年代左右，協義堂成為輸入婦女的主要集團，估計在 1852 年至 1873 年間輸入了 6,000 名婦女，即佔那段時間抵達的婦女總數的 87%。它向每名買家收取 40 元費用，據說當中 10 元進了白人警察的口袋。Lucy Hirata, "Free, Indentured, Enslaved: Chinese Prostitutes in Nineteenth Century America," *Signs*, vol. 5, no. 1（1979），p. 10.

圖 6-1　一船的華人婦女抵達舊金山 ──「天朝女士」從碼頭坐馬車來到
【圖片來源】*Frank Leslie's Illustrated Newspaper*, April 10, 1869, p. 56
（大英圖書館提供）

與香港的聯繫、娼妓、買賣婦女、中國彷彿有無盡的婦女供應、加州對她
們似乎有無窮的需求，是十九世紀華人婦女出洋現象的特點。這些元素所
構成的背景，貫穿了許多遷往美國婦女的經歷，包括自願和被迫前往的
人，成功抵達和去不了的人。

華人婦女出洋

　　有關美國華人的歷史記載汗牛充棟，但大多數把男性勞工視為標準，
而婦女是例外。[9] 對於華人婦女出洋到美國的研究，其着眼點常常是美國移民
政策的壓迫和歧視性質，或者是娼妓問題，深深包含在有關美國歷史中的
種族、性別和階級的討論之中。[10] 本章探討婦女跨越太平洋的遷移流動，焦
點放在香港的社會、政治和經濟情況，如何影響前往美國的婦女移民供應
—— 事實上，美國市場。我們看到此活動有許多參與者。一方面是在太平
洋兩岸竭力供應婦女，以滿足需求極大的加州市場的男男女女，這種活動
成為了利潤豐厚的生意，不只吸引了強悍的幫派份子和妓院經營者，還有
貪污的海員和領事館職員等。這些人一心要保持婦女的流動，想出許多新

9　Kerry Abrams, "Polygamy, Prostitution, and Federalization of Immigration Law," *Columbia Law Review*, vol. 105, no. 3（2005）, p. 648.

10　Sucheng Chan, "The Exclusion of Chinese Women 1870-1943," in Entry Denied, *Exclusion and the Chinese Community in America, 1882-1943*, edited by Sucheng Chan, pp. 94-146（Philadelphia, PA: Temple University Press, 1990）, p. 94.

方法去破壞限制這種遷徙的嘗試。另一方面是倫敦和華盛頓的政策制訂者，以及美國制度中其他級別的人，每羣人都有各自不同甚至相反的目標。在香港是當地殖民地官員和歷任領事，他們負責執行各自國家的出入境法律，彼此的態度和利益也會互相牴觸。正在崛起的華商精英插手其中，令情況變得更複雜，他們以保護華人移民為己任 —— 不過所根據的是他們自己的一套道德原則。兩者不一致的經濟利益、政治目標和社會價值觀念，構成了整個婦女移民現象複雜多變的背景。

在此過程中，「奴隸制」成為備受激烈爭論的關鍵問題。反對華人入境的人嘗試將其定義擴大，把所有入境的華人都標籤為「奴隸／苦力」，或者至少顯示他們帶有奴隸制色彩，容許他們進入美國會摧毀美國的制度。有些人則把「奴隸制」定義得較具體，他們說，華人移民並非全是「奴隸／苦力」，藉着審查制度可以把自由移民區分出來，而且這種移民應得到鼓勵。另一些人甚至指出，即使買賣婦孺也不一定就是「奴役」。持這種看法的人承認，把人拐帶出洋和把女人賣到海外為娼是邪惡，應視為非法，但強調應容許其他形式的人口買賣。政策制訂者和執行者的道德、社會和法律立場，以及市場力量，一同塑造了婦女從香港到加州的遷徙性質。

十九世紀加州的男女失衡

十九世紀華人移民到美國的最顯著特點之一，是女性相較於男性的數目不成比例地少。根據美國人口普查局的記錄，進入美國的華人男性和女性移民之間的比例，在 1853 年是 0.0，1863 年是 0.1，1873 年是 4.4，1883 年是 0.5，雖然在中間那些年，比例可能高一些，例如在 1862 年百分比是

17.9%，高得不尋常。[11] 這些數字明顯有問題，但它們確實讓人看到，與男性相比，華人女性比例之低。觀察者從最早的歲月就注意到這點，反對和支持華人移民的人自此一直為其原因爭論不休。[12]

這種數字上的差異，在華人出現在加州的初期似乎很自然。一如許多開拓城鎮，舊金山吸引單身男性工人而非女性。加州的人口普查顯示，在 1852 年居住在該城的華人中，只有 19 人是女性，男性則有 2,954 人，比例是 1 比 155；而在舊金山非華人人口間，這個比例為 1 比 3，接近於平等。[13] 大部分男性工作的礦場位於偏遠地區，環境惡劣，絕不宜攜眷前往。但即使在 1850 年代中期採礦業衰落後，情況也沒有多大變化。大量男人離開礦場，聚集到如舊金山和沙加緬度等急速發展的城鎮，投身其他行業，華人婦女數目都沒有相應上升。

關於美國華人婦女數目少的原因，一直以來都有許多人嘗試去解釋。自 1970 年代起普遍為人接受的解釋是：美國政府為難這些婦女，令她們難以入境美國。這個說法反映亞裔美國史學的一個大潮流，亦即渴望顛覆亞洲人是美國社會的「永久外人」形象，並且記錄他們在美國的「定居權主張」。[14] 受此影響，即使來自該領域以外的法律學者，例如佩弗（George Peffer）和艾布拉姆斯（Kerry Abrams），都認為 1875 年的《佩奇法》（Page Law）是妨礙華人婦女移民及華人在美國建立家庭的重大障礙，而這種情

11　這些數字引自 Yung, *Unbound Feet*, pp. 294-296。

12　George Anthony Peffer, *If They Don't Bring their Women Here: Chinese Female Immigration Before Exclusion*（Urbana, IL: University of Illinois Press, 1999），此書對這一爭論有十分精彩的描述。

13　Tong, *Unsubmissive Women*, p. 3.

14　Adam McKeown, "Transnational Chinese Families and Chinese Exclusion, 1875-1943," *Journal of American Ethnic History*, vol. 18, no. 2（1999）, p. 73.

況早在 1882 年通過《限制華工法》前就發生。[15] 美國聯邦法律和州法律無疑帶有種族歧視和性別歧視色彩，但是，無論是在 1875 年之前或之後，它們都不是導致女性移民數目少的全部原因。要了解華人女性出洋的性質，就必須檢視中國父權制度的原則和實踐。此外，歷史學家麥基翁提出循環式遷移形態（circulatory migration）和跨國家庭的概念，是可用於分析華人移民男女比例嚴重失衡的利器。[16]

十九世紀至二十世紀初的華人婦女一般都不會出洋遠行，因為中國是父權制、父系和從父居的社會：女人的角色公認是生兒育女，在家侍奉丈夫和公婆。由於中國人極為重視孝道，為人妻者留在中國服侍公婆的道義責任，大於陪伴旅居外國的丈夫的需要。甚至在公婆去世後，為人妻者仍然負有祭祀祖先和打理家庭的責任。大家要記得，在父權社會中，在生者、死者和後世子孫之間是有重要聯繫，把元配遷到外國土地會切斷這種聯繫。由於出洋的人打算返回故鄉，所以妻子留在中國，在他不在時維護他在宗族和家庭中的利益就更加重要。事實上，丈夫離家在外時，其財產主要是由妻子打理，還負責利用丈夫匯回家鄉的款項作投資，正如歷史學家馬宗達（Sucheta Mazumdar）所指出，這顯示了跨國家庭中的策略分工。[17]

婦女離鄉後道德會敗壞，也是令人擔心的事。在十九世紀下半葉，可能會有少數男人希望妻女到美國與他們團聚，但大部分人覺得讓婦女留在

15 Abrams, "Polygamy, Prostitution, and Federalization of Immigration Law"；Peffer, *If They Don't Bring Their Women Here*.

16 見 McKeown's refutation of these claims in "Transnational Chinese Families," pp. 76-80。

17 Sucheta Mazumdar, "What Happened to the Women? Chinese and Indian Male Migration to the United States in Global Perspective," in *Asian/Pacific Islander American Women: A Historical Anthology*, edited by Shirley Hune and Gail Nomura（New York: New York University Press, 2003）.

中國較安全，她們在家鄉不會接觸到異國奇怪的處事方式，或者美國社會較為個人主義的傾向。少數希望女兒受教育的人覺得，中國式教育更適合她們。[18] 總之，把女人留在家鄉，似乎能令美國華人心裏更為踏實，因為他們知道，比起外邊的世界，家鄉的社會結構和規範更能保障自己身為人夫、人父的利益。如麥基翁所說，對於長期分隔兩地的跨國家庭來說，把妻兒帶到像美國那樣的遙遠環境，缺乏基本的支援網絡，其實是弊多於利的。[19] 從經濟角度說，在家鄉生活較便宜，所以男性把妻子和年幼子女留下更為合理。當然，華人家庭不只是父權式，而且是一夫多妻制；婚姻是兩情相悅的結合，以及核心家庭神聖不可侵犯，這兩者都是外來的概念。與髮妻相久分隔兩地，有財力的男人可以在美國納妾來補償，而妾婦的品行如何（即使道德敗壞）都無關他或其家族的榮辱。如索尼（Michael Szonyi）所說，[20] 跨國家庭並非沒有矛盾，在十九世紀和二十世紀初，跨國家庭可以達到許多有用的目的。

　　客觀條件（法律和官僚障礙以外的經濟盤算）及由社會、文化價值觀塑造的主觀願望，兩者的共同作用令美國華人婦女數目一直很少，也妨礙華人在當地成家立室。[21] 不管是甚麼因素所致，出洋的華人婦女數目少在當時已廣為人知，而且並非只有加州如此。英國移民經紀懷特（James T. White）在

18　陳素貞（Chan Sucheng）在 "The Exclusion of Chinese Women," p. 96 引述的訪談：「我希望子女接受中國式教育。他們一定要知道中國風俗。」余福章把子女送到香港接受教育。見 Lani Ah Tye Farkas, *Bury My Bones in America: From San Francisco to the Sierra Gold Mines*（Nevada City, NV: Carl Mautz Publishing, 1998），p. 73。

19　McKeown, "Transnational Chinese Families," p. 97.

20　Michael Szonyi, "Mothers, Sons and Lovers: Fidelity and Frugality in the Overseas Chinese Divided Family Before 1949," *Journal of Chinese Overseas*, vol. 1, no. 1（2005），pp. 43-64.

21　Chan, "The Exclusion of Chinese Women," p. 96.

1850 年代初嘗試招募女性移民到西印度羣島不果，慨嘆自己的工作之難。他的結論是，唯一的解決方法是以直接或間接的方式購買她們，他甚至要求殖民地土地及移民部借錢給他做這件事。他還說，以約 40 元的價格可以取得十至十五歲出身良好的女孩，並且建議向幾個「更體面正派的移民」支付這個金額，讓他們能買下這些女人，娶她們為妻，帶到西印度羣島。[22]

婦女、娼妓、妾婦和婢女的買賣

　　除了少數例外，要確保女性移民的供應，唯一方法是靠購買。要了解買賣華人婦女的現象，我們須再次看看女性在父權社會中的地位。在父權社會中女兒普遍被視為負累，貧窮家庭經常毫無愧疚地把她們賣作婢女（華南地區稱為妹仔）、養女、妾或妓女。據說孤兒院也是女嬰的來源，她們被帶走並且之後被賣走。女孩有時候被母親或其他家人送往妓院。婢女也會被主人或女主人賣到妓院。有時候，女孩子急需金錢時也會把自己賣掉，

22　James T. White to Colonial Land and Emigration Office, December 10, 1853, enclosed in Colonial Land and Emigration Office to Herman Merivale, February 25, 1854, enclosed in Despatch from Duke of Newcastle to Sir John Bowring, March 16, 1854: *British Parliamentary Papers*（*BPP*）, vol. 4, p. 28。他的提議被倫敦拒絕，但這個念頭沒有完全被放棄。紐卡斯爾公爵（Duke of Newcastle）知道華人婚姻常常涉及金錢交易，雖然他禁止懷特及其代理人直接購買婦女，但允許他們向已婚移民提供賞金，而賞金相當於普通勞工娶妻的花費，這樣他們就可以自行作安排，並且當然會攜眷同行。Herman Merivale to the Land and Emigration Commissioners, March 17, 1854, enclosure 4 in dispatch from Duke of Newcastle to Sir John Bowring, March 16, 1854: *BPP*, vol. 4, p. 32。

例如賣身葬父。丈夫把妻、妾賣給妓院或用作抵押品，是時有所聞之事。[23]

　　年幼女童往往在幾歲時就先被賣為婢；她們可能一再被人買賣，多次轉手，到了適合的年紀就被鬻入青樓或被賣為妾。可以說，這些買賣不是這些女孩所能理解的；她們無法反對決定，或者出於盡孝（若這個安排是由家人所做），或者出於害怕受罰。由於父權價值觀的普遍，異議者選擇不多，而且父權價值觀已根深柢固灌輸於個人心中，所以想要逃跑的情況也很罕見。

　　有時候年輕女孩是直接從貧窮家庭買下來作為投資，並授以妓女的技巧——唱歌、音樂和牀笫之術。[24]當年紀夠大，她們的擁有者就會帶她們去妓院，在那裏像「寄宿生」那樣學習為妓的技能。此外，有一些「自由身」（或在這行業中分類為「自僱」）妓女，也就是不由任何人擁有、自願到妓院為娼的人。這常見於較低等的賣春市場，那裏女子通常年紀較大，有些人是經歷不成功的「婚姻」後重投淫業的前妓女。她們往往急需金錢，會向妓院經營者預支薪水，然後一直賣春直至還清債務。[25]

23　在一個十分可悲的例子中，一名女子聲稱先被丈夫賣到新加坡，之後她逃走回到丈夫身邊，丈夫再把她賣到廣州，她又回到他身邊。後來那名丈夫把女兒賣掉，這女子才對他深惡痛絕，最終離開他。Elizabeth Sinn, "Chinese Patriarchy and the Protection of Women," in *Women and Chinese Patriarchy: Submission, Servitude and Escape, edited by Maria Jaschok and Suzanne Miers*（Hong Kong: Hong Kong University Press, 1994）, p. 156。據說廣東的船婦從育嬰堂抱養嬰兒，及至一歲左右就典賣。見〈太平洋行誘拐婦女出洋案〉，載《清季華工檔案》，全七冊（2008），第七冊，頁3390。

24　被買下的女孩長到十一二歲，就會被派往妓院工作，但在約十五歲前接客伴寢很罕見，在此之前，她的職責只是在晚宴上唱曲娛樂賓客，這種女孩稱為琵琶仔。琵琶仔是處女之身的學徒，在經過「梳櫳」開苞後才成為真正的妓女接客。羅澧銘：《塘西花月痕》，全四集（香港：禮記出版公司，1963），第二集，頁40–44。

25　Report of the Commissioners Appointed by His Excellency John Pope Hennessy, CMG ... to Enquire into the Working of the Contagious Diseases Ordinance, 1867（Hong Kong: Noronha & Sons, Government Printers, 1879）（以下簡稱 RWCDO）, p. 1.

與香港的聯繫

　　香港是前往加州的主要出洋港口，此地的情況對於婦女出洋和販運發揮舉足輕重的作用。雖然它在 1842 年成為英國殖民地，但就關於家庭和婦女的風俗習慣而言，香港大體上仍然是中國父權社會的延伸。娼妓屬於最早一批到達香港的女性，據說：

> 香港殖民地在 1842 年最初成立時，來自中國大陸鄰近地區的妓院經營者和妓女馬上將之攻陷，他們帶來中國的娼妓制度，此後致力鉅細無遺地實行。[26]

　　直至第二次世界大戰結束前，香港人口的性別比例都是男多女少，這是移民社會的普遍特點。這方面香港和舊金山頗為相似。以男性為主而且大多是短期逗留的人口，由幾個主要羣體組成：外國人中有商人、公務員、軍人，而隨着香港發展為世界市場中的重要貿易港，並成為英國這個全球海洋帝國的戰略基地，此地也有大量來自不同國家的海軍和商船船員。華人佔人口的九成，當中有家僕、從事粗重體力勞動的工人、建築工人、店員和店東，不用說還有賊匪、海盜和私梟，以及後來的商人。由於缺乏正統士紳階層，華人道德廢弛，買春明目張膽，不以為恥。[27] 這些華洋男性一方面合力把這個新興邊陲城鎮建設成未來的國際城市 —— 大英帝國皇冠上

26　RWCDO, p. 3.

27　見 Elizabeth Sinn, "Women at Work: Chinese Brothel-keepers in 19th Century Hong Kong," *Journal of Women's History*, vol. 19, no. 3（2007）, pp. 87-111。

表 6-1　香港男女比例（1848－1854 年）

年份	成年男性 *	成年女性 *	女性對男性比例
1848	10,337	1,820	17.60
1849	11,803	2,590	21.94
1850	12,923	2,715	21.00
1851	9,975	2,234	22.39
1852	13,297	3,068	23.07
1853	14,873	3,137	21.09
1854	19,773	4,991	25.24
1855	29,075	6,976	23.99

* 男性和女性人口包括「歐洲人和美國人」、「葡萄牙人（果阿和澳門）、印度人、馬來人和馬尼拉土著」，以及「維多利亞城的華人，包括歐籍人的傭人和臨時居民」。

【資料來源】*Hong Kong Blue Book*, 1855, p. 229.

表 6-2　香港維多利亞城妓院數目與家庭數目之比較（1850－1860 年）

年份	妓院數目	家庭數目
1850	32	141
1855	152	600
1860	126	698

【資料來源】：*Hong Kong Blue Book*, 1850, p. 149; 1855, p. 219; 1860, p. 193.

的一顆明珠，另一方面也造就了對妓女的龐大需求，娼業成為香港社會、經濟和政治基礎建設的關鍵一環。

　　首任巡理府梅理（Charles May）在 1870 年代估計，居住在香港島的婦女中，每六人中只有一人是以妻子或妾身份與男人同住，暗示其餘的人是

妓女。[28] 這或許過於誇大，反映了蒐集統計數字之拙劣和他對華人婦女的普遍鄙視。另一方面，華人醫師彭雨生（Pang Ui-shang）在 1877 年估計，婦女人口中只有兩成五是良家婦女，他在香港工作多年，並因治療性病而與妓女有廣泛接觸。[29] 雖然兩人的估計可能都有所誇大，但都顯示十九世紀香港娼妓氾濫是不爭的事實。值得注意的是，除了妓女，香港也需要婦女作其他目的。富有和「體面」的西方商人，沒有攜眷來到東方，又因為召妓在猶太教—基督教社會中是羞恥之事而不想光顧妓院，改為包養華人情婦，有些人甚至與這些被稱為「涉外婚婦」的婦女開展家庭。[30] 富有華人多半把元配留在家鄉，所以會購買女人為妾或側室。年輕女孩被作為婢女帶到家庭工作。這是完全正常和得到許可的行為。雖然直至 1870 年代末，有關香港婢女數目的統計數字都付諸闕如，但正按察司司馬理在 1879 年宣稱香港有一萬名「奴隸」，而當時香港人口只有十二萬。再一次，我們很難查證這種數據有多真確，但從中可見蓄婢是十分普遍的做法。[31]

　　須注意的是，婦女的處境是變動不居的。婢女成年後會嫁給勞動階層的男性為妻，或賣給富人為妾（有時候甚至當作禮物送出），又或者被賣入青樓為娼。娼妓也可以成為妾或側室，不用說有些娼妓會成為「涉外婚婦」，或者「涉外婚婦」淪為娼妓。女人的身份地位可以轉變，幾乎總是金錢交易的一部分，而且買賣女人的市場很蓬勃和充滿機會。

28　RWCDO, p. 12.

29　RWDCO, p. 20.

30　見 Carl T. Smith, "Protected Women in 19th-Century Hong Kong," in *Women and Chinese Patriarchy: Submission, Servitude and Escape, edited by Maria Jaschok* and Suzanne Miers（Hong Kong: Hong Kong University Press, 1994），pp. 221-237。

31　*China Mail*, October 6, 1879。1879 年時，香港有 36,168 名華人婦女（*Hong Kong Blue Book*, 1879, p. M2），這表示每三名女性中有一人是婢女，這數字高得令人難以置信。

殖民地政府的態度

在香港或經由香港買賣婦女之事，似乎一直持續而不受任何懲罰，香港不是沒有禁止這種做法的法律，殖民地官員也並非對這種事情毫無所知。1845 年 1 月的一項特別公告宣佈，英國國會通過禁止奴隸制的法令會在香港實行，而這些法令的內容會進一步寫進《1845 年第六號法例》和《1846 年第二號法例》，成為香港法律。這些法律旨在保護個人不受奴役，本應足以遏止任何方式的人口販賣。然而，它們大致上只是一紙空文。它們本可發揮的好處，都被義律（Charles Elliot）上校 1841 年佔領香港島時發出的公告所抵銷，該公告說：凡有禮儀所關，鄉約律例，率准仍舊，亦無絲毫更改之議，其他英國直轄殖民地的土著也得到同樣對待。[32] 雖然香港政府從來沒有以法律認可納妾、蓄婢或賣男鬻女等華人風俗習慣，但這些做法都得到廣泛容忍，所以從沒採用廢奴法例來遏止婦女販賣。[33] 例如，總巡理府威廉·堅在 1854 年承認，大多數華人娼妓是年幼時已被買為奴，而且明顯受訓當娼，但他沒有做甚麼去處理此事。證人頻頻在法庭上公然談到買賣婦女而不擔心會被檢控。[34] 香港官員一再宣稱此殖民地的女性是自由的，毋須受加諸她們的束縛，但他們沒有積極採取任何措施去解放婦女。

32　Elliot's Original Proclamation of February 2, 1841 appears as Appendix I in Geoffrey Robley Sayer, *Hong Kong 1841-1862: Birth, Adolescence, and Coming of Age*（Hong Kong: Hong Kong University Press, 1980 [1937]），pp. 201-202.

33　J. J. Francis, "Memorandum of the Subject of Slavery in Hong Kong and on the State of the Law as Applicable to Such Slavery," October 1, 1880, enclosed in Hennessy to Kimberley, August 4, 1881. "Correspondence Respecting the Alleged Existence of Chinese Slavery in Hong Kong, March 1882," *BPP*, vol. 26; Sinn, *Power and Charity*, pp. 114-115.

34　Caine to Duke of Newcastle, June 5, 1854（no. 23/Hong Kong），*BPP*, vol. 4, pp. 32-34；同樣地，史密斯（C. C. Smith）在 1866 年 11 月有關《妓院條例》的報告中承認「本殖民地妓院經營者

（轉下頁）

在 1856 年，殖民地大臣拉布歇雷（Henri Labouchere）抱怨香港娼妓「實質上是受到奴役」，建議立法改善她們的處境；但由此而來的 1857 年《傳染病條例》，卻遠遠無法以法律規管妓院經營者的地位，並因此加強他們對於旗下娼妓的控制。[35] 十九世紀和今天的情況一樣，在許多司法管轄區賣春是合法的，經營妓院卻是刑事罪行。但在十九世紀香港，兩者都是合法，結果妓院經營者在這裏如魚得水，成為國際買賣婦女市場的投資者、推動者和分銷者，發揮了關鍵作用。香港因此不只為帝國建設者提供機會，對於妓院經營者和其他打算向市場供應婦女的人而言，這裏也是機會之地。

　　淘金熱時代的加州同樣是單身漢社會，很容易就成為買賣婦女市場的延伸，並且隨着美國西部和加拿大卑詩省的發展，對於這些「淫亂、猥褻的天朝婦女」[36] 的需求迅速激增。在父權社會，「良家婦女」很少出洋，只有定義上的「壞女人」或被誘拐強擄的女人才會出洋。華人男子前往金山所利用的設施，也能協助女人出發，無論她們是自願還是被迫。著名的亞彩前往舊金山前，可能曾在香港工作，這是很合理的推測，她在香港可能有一些熟稔的外國恩客，或許學過幾句英文，懂得怎樣應付白人警察，也令她變得很堅強，能應付民風獷悍和男性主導的加州的艱苦現實環境。據聞加州男性華人富者甚多，妓女在那裏工作幾個月就能贖身，而且每百人中

（接上頁）

　　　　和無賴匪徒之間有販運人口之勾當。此地幾乎每家娼寮皆有買賣婦女」。Report by Mr C. C. Smith, November 2, 1866 on Brothel Ordinance: "Correspondence Respecting … Chinese Slavery in Hong Kong, March 1882," *BPP*, vol. 26, p. 22。妓院經營者和其他人提到這種買賣的證詞，在整份 RWCDO 中俯拾皆是。

35　Labouchere to Bowring, August 27, 1856（RWCDO, p. 207）；關於《1857 年第十二號法例》，即《傳染病條例》的實施，也見 Philippa Levine, "Modernity, Medicine, and Colonialism: The Contagious Diseases Ordinance in Hong Kong and the Straits Settlements," *Position*, vol. 6, no. 3（1998）, pp. 675-706，以及 Sinn, "Women at Work"。

36　Tong, *Unsubmissive Women*, p. 4；有關娼妓的地理分佈，見 pp. 14-19。

有七八個能積攢好幾千甚至上萬美元積蓄返鄉。[37] 如下文會談到，有些曾在舊金山妓院工作的女人回到香港後很有創業精神，並繼續以各種身份在這個行業工作，從而顯示香港與舊金山之間深厚的個人和組織連繫 —— 香港和舊金山成為一個日益擴大的網絡中心，或被迫或自願的婦女通過這個網絡來回流動。

婦女來自何方？

供應海外市場的婦女大多來自華南各地，首先在廣州集合，然後透過中間人（通常是女人）買賣。有些人之後被帶到香港，再送往其他港口，包括舊金山。有時候這些女人馬上被送走，另一些人則被要求在香港工作幾年後才被送走。例如，葉文春（Yip Mun Chun）未曾在香港工作就在 1859 年於舊金山開始當娼。她還是小孩子時就被父母賣給一個「女主人」，十四歲時被此人在廣州賣掉。她被帶到香港，在香港被轉賣到舊金山，在該市當娼七年，直至她逃離女主人，搭上一名美國人。其後她與一名華人男子同居，兩人後來回到該男子在新寧縣（今之台山）的故鄉，這名男子花光她的積蓄後就拋棄她。走投無路之下她前往香港重操故業，從一家妓院跳槽到另一家，最終自己經營一家妓院。葉文春的故事不只顯示女孩被販賣出國的情況，還可看到中國與加州之間的買賣婦女市場是如何連成一體，而這個市場以香港為分發中心。值得注意的是，婦女無論自願還是被迫，都能輕易跨越邊界並踏上長途旅程，這凸顯了邊境管制的寬鬆，以及令這

---

37 〈太平洋行誘拐婦女出洋案〉，頁 3391–3392。

種移動變得便利的基礎建設。

　　另一些女人，包括李桂瓊（Lee Kwai Kin）和陳蓮好（Chan Lin-ho），在被送到加州前曾在香港工作。兩人都「由吳亞鳳（Ng A Fo）擁有」，吳亞鳳在 1870 年被控試圖把她們賣給某個準備前往加州的人。李桂瓊在十七歲時被帶到香港，以 80 元賣了給吳亞鳳，之後四年成為外國人的「涉外婚婦」。那名外國人離開後，她無法再賺錢，吳亞鳳打算把她賣到加州。陳蓮好被母親以 20 元賣給福州的一名男人，之後被此人帶到香港，交到吳亞鳳家裏，當了四年「涉外婚婦」。那名外國人走後，她也發現自己會被送去加州。吳亞鳳似乎是從事這種買賣的老手，據說不時有女人被帶到她家中，之後被送去加州。李桂瓊作證說，有十至二十名女人經吳亞鳳之手賣走。[38] 價錢不一，以 50 至 150 元香港買入的女孩，在加州會以 250 至 350 元賣出，這門生意明顯利潤非常豐厚。[39] 在某些例子中，利潤甚至更高。

　　吳亞鳳和其他像她一樣的人口販子，如魚得水地棲身於以香港為中心的網絡之中，這個網絡涵蓋廣東、加州和世界其他地方。從另一個事例可清楚看見這種買賣的制度。在 1873 年，六人被控買賣少女為娼。妓院督察作證時說，他找到六名等待被運到加州的女孩，她們置身一間屋內，如同被監禁。其中一名被禁錮的女孩是十五歲的黃卿（Wong Hing），她的遭遇尤其能說明箇中底蘊。她十一歲時被姐夫從香山縣帶到廣州賣作婢女。有一天她的女主人和第二被告把她帶到一艘花艇（水上娼寮），之後再被帶到香港這間屋裏，女主人以 120 元將她賣給第一和第二被告。她最初被要求去縫衣服，但最後獲知自己會被送去舊金山。結果發現首兩名被告是兩

38　Lin's testimony, RWCDO, p. 93; Chan's testimony, RWCDO, p. 93；黃亞財（Wong A-Tsoi）的案例見 RWCDO，他被控違反兩名女孩的意願把對方監禁；他是妓院經營者，據說常常買下女孩再賣到舊金山。

39　Lee Kwai Kin's testimony, RWCDO, p. 93.

母女；女兒的丈夫在一艘加州蒸汽船上工作，那時人在美國，他明顯是這
勾當的重要環節。[40] 眾所周知，自古到今船員都會利用他們的特殊地位去偷
運各種事物，包括乘客。同樣眾所周知，自古到今船員在靠岸時愛光顧妓
院，所以他們擁有有用的人脈，有助達成販運婦女的目的。根據從 1857 年
至 1877 年在舊金山當警察的埃利斯（Henry Hiram Ellis）所說，華人淫媒
和妓院代理人把女人藏於船上載貨艙的暗格，[41] 從中國和香港少量偷運這些
女人，顯然是有船上員工參與其中。這些女乘客大概是無法獲得當局批准
出洋，受人指示避開這個程序，或者是海員為私吞船費而把她們藏起來。
在 1875 年 10 月，美國領事貝禮（David H. Bailey）發電報通知舊金山海關
官員，指蒸汽船「比利時人號」上藏了至少 13 名偷渡的娼妓。[42] 無論細節如
何，從這種詭計可見，船員可能是各類跨太平洋網絡的關鍵環節，至少這
是當時香港人的普遍印象。[43]

　　無論是被賣、被拐，還是受虛假的承諾誘惑，這些婦女事前都受過教
導如何應對官員的查問（這種檢查制度會在下文論及）。許多人太害怕，
不敢不依從指示。在 1874 年的一個案例中，四名女孩被發現藏身在一間屋
內，等待登上開往舊金山的蒸汽輪。她們在法庭上受盤問時全說是自願的；
兩人說是去投靠丈夫，一人自稱是僕人。三天後她們再被盤問，改口說自
己被賣到舊金山當娼。她們承認之前在法庭所說的話，是買下她們的人所

40　Wong Hing's testimony, RWCDO, pp. 125-126.

41　Henry Hiram Ellis, *From the Kennebec to California: Reminiscences of a California Pioneer*
　　（Los Angeles: Warren F. Louis, 1959）, p. 60.

42　Stahel to Steward, September 20, 1879 in US Congress, Senate, "The Consulate at Hong Kong. Message
　　from the President of the United States, in Answer to a Resolution of the House of Representatives,
　　Transmitting a Report from the Secretary of State Relative to the Consulate at Hong Kong, January 12,
　　1880": US Congressional Serial Set Vol. No. 1913, Session Vol. No. 12, 46th Congress, 2nd Session. H.
　　Exec. Doc. 20（1880）（hereafter, US, "The Consulate at Hong Kong"）, p. 29.

43　Stahel to Steward, September 20, 1879 in US, "The Consulate at Hong Kong," p. 29.

教。[44] 受害者受到威嚇很輕易會就範，聽從禁錮者所教的話應答，令偵查工作難以進行。

　　華人婦女在海外很稀有，對她們的需求日益增加，令價格隨之上升，無恥之徒為了得到她們不擇手段，不只靠購買，還拐帶誘騙兼施，包括各種虛假承諾，例如替她們找好的工作、婚姻和更美好的生活。劉余氏（Liu Yu shi）[45] 的經歷反映了一些複雜情況。已婚的她在縣城過着貧困的生活，1878 年受一個女子誘騙到了廣州，這名女子答應協助她尋找更美好的生活。抵達廣州後，此女子就把她關在房中，三天後告訴她廣州沒有工作，要她前往香港。到香港後，這女子把劉余氏交給一對夫婦後就離開。在之後 26 天，這對夫婦安撫她，答應替她找一份好工作；之後把她送上船，告訴她幾天後會到達一個新地方。他們把她交到一個名叫文寬（Wenkuan）的男人手上，文寬叫她不要害怕，告訴她旅程結束後會替她買一些好衣服，藉此安撫她。在船經過日本後，她才知道目的地是加州。[46] 文寬原來還同時「護送」另一個女人陳梁氏（Chen Liang Shi）前往，她也是受到會尋找理想工作的承諾所吸引，而不是被拐帶。[47]

　　香港是涵蓋北美、澳洲、新加坡和其他海峽殖民地的網絡的樞紐，而途經香港的數以百計女性，可以說多次重複劉余氏的經歷。對於經營各種生意的人來說，這個港口城市是調查市場狀況的最理想地點，可視乎情況把貨物和人引向和調動到不同目的地。泰昌號的工作顯示，以香港為基地

44　RWCDO, pp. 159-162.

45　劉余氏不是正式的全名。這個組合只是顯示余是她的本姓，而她嫁入姓劉的夫家。

46　Deposition of the kidnapped woman Liu Yu shi, taken on the 7th day of January, 1879, enclosed in Stahel to Seward, September 20, 1879, in US, "The Consulate at Hong Kong," pp. 76-77.

47　Deposition of the kidnapped woman Chen Liang shi, taken on the 7th day of January, 1879, enclosed in Stahel to Seward, September 20, 1879, in US, "The Consulate at Hong Kong," pp. 75-76.

的市場具有很大靈活性和廣泛接觸面。泰昌這家商號除了買賣其他商品，明顯也以買賣婦女為業。在 1873 年，它的東主陸善（Luk Sin）接到李誠（Li Shing）購買女人的訂單，李誠在波特蘭經營華記行（Wa Ki shop）。李誠甚至派其妾彩琴（Tsoi Kam）帶了 2,000 元到香港去完成買賣。陸善因為當時妓女的高價而裹足不前，只買了三個女僕。陸善是個中老手，對於當時的市場狀況知之甚詳，因為女性像其他商品一樣，舊金山定期發放關於她們「市價」的通告，這種資料令中國的經紀知道，購買女人時該付多少錢才有利可圖。[48] 彩琴本人就可能帶着這種通告到香港。

陸善買下這些女人後，無法馬上把她們送往舊金山；由於對蒸汽船的需求很大，一位難求，女性乘客全都要等兩個月才有船位。這些女人留在香港等待船位，對他來說生活費太高，所以決定把她們送往新加坡。他覺得新加坡較近，他能夠一個月來回兩地；彩錦也去了新加坡。[49]

香港是個門戶大開的市場，可便捷地進出世界各地的其他市場，這既有好處也有壞處。香港的主要華商觀察到：「香港為各埠要津，故拐匪多取道於此，以其易於授受。」[50] 香港汲汲為利和自由放任的商業環境，令買賣婦女十分輕易，而此地是高效率的出洋港口，進一步使它成為蓬勃的婦女買賣市場。任何可能為人普遍遵循的道德規範，似乎都敵不過謀利的慾望。大律師法蘭些士（J. J. Francis）一針見血地說：「新加坡、澳洲和舊金

48　Hirata, "Free, Indentured, Enslaved," p. 9, quoting *Eureka West Coast Signal*, January 6, 1875.

49　RWCDO, pp. 159-162.

50　"Memorial to the Governor" by Chinese merchants, November 9, 1878, enclosed in Hennessy to Hicks Beach, January 23, 1880: "Correspondence respecting ... Chinese Slavery in Hong Kong, March 1882," *BPP*, vol. 26, p. 191.

山的娼妓、情婦和妾侍是由香港供應。」[51] 他或許還應加上婢女。這不是個光彩的形象，但這個港口如此成功向海外市場供應鴉片、燕窩和粵劇，以同樣的興致和熱情向這些市場供應女人，似乎是再自然不過之事。

管制婦女在香港出洋

雖然我們可以假定有些女人是自願前往美國，包括像亞彩那樣的娼妓，但剩下的問題是：為甚麼有那麼多人可以在非自願的情況下經香港被送出境？從香港出洋並非完全不受規管，至少理論上是有管制。1885 年制訂《華人搭客法》，是為稍微向移民提供一點保障，但不是用來處理婦女被迫移民出洋的問題。如我們所見，由於前往祕魯和哈瓦那的「苦力貿易」發生極不人道的虐待移民事件，惹起大眾羣起而攻之，倫敦才強迫香港實施《華人搭客法》；它或多或少成功把「苦力貿易」逐出香港，轉為以澳門為中心。就出洋到加州而言，香港官員相信大多數乘客（即男性）是自願前往，所以此法例旨在保證糧食和藥物充足，船舶適合於航行，並防止超載。儘管女性出洋的性質明顯有很大差別，但此法例沒有專門保障婦女的條文，要到後來法例修訂後才出現這種條文，它規定船上應為婦女另外提供住宿空間。[52]

51　J. J. Francis, "Memorandum of the Subject of Slavery in Hong Kong and on the State of the Law as Applicable to Such Slavery," October 1, 1880, enclosed in Hennessy to Kimberley, August 4, 1881: "Correspondence respecting ... Chinese Slavery in Hong Kong, March 1882," *BPP*, vol. 26, p. 268.

52　*Alta California*, February 26, 1869.

這法例規定乘客登船前須一一到船政廳，讓官員在其船票上簽署並接受查問，以確定他們是否願意離開中國。此外，他們出發前一天必須在船的上層甲板集合，男女分開接受醫官檢查，以保證身體狀況適合坐船旅行。[53] 法例有一個大漏洞，那就是載客少於二十人的船毋須接受檢查，[54] 我們可以假設，許多乘搭這些船的婦女完全沒受查驗。查驗程序是否有效，自然取決於負責查驗的人的態度和能力。這並非容易的工作。殖民地官員極少會說中文，往往要倚賴翻譯。他們對微妙的中國社會和文化行為了解也不足，難以識破騙人技倆，也無法判斷婦女是否受到任何形式的強迫或威脅。如船政官談錫（H. G. Thomsett）所承認，最重要的一點是，看管婦女的人教過她們如何適當地對答，即使他知道大部分婦女是被人在大陸買下，送往國外為娼，但若她們按照所受的教導聲稱是自願前往，他也無能為力，幫不到她們。[55]

除了少數例外情況，殖民地政府並不要求其官員在檢查時過於賣力。例如，港督麥當奴承認：「本政府會確保她們〔那些女人〕是自願前往，並且清楚明白如果她們在最後一刻不想出發，船上警察是奉命協助她們，會把她們連同行李送回岸上。除此以外，我不認為本政府應負上更多其他責任。」[56] 然而，由於大多數婦女向來是逆來順受，又受人威脅恐嚇，所以

53　Thomsett's memo to Colonial Secretary, August 2, 1869（CSO no. 2088）enclosed in Macdonnell to Alcock, August 3, 1869, #401: CO 129/139.

54　歐德理認為，載客不足二十人的船不受管理出洋事務官監管，是此法例的主要漏洞。"Minutes by Dr Eitel, Sub-enclosure in Hennessy to Hicks Beach, 23 January, 1880"："Correspondence respecting Chinese Slavery in Hong Kong, March 1882," *BPP*, vol. 26, pp. 178-179.

55　 "Harbor Master's Report, 1874," *HKGG*, p. 122；司塔立後來也承認有這樣的情況。Stahel to Seward, September 20, 1879 in "The Consulate at Hong Kong," House of Representatives, 49th Congress, 2d session, Ex. Doc. No. 20, p. 28.

56　Macdonnell to Alcock, August 3, 1869, #401: enclosed in Macdonnell to Granville, August 4, 1869 #767: CO 129/139.

無論她們多麼不想出發，極少人會要求警察幫忙，販賣女性的活動就這樣繼續。

　　真正關心移民命運的殖民地官員就更少，對香港來說，這些移民似乎只是過客和次要的。問題過於巨大，人口販子的欺騙技倆又層出不窮，即使政府官員懷着世界上最良善的意願，情況都非他們所能有效遏止。麥當奴真誠相信華人前往美國，不論男女，都能有機會改善情況，獲得遠勝於任何在中國可能得到的生活，女人尤其能有機會長居美國，獲得幸福，擺脫在家鄉可憐的際遇。[57] 他也相信，如果要譴責販運華人婦女之事，那麼最應責怪的其實是中國當局，因為他們准許買賣婦女，並維持這種做法的合法地位。[58] 其他殖民地官員覺得，只要繼續容許娼業在香港存在，就無法有效遏止販運婦女；[59] 然而，由於香港的地緣政治和地緣經濟狀況，我們可以看到為甚麼嘗試禁娼，就非費九牛二虎之力不可。像司馬理爵士那樣擁有堅定信念挑戰現狀的人，在殖民地官員中是鳳毛麟角，這將在下文論述。

　　更根本的原因是，香港缺乏遏止虐待移民事件的政治意志，除了最極端的形式。港府致力於促進這個殖民地的整體繁榮，而對許多商界利益集團來說，移民出洋是關鍵。他們一直擔心限制太嚴格會趕跑生意。[60] 船公司的主要目標是載客愈多愈好，政府干預愈少愈好。我們見過在《華人搭客法》最初提出時，香港商人如何大力抵抗法律上的限制。但情況還不止這

57　Macdonnell to Alcock, August 3, 1869, #401: CO 129/139, enclosed in Macdonnell to Granville, August 4, 1869 #767: CO 129/139; Macdonnell to Earl of Kimberley, January 8, 1872, enclosed in No. 10, Mead to Hammond, March 16, 1872. *BPP*, vol. 4, p. 22; Caine to Duke of Newcastle, June 5, 1854（No. 23/Hong Kong）: *BPP*, vol. 4, pp. 32-34.

58　Macdonnell to Alcock, August 3, 1869, enclosed in Macdonnell to Granville, August 4, 1869 #767: CO 129/139.

59　J. J. Francis, "Memorandum of the Subject of Slavery in Hong Kong and on the State of the Law as Applicable to Such Slavery," October 1, 1880.

60　Caine to Duke of Newcastle, June 5, 1854（No. 23/Hong Kong）: *BPP*, vol. 4, p. 34.

樣。來自出洋的利潤不是全由船東賺取，而是雨露均沾，惠及經紀、租船人、勞工經紀和船位經紀。還有裝配船舶和供應物資和食物的承辦商。對出口商來說，多一個華人坐船出洋，就多一個會購買中國食品和衣服、鴉片和戲劇的消費者。阻止民眾出洋，無論男女，在經濟上對香港是有百害而無一利。

對於女性移民這個問題，英國與美國（尤其是加州）之間的目標迥然不同。英國政策是鼓勵女性隨男性一同移民，而不是加以禁止。如日本駐舊金山領事布魯克斯（Charles Wolcott Brooks）敏銳地觀察到，英國積極邀請移民在「外國」土地上定居，以實現其帝國主義野心。它的殖民地需要廉價勞工，它希望女人隨男人一同移民，以協助他們定居下來，成為可靠的永久勞動力，並維持社會穩定和有秩序。另一方面，美國邀請移民到「其領土中的荒地」定居，並且因為華人不融入同化和成家立室，布魯克斯認為前往美國的女性不但無法成為穩定的因素，反而會帶來危害。[61] 這種看法在加州很普遍。

此外，英國官員相信華人娼妓移民雖然會敗壞道德，但仍是兩害之中較輕者。如果禁止女性前往當地，結果之「可怕和噁心是大家所不想去想像的」。[62] 簡言之，要是缺乏女人，同性戀會變得不可收拾。這些政策和態度與美國恰成強烈對比，在 1860 和 1870 年代，美國有組織地反對華人移民的活動與日俱增，首先出現在西岸，之後向東蔓延。不同於英國，美國政府對「壞女人」移入大加撻伐，卻沒有嘗試鼓勵「良家婦女」前往當地。

61　Testimony by Brooks: California Senate, Special Committee on Chinese Immigration. *Chinese Immigration: Its Social, Moral, and Political Effect*（Sacramento: State Printing Office, 1878），p. 102.

62　Harbor Master's Report, 1875: *HKGG*, 1876, p. 126; also see minutes by Frederic Rogers of the Colonial Office, Macdonnell to Granville, August 4, 1869 #767: CO 129/139, p. 8.

舊金山的婦女販賣

　　一旦女性到達舊金山，就很快會被賣掉。在早期的拓荒歲月，留在該城的華人妓女會在碼頭被公開售賣，在眾人圍觀下被人出價購買，圍觀者中常常包括警察。隨着維多利亞時代的價值觀逐漸灌輸到大眾的道德意識中，愈來愈多歐裔美國人反對這種活動，拍賣地點遂改到後來的唐人街的邊緣地帶。1860 年後的某個時間，妓女在到達後馬上被帶到唐人街。在1871 年，拍賣在都板街的中國戲院舉行，都板街是市內的主要通衢。到了1880 年，拍賣在面臨聖路易巷的一間「廟宇」的地庫舉行，這條巷是妓女營生之地。《舊金山紀事報》（*San Francisco Chronicle*）聲稱這些女人「被剝光衣服趕到台上展示，讓準買家可以查看和下標競投」。在 1871 年，《上加利福尼亞報》報道，她們「被分類、標記和送到」買家手上，[63] 和其他貨物沒有兩樣。

　　在拍賣期間，少數商人或會買下女人作為側室或妾，他們通常會要走當中最年輕貌美者。這些女人也可能是「預先訂購」。一份本地報章的記者聲稱，「綺年玉貌的女性」被用作滿足來自富貴榮華貿易商的特殊訂單。[64] 富有商人的妻子（元配）很少離開家鄉，毫不奇怪這些人需要華人女性來加州當他們的側室或妾。協助華人的美以美會牧師基順（Otis Gibson）博士，在1875 年於國會作證時說，舊金山所有華人女性中，可以稱為人「妻」者不超過 300 人，而且這些人幾乎全都只是側室或妾。他認為該城的華人中，

63　Tong, *Unsubmissive Women*, pp. 69-70.

64　Tong, *Unsubmissive Women*, p. 71.

「髮妻」不超過 50 人。[65]

　　此外，富裕的華人家庭會購買年輕女孩為婢，妓院經營者則買下剩下的人。舊金山和香港一樣是集散中心，有些被妓院買下的女人，會被送到北方遠至卑詩省的地方。參與正當生意的企業家，很大可能也是剝削婦女的一方，從以下賣據可見一斑：[66]

盧和（Loo Woo）致盧智（Loo Chee）	價錢（元）
米、六張蓆子，每張兩元	12
蝦，五十磅，每磅一毛	5
女孩子	250
鹹魚，六十磅，每磅一毛	6
總共	273

美國人對華人婦女的反應

　　一如華人男子的情況，美國白人對於華人女性的觀念很快改變。他們最初覺得華人男子刻苦耐勞，是開發西部的資產，但很快就視之為狡詐之徒，並會威脅誠實白人勞工的生計；而婦女最初被認為是奇特和充滿異國情調，但很快就和娼妓扯上關係，被視為冒犯基督教情感。有些美國人憎惡華人移民湧入，那些渴望指出中華民族道德淪喪和野蠻的人，華人妓女與抽鴉片煙和賭博一樣，很容易成為他們的鞭撻目標。在 1854 年 8 月，一個城市

65　Cited in Abrams, "Polygamy, Prostitution, and Federalization of Immigration Law," p. 692.

66　*Daily Morning Chronicle*, March 15, 1868; Tong, *Unsubmissive Women*, pp. 71-72.

委員會到訪唐人街，並向市政委員會（Board of Aldermen）報告，唐人街所見的女人大都是娼妓。這種觀察不久成為信念，在幾乎一百年間令美國公眾產生了偏見，影響他們對華人婦女的觀感、態度和行動。在淘金熱期間和之後幾十年，舊金山有來自多國的妓女在當地生活和工作。市政府零星地嘗試去取締娼妓。他們從一開始就特別針對華人婦女，態度趨於強硬，促使了加州立法機關在 1866 年通過《取締中國娼寮法案》（An Act for the Suppression of Chinese Houses of Ill Fame）。結果是達到「一致看法」把華人妓女限制在特定地理區域，但這種行動沒有結束華人婦女的非法買賣。[67]

這種最原始的種族主義優生學左右了政策思維。華人女性被視為威脅，不僅因為她們可以誕下華人，還因為她們可能生產孱弱的混血小孩，污染白人人口。害怕受外族污染和滲透，成為抗拒接納她們的根據。參議員科爾（Cornelius Cole）認為應該把華人女性摒諸門外，因為她們會「散播疾病和令道德淪喪」，[68] 他的觀點得到一些人贊同。此外，把華人女性與娼妓相提並論，將華人婦女移民等同於「當奴隸」（在剛加入北方美利堅合眾國的加州，這是大忌），令反對華人移民的人很快取得無可爭議、天經地義的道德理據。

1862 年的禁止苦力貿易法

運送華人「苦力」到古巴的美國船上發生無數暴行，為了遏止這種情況，美國國會在 1862 年通過《取締苦力貿易法案》（Act to Prohibit the

---

67　Chan, "The Exclusion of Chinese Women," p. 97.

68　*San Francisco Chronicle*, cited in Abrams, "Polygamy, Prostitution, and Federalization of Immigration Law," p. 663.

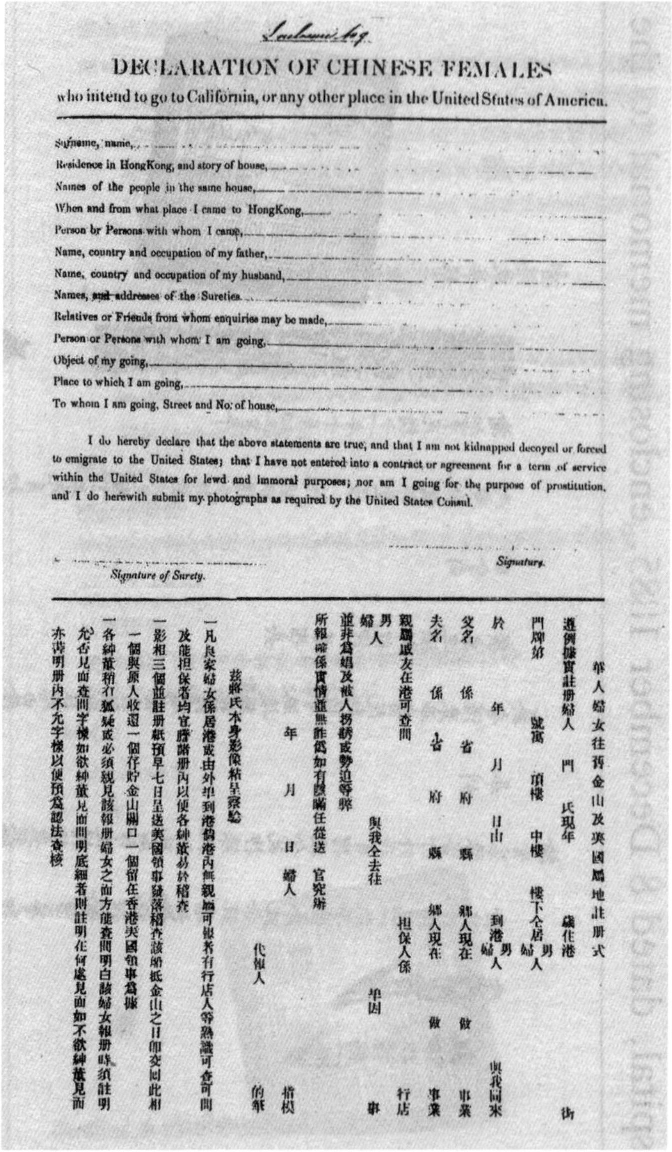

Inclosure N. 9

DECLARATION OF CHINESE FEMALES

who intend to go to California, or any other place in the United States of America.

Surname, name, _____

Residence in HongKong, and story of house, _____

Names of the people in the same house, _____

When and from what place I came to HongKong, _____

Person or Persons with whom I came, _____

Name, country and occupation of my father, _____

Name, country and occupation of my husband, _____

Names, and addresses of the Sureties, _____

Relatives or Friends from whom enquiries may be made, _____

Person or Persons with whom I am going, _____

Object of my going, _____

Place to which I am going, _____

To whom I am going, Street and No: of house, _____

I do hereby declare that the above statements are true, and that I am not kidnapped decoyed or forced to emigrate to the United States; that I have not entered into a contract or agreement for a term of service within the United States for lewd and immoral purposes; nor am I going for the purpose of prostitution, and I do herewith submit my photographs as required by the United States Consul.

Signature of Surety. _____   Signature. _____

圖 6-2　華人婦女往舊金山及美國屬地註冊式

中文版本説明這些註冊表格會由東華醫院總理查核，但英文版沒有指出。

【圖片來源】Enclosure #9 in Bailey to Calwalader, August 28, 1875, #307: Despatches from US Consuls in Hong Kong, 1844–1906.

Coolie Trade）。此法案通過時正值美國內戰最激烈的時期，奴隸制是當時
人們的主要關注，這法案顯示這個國家對於任何強迫奴役的敏感。[69] 它要
求所有運載華人移民到美國的美國船，都要有駐出發港美國領事發出的證
明，顯示這些人是自願出洋。美國駐香港領事（他們通常是商人）不大熱
中做這件事，做起來也很馬虎。他們主要依賴香港官員根據 1855 年《華人
搭客法》制定的程序，並借助他們的工作。例如，古爾丁中校（Lt. Col. C.
N. Goulding，1869 年 9 月至 1870 年 10 月擔任領事）履行職責的做法是：
只要經過船政官和國家大醫師檢查並批准的移民，他都一律放行。他的理
據是，只要完全符合香港當局的要求，也等於能滿足美國法律的規定。[70] 可
惜，如香港官員所直認不諱，他們的檢查遠遠談不上周全，美國領事倚賴
他們，不啻是問道於盲。美國領事敷衍了事，或許因為一般人都假設前往
美國的男人並非「苦力」，因此覺得不必太認真檢查。至於女人，美國和香
港官員都面臨相同問題。如果女人聲稱是自願前往，除非官員有很大動力
促使他們去質疑，否則很難反駁這些女人的說法，而這種動力並不存在。
美國領事在檢查乘客方面所做的唯一額外努力，是查問那些載客少於二十
人的船上的乘客，那是香港殖民地官員沒有做的事。[71]

　　在 1871 年成為美國領事的貝禮，批評之前歷任領事把按 1862 年法例
制定的整個檢查程序，弄成「徹頭徹尾的鬧劇」。[72] 然而，問題在他任內沒有

69　Abrams, "Polygamy, Prostitution, and Federalization of Immigration Law," p. 669.

70　Goulding to Fish, February 9, 1870, #12, in US Congress, Senate, "Importation of Chinese Coolies into the United States" : US Congressional Serial Set Volume No. 1407, Session Vol. No. 3, 41 Congress, 2nd Session, S. Exec. Doc. 116, p. 3.

71　Stahel to Seward, September 20, 1879 in US, "The Consulate at Hong Kong," p. 28.

72　Bailey to Davis, April 25, 1871, in US Congress, Senate, "Message of the President of the United States ." : US Congressional Set Vol. No. 1502, 42 Congress, 2nd Session, Exec. Doc. No. 1, Part 1, p. 209.

多大改善。若說有甚麼變化的話，情況似乎是變本加厲。部分原因是他原
則上強烈反對華人移民，而且對檢查程序抱有猜疑。他聲稱花了四個月研
究「苦力貿易」，在他呈交國務院的報告中，滿是對整體華人移民現象的尖
刻譴責。他描寫男人和男孩如何被人口販子的各種騙局、鴉片和虛假承諾
所誘騙，然後受威嚇簽定合約。移民在簽合約時以妻子和子女為擔保品作
抵押，以保證他們會聽命服從。他的報告謬誤百出，充滿一竿子打翻一船
人的言論，以及對華人及其價值觀的偏見 —— 他們的「迷信觀念」和「隱
晦的神祕主義思想」。這些失實描述，無論是故意還是出於其他原因，令他
得出以下結論：准許這種「異教徒工人」輸入，會損害美國的典章制度。
他承認，經香港前往美國的華人移民不同於「苦力貿易」，但是，仍然「被
苦力貿易的觀點圍繞、混雜和污染」。換言之，在他眼中，前往美國的華人
就算不是「苦力」（亦即奴隸）仍然不受歡迎，因為他們是華人。

　　貝禮認為要控制情況，就要「盡力常備不懈和實施審查，以把合法移
民從非法移民中區分出來」。[73] 儘管他的報告有諸多錯誤，但還是印製成美
國總統致國會咨文的一部分；他對於華人移民的抨擊，不分青紅皂白把華
人的出洋活動與苦力貿易混為一談，還把它與奴隸制度相提並論，與加州
的反華論爭互相呼應。如歷史學家哲里（Andrew Gyory）指出，貝禮言論
的特別之處在於這是一位在華美國高級官員的第一手研究，有人會很熱切
以此作為證明奴隸制在中國社會普遍存在和根深柢固的具體證據。[74] 貝禮的
報告提出前不久，麻薩諸塞州北亞當斯市發生了一件影響重大的事件，那
就是華人頂替當地的罷工工人，哲里斷言，此報告給予美國眾議院議員明

73　Bailey to Davis, April 25, 1871 in "Message of the President of the United States ... ," p. 208.

74　Andrew Gyory, *The Closing of the Gate: Race, Politics and the Chinese Exclusion Act*（Chapel Hill, NC: University of North Carolina Press, 1998）, p. 63.

根（William Mungen）原本缺乏的佐證，令他在攻擊華人移民時有了確鑿憑據。這時候貝禮的報告對於華府有多大影響力並不清楚，但他以華人與奴隸制有關連為由大力鼓吹排華，必定長遠影響了在此問題上的國家政策。

奇怪的是，貝禮雖然提出要警惕和監督，並闡述了何以鉅細無遺的檢查極其重要，卻又宣稱他不會親自去審查。或許是覺得無法完全禁絕華人遷移而感到絕望，又或許只是沒有興趣，所以他不把審查移民視為優先要務。反之，他以工作繁重為由，派了其他人去做這件事。他寫道：「我要不放棄以徒具形式的方式執法，要不委派一隊人數足夠的助手，他們正直無私又精明幹練，能嚴謹忠實地遵從此法律的條文和精神做檢查。」[75]

他派去查驗的人，既缺乏履行這項職務所需的知識，人品也不正直；他們不過是沿用古爾丁的程序，在殖民地官員查核過移民的證明書後，又重複做一遍，結果令這種性質呆板的做法變得更機械式。[76] 如此粗疏的檢查顯然無法揭發任何隱藏的欺詐或造假的嘗試。這樣馬虎敷衍的例行公事，看不出需要任何如貝禮所稱的「正直無私」和「精明幹練」。貝禮及其助手似乎關心收取檢查費用，多於關注要達到這法例的目標。收款賬目和移民人數記錄不一致，令 1879 年成為美國駐香港領事的莫斯比指控貝禮及其繼

75　Bailey's letter, April 25, 1871, quoted by Mosby in Mosby to Seward, September 23, 1879 in US, "The Consulate at Hong Kong," p. 16。後來，司塔立受命在香港查核婦女移民的情況時指出，領事不大可能親自去進行檢查，因為在開船當天，領事忙於為發貨單簽發證明，又要處理其他關乎寄送郵件到美國的事情。Stahel to Seward, September 20, 1879, US, "The Consulate at Hong Kong," p. 32。

76　Mosby in US, "The Consulate at Hong Kong," p. 8。令問題更加複雜的是，貝禮指派作為移民檢查員的人，都是名聲頗為不佳的人。其中一人是金船長（Captain T. H. King），據說他曾是「航行於中國沿岸最大的海盜」，而在 1873 年獲任命為副領事的洛林，據說因為稅務欺詐，受北卡羅來納和密芝根兩州的美國巡迴法庭控告，為逃避司法制裁而從美國潛逃到香港。US, "The Consulate at Hong Kong," pp. 16, 19.

任者侵吞公款。[77]

　　婦女出洋幾乎不受遏止，結果許多婦女在非自願的情況下到了舊金山。當中有些人是出於不同原因被人買下，有些是被綁架的受害者，有些人是要去當娼。在 1860 年，舊金山有 654 名華人婦女，當中 24% 被列為娼妓。這個比例在 1870 年達到高峯，該年 2,018 名婦女中有 71% 是娼妓，而「妻子」和女兒、婢女、妾的數目則不詳。

嘗試遏止香港拐風之舉措

　　在阻止婦女非自願出洋一事上，香港官員和美國領事執法不力，敷衍了事，但對付移民受虐的情況出現了新發展。自 1866 年起，中國政府在英國駐北京公使阿禮國（Rutherford Alcock）的鼓勵下，積極嘗試遏止虐待移民事件。明目張膽拐帶男女之事因需求日增而普遍發生，在華南許多地方引起民怨和憂慮。該年總理衙門擬定一份招工章程，規定招募華工合約須有若干賦予他們較大保障的條款，並且禁止沒有簽署章程的國家派經紀在中國招工。

　　阿禮國渴望英國政府能簽定章程，以加快直接在中國內地招工前往英國殖民地，所以竭力阻止香港發生虐待移民的事情，以免激怒中國政府。

77　這個指控不完全公允。司塔立說，在 1871 年第四季至 1879 年 1 月 31 日間，領事館錄得的移民數字是 58,942 人，遠少於香港政府在同期記錄的 105,800 人。據報告的收費數額與實收金額之間因此同樣有巨大出入。Stahel to Seward, September 20, 1879 in US, "The Consulate at Hong Kong," p. 31。但是，根據 1862 年的《取締苦力貿易法案》，只有美國船須受檢，而且只有美國公民被禁參與「苦力貿易」，而香港船政官則會檢查所有國籍的船隻，除了搭客人數少於 20 名的船。因此兩者數字有出入是在所難免。

他一定是在此事上受到總理衙門的壓力。這個中國政府為處理外國事務而設立的新部門，要到 1869 年才終於察覺有婦女在廣州被人拐帶並用蒸汽船送往金山。香港這個唯一的出洋港口在英國人手裏，而蒸汽船公司則是美國人擁有，總理衙門能做的事很少，為此感到很沮喪，但仍相信向英美公使施加影響力能遏止虐待情況。它顯然得到阿禮國的支持。[78]

由於澳門的移民貿易據說是以拐帶綁架為手段，廣東當局在 1872 年進一步展現決心，從水陸兩路封鎖澳門，以把移民貿易從當地逼走。古巴是情況最惡劣的主要目的地，總理衙門在 1873 年派出調查團到古巴調查當地華工情況。調查團團長的報告促使清廷派遣公使和領事到海外，成為中國外交史上的分水嶺。[79]

在香港，情況也開始有所變化 —— 儘管很緩慢。一如往常，部分壓力來自倫敦的改良主義者；另外也來自阿禮國，他告誡麥當奴，防止與移民出洋有關的暴行十分重要，因為這些暴行不時受到報道。[80] 但另一個促成改變的重要動力，是正按察司司馬理對於苦力貿易和奴隸制的大力譴責，這是香港司法史上的里程碑。司馬理在 1861 年抵達香港擔任律政司，1866 年獲任命為正按察司。[81] 在這個把移民出洋視為經濟命脈的地方，他要求更嚴格規管虐待事件，他的呼籲初時大多被置若罔聞。之後在 1871 年，他審理郭亞勝案時作出引發譁然的裁決，司馬理認為郭亞勝是被拐出洋，在法律上有重獲自由的權利，即使靠殺死那艘綁架船上的高級船員，因此判他無

78　〈太平洋行誘拐婦女出洋案〉，頁 3393－3394。

79　見 Robert Irick, *Ch'ing Policy Toward the Coolie Trade*, 1847-1878（Taipei: Chinese Materials Centre, 1982），p. 374。

80　Alcock to Macdonnell, July 9, 1869, enclosed in Macdonnell to Granville, August 4, 1869, #767: CO 129/139.

81　James William Norton-Kyshe, *The History of the Laws and Courts of Hong Kong from the Earliest Period to 1898*（Hong Kong: Vetch and Lee, 1971 [1898]），2 volumes, vol. 2, pp. 17, 90.

罪釋放（見第二章）。這種備受爭議的裁決自然引發聚訟紛紜。它在一些圈子贏得支持，美國領事貝禮大大讚揚司馬理如此「守正奉義」。貝禮雖然覺得司馬理作出這麼惹人爭議的裁決或許很「危險」，但認為情況如此極端，需要有如此振聾發聵的決定來喚醒西方文明的責任感，以遏止「惡名昭彰的奴隸貿易」。[82]

郭亞勝的案件持續了多個月，受到報章廣泛報道，造成兩個重要後果。它令華人出洋和奴隸制問題一下子成為香港和倫敦關注的焦點，並為東華醫院董事局提供粉墨登場的機會。總督麥當奴利用這個新出現的華人社會領袖羣體，抵擋阿禮國和倫敦不斷要求他採取行動對付虐待移民情況的壓力。他要求東華董事局協助，查驗準備坐船出洋的人，以確定他們是自願前往。他欣然向倫敦報告，這些華商 ──「完全不偏不倚之人」── 有效地協助消除欺詐。[83]

遏止綁架，尤其是與移民有關的綁架，成為東華醫院注意力的焦點之一。在 1872 年 6 月，東華董事局向新任港督堅尼地呈交一件文件，名為《誘拐惡行正論》（A Correct Statement of the Wicked Practice of Decoying and Kidnapping），詳細記述了澳民移民貿易的罪惡，而大多數香港官員都很樂意譴責這種貿易罪孽深重。但東華董事局向堅尼地指出，香港的移民貿易也出現虐待罪行。他們告知港督，就在那時有幾百名婦女正被人從香港賣到舊金山為娼。[84] 東華董事局除了派總理在開船前查核搭客，也僱用暗差（密

82　Bailey to Davis, April 7, 1871, in "Message of the President of the United States," US Congressional Serial Set No. 1502, p. 194.

83　Macdonnell to the Earl of Kimberley, January 8, 1872, enclosed in no. 10, Mead to Hammond, March 16, 1872: *BPP*, vol. 4, pp. 287-289.

84　Kennedy to Kimberley, June 7, 1872, in "Measures Taken to Prevent the Fitting Out of Ships at Hong Kong for the Macao Coolie Trade," *BPP*, vol. 4, p. 313.

探）阻止拐匪 —— 這項雄心勃勃的任務似乎僭越了警察的權力，並削弱殖民地政府的權威，麥當奴顯然並不知情也不曾允准。現在東華董事局要求堅尼地不但在原則上支持這項計劃，還要給予物質上的支持 —— 承擔暗差的薪金。東華董事局負責僱用合適和可信賴之人擔任此職。此外，它建議把暗差數目由兩人增至六人 —— 兩名差目每人二十元，其餘每人十元。堅尼地同意，甚至建議向暗差發出文件以證明其權力，還責成華民政務司和更練協助，[85] 更練是華民政務司管理的華人巡丁。

　　結果這個計劃頗為有效。每天有兩三件綁架案交由巡理府審理，有不少人獲救。雖然華民政務司杜老誌（M. S. Tonnochy）認為六名暗差太多，但堅尼地顯然很滿意他們的工作，願意全數支付六人的薪水。[86]

　　這次不尋常的成功顯露出幾個重點。雖然《1868 年第十二號法例》已把拐帶出洋列為重罪，但在 1873 年 1 月前，從來沒有人按這法例被起訴。這些罪行在此之前從沒發生，卻在 1873 年突然湧現，這是匪夷所思的，所以我們只能推斷，它們只是在早期沒有被人發現。東華醫院董事局的地位冒升，加上來了一名較願意支持他們的港督，令取締拐帶的行動變得更積極。1873 年通過了三條新法例遏止移民受虐待的情況，而《1875 年第二號法例》又再補它們的不足，此法例提供「更完善的規定，懲治買賣或誘騙他人到本殖民地，或者在香港非法禁錮華人婦女和幼女為娼，以及為了出洋或其他目的，誘騙華人進入或離開本殖民地的罪犯」。這法例反映了司馬理矢志根絕任何奴隸制形式的決心，或許有人會以為東華醫院董事局和他

85　*Daily Press*, May 15, 1873。在香港住了二十年的中國學者王韜提到，東華總理僱用專司偵查的暗差，最初是由這些華人紳董捐賞成立，及後改由港督以公帑支付，王韜顯然對他們的行動印象很深刻。王韜：〈代上廣州府馮太守書〉，載其十二卷本的《弢園文錄外編》（北京：中華書局 1959〔1883〕），第十卷，頁 28b−29a。可惜他沒有說這種做法始於何時。

86　*Daily Press*, July 12, 1873.

同心同德，並且也歡迎這條新法例。畢竟，東華董事局多年來一直打擊拐賣婦女到海外為娼，而且部分是由於它的要求，此法例才得以通過。

　　情況其實複雜得多。東華醫院董事局本身有非常不同的盤算。該院的總理基本上是一羣保守的社會精英，他們的目標是維護傳統價值觀和習俗。東華醫院董事局在香港華人社會中的地位冒升，得到中國朝廷和官員認可，其後又受海外中國領事支持，主要是源於它自許的道德領導力。因此對它來說，維持中國現有的父權價值觀就非常重要。遠不同於司馬理，東華醫院董事局中的華商不是要鎮壓一切形式的人口販賣，反而十分贊成鬻賣幼女為婢的制度，認為有助減輕貧窮家庭的負擔，令這些女孩能過更好的生活，同時減少溺殺女嬰的事件。由於無後在儒家思想中是大「罪」，他們也支持購買男孩為嗣以繼後香燈。許多香港的商人、店家和較沒有那麼富裕的家庭都擁有婢女，她們是香港經濟和社會結構中的重要元素。頂尖的商人顯然也接受購買女人為妾的做法，許多人還耽溺於其中，只是在此事上不敢那麼直言不諱。他們認為不道德的，是販賣婦女到海外為娼，以花言巧語誘騙和拐擄婦女出洋。因此，這些華商頗明確地在他們認為可接受和不可接受的買賣之間劃下界線。在父權社會中，女性並沒有任何自由意志可言，所以對這些華商來說，婦女是不是自願出洋並不是問題。從這個角度看，我們可以看到他們所考慮的事情大大不同於司馬理，司馬理把一切形式的人口買賣都譴責為「奴隸制」，希望將之列為非法。

　　事實上，就女人的問題而言，東華醫院董事局的目的，也不同於1885年《華人搭客法》有關自願和非自願出洋的條文和精神，而且這些總理的觀點，一定影響了他們查驗移民時所採取的態度。他們僱用的暗差只為偵查拐帶案件，而非找出非自願出洋的女性搭客或被人購買的婦女。這種重大分歧在1870年代末前都不為外國人察覺。

　　同時，「拐帶」也成為加州的流行語。加州法律制定者知道許多華人女

性是被拐帶出洋，嘗試制定法律「阻止蒙古、中國和日本女性被拐帶入境，從事犯罪和敗壞道德的活動」，藉此把她們摒諸門外。它被假裝為執行警察權力，而非管制移民。女性移民抵達後，必須先向移民局長證明她是自願來到美國，其次是她是「有良好習慣和品行端正的良民」。證明的責任落在那些女人身上。[87] 這法律大概即時生效，因為一份報紙在 6 月 14 日報道 29 名女搭客被舊金山拒絕入境。[88] 這項州法律語言含混，執行武斷，而聯邦政府又不想由各州各自來控制移民入境，所以此法律在聯邦最高法院不斷遭受挑戰。然而，藉着禁止華人娼妓入境為主要手段把華人婦女摒諸門外，這種想法確立下來，後來甚至以國會法案的形式出現，成為達成此目標的更有效辦法。

把女性摒諸門外：《佩奇法》

美國國會在 1875 年 3 月 3 日通過一項補充法案，禁止來自中國、日本和其他東方國家的非自願移民，並明令禁止華人婦女入境當娼。任何人被判販賣婦女罪成，「會被視為干犯重罪……〔並且〕會被判五年以下監禁，並須繳五千元以下的罰款。」[89] 這項法例獲總統格蘭特（Ulysses Grant）支持，在國會輕易獲得通過，沒有人指出它可能違反中美兩國簽署的《蒲安臣條約》（Burlingame Treaty），該條約規定兩國國民可自由到移民到對方境內。

87　Abrams, "Polygamy, Prostitution, and Federalization of Immigration Law," p. 676.

88　Abrams, "Polygamy, Prostitution, and Federalization of Immigration Law," p. 677.

89　"An Act Supplementary to the Act in Relation to Immigration [Page Law]," US Statutes at large [1875], pp. 477-478.

如法律學者艾布拉姆斯解釋，針對性行為逾越可接受標準的婦女，似乎完全算不上是移民限制，然而在 1882 年《限制華工法》出現前，這法例是首個以種族為根據的聯邦移民法律。[90]

這項法律稱為《佩奇法》，是以其倡議者佩奇（Horace F. Page）為名，佩奇是來自加州的共和黨議員，他以經常草擬和倡議反華法律而著稱。[91] 比起 1862 年的《取締苦力貿易法案》，《佩奇法》要求美國駐香港領事館採取的行動更為嚴謹，在查核女性移民時採取非常不同的程序。《佩奇法》的第一條規定，亞裔婦女須在出發港口取得證明書，證明她們出洋非為「淫穢猥褻或不道德的目的」；每名婦女都要獲得證明書和相片，這是頗為嚴格的規定，因為當時攝影還是新奇事物，可想而知一定很昂貴。相較之下，對於男性移民的檢查大多維持不變，而且他們所需的唯一文件，是用來證明全部人中沒有一人是契約勞工或罪犯。根據該法第五條的規定，船抵達舊金山後，港務局長和海關檢查員會一一查驗每名婦女的證明書；至於男性，唯一要求僅是確定到達人數與那張證明書上所列的數目相符。[92]

為了符合這些新規定，貝禮求助於東華醫院董事局。到了 1875 年，東華協助移民的工作，以及一眾總理對中國風俗習慣的深厚知識，一定已廣為香港各界熟知。貝禮運氣不錯，東華董事局很樂意合作。經過幾次會議後，他們擬定了一套共同行動的制度。他們同意，申請出洋的女性根據《佩奇法》第一條的要求填妥註冊式（聲明書）後，須獲一位有名望的商人擔保。[93] 符合這些要求後，她就要向東華醫院董事局申請品格檢查。如果獲

90　Abrams, "Polygamy, Prostitution, and Federalization of Immigration Law," pp. 641, 644-645.

91　Abrams, "Polygamy, Prostitution, and Federalization of Immigration Law," pp. 690-691.

92　Abrams, "Polygamy, Prostitution, and Federalization of Immigration Law," pp. 697, 701.

93　Bailey to Cadwalader, August 28, 1875, #307: Despatches from US Consuls in Hong Kong, 1844-1906.

得有利於她的報告，美國領事館官員會把保證人找來問話，以查核他的說法是否符合該女性在註冊式所寫和董事局的報告。如果所有這些說法都一致，這名移民就會由華民政務司再次查核，他會進一步查問，以驗證之前的說法是否全都真確。通過這一關後，領事才會根據《佩奇法》第五條向她簽發證明書，她之後須到船政廳接受另一輪查驗，船政廳確定她是自由和自願出洋後，就以印刷墨水在她的手臂蓋印，以供上船後辨認之用。她要呈交三張照片，一張貼在她的註冊紙或船票之上，一張交予舊金山海關署長處，第三張留在美國領事館為據。這個繁複的制度顯然奏效 —— 至少奏效一段短時間。進入美國的女性數目，從 1875 年的 382 人下降至 1877 年只有 76 人。[94]

　　在 1876 年 5 月 27 日，舊金山海關檢查員格雷（Giles H. Gray）於加州參議院華人移民特別委員會作證，解釋由美國駐香港領事執行的「證明書」制度的程序，他說，想前往美國的女人必須向領事證明自己是品行端正之人，方能買到船票。他對於這個制度運作這麼有效十分佩服：他憶述，以前每艘船會帶來超過 250 名婦女，但過去約十一個月間來到的不超過 250 人，「輸入婦女以作淫穢和不道德的目的」受到遏止，他對此感到很滿意。同年 11 月，他在美國國會調查華人移民聯合特別委員會前作證時，也同樣得意洋洋和樂觀。[95] 值得注意的是，格雷兩次都沒有提到東華醫院的作用。

　　這種安排明顯很成功，但沒有持續很久。約從 1876 年 5 月起，領事館的記錄不再提及華民政務司，提到東華醫院董事局的地方也寥寥無

94　Yung, *Unbound Feet*, p. 294.

95　Quoted by Chan, "The Exclusion of Chinese Women," p. 105.

幾。[96] 這個制度似乎在某個時候開始崩壞。接替貝禮的洛林（H. Sheldon Loring，任期：1877－1879）沒有那麼警覺。歷史學家 Benson Tong 研究了 1878 年下半年洛林的往來書信後指出，他沒有收到有關婦女移民的詢問，並且在全部 44 封書信中，只向東華三院董事局提出三次請求。這時期婦女移民也大增至前一年的三倍：1878 年有 351 人，1879 年則有 340 人。[97]

東華醫院總理對於審查愈來愈鬆懈感到很氣憤。按理說，領事館應提交記載這些婦女詳細資料的註冊式，以供船開航時檢查，但東華總理抱怨領事館並非每次都提交；或者很遲才提交，以致東華總理就算發覺資料和事實有出入，也無法再做甚麼去矯正情況。他們懷疑美國領事館職員收了賄賂，向不符資格的女人提供批准放行證明書。但他們沒說甚麼，以純屬美國領事館「官方事務」來為之解釋。華商很了解「面子」的重要性，質疑領事館的程序會引起各方面不必要的尷尬。總理也知道女人能夠以「旁門左道」上船，一上了船就會躲藏起來，而且船上的僱員常常偷運婦女。[98] 但東華總理由於他們自己的原因，對這些做法默不作聲，直至很後期才說出來。

檢查制度為何崩潰？是東華醫院董事局與美國領事之間發生分歧？還是因為金錢問題？金錢問題似乎困擾美國駐港領事館多年。莫斯比批評前任領事的做法時說，一般人覺得如果「不向領事額外支付十或十五元的附

96　Stahel to Seward, September 20, 1879 in US, "The Consulate at Hong Kong," p. 28.

97　Yung, *Unbound Feet*, p. 294.

98　"Letter Addressed by the Directors of the Tung Wa Hospital to J. Stahel, United States Consul," n.d.; translated in Shanghai, September 2, 1879, in US, "The Consulate at Hong Kong," p. 80; "Set of Four Regulations Proposed for the Control of the Emigration of Chinese Women, and Submitted for the Approval of J. Stahel, Esq.," n.d., translated in Shanghai, September 2, 1879 in US, "The Consulate at Hong Kong," p. 81.

加費的話」，想要出洋的婦女不會獲發領事證明書。[99] 查驗出洋婦女對領事（尤其是洛林）和他們的下屬來說，是否已變成豐厚的收入來源，而太過仔細審查她們，或許會令申請人卻步，因而減少收入？人口販子也學會用各種方法來繞過這個制度，包括賄賂、以更狡詐的圈套誘騙婦女，以及用更詭祕的方式把她們藏在船上。

由於《佩奇法》，華人女性搭客表面上須接受許多輪審查：在香港受美國領事館官員、東華醫院總理和英國殖民地官員查問；抵達加州後又由海關署長審查。這種羞辱性的查問甚至可能令一些女人對於出洋連想都不去想，而諷刺的是，最可能打消念頭的是「良家婦女」。這種篩選門檻令市場上的女人更加罕有，結果只會推高這種商品的價錢，但不會把婦女出洋完全根絕。

中國總領事介入

事情繼續不受遏止，直至 1879 年初兩名女人被拐的事件東窗事發。揭發此事部分是由於新任中國駐舊金山領事陳樹棠的努力。陳樹棠在 1878 年夏天陪伴中國駐美公使陳蘭斌前往美國，並在 12 月獲任命為舊金山領事。在這之間的幾個月，他發現大部分人素知的事實 —— 前往舊金山的中國女子大多並非出於自願，而是被「無賴匪徒」以險惡手段誘騙。雖然總理衙門自 1869 年起已知道婦女被拐帶出洋之事，陳樹棠必定也得悉此事，但這種勾當的規模之大仍然令他震驚。在他看來，這些婦女（許多是「良家婦女」）

99　Mosby to Seward, July 25, 1879 in US, "The Consulate at Hong Kong," p. 11.

在加州陷於絕望境地，例如，在 1878 年 9 月，一個婦女因不想踏足美國土地而試圖投海自盡。[100] 然而，對於這些女子，他連真實姓名這些最基本的資料都沒有，故難以追查拐匪，令他扼腕不已。

1879 年 1 月 4 日，從香港開出的東西輪船公司蒸汽輪「比利時人號」快將到達舊金山時，陳樹棠派副手上船，以確保一切事情皆妥當無虞。這名副手看到兩名女子嚎啕大哭，自稱被人拐帶，不肯上岸，這兩人就是上文提及的劉余氏和陳梁氏。舊金山海關當局把事件轉交中國領事調查。中國領事和負責在舊金山執行《佩奇法》的海關署長香農（T. B. Shannon）聽取了全面的證供，從兩名女子口中得悉，她們在香港和船上一直沒有受任何人查問，但兩人都有美國領事館發出的證明書，證明她們是自由和自願的移民。有幾個可能的解釋：有冒名頂替者代替她們接受查驗，正確地回答了所有問題，取得所需文件後在開船前交給真正的乘客；也可能是貪污的領事館官員收了賄賂提供文件。很明顯，這個費煞苦心設計在香港實施的查驗制度，執行起來漏洞百出。

香農向候任美國領事莫斯比寫了一封措辭強烈的信，請他注意情況，並指出迫切需要保持警覺，特別強調嚴格執法有其政治需要，因為美國西岸反對華人入境的風潮愈來愈熾烈。[101] 言下意似乎是之前歷任美國駐港領事都疏忽職守，日後的領事應當加把勁把事情做好。

不久後還有其他案例曝光，令陳樹棠更為不安。在 2 月 15 日，「東京市號」（*City of Tokio*）載了 42 名女乘客到來；當中只有八人是「家眷」，亦即品行端正的婦女，其他人是前來賣淫的。在這些要來當娼的人中，一人

100　Chen Shutang to Directors of the Tung-Wa Hospital, January 5, 1879, in US, "The Consulate at Hong Kong," p. 74.

101　T. B. Shannon to Mosby, January 22, 1879, in US, "The Consulate at Hong Kong," p. 73.

曾是婢女，她的主人把她賣掉，以為她會嫁到舊金山，但其實她是被拐去
當娼。[102] 陳樹棠注意到她的外貌「看起來年紀尚幼」，把她留下查問，基本
上是藉此把她從拐匪手上救了出來。可惜由於其他女人沒有抗議，即使他
認為她們會成為妓女，但也無法把她們全部留下。對他來說，阻止華人婦
女到美國當娼，不只是出於同情或關乎道德正義。他慨嘆加州的華人妓女
太多，減少她們的數目攸關國家尊嚴。美國華人妓女問題首次進入中國的
民族國家論述。有趣的是，他也求助於東華總理，這次是為了維持中國的
聲譽。[103]

　　這位中國領事把這些女人用「蓋爾人號」送回香港，「交託給」東華醫
院總理。[104] 他指示船上的乘務長照顧她們，以免再次落入壞人之手。她們到
香港後就被交予東華總理照料，總理們把她們一一交到各自的親屬手裏。
陳樹棠的指示很清晰詳細，以防節外生枝。[105] 此外，他要求東華總理協助長
遠阻止被拐婦女和打算當娼的人出洋。陳樹棠形容新任美國領事莫斯比是
「德高望重之人」，促請東華總理去拜訪他，與他商量可以做些甚麼。為增
加總理們的籌碼，他附上一封英文信讓他們交給莫斯比。[106]

　　莫斯比在 1879 年 2 月抵達履新，面對有關華人婦女被拐帶出洋的物議

102　Chen Shutang to Directors of the Tung-Wa Hospital, February 19, 1879 in US, "The Consulate at
　　　Hong Kong," pp. 74-75.

103　Chen Shutang to Directors of the Tung-Wa Hospital, February 19, 1879 in US, "The Consulate at
　　　Hong Kong," pp. 74-75.

104　F. A. Bee to Mosby, February 17, 1879, in US, "The Consulate at Hong Kong," p. 73.

105　Chen Shutang to Directors of the Tung-Wa Hospital, January 5, 1879, in US, "The Consulate at Hong
　　　Kong," p. 74; Chen Shutang to Directors of the Tung-Wa Hospital, February 19, 1879, in US, "The
　　　Consulate at Hong Kong," pp. 74-75.

106　Chen Shutang to Directors of the Tung-Wa Hospital, January 5, 1879, in US, "The Consulate at Hong
　　　Kong," p. 74; Chen Shutang to Directors of the Tung-Wa Hospital, February 19, 1879, in US, "The
　　　Consulate at Hong Kong," pp. 74-75.

沸騰。他馬上寫信給助理國務卿蘇厄德（F. W. Seward），抗議在香港查驗移民時手法之惡劣，責怪之前歷任領事無效率，而且賬目混亂。此舉無疑是為了撇清與此問題的關係，並顯示自己亟欲撥亂返正。他尤其關注收取了查驗費卻從沒有適當地記錄賬目，令美國財政部蒙受損失。由於檢查鬆懈，可能令許多不受歡迎的女人進入美國，有違《佩奇法》的目的，但他對這點似乎不是太在乎。另一方面，蘇厄德對於香港程序的無效感到很震驚，令《佩奇法》實際上成為「一紙空文」。[107]他寫信給莫斯比，提醒他這法律的真正目的 ── 查驗準備出洋的人士不應「徒具形式」，而是探查他們的意圖，判斷遷移的性質。[108]國務院事實上覺得情況很令人震驚，下令調查香港這個前赴美國的主要出洋港口到底出現甚麼問題，而美國駐日本兵庫縣領事司塔立（Julius Stahel）將軍受命全面調查，報告《佩奇法》的條文在香港執行的情況，以及與出洋相關收費的賬目。[109]

　　莫斯比深知情況嚴重，遂遵從蘇厄德的指示採取行動。除了在翻譯員協助下親自查問每名華人移民，更重要的是他求助於東華醫院董事局，以恢復當時已幾乎不再存在的合作。東華董事局在陳樹棠指示下，在 1879 年 4 月致函莫斯比，講述各種誘拐事件，尤其提及已回到香港的劉余氏和陳梁氏。東華董事局也促請他調查此事，找出當時是誰為她們作擔保，以及誰收了賄賂，暗示領事館有人貪污，助長了不正當的情況。[110]董事局同時表示希望在查核過程中與莫斯比更密切合作。

107　Hong Kong dispatches, dispatch 485, enclosures 2-3, July 26, 1878, Seward, "Memo on the Chinese Question," quoted by Tong, *Unsubmissive Women*, p. 49.

108　Seward to Mosby, May 3, 1879, in US, "The Consulate at Hong Kong," p. 5.

109　Seward to Mosby, May 20, 1879, in US, "The Consulate at Hong Kong," pp. 6-7.

110　Tung-Wa Hospital Committee to Mosby, April 12, 1879, in US, "The Consulate at Hong Kong," p. 72.

　　司塔立在 1879 年 8 月 3 日抵達香港。他有許多工作要做，其中之一是與東華醫院總理會面，[111] 他們顯然不完全滿意莫斯比與他們達成的安排，要求更有效的措施。時間是關鍵因素。他們希望領事館在船開航至少七天前就取得移民的資料，以便有足夠時間小心查驗文件。如果婦女證明是來自正派家庭，總理會在通知單上蓋印。之後她就須要去找到一兩名有名望的保證人，保證人須預備 1,000 元擔保金；擔保金的形式由領事決定，這筆錢會存放在領事館保管。船起航前兩天，總理會把通知單交還領事，由他決定是否讓該女子成行。他們也要求把記載了詳細資料的通知單交予駐舊金山中國領事，這樣當這些婦女到達時，他就可以查核是否一切無誤。前去當娼或者被拐帶的婦女會送返中國，而美國駐香港領事會獲通知，以嚴懲違規的保證人。[112]

　　東華醫院董事局向司塔立強調，光制定嚴格的規則還不夠，還必須確實執行。[113] 司塔立對於董事局的良好意願印象很深刻，向蘇厄德報告他們的建議，以供國務院考慮。[114] 這些建議是否得到採納不得而知，但情況的確有所改善，而功勞歸於莫斯比。根據莫斯比說，一名舊金山海關官員很敬佩，寫信恭賀他成功阻止「傷風敗俗的女人被運到」該港，並指出「適當地執行此法律，有賴於駐香港領事常備不懈、孜孜不怠」。[115]

　　雖然東華醫院董事局對於防止婦女被拐出洋當娼有功，但大家不要忘記，它是有自己的目標，而與香港和美國其他也要求規管的人士的目標，

111　Stahel to Seward, August 4, 1879, in US, "The Consulate at Hong Kong," pp. 25, 29.

112　"Set of Four Regulations Proposed for the Control of the Emigration of Chinese Women, and Submitted for the Approval of J. Stahel, Esq.," in US, "The Consulate at Hong Kong," p. 81.

113　"Letter Addressed by the Directors of the Tung-Wa Hospital to J. Stahel, Esq., United States Consul," [interpreted, Shanghai, September 2, 1879] in US, "The Consulate at Hong Kong," p. 80.

114　Stahel to Seward, September 20, 1879, in US, "The Consulate at Hong Kong," p. 30.

115　 Mosby to Seward, October 21, 1879, in US, "The Consulate at Hong Kong," p. 97.

只有部分是一致。原則上的基本衝突不久就浮上檯面，影響深遠。《1875
年第二號法例》通過時華人領袖很憤怒，新法例不只針對拐帶和娼妓，而
是把所有形式的買賣人口都列為非法。訂立此法律時這樣不加區別，會引
起華人社會多大的憤怒可想而知。如同華人領袖自己說「本港居民實深惶
恐」。[116] 警察開始調查懷疑是「非法禁錮」的案件，民怨就日益沸騰。雖然
只要證明涉及的兒童得到善待，買賣得到父母同意，政府是不會檢控，但
這條新法例令有繼子、買下了妾和婢女的華人戶主，可能會受人要脅、騷
擾和定罪。即使政府內部基本上仍然是怠惰的，而且包括華民政務司和律
政司的許多官員，都認為要容忍華人習俗，[117] 但正按察司司馬理積極進取的
作為，已令一些人從新的角度看待這些問題。

　　華商必須採取行動，尤其是軒尼詩（John Pope Hennessy，在任時漢
名譯為燕臬斯，任期：1877－1882）在 1877 年 4 月抵達履任總督，他以
深懷理想主義而痛恨奴隸制和人口販賣著稱。但他不久就受到商人擺佈。
在 1878 年，他們向軒尼詩呈遞稟帖，請准成立杜絕拐風和保護受害者的
組織，並要求獲得權力僱用暗差，提供賞格緝捕拐匪，以及遣送受害者回
鄉。[118] 軒尼詩很欣賞這個構想，讚揚他們積極查禁拐匪，此時不知道他們其

116　Petition by Chinese merchants, October 25, 1879, enclosed in Hennessy to Hicks Beach, January 23,
　　　1880, in "Correspondence respecting ... Chinese Slavery in Hong Kong, March 1882" : *BPP*, vol. 26,
　　　p. 209.

117　即使律政司費立浦（G. Philippo）在審理一宗售賣兒童的案件時也認為毋須檢控，因為此
　　　事「不過是一個孩子為人領養，而父母獲得一筆費用」，並無違法之事。G. Philippo, cited in
　　　Hennessy to Hicks Beach, January 23, 1880: "Correspondence respecting ... Chinese Slavery in Hong
　　　Kong, March 1882" : *BPP*, vol. 26, p. 167.

118　"Memorial of Chinese Merchants, etc. Praying to be Allowed to Form an Association for Suppressing
　　　Kidnapping and Traffic in Human Beings," November 9, 1878, enclosed in Hennessy to Hicks Beach,
　　　January 23, 1880: "Correspondence respecting ... Chinese Slavery in Hong Kong, March 1882" :
　　　BPP, vol. 26, pp. 190-192.

實暗中另有盤算，而這個目的在翌年呈交的第二份稟帖中才提出。

同時，在 1879 年 9 月，司馬理審理一宗小孩被買賣為娼的案件時，要求把另外兩個之前曾買下該孩子為婢的人也一併起訴。署理律政司大力反對，兩人在法庭上針鋒相對，報章全面報道，向公眾揭露殖民地官員在這個備受爭議的人口買賣問題上的緊張關係。[119] 許多人一定為之十分驚訝。在 10 月 6 日，司馬理向五名犯人判刑，他們被控以不同形式購買一名兒童，他在宣判前於庭上讀出言詞嚴厲的長篇聲明，撻伐這些邪惡做法的普遍存在，同時譴責行政部門干預司法。[120]

本地英文報章對司馬理的鍥而不捨給予熱情支持，令華商深為惶恐，尤其是司馬理想要檢控的人是一名買辦及其妻子。這些商人最恐懼的事情似乎正要成真，因為司馬理明顯不只是針對華人社會中的下三濫份子，社會地位不再是保護某人不受檢控的護身符。一個華商代表團馬上謁見軒尼詩表達看法，軒尼詩要求他們以書面提出看法，他們就呈交一份由東華醫院總理等人聯名簽署的長篇稟帖。[121] 他們指出，應核辦人口買賣是險惡、立心「不善」，還是「其心善」而且「最要者」，前者應懲罰，後者應允許。他們聲稱，過去歷任總督都洞悉華人有買女為婢、買子立嗣的民情，但都「不復固拘例款，從寬免究」。這些風俗在華人社會所必需並受到尊重的，已有明確的保障措施防止濫用，與西方人所說的「終身為奴」不能相提並論。另一方面，他們承認應嚴懲「買良為娼，誘拐擄勒，居心不良等事」。具稟人提醒港督，1841 年義律上校的公告賦予他們繼續中國風俗的權利，

119　*Daily Press*, September 22, 1879, quoted in Hennessy to Hicks Beach, March 23, 1880: "Correspondence respecting ... Chinese Slavery in Hong Kong, March 1882" : BPP, vol. 26, p. 208.

120　*China Mail*, October 6, 1879.

121　Hennessy mentioned the meeting in Hennessy to Hicks Beach, January 23, 1880 : "Correspondence respecting ... Chinese Slavery in Hong Kong, March 1882" : *BPP*, vol. 26, p. 168.

這似乎被華人居民用作阻止殖民地政府侵犯他們權利的擋箭牌。

具稟人甚至指出，殖民地政府深知香港娼妓中十居八九是買來的；此事無人不知，而過去歷任政府稔知華人風俗，「不為擾民之政」，故此這種風俗至今亦仍其舊。這個申辯中隱含的意思是：如果這種做法過去都得到容許，現在何以要改變？他們促請總督修改法例，容許「名正言順」的買賣可以繼續。他們提到正在籌組保護婦女的組織，顯然想說明這個組織建立後，就可以杜絕其中流弊，而這種風俗本身應當獲准繼續。[122]

這個稟帖受到香港英文報章大力撻伐。批評者除了攻擊他們可鄙的原則，還嘲諷他們的論據自相矛盾。《孖剌西報》（Hongkong Daily Press）洞中肯綮地指出，具稟人似乎忘記，無論何地只要有對奴隸的需求，拐帶者就會繼續供應。[123] 司馬理同樣不留情地質疑他們思維的邏輯：除非這些華人領袖懲罰那些創造供應和需求的人，即向拐匪買賣人口的人，否則如何能杜絕拐賣？[124] 換言之，只要仍准許買賣人口，拐帶怎麼能有望杜絕？

儘管受到這樣的批評，華人領袖還是說服了軒尼詩接納他們的觀點，這位港督很快就要求華民政務司兼著名漢學家歐德理就「相對於奴隸制的中國僕役制度」（"Chinese servitude in relation to slavery"）的題目呈交報告，以便最終須就此這問題向殖民地部辯解時，能立於不敗之地。歐德理交來

122　Petition by Chinese merchants, October 25, 1879, enclosed in Hennessy to Hicks Beach, January 23, 1880: "Correspondence respecting ... Chinese Slavery in Hong Kong, March 1882" : *BPP*, vol. 26, p. 209. 附錄在軒尼詩公文中的譯文版本由歐德理翻譯。《孖剌西報》發表的譯文用字有點不同，這個譯本收錄於 Bailey（Shanghai）to Payson, December 2, 1879: "Expatriation and Chinese Slavery." Enclosure 4, pp. 22-26. 我也引述《孖剌西報》的版本。《孖剌西報》在 1879 年 10 月 25 日發表社論大力撻伐這份稟帖。

123　*Daily Press*, October 25, 1879, p. 27.

124　Smale to Frederick Stewart, Acting Colonial Secretary, July 7, 1880, sub-enclosed in Hennessy to Kimberley, September 3, 1880: "Correspondence respecting ... Chinese Slavery in Hong Kong, March 1882," *BPP*, vol. 26, p. 252.

他所需要的東西。該報告調查了西方和中國奴隸制度的演變，認為中國奴隸制和家庭僕役制與西方截然不同。中國的制度已「沒有了所有野蠻殘暴和令人厭惡的面貌」，而只是「受宗法制度桎梏支配的社會有機體的自然現象」。歐德理因此認為，這些做法會隨社會進步而自然消失，「過度干預」是「不明智的偏狹小器之舉」。[125] 換句話說，中國人的這些做法無傷大雅，宜放任自流，政府不應採取任何司法或立法行動取締。為了不作干預而提出的這個看似學術性（但其實是言不由衷）的理由，及時成為軒尼詩用來保障華人風俗對抗英國法律的武器。

倫敦的殖民地部完全不能容忍英國領土上有「奴隸制」存在，港督經過與殖民地部曠日持久的激烈爭論後，成功在此事上敷衍搪塞過去。華人具稟人替港督界定了何者是合法的人口買賣（或者至少當中的不少層面）。從英國法律和自由主義精神看來如此令人深惡痛絕的做法，由於獲視為「華人社會風俗」，在此英國殖民地受到保障。除了一些虐待事件，在往後四十年女孩子繼續被買賣為婢而不被檢控。在 1920 年代，香港政府受到巨大壓力迫使它取締蓄婢制度，這種壓力最先來自香港的基督徒、傳教士、工會份子和女權主義者，當中包括華人和歐籍人，之後來自殖民地部和國際聯盟。在 1923 年，《禁婢新例》（Female Domestic Service Ordinance）通過，在不廢除蓄婢制度的情況下，禁止買賣僱用新的婢女。[126]

但那還是遙遠的未來。在 1870 年代末，「奴隸制」仍然是倫敦、香港和上海的報章上懸而未決和備受爭議的題目。現在擔任美國駐上海總領事

125　"Dr. Eitel's Report," Enclosure 11 in Hennessy to Hicks Beach, January 23, 1880 : "Correspondence respecting ...Chinese Slavery, March 1882" : *BPP*, vol. 26, pp. 213-221.

126　在 1929 年通過一項法例，規定現有婢女全都須登記。結果有些女孩被改稱為養女，而 1938 年制定的另一項法例，規定所有養女都須登記。Norman Miners, *Hong Kong Under Imperial Rule 1912-1941*（Hong Kong: Oxford University Press, 1987），pp. 167-168, 186-190。

的貝禮，趁此機會重申他長期信奉的看法：中國人這個民族因實行「奴隸制」而受污染荼毒，所以應完全禁止華人入境。香港華商在 1879 年呈交的稟帖，成為貝禮手上的絕佳把柄，用來抨擊中國奴隸制和華人移民。在 10 月，他向國務院呈交一份關於中國奴隸制的詳盡長篇報告，列出四種特殊的中國奴隸類型 —— 宮廷皇室的奴隸、勞工奴隸、妾婦和妓女，尤其集中於後兩者。他說，奴隸制和納妾制是中國社會制度幾乎不可分割的部分，警告美國政治家應提防讓更多華人入境：「中國人這種納妾制度，難道不是 …… 一夫多妻制的孿生姐妹，而一夫多妻制是另一種『野蠻時代遺留的產物』，[127] 現在根深柢固地存在於美洲大陸的中心地帶，政府正竭盡全力加以杜絕。」他引用司馬理的估計，人口只有十二萬的香港有一萬名奴隸，表示這個殖民地「儘管有禁止奴隸制的法律」，但每十一名自由人，就有一個奴隸。他認為這是確鑿的證據，顯示中國法律和中國奴隸制度擁有「強大活力和力量」，經過三十七年英國統治，仍能公然蔑視外國法律和法庭而繼續存在。[128] 這種韌性令它如此危險。

　　貝禮在第二封信中重申自己的理據，這次還附上幾份文件作為有力佐證，包括司馬理在 10 月 6 日指出，香港任何形式的奴隸制都是非法而必須取締的長篇宣言，還有華商呈交港督的第二份稟帖。貝禮譴責港督與華商合謀維護「奴隸制」。他指出，那些顯赫本地華人居民親口承認奴隸制是他們政治和社會生活的基本特點，現在還受到英國法律保障。美國人應注意這種情況被容許普遍存在於香港，而香港是所有華人出洋到美國的轉口港，他反問一句：「在這種移民的每一面貌中，難道沒顯示出人類奴隸制的

127　「野蠻時代遺留的兩種產物」是一夫多妻制和奴隸制。在十九世紀中葉，這兩種事物與摩門教密切相關，而主流美國社會對摩門教的態度是既恐懼又厭惡。見 Abrams, "Polygamy, Prostitution, and Federalization of Immigration Law," p. 659, n. 96。

128　Bailey to Payson, October 22, 1879, in US, "Expatriation and Chinese Slavery," p. 10.

污點？」[129]

　　國務院把貝禮的信連同附件呈送總統，並作為關於「中國奴隸制」的報告交予眾議院。眾議院在 1880 年初討論限制華人入境美國的一個法案，加州議員貝里（Berry）先生在這場辯論中大篇幅引述貝禮的報告，他提出的理據是：如果英國當局一直無法取締香港的奴隸制，而美國又無限制地容許華人入境，那麼美國就會面臨這種奴隸制盛行於此地的巨大危險。[130]如艾布拉姆斯指出，美國的基督教理想是一夫一妻制，婚姻是兩相情願「情投意合的結合」，娼、妾與之是圓鑿方枘，貝禮提出人們所憂懼的娼、妾問題，為美國反華團體提供了威力強大的彈藥，他們可以振振有辭地說，如果這些婦女誕下未來的美國公民，她們「奴隸般」的本質，就會成為美國民主社會結構的一部分。[131]「奴隸制」成為中國人野蠻邪惡的象徵，它只是美國政客所需的藉口，用來證明中國人的社會價值觀和風俗令人厭惡，藉以表明他們厭惡中國人是有理由的，並最終證明把中國人完全摒諸門外是正確之舉。

《限制華工法》

　　到了 1880 年，即《佩奇法》通過後僅五年，華人女性入境已不是大問題，因為那時候美國政府大力制定法律限制華人男子和女人。1882 年、

129　Bailey to Payson, December 2, 1879, in US, "Expatriation and Chinese Slavery," p. 15.

130　Edward Thorton（British Minister at Washington）to Salisbury, April 12, 1880: "Correspondence respecting...Chinese Slavery, March 1882"：*BPP*, vol. 26, p. 57.

131　Abrams, "Polygamy, Prostitution, and Federalization of Immigration Law," p. 643.

1884 年和 1888 年的排華法例體現了美國人不妥協的立場。1882 年的法案禁止華工入境十年，但在 1880 年 11 月 17 日前已在美國居住的華工獲准留下。最初，這些工人在離開美國前獲得海關署長發出通稱「歸國證明書」的身份證明文件，就有權返回美國。但 1888 年的法案把這種權利剝奪，規定華工一離開美國就不能再回來。1894 年的條約則規定了一些例外情況，容許那些有「合法妻子、孩子或父母」居住在美國的勞工，或者擁有至少 1,000 美元財產或有人欠下他們 1,000 美元債務的人，可以回到美國。

勞工以外（商人、學生、外交官和旅客）的華人，以及那些在美國出生因此成為美國公民的華人，都獲准進入美國。獲豁免在排華法令之外的華人，須獲中國政府發出所謂的「第六款」證明書，亦稱「廣州」證明書，以證明他們是獲豁免類別的一員。這種證明書是華人申請進入美國權利的初步證據。

這些法令沒有明確處理華人婦孺入境資格的問題，但它們實際上令婦女更難進入美國。[132] 此外，由於限制娼妓入境的制度在 1882 年首個《限制華工法》實行前已經存在，此法案主要影響的是妓女以外的婦女。[133]

管制婦女移民的重心由香港轉到加州，當地由海關署長設立了一個繁複（但不人道）的制度來檢查男女移民。香港向美國市場供應女性的功能已不復存在，因為這個市場已被法律扼殺。

---

132   Lucy E. Salyer, "'Laws as Harsh as Tigers': Enforcement of the Chinese Exclusion Laws 1891-1924," in *Entry Denied: Exclusion and the Chinese Community in America, 1882-1943*, edited by Sucheng Chan（Philadelphia, PA: Temple University Press, 1991）, pp. 57-93，這些段落顯示不同法庭對此法案的詮釋是如何天差地遠。

133   Chan, "The Exclusion of Chinese Women," p. 109.

小結

　　華人男子出洋到加州，在當地創造了對許多事物的需求，包括華人女子。由於中國家庭的結構和社會習俗，許多前往金山的女人是被人買賣為婢、為妾或為娼。當中有些人是被拐帶到當地，以滿足這種市場需求。由於香港是主要出洋港口，其政治、社會和文化環境，直接影響了可能途經此地的女人種類。如果英國取締奴隸制和人口販運的法律在法庭上得到切實執行，可以想見是能阻止被購買的女人的通行。現實卻不是這麼一回事。香港雖然是英國殖民地，但在許多方面仍然是個華人城市，保留着各種華人風俗習慣 —— 華商精英極力維持華人社會原則和風俗，大力捍衛他們這方面的權利。除了少數例外，香港官員和領事館人員都很怠惰冷漠，加上這個高度商業化城市的商人汲汲於追求經濟利益，這兩個因素一起抵消了反蓄奴法律的效力，並把那些嘗試推動這些法律的人排擠到邊緣。因此香港成為完備的全球婦女買賣市場的集散中心，供應娼妓、情婦、妾婦和婢女，並塑造了女性橫跨不同海洋遷徙的性質。

　　那麼，誰獲得最終勝利？肯定不是華商。他們沒有想到自己堅持維護華人風俗之舉，會為美國政治家提供可乘之機，把華人移民入境變成選舉時的主要問題，藉華人社會風俗有違道德作為排華藉口。華商向殖民地總督爭取得這個權利，不料反而間接導致《限制華工法》，扼殺了幾代華工合法進入美國的機會，也肯定損害了他們的商業利益。另一方面，司馬理當時無法令香港的社會和法律規範體現他所奉行的原則，但他把中國父權制度的陰暗面暴露於世人面前，為美國反華政客的行動提供了理據。或許他才是最後的勝利者。

第 七 章

骨殖還鄉

在 1855 年 5 月 15 日，美國船「南方豔陽天號」離開舊金山前往香港，船上載着一批《上加利福尼亞報》形容為「怪異的出口物品」——「七十名死去的中國人」。[1] 這是眾多同類貨物的首批；在往後一百年，來自世界各地數以萬計的華人遺體，都會經香港運回中國內地。香港不只是華人離開中國內地的主要出洋港口，還將成為那些返回中國內地的活人和死人的主要登岸港口。海外華人移民與他們的故鄉之間撿運過程，有無數社會、政治、文化和財務影響，探討香港作為撿運過程的關鍵節點的研究，極有助於探索香港在華僑社會的角色，以及其作為移民遷徙的「中介之地」所發揮的功能。

如上文所說，十九世紀和二十世紀初華人的遷徙並非單線式，而是循環式。華人淘金者對於落葉歸根的渴望十分強烈，不亞於驅使他們離鄉的「狂熱」。離心力和向心力持續發揮作用，返回中國之旅是「出走」過程的固有部分，而且對於維持船隻雙向開航發揮重要作用。

如前所述，人們很早就開始歸國。最早的是三四名在 1851 年初乘坐「賽馬號」（Race Horse）從舊金山抵達的搭客，炫耀他們的金粉，並誇口大談黃金地區。[2] 涓涓細流變成穩定的流水。《上加利福尼亞報》在 1852 年初報道有大量華人離開中國，它說：「這些單身漢大多在一兩年前來到這裏，帶着幾包茶葉和大米，憑着勤勞、節儉和用心任事，全都賺到了錢，有些人積聚了一筆財富。」[3] 在 1852 年 11 月 14 日，光這一天就有七艘船抵達香港，四艘帶回 254 名華人搭客。[4] 許多人回鄉盡了自己的義務（拜祭祖墳、

1　*Alta California*, May 16, 1855。這艘船在 1855 年 7 月 7 日抵達香港，見 *China Mail*, July 12, 1855。

2　*Alta California*, May 9, 1851.

3　Extracted in *Hongkong Register*, May 11, 1852.

4　*Hongkong Register*, November 16, 1852.

探望父母、購買土地和修繕祖祠、傳宗接代）或者購買足夠商品做生意後，就會回到加州，開展新一輪的遷徙循環。

人口情況是變動不居、遊移不定的，移民來來去去，有的病有的死。施惠廉牧師在 1856 年估計，抵達舊金山的華人中有 9,000 人返國，1,400 人死亡，約 4,3000 人留下，在 1868 年，這個幾項的數字分別是 42,800 返國、3,900 死亡，106,000 人留下。[5]

原籍安葬

大規模運送遺體回鄉成為加州華人移民的特有風俗。在十九世紀，中國人最大的願望是安葬家鄉，讓後代子孫來墳墓拜祭，這種思想深遠塑造了移民的社會行為。人過世後得到恰當的葬禮，就能升格為受尊崇的祖先，象徵家族繁衍綿延不斷。人們普遍相信，下葬在根據風水精心挑選的牛眠吉穴，不只能令死者安息，更重要的或許是為福蔭子孫。客死異鄉得不到家人供奉，成為遊魂野鬼，得不到食物和衣服，淪為無主孤魂，是最令人恐懼之事。對於過去幾百年的許多華人移民來說，回鄉安息的夢想只是可望而不可即的奢望，但加州移民社羣擁有前所未有的財富，令這個夢想可以實現。就像他們能夠買得起上品熟鴉片，加州華人也能夠負擔盡善盡美的人生終結。

---

5 William Speer, *The Oldest and Newest Empire: China and the United States*（Hartford, CT: S. S. Scranton and Co., 1870）, p. 487; W. Loomis, "The Chinese Six Companies," *The Overland Monthly*, no. 1（September 1868）, pp. 224-225.

想要歸葬家鄉的渴望是普遍的，只有少數奇怪的例外 —— 由於實在太奇怪了，所以 1852 年到達美國的余大（余福章）在 1896 年去世，表明希望永久葬在美國而非歸葬中國時，這件事竟成了新聞！其訃聞以超大字體的標題說：

他將永遠埋骨此地。

這是一位年邁華商的奇怪要求。

他不欲把遺體運回中國。

葬禮延後直至其長子從中國歸來。[6]

死亡是香港和加州華人努力解決的重大問題。舊金山華商很早就組織同鄉會，以達到林林總總的目標，從收債、對抗敵對派系，到為失業、生病和過世的人提供各種福利，藉此令客寄在外國土地上、面對危險和不明朗情況的人得到慰藉 —— 生前與死後的慰藉。運送骸骨回鄉成為極受重視的服務。[7] 這是為鄉人盡義務的方式，顯示共同的文化價值觀。或許還出於想保護自己不受作祟的惡鬼纏擾的想法。如施惠廉所說：「有關死者骸骨的深切焦慮來自一個信念，那就是如果不給予身故者適當尊重，他們的鬼魂就會作祟，令在世者不得安寧。」[8] 肯定的是，支持這種活動的另一個動機，

6　Lani Ah Tye Farkas, *Bury My Bones in America: From San Francisco to the Sierra Gold Mines*（Nevada City, NV: Carl Mautz Publishing, 1998），p. 2。有趣的是，他在加州出生的兒子余祝三（Sam Ah Tye）被送去香港唸書，畢業於皇仁書院。見 Farkas, *Bury My Bones*, p. 73。

7　Speer, *The Oldest and the Newest Empire*, pp. 614-615.

8　Speer, *The Oldest and Newest Empire*, p. 615。有關華人對於死亡的理念和做法，見 J. J. M. de Groot, *The Religious System of China, in Ancient Forms, Evolution, History and Present Aspect, Manners, Customs and Social Institutions Concerned Therewith*（Taibei: Literature House, 1964 [1892]）。另見 James L. Watson and Evelyn S. Rawski（eds.）, *Death Rituals in Late Imperial and Modern China*（Berkeley, CA: University of California Press, 1988）。

是希望自己死後，遺體也會獲得同樣對待，以保證首邱既正泉壤歡生。

　　撿運的組織者很熟悉華南的「二次葬」，充分配合這種撿骨重葬的習俗。在加州，會在移民暫居的地點進行首次下葬，若干年後再挖塚掘棺，撿骨洗淨，再放入容器內運回中國，在故鄉進行第二次並且是永久的安葬。[9]到了1858年，舊金山運送「中國人遺體貨物」成為司空見慣的景象。1858年初啟航的「亞洲號」（*Asia*）據說運載了至少「四百名已過世的天朝子民，他們從暫厝之地開棺掘出，用十分商業化的方式包裹，以每人七元

9　有關中國人的二次葬，見萬健忠：《中國歷代葬禮》（北京：北京圖書館出版社，1998），頁163–170。有關華南地區的地方儀式，見劉志文：《廣東民俗大觀》（廣州：旅遊出版社，1993），尤其見頁436–439、446–448、477–479。有關1970年代華南葬禮做法的描述，見Hugh D. R. Baker, *Ancestral Images: A Hong Kong Album*（Hong Kong: South China Morning Post, 1979）, pp. 17-20。另見Sue Fawn Chung, "Between Two Worlds: The Zhigongtang and Chinese American Funerary Rituals," in *The Chinese in America: History from Gold Mountain to the New Millennium*, edited by Sue Fawn Chung（Walnut Creek, CA: Alta Mira Press, 2002）, pp. 217-238。作者聲稱大多數中國移民都葬在美國。對於十九世紀華人的安葬情況，缺乏有系統的統計數字，故難以確定骨殖和遺體運回中國的華人移民佔多大比例。這裏只須指出，對於華人移民而言，能夠回歸故里，即使是死後歸葬，都是很清楚的理想。1855年5月16日的《上加利福尼亞報》引述《先驅報》（*Herald*）說，「一隊在舊金山工作的中國人，他們掘出在此地去世的天朝子民遺體，送回中國的朋友手上，以此為業賺取豐厚的薪酬。」
本章有關加州撿運活動的詳情來自四份文件。第一份是金山昌後堂：《金山昌後堂運柩錄》（香港：1865）（下稱《運柩錄》）。第二份是第一份的附錄，即繼善堂：《香港繼善堂續捐備列》（香港：1865）（下稱《備列》）。第三份是金山昌後堂：《第三屆撿運先梓友回籍金山昌後堂徵信錄》（香港：1887）（下稱《昌後堂徵信錄》），第四份是繼善堂：《香港繼善堂番禺第三屆運柩徵信錄》（香港：1893）（下稱《運柩徵信錄》）。
《運柩錄》報告事件和昌後堂直至約1863年的工作。它集中記述加州方面的事情，提供會員名單和捐款徵信錄，值理會成員的名字、章程、賬目表等。《備列》報告棺木和骨殖箱抵達香港至運走並／或在家鄉下葬的情況。《昌後堂徵信錄》和《運柩徵信錄》大抵依循與《運柩錄》和《備列》相同的格式（似乎有一份記載第二次撿運的出版物沒有留存下來）。這些書冊提供了有關整個操作的寶貴資料和洞見，以及這兩個善堂的組織和彼此的互動。
原始資料儲存在費朵鎮加州古蹟維護會（Fiddletown Preservation Society）。它的微縮膠片存放在加州大學柏克萊分校的民族研究圖書館（Ethnic Studies Library）。我感謝該校的王靈智教授和余慧子（Mrs Poon Wei-chi）告知我有這套非常寶貴的資料。

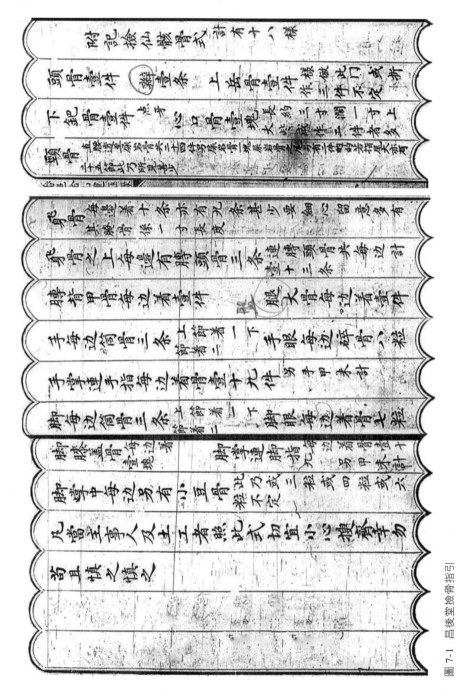

圖 7-1　昌後堂檢骨指引

【圖片來源】金山昌後堂，《金山昌後堂運柩錄》（1865），頁 8a－9a。

的價錢運送」。[10]

　　由加州及其他地方運回故鄉的骸骨，從這些規模不大的起點開始，很快就大幅增加，變成跨太平洋交通運輸的慣常特點，並成為中國到美國移民經驗中不可或缺的獨特一環。例如，在 1870 年有 9,000 公斤的骸骨被送回中國，那時已有大量華工受招募去修築鐵路，「以爆破打通內華達山脈的花崗岩」，那些骸骨就是 1,200 名鐵路華工的遺體。[11] 一名加州本地觀察家的說法更匪夷所思，他估計在 1913 年會有一萬箱骸骨由美國運到中國。[12] 運柩回鄉這個漫長而複雜的過程，似乎已發展為一門生意。

　　商業上，第一個想到我稱為「屍體貨運」的人找到了大發其財的機會。如 1858 年美國駐香港副領事所說，運送華人遺體回鄉是利潤豐厚的生意，他尤其注意到一艘最近抵達香港的船運送了 370 具遺體，「包裝良好，像貨物一樣，每具運費十元」。[13] 真正的運費似乎不像上述的七元或十元那麼高。七元或十元很可能是由會館收取的「會費」，除了運費，還包括其他費用，例如棺木 / 骨殖箱的費用，[14] 收集、發掘、清潔、包裝、陸上運輸、文件、法事、政府收費等等。我所見的不同記錄顯示，直至 1880 年

10　"San Francisco Prices Current and Shipping List," February 4, reprinted in *The Friend of China*, April 3, 1858.

11　Mark O'Neill, "Quiet Migrants Strike Gold at Last," *South China Morning Post*, February 14, 2002.

12　Sandy Lydon, *Chinese Gold: The Chinese in the Monterey Bay Region* (Capitol, CA: Capitol Books, 1985）, p. 131.

13　O. E. Roberts, Vice-Consul, to Mr Lewis, Assistant Secretary of State, Washington, no. 10, April 13, 1858: Despatches from US Consuls in Hong Kong, 1844-1906.

14　在華人移居美國的早期歲月，也有運屍體回中國的情況，但這樣做較為昂貴，因為運送屍體須做防腐，需要較大的棺木，運輸費用更高，只有非常富有的人才負擔得起。可惜從手頭的文件難以確定文中所提的「棺」是裝遺體還是骸骨。雖然偶爾會用「大棺」和「小棺」兩個詞來區分，但通常都只說棺而不提其大小。我們從 de Groot, *The Religious System of China*, vol. 3, p. 1060 得知，小棺是用來收納骨殖，所以幾乎可以斷定，大棺是裝遺體用的，但這些文件中不一定有區分，所以很難斷定運送回國的，有多少是遺體，有多少是骨殖。

代，運送骨殖箱的平均費用在兩至三元之間；[15] 歷史學家劉伯冀說是每具運費五元，這大概是較後期的費用。[16] 但即使這樣，對於船舶運作來說，如能保證有「中國人遺體」穩定供應，這也是很可觀的收入。活人搭客在 1860 年代和 1870 年代付出平均 20 元坐船回中國，[17] 相較之下，運送骸骨賺錢很容易。有些人就不禁冷嘲熱諷猜測，運送骨殖的利潤那麼豐厚，組織這種活動背後的動機，至少有部分是出於為開往中國的船提供穩定的貨運生意。在此過程中，最初看似不可能的創新和奢侈活動，很快就被視為必需之舉。

　　事實上，運送人類遺骸回鄉有一獨特之處。人類遺骸既非一般搭客，又非商品，[18] 是一種類型完全不同的「船貨」，具有非常獨特的情感、文化和

15　從昌後堂的記錄可見，在 1863 年，運送 258 個棺木／骨殖箱共花費 869.6 元。每個箱子的平均運費是 3.3 元，這個數字已計算大棺與小棺之間費用的差別（《運柩錄》，頁 6a〔獨立頁碼〕，進支賬目，它遠少於 7 元。我們也能夠比較往後年份的價錢。在 1885 年，昌後堂分五趟共運送了 258 個骨殖箱，總費用 503 元（《昌後堂徵信錄》，頁 26a－26b〔獨立頁碼〕，進支賬目），平均運費 1.95 元。在 1886 年，它分四次運了共 107 個骨殖箱，總費用 305 元（《昌後堂徵信錄》，頁 27a〔獨立頁碼〕，進支賬目），平均運費 2.85 元。
　　但有很多證據指出，收納骨殖的最傳統方法，是採用 10 英吋乘 12 英吋乘 22 英吋的箱子。見 Grant K. Anderson, "Deadwood's Chinatown," in *Chinese on the American Frontier*, edited by Arif Dirlik（Lanham, MD: Rowman & Littlefield, 2001），p. 423；Joe Sulentic, "Deadwood Gulch: the Last Chinatown," in *Chinese on the American Frontier*, edited by Arif Dirlik（Lanham, MD: Rowman & Littlefield, 2001），p. 445；Lydon, *Chinese Gold*, p. 131。

16　劉伯冀：《美國華僑史》（台北：黎明文化事業公司，1976），頁 165。

17　船位費用會根據市場而變化。1865 年 4 月從舊金山開出的「馬米恩號」（*Marmion*），帶着 112 名搭客，每人 16 元（Freight List for *Marmion*, April 1, 1865: Heard II, Case 17-A, f. 10, "Freight Lists: 1865"）。在 1863 年，四名昌後堂的人伴隨首批骨殖箱坐船回中國，他們為船位和糧水共付了 110 元（《運柩錄》，頁 6b〔獨立頁碼〕，進支賬目）。巴思說回到中國的船費需要 20 元，而前往舊金山的船費最便宜要 40 元，平均約是 50 元。見 Gunther Barth, *Bitter Strength: A History of the Chinese in the United States, 1850-1870*（Cambridge, MA: Harvard University Press, 1964），p. 62。

18　見 Caroline Reeves, "Grave Concerns: Bodies, Burial, and Identity in Early Republican China," in *Cities in Motion: Interior, Coast, and Diaspora in Transnational China, edited by Sherman Cochran and David Strand*（Berkeley, CA: IEAS, University of California, Berkeley, 2007），pp. 25-52。

精神內涵，又涉及不同的恐懼、渴望和希冀。運送遺骸回鄉所需的社會資源也與別不同。

美國人的觀點

在 1850 年代，中國人運送遺體回中國之舉，在美國人眼中是奇怪之事，後來反華情緒高漲，這些活動被理解為中國人野蠻行徑的另一例子，並變成反華敵意活動的另一個目標。在 1877 年，《紐約時報》（*New York Times*）轉載《舊金山紀事報》（*San Francisco Chronicle*）的一篇文章，其標題為〈輸出華人屍體 —— 來自「天福堂」的駭人公告：卑劣之徒未經授權以運送天朝子民遺體回國為業〉（ "Exporting Dead Chinamen - A Startling Proclamation from the 'Mansion of Divine Bliss'- Base Individuals Who Have Gone Into the Business of Sending Dead Celestials Home Without Authority" ）。[19] 之後《紐約時報》一篇文章提到這個故事：

> 對於挖掘死者骸骨的人，說英語的人用「食屍鬼」（ghoul）這個簡短而令人厭惡的名字來稱呼 …… 據思想開明的東方年代學家說，中華文明經歷幾百萬年的戰爭和微風，對於一個挖掘死去華人的協會，他們也能取一個如此藻麗不凡的名號，再沒有別的事物比這點更能顯示其無與倫比之處。

19　*New York Times*, August 18, 1877。從這個協會的英譯名稱，難以確定其中文原文，甚至無法肯定這個名稱是否為嘲諷某個真正的協會而捏造。據這篇文章說，該組織是 1858 年在舊金山成立，1860 年開始運作，1862 年破產，到 1877 年才重組。這個協會以每個 8 元賣「醜齪的權證」，並「派授權代表到本國兜售」。「死者親屬」和「土工」會商定轉移骸骨的適當過程，讓死者返回東方，安葬於故土。

它接着嘲笑撿骨的概念。土工是這項活動不可或缺的人，負責挖出骸骨，以布擦拭乾淨，放在太陽下曬乾，之後把骨頭扎成一綑，他們被嘲笑為「幸福的骨頭裝袋工」（Blissful Bone Bagger）。[20]

一如慣常，這些英文報章這種鄙夷和嘲弄的語氣，是以粗鄙的方式故意曲解中國人的願望。在撿運這種複雜而危險的工作背後，充滿有關生死、家庭關係和同鄉情誼的哲學，這些完全被忽略掉。掘墳開棺和原籍安葬，與吸鴉片、賭博和娼妓一同成為中國人墮落的進一步證據。在政治層面，它佐證了反華政客的說法，亦即中國人不應有權獲得公民資格，因為他們的唯一目的是到美國「大賺一筆後回去〔中國〕」。在一次關於華人入境的參議院調查中，有人說：

> 中國人全懷着歸國的念頭 …… 他們必須葬在天朝土地。按照他們的迷信思想和宗教，在中國以外沒有進入天堂領域的途徑。那些葬在此地的鬼魂會永遠游蕩於黑暗之中，與祖先分隔，對他們來說那是極大的哀痛。因此，他們來到這個國家後一心要回去 …… 他們簽下合約，如果在合約期內過世，遺體將運回中國。若你看到送葬行列通過我們的街道 …… 他們把死者運往墓地不是為了下葬，而是暫厝在那裏，待累積到足夠數量後，就租下整艘船把死者運回他們出發的港口 …… 中國人來這個城市的目的，二十年來已清楚可見，如我所說，他們來大賺一筆後就會回去。[21]

---

20 *New York Times*, August 26, 1877.

21 US Congress, Senate, "Report of the Joint Special Committee to Investigate Chinese Immigration, 1877" : US Congressional Serial Set Volume 1734, Session Volume No. 3, 44th Congress, 2nd Session, Report 689, p. 16.

　　如我們所知，這種偏見最終導致 1882 年的《限制華工法》。在 1878
年，它促使加州立法機構通過一項法律，以公共衛生為由，令到把華人屍
體運回中國安葬變得很困難。無論如何，以棺木運送屍體是相對罕見，因
為這樣做比起用箱子運送骨殖要昂貴得多，但這項法律通過後，華人社會
別無選擇，只能運送骨殖回中國進行次葬。[22]

組織撿運

　　中國到了十九世紀時，早已有把在外地身故的人（主要是高官和富商）
運回原籍歸葬的傳統。[23] 然而，把大量普通勞工而非只是財雄勢大之人的
遺體運返原籍，這似乎是華人移民加州後才出現的現象。這個做法不但所
費不貲和耗用大量人力，而且需要組織、專人料理，以及規模前所未有之
大的社會網絡。旅程非常漫長，令撿運過程更加險阻重重，這種旅程的起
點，通常是離舊金山幾百哩遠的偏遠金礦裏的無名塚，途中經過舊金山，

22　"United States Circuit and District Courts. California Constitution — Removal of Bodies." 黃勇貴
　　（Wong Yung Quy）被裁定違反「希克斯法案」(Hicks Act)，此法案規定，除非符合某些限制
　　因素，否則禁止遷移人類遺骸。這案件由美國巡迴法庭的索耶（Sawyer）法官和美國地區法庭
　　的霍夫曼（Hoffman）法官審理。兩名法官裁定此法案完全合憲，沒有違反《蒲安臣條約》或
　　美國憲法。遷移每具遺體要付十元，一視同仁，而這個費用不算太高昂，證明它不是直接或完
　　全針對中國人，其目的反而是作為衛生措施，只是很不幸中國人出於宗教信仰，不得不把死
　　者運回中國。犯人必須還押（ "Ex parte Wong Yung Quy. On habeas corpus, US Circuit Court —
　　San Francisco Chronicle, SF, May 25, 1880," *American Law Review*, vol. 14 [July 1880], p. 529）。
　　有關這項法案的簡短討論，見 Marlon K. Hom, "Fallen Leaves' Homecoming: Notes on the 1893
　　Gold Mountain Charity Cemetery in Xinhui," in *Essays on Ethnic Chinese Abroad*, edited by Tsun-
　　Wu Chang and Shi-Yeong Tang（Taibei: Overseas Chinese Association, 2002）, 3 volumes, vol. 3:
　　Culture, Education and Identity, p. 316。
23　這種做法稱為「扶柩回籍」。在大多數歸葬原籍的例子中，屍體是放在棺木內運回，但還有其
　　他運輸方式。據說在湖南湘西有令屍體「行走」的神奇運屍方法，這種稱為「趕屍」的做法，
　　在電影中受到大肆渲染，近年尤甚。

橫渡太平洋，之後取道香港前往廣東省同樣偏遠的鄉村。

熟悉美國華人史的人都知道，當地華人社會事務是由六大會館主導。但早在六大會館這個集體組織形成並發揮其重要作用之前，同鄉會已開始出現。這些早期組織為會員處理與死亡有關的事務，或在轄下成立分會去承擔這些事務 —— 安排葬禮、掃墓和運送骨殖回鄉。對於一個常常把死者看得比生者更重要的民族來說，這類組織的冒起和蔚然成風，似乎是再自然不過之事。

三邑總會館是最早出現的同鄉組織之一，其會員包括來自南海、順德和番禺的鄉民，這三地是廣東省最富庶的縣，他們在加州的成員有許多是商人。三邑總會館創立在 1850 年，主要目標是代表會員向加州白人當局交涉，並在派系衝突中保護會員，對抗來自其他地區的華人，尤其是來自四邑的人，四邑即新寧（後稱台山）、開平、新會和恩平。在有關死亡的事情上，三邑的每一個縣都組織了自己的屬會。南海人的屬會稱為福蔭堂，幾乎可以肯定，在 1855 年以「南方豔陽天號」運送遺體的就是福蔭堂。[24]「福蔭」的意思就是造福後代子孫，顯示撿運的目的是既嘉惠死者，也澤及後人。

據福蔭堂的記錄說，該堂的創辦者初衷只是想為客死加州的人提供適當的葬禮。邊疆的生活十分艱苦，除了病故，也常有人死於械鬥和意外，南海商人購置土地，安葬同鄉遺骸，每逢中國人敬拜祖先的清明節和重陽

24　據施惠廉說，一年前成立了一個以舊金山為總部、按照同鄉地緣原則組織的協會，目的是把客死異鄉的同鄉骨殖運回原籍安葬。會員須付幾美元的會費，這保證若他們過世，骨殖會運送回鄉，同時幫助所有來自同一縣的鄉民都獲得這種服務。會費涵蓋收集骨殖、棺木、境內運輸、船運和其他開支。這個協會成立幾個月後，就開始收集去世會員的骨殖，到了 1855 年夏天，它的工作完成，並且骨殖經香港送回故里。很難確定這個協會是屬於哪個縣。施惠廉稱它為「慈善協會」，但「慈善」可以是泛稱，也可以是具體名字。見 Speer, *The Oldest and the Newest Empire*, pp. 614-615。

節，都前往掃墓，祭祀先梓。但墳場後來遭逼遷他徙，福蔭堂創辦者不是把遺體遷葬當地其他地方，而是下了一個重大決定，撿執先友遺骸，遠渡重洋把它們運回唐山。[25] 由此開展了同鄉會的撿運活動，影響數以千計中國人的移民模式。

　　幾個月後，在 11 月 12 日，另外 20 人的骨殖由沙加緬度以小艇運到舊金山，再裝船運到中國。[26] 在 1856 年 6 月，再有一批遺體被運往中國，數量異常多，總共 336 具。在這些棺木／骨殖箱中，217 個屬於香山縣人。香山縣人最早在舊金山成立協會的華人 —— 陽和會館，[27] 而該縣之下的每一個鄉都各自成立自己的組織來處理與死亡有關的事務。因此，運送 217 個香山縣人的棺木／骨殖箱的工作，事實上是由六個不同的鄉組織來承擔。到了 1900 年，這類香山縣之下的鄉組織總共有 12 個。[28] 在 1856 年付運的那一批遺體中，也有 94 名東莞人和 17 名增城人的遺體。此外，還有些棺材／骨殖箱是由身故者的親人收集，這些身故者大概不是任何上述組織的成員。

25　區寵賜、麥禮謙、胡垣坤：《旅美三邑總會館簡史》（三藩市：三藩市旅美三邑總會館，1975），頁 78。

26　Yong Chen, *Chinese San Francisco 1850-1943: A Trans-Pacific Community* (Stanford, CA: Stanford University Press, 2000）, p. 105.

27　麥禮謙未出版之手稿：〈上恭都集善堂與上恭常都鄉人在加州簡史〉，藏於 Him Mark Lai's Research Files, Carton 47, Organization/Community: Jop Sen Association, deposited at the Ethnic Studies Library, University of California, Berkeley。
有關陽和會館和其他五大會館的簡史，見 Speer, *The Oldest and Newest Empire*, Chapter XIX, the "Chinese Companies in California"。陽和會館也包括東莞和增城兩縣的縣民。施惠廉的著作是美國人所寫、關於華人協會的記述中，最富於同情理解態度的，因為美國人的記述大部分都含有敵意和嘲諷。「陽和會館章程」（"The Rules of the Yeung Wo Association"）見該書頁 557－564。

28　見區天驥：〈中華三邑寧陽岡州合和人和肇慶客商八大會館聯賀陽和新館序〉，載《金山重建陽和館廟工金徵信錄》（1900），頁 1。

其他地區協會相繼出現。每個團體的活躍程度不一，視乎該團體的財富、其領袖的積極程度，以及其在北美的人數多寡而定。

舊金山昌後堂

撿運活動反映了橫跨加州、香港及華南的經濟和社會網絡是多麼廣泛、多層次和錯綜複雜。昌後堂是番禺人組織的協會，其工作提供了一個難得的機會，讓我們得以窺見撿運活動的運作細節，以及這些網絡令人驚歎的力量。

它創立於 1858 年，那時候加州已有好幾千名番禺人，當中過世的有兩百人。昌後堂隸屬三邑總會館，專門負責撿運。昌後是「令後嗣繁昌」之意，再次提醒我們家庭和祖先在中國社會思維和社會行為中的重要性。昌後堂的記錄沒有解釋其成員為何會在 1858 年覺得有需要做這件工作，但我們根據其他一些資料來源推測，舊金山一處墓地被破壞敲響了警鐘。由於要興建新水庫，令這個墓地內的華人墳塚大受破壞，造成一片狼藉混亂。有些情況是屍骨暴露在外，受日曬雨淋；另一些情況則是墓碑被燒毀或四處亂扔，令人無法分辨墓中所葬的骸骨屬誰。[29] 出於社會和超自然方面的顧慮，華人十分注重保存全屍和入土為安，受到這種冷酷無情的對待，面對實際環境和宇宙觀上的混亂，他們的恐慌可想而知。這事件或許是促使番禺和其他社羣的領袖採取行動的直接原因。

29　*New York Times*, August 26, 1877.

在 1858 年最初忙亂了一陣後，沒有採取甚麼實際行動。要到 1862 年昌後堂才採取具體措施實現其目標，當撿運隊伍被派到舊金山以外的各個地區蒐集遺體和籌募經費。由崔美領導的撿運隊伍分不同階段進行。他及其同伴由一名嚮導帶領，先往舊金山南部，之後轉往西邊，之後到北部蒐集骸骨，每次都帶着挖出的遺體和沿途籌募的款項返回舊金山，接着才進行下一階段工作。他們備嘗艱苦前往採金地點搜尋，沿途山僻路遠，地形崎嶇、天氣惡劣，令他們的工作大受阻礙。

他們挖出了兩百多副遺骸，放到特別訂製的棺柩或骨殖箱中。這次搜尋沒有一舉而竟全功，因為無法找出所有埋葬地點。在偏遠地區，這支隊伍要極為依賴同鄉和其他在當地的人提供資料及其他協助。即使埋葬在舊金山墓園的遺體，也不能保證能順利收集。在 1862 年底，墓園的一些墓碑遭洪水沖走，因而無法確定那些遺體的位置。有些情況則是無人知道下葬地點，或者地點太難找。中文報章中也有一些耐人尋味的報道，說醫生把去世華人「破腹勘驗因何而亡」。[30] 對於美國醫生強制的驗屍要求，當時大多數華人十分反感和恐懼，這種報道是否暗指這種屍體會被用於醫學研究，以致死者親友無法尋回遺體給予適當的葬禮？現在已無從稽考。

如果某人被認為已過世，但無法找到其遺體，就會舉行儀式為他招魂，再將其魂魄藏納於招魂箱。招魂箱也會運回中國，得到與真正遺體相同的對待。[31]

30　*The Oriental*, October 23, 1875.

31　有關「招魂葬」，見 de Groot, *The Religious System of China*, vol. 3, pp. 847-854。

　　收集得來的遺體最終在 1863 年付運，當時昌後堂把 258 個棺木／骨殖箱和 59 個招魂箱運回中國。[32] 在 1874 年、1884 年至 1887 年之間，再有兩次這樣的大型撿運工作。前者運出 858 個棺木／骨殖箱和 24 個招魂箱；後者運回 625 個棺木／骨殖箱和三個招魂箱。因此，自 1862 年這項活動開始以來，總共有 1,741 個棺木／骨殖箱和 86 個招魂箱運回中國。

　　在香港，這些棺骨由名叫繼善堂的對口組織接收，它負責把棺骨轉運到番禺的不同鄉村安葬。兩個組織之間合作關係的重要性自不待言。昌後堂的活動有助我們了解早期美國華人社羣的生活與冀望的重要層面。它與繼善堂的合作顯示同鄉網絡在華僑社會中所起的重要作用。此外，繼善堂發揮在加州與番禺之間轉運和分送骨殖的功能，這種活動牽涉到財政、社會和文化等方面，突出香港作為「中介之地」的地位。

加入昌後堂

　　初到美國的番禺人全都須向昌後堂捐「助銀」十美金，之後會獲發收據，憑着這張收據，萬一不幸過世，會獲安排適當的葬禮，其後遺體會被掘出送回原籍。這筆捐款也顯示他對客死美國的同鄉的支持。一如其他互助組織和所有保險項目，這個協會的工作要靠全體支持才能持續。為確保

32　1863 年運送的 258 個棺木／骨殖箱中，四個所裝的是女性骸骨，四個屬於非番禺人。在其餘 250 箱，171 個是裝乾透的骨殖。這些箱子中，77 個有鋅製內棺（鉛箱罐），這大概是表示它們是用來裝沒有完全乾透的屍骨，所以需要密封防止滲漏。進行如此大規模的起運時，即使下葬不太久的屍體或許也無可避免要掘出，以便一併運送。

每名番禺人都履行其義務，拿不出收據的人無法離開舊金山。難免有些人會逃避付款：有些會員會讓其他人使用他的收據回到中國，之後報失嘗試補領新收據；有時候新來者會謊稱以前曾來過，已經付過會費，另一些人甚至冒名頂替那些已回到唐山的人。因此，昌後堂的職員必須小心防範欺騙，並確保所有人都付款。

　　昌後堂有兩個實行這個制度的有力方法。一是阻止逃費者坐船回到中國。任何番禺人想要回中國，都要先向昌後堂的舊金山辦事處出示收據，然後才會獲發出港紙。由於許多船位經紀的生意都須倚仗有權勢的華商，而這些華商往往是同鄉組織的司理，所以船位經紀別無選擇，只能按這些組織的意思行事，不向沒有出口紙的人賣船票。這樣，船位經紀也成為這個監察制度的一部分。

　　第二個嚇阻因素或許威力更大，至少在心理上。昌後堂規定，它不會收集沒有繳付會費的番禺人的遺體；也不會協助想自行料理此事的死者親屬。昌後堂建立了龐大的跨國機制，如果沒有這機制的廣泛支援，單憑個人之力想安排骨殖運回故鄉，是極其困難之事。所以，如果他們客死加州，骨殖就很可能永遠無法回鄉，從此淪為孤魂野鬼。這是想起來就很可怕之事，昌後堂的盤算是要令他們心生恐懼，知道不遵從規則的可怕後果，藉此逼他們付費。

　　除了疏財之義，所有番禺人都有責任報告所在地附近的墳塚位置，並協助發掘和其他所需工作。由於這項工作非常昂貴，會費其實不足以支付，這些活動要靠組織和支持昌後堂的富有商人捐出巨款來資助。換句話說，維持該協會的運作，一方面靠善款，另一方面靠互助互濟的原則，兩者結合，這是華人同鄉組織的共有現象。它的章程也列明，對於確實貧困潦倒的番禺鄉民，會免費將其骨殖送回原籍，這些事例可明顯看到此機構工作的慈善功能。

香港繼善堂

在香港那端，富有的番禺商人組織繼善堂，以接收骨殖和棺柩。「繼善」的意思是繼續〔昌後堂〕的善行。不同地方的同鄉組織之間的長距離合作，在中國和海外很常見，它們可藉此達到各種目的，並在不同層面加強它們的網絡。[33] 繼善堂成立於 1863 年，當時是由 24 名司事來管理。之後司事在不同年份為不同目的成立。這些司事都是財雄勢大之人，其中三人特別值得提及。

33　到了十九世紀中葉，在中國境內同鄉會已是司空慣見的事物，愈來愈多中國人遠赴海外，海外同鄉會數目也隨之上升。早期研究同鄉會的學者多集中探討同鄉會在某一地方的運作，如何炳棣：《中國會館史論》（台北：台灣學生書局，1966）和 Bill Rowe, *Hankow: Commerce and Society in a Chinese City, 1796-1889*（Stanford, CA: Stanford University Press, 1984）。顧德曼（Bryna Goodman）有提到同鄉組織與故鄉之間的聯繫，但她把重點放在上海，對於上海和故鄉以外的地方着墨很少，見 Bryna Goodman, *Native Place, City, and the Nation: Regional Networks and Identities in Shanghai, 1853-1937*（Berkeley, CA: University of California Press, 1995），pp. 240-248。大多數有關中國同鄉組織的著述都忽略了海外聯繫，也無視中國與海外同鄉組織之間是有延續的關係。
　　我早期的工作也有相同盲點。我開始從事研究時把同鄉組織狹隘地視為香港整體發展的一部分；見 "The History of Regional Associations in Pre-war Hong Kong," in *Between East and West: Aspects of Social and Political Development of Hong Kong*, edited by Elizabeth Sinn（Hong Kong: Centre of Asian Studies, University of Hong Kong, 1990），pp. 159-186。第二個著作是 "Challenges and Responses: The Development of Hong Kong's Regional Associations 1945-1990"，這篇在 1992 年的 IAHA 會議上提交的論文探討戰後情況，並把焦點擴大，涵蓋海外聯繫。在 "Xin Xi Guxiang: A Study of Regional Associations as a Bonding Mechanism in the Chinese Diaspora — the Hong Kong Experience," *Modern Asian Studies*, vol. 31, no. 2（1997），pp. 375-397 一文中，我把重點放在外在網絡。"Cohesion and Fragmentation: A County-Level Perspective on Chinese Transnationalism in the 1940s," in *Qiaoxiang Ties*, edited by Leo Douw, Cen Huang, and Michael R. Godley（London: Kegan Paul, 1999），pp. 67-86，我在此文研究一份流通於世界各地三水人之間的通訊刊物，這份刊物旨在締造和加強各地同鄉之間的聯繫。因此，團結同鄉的概念在多個層次表達出來，包括「扎根」層次和「無根」層次，在前者的情況，故鄉是非常真實而具體的；在後者的情況，同鄉身份是可攜帶的，由移民帶往他所到的任何地方。此外，我還探討同鄉組織如何塑造地區和民族身份。我認為海外華人是由零零散散的小華僑羣體組成，而同鄉情誼和同鄉組織對於海外華僑和中國民族國家的形成，既發揮了整合作用，也產生分化效果。

　　我們在第一章見到其中一名 1863 年的司事 —— 郭松。他靠與英國人
密切合作而起家，在鴉片戰爭期間為英國艦隊擔任帶水人和供應物資。身
為蜑家人的他與英國人「合謀」並不令人驚訝。如文基賢所指出，在身體
上流動和傳統上在中國社會備受歧視，許多這些主要以舟船為家的人很快
看到，與英國政權和歐洲資本合作，有助他們攀升到備受尊崇的地位。[34] 郭
松是其中一個極其成功之人。中國當局認為他勾結外國而懸賞取其人頭，
當香港殖民地創立時，他就與英國人「命運與共」。他為皇家海軍供應補給
物資，其後擔任中國水域的英國航運巨擘鐵行輪船公司的買辦。他是東華
醫院的倡建總理，清楚顯示他在華人社會的顯赫地位。他在 1876 年成為香
港第三大繳稅大戶，在華人中首屈一指。郭松在 1880 年謝世，留下的遺產
價值 445,000 元，[35] 這在當時可是一筆巨款。繼善堂成立之初，郭松很大手筆
捐了 100 元給它，並且與它維持了逾十年的聯繫。

　　黃炳是另一個 1863 年的司事，是司事中最活躍的成員。黃炳是絲綢
商人，也擁有其他公司，包括繩纜廠。他的繩纜廠是龐大事業，每年有數
以百計的船靠泊香港，令需求愈來愈大，繩纜廠的利潤一定十分豐厚。[36] 他
也以另一種方式參與航運業。在 1850 年代中期，他擁有一艘西式中國帆船
（lorcha），那是採用西式帆船船身和中式帆具的近岸船，而殖民地法例容許
不論國籍的香港土地承租人把他們的船登記為英籍，黃炳就利用這條法例
為這艘帆船取得關照（出航書），並僱用了一名愛爾蘭人為船長，他一定是

34　Christopher Munn, *Anglo-China: Chinese People and British Rule in Hong Kong 1841-1880*
　　（Richmond: Curzon, 2001），pp. 73-74.

35　Carl T. Smith, *Chinese Christians: Elites, Middlemen, and the Church in Hong Kong*（Hong Kong:
　　Hong Kong University Press, 2005 [1985]），pp. 115-124.

36　見 *Hong Kong Directory* 1846。在刊於 1848 年《香港年鑑》（*Hong Kong Almanac*）的一個圖表
　　中，他的繩纜廠是極少數獲點名的華資企業之一。另見 Smith, *Chinese Christians*, pp. 116-117。

少數聘用了歐籍人為職員的香港華人之一。由於英國駐中國領事有責任保護所有英籍船解決任何可能發生的麻煩，這種保護顯然有巨大價值，尤其是在 1850 年代中期，當時廣州周遭水域不斷受海盜、太平軍和其他叛亂組織滋擾。[37] 許多香港的歐籍人反對這種做法，聲稱此舉減損了英國旗在海盜和其他人眼中的價值。令英文報章《華友西報》尤其憤怒的是，「一個英文字都不懂的黃炳先生〔及另一名中國人〕向英國政府申請使用英國旗，而他們只花了五元就如願以償。」[38] 儘管有這樣的反對聲音，但這種做法還是繼續。一年後，另一艘華人擁有的英籍帆船「亞羅號」（Arrow）發生了不測事件，引發中國與英國之間的戰爭，史稱「亞羅戰爭」或第二次鴉片戰爭。

到繼善堂成立之時，黃炳早已香港社會立下穩固根基。他擁有可觀的財產，在 1848 年聯同與香港的主要外籍和華裔承租人，抗議殖民地政府向他們徵收高昂地租。他顯然不是會對過分的要求逆來順受之輩。他在一年前曾向政府陳情，反對政府大幅增加對其財產徵收的差餉，他以精明的方式陳述理據，提醒政府在釐定差餉水平時須公平和前後一致。[39]

黃炳在 1851 年再一次以公眾人物身份露面，他與譚才等幾名著名華商聯名上稟港督，要求批撥土地興建「廟宇」，安放客死香港者的牌位。他們的構想是在這些神主牌暫放廟內，以待最終送回死者家鄉，而在等待期間至少可以在「廟宇」內有棲身之所，讓死者朋友前來拜祭供奉。[40] 陳情者籌

37　*The Friend of China*, January 27, 1855, March 7, 1855.

38　*The Friend of China*, January 27, 1855.

39　Document no. 31, 1847: Great Britain. Foreign Office. Miscellanea, 1759-1935, Series 233（FO 233）/187: 30.

40　"Petition by Lu A-ling, Tam A-tsoi, Cheung Sau, T'ong Chiu, Wong Ho Un, Wong Ping and 8 others, 1st October, 1851," in Hong Kong. "Report of the Commission appointed by H. E. Sir William Robinson, KCMG ... to Enquire into the Working and Organization of the Tung Wa Hospital, 1896," published as a Sessional Paper（1896）, pp. XVII; Caine to Surveyor General, January 17, 1851, in Hong Kong. "Report of the Commission appointed by H. E. Sir William Robinson," pp. XVIII.

募資金興建這座建築物，政府則撥出土地，這間廟（更具體的說是義祠或稱百姓廟）建成後，黃炳成為這座物業的三名信託人之一，再次反映他在華人社會的顯赫地位。此義祠就是在 1869 年促成東華醫院誕生的那座。救病慰死是華人極為重視的慈善活動。組建義祠和成立繼善堂功能和文化意義十分相似，我們可以把黃炳倡建和參與義祠之舉，視為他參與繼善堂活動的前奏，兩者都體現了他的公共精神和慷慨善行。

　　名義上，繼善堂與昌後堂之間的關係是建立在鄉誼之上，但商業聯繫也令太平洋兩岸成員間的關係更形加強。[41] 繼善堂的值理包括直接參與加州與香港之間生意業務的商人，這些蓬勃的業務包括已在前面章節討論過的進出口、航運、匯兌、保險。例如，陳作屏是後來加入的繼善堂司理，他是俊德榮金山莊行的東主，1890 年獲金山莊行推舉為東華醫院董事局主席，清楚顯示他在香港商界的聲望，以及在這個行業的顯赫地位。對於像他這樣的人來說，海外人脈十分有用。有可信賴的盟友作為貿易夥伴、代理、經紀、資金和擔保的提供者、商業和個人資訊的來源等等，是成功的關鍵。在這方面而言，繼善堂與昌後堂成員之間的每一合作活動，都可以建立互信、善意和同舟之誼，因此是發揮和鞏固這些番禺人之間潛在鄉誼的方法。由於許多昌後堂司理也與香港方面合作，涉足不同生意，令慈善

41　當然，我們很難分析某人對於同鄉出自天然的真摯情感止於哪裏，機會主義和策略考量又由何處開始。如羅威廉（Bill Rowe）所承認，那些在文化、語言和宗教諸方面相同的人之間，很自然會有一種真摯的情感聯繫，他還指出，這點從同鄉會組織捐款和號召參與活動的能力中可以看出。然而，在這些感情紐帶之外還有許多功利主義的考慮。見 Bill Rowe, *Hankow: Commerce and Society in a Chinese City, 1796-1889*（Stanford, CA: Stanford University Press, 1984）, p. 243。韓格理（Gary Hamilton）同樣指出，在帝制時代後期的中國商業世界，鄉誼是一種深厚的社會關係，人們利用它來拉關係以謀取個人利益。因此，鄉誼成為一種制度化的媒介，各種人都可以以此為基礎組織團體和網絡，並在市場上建立互信和可預測性。見 Gary G. Hamilton, "The Organizational Foundation of Western and Chinese Commerce," in *Asian Business Networks*, edited by Gary G. Hamilton, pp. 43-57（Berlin: Walter de Gruyter, 1996）, p. 52。

和商業活動之間的分野變得模糊。除了在 1876 年擔任繼善堂司理，陳作屏
也是其轄下多個各有特定職責的委員會成員，由此可見他對於這個善堂的
各項活動是事事躬親，下文會進一步討論。

　　郭松、黃炳、陳作屏三人，以及其他我們能辨認其身份的繼善堂創辦
者，都是財雄勢大之人。香港成為中國門前的英國殖民地後，也蛻變成開
放的社會空間，社會身份可變化流動。相較於結構業已固定的社會，在這
裏重組傳統的身份等級容易得多。它為那些追求財富和力爭改換門庭的人
提供機會，尤其是他們在故鄉得不到這些東西。這個城市對來自世界各地
有創業精神和魄力的人都來者不拒，無怪乎許多在自己的社會處於邊緣的
人，都來到香港闖蕩。郭松、黃炳和其他跟他們一樣慣於遊走穿越各種邊
界的人，成為了香港華人社會的風雲人物。他們既熱中賺錢，也汲汲於慈
善工作，渴望藉此炫耀自己的財富和公益精神；不但向各慈善機構捐出巨
款，還積極參與公共生活不同的層面，憑藉自己的組織能力，並利用廣泛
的社交和商業網絡來提供公共服務。

　　這種工作有很深遠影響。掩埋暴骨和安葬貧困無依者，一直被視為高
尚的政治和道德方面善行，[42] 多個世紀以來，中國地方鄉紳都靠這種工作來
顯示自己在社會上的優越地位。這是中國慈善工作中的關鍵活動，其基本
道理是佛教的「業報」觀念及儒家維持社會和諧的想法。我們在這裏有另
一個元素：造福桑梓的道義被視為「出於天性」和「美德」，[43] 令繼善堂的
工作更值得讚頌。但是，人們行善當然也會出於其他原因。對身處社會邊

42　至少到了春秋時期（公元前八世紀至前五世紀），諸侯國君已得到吩咐，在春天要「掩骼埋
　　胔」，即掩埋白骨和帶有腐肉的屍骸。見《禮記》，卷十四，頁 289（引自《十三經注疏》）。
　　感謝哈佛大學李惠儀教授提供翻譯和引文的背景。

43　Bryna Goodman, *Native Place, City, and the Nation: Regional Networks and Identities in Shanghai,*
　　1853-1937（Berkeley, CA: University of California Press, 1995）, pp. 12-13.

緣的人來說，行善是他們進身主流社會的手段。如蜑家人郭松這些弱勢少
數族羣的成員，就利用這種機會贏取別人敬重。在另一個層面，晚清中國
商人仍在努力擺脫自己在士人規定的社會身份等第中所處的末流位置。無
論階級界線已變得如何模糊，也不管營商被視為鄙俗和盤剝他人取利的污
名，到了此時已有減退，商人的社會地位仍然低下。藉着行善和由此施行
教化，商人能夠顯示自己的道德和社會價值。博施濟眾令累積財富顯得合
理，並把經濟價值轉化為道德價值。[44] 此外，商人在彼此之間建立信譽和顯
示經濟地位；而且如前所述，在慈善活動中互相合作，有助鞏固商業關係，
並能顯示自己的辦事效率。由於這些活動延伸至香港以外的地方，參與其
中的人可以假設，除了在中國故鄉，這樣做也有助加強他們在海外的地位。

棺木抵達

　　表面上，繼善堂的功能只是接收棺柩骨殖，再將之運往番禺，但其實
其工作要來得複雜許多。1863 年首批棺木和骨殖／招魂箱運抵香港後，繼
善堂在香港和番禺刊登告白，宣傳它們的到達。死者親屬獲告知遺體運歸
故鄉，並受邀前來認領。組織者同時安排儀式的事情。醮是用來超渡亡魂
的儀式。[45] 打醮在農曆五月十五日（6 月 30 日）開始，持續三天三夜。道士
和一隊專業樂師在專為打醮搭建的臨時建築物中舉行儀式。這些繁複昂貴

44　Andrew Herman, *The "Better Angels" of Capitalism: Rhetoric, Narrative and Moral Identity Among
　　Men of the American Upper Class*（Boulder, CO: Westview Press, 1999）, p. 3.

45　關於打醮儀式，見蔡志祥：《打醮：香港的節日和地區社會》（香港：三聯書店，1996）。

圖 7-2　存放在東華義莊的棺木和骨殖箱
　　　　【圖片來源】東華三院提供

的儀式顯然被視為撿運不可或缺的關鍵環節，紙紮品和鮮花、燈色、綵綢
人物等各種必要物品一應俱全，強調盛大隆重和儀式辦得中規中矩。[46]

　　為了達到這些目標似乎不惜花費。我們可以合理地推斷，這些儀式
是組織者顯示財富、聲望和組織能力的重要公共場合，他們還藉此顯示自
己對於正確文化的了解，從而獲得社會認可。在實際層面，香港鄰近文化
資源的源頭，例如廣州和其他廣東和福建的大城市，有利於能按足規矩辦
事。到了 1860 年代，香港很可能已有了充足的道教和佛教機構，可以做法
事，滿足日益增加和富裕的人口在祭祀儀式方面的需要。但是縱使沒有這

46　見《備列》，頁 9b–10a 的賬目。

些機構，遇有特定場合時，從大陸邀請必要的人員或取得必要的儀式物件也十分方便。例如，這次打醮用的燈色、綵綢人物，是特別從南海縣的佛山[47]訂製，佛山以精於製作工藝品而聞名。在這方面說，多虧它與中國近在咫尺，香港能夠自詡為具有正宗文化的地方 —— 這裏能夠把事情辦得正確，就像今天沒有人會覺得香港的粵菜或粵劇不道地，情況大致相同。對於注重儀式正確及關心這種禮儀功效的人來說，這是令香港成為轉運棺骨的理想地點的另一關鍵優勢。

打醮之後兩星期，棺木和骨殖／招魂箱會裝上棺艇（蝦苟艇）運走，碼頭上有僱來的樂師奏樂相送。棺木會視乎死者親人的所在地而運到不同目的地，並在不同的地點認領。在兩百多個棺木和骨殖箱子中，七個直接在香港認領。其餘全都運往番禺，首先運到長洲，之後分成四批，各運往番禺縣的不同地點：慕德里、茭塘、沙灣和鹿步。親屬前來領回棺木／箱子會獲發葬金七元。

四名昌後堂的人由舊金山遠道而來，聯同香港繼善堂的司理，一路在場監督整個作業，確保所有重要事項（如把每個棺木交給正確的一方）都沒有出錯。可想而知，防止棺木和七元葬金落入冒名頂替者之手極其重要。事實上，由於沿途要支付許多費用，如棺艇、旅館、祭品等，必需有可以信賴和會辦事的人在場處理。此外，執事人還要保證由香港至番禺的每一步驟，都會舉行適當的儀式。

難免有些死者無親無故，無人來認領他們的遺體。繼善堂對這些人（共36人）採取完全不同的安排。為埋葬這些無人認領的遺體，繼善堂在番禺

47　見《備列》，頁 9b。

一個叫新造的地方買了約 18 畝[48] 土地，把其中一部分闢為義塚，[49] 名為梅花莊。繼善堂司理黃炳在此事上尤其積極，多次往返促成這項交易。[50]

預備墓地需要仔細的規劃和組織工作，包括僱用風水師尋覓風水吉地，並請術數師為所有活動挑選良辰吉日。繼善堂還為這個地點繪製地圖，顯示山川地勢和每個墓的地點；遺體下葬後，會僱用石工為每個墓製作墓碑，並豎立石界碑示墓園的範圍；還僱請管理員看管墓園。繼善堂就清明和重陽的祭祀擬定了章程，詳細到所供奉的燒豬重量也會列出。最初，對司理的要求只是要他們前往梅花莊察看，但在 1874 年的第二屆撿運後，繼善堂內設立由 12 名成員組成的「接濟檢運值事」，值理輪流擔任其成員，每年由其中四人被賦予不同任務，包括親自參與年度祭祀活動。[51] 因此，經營墓園和保證儀式年年舉行，成為了長期承擔的工作。[52]

政治和社會影響

繼善堂的工作不止於安排葬禮，還會去謀取其他社會和政治利益。

首先，是組織《金山昌後堂運柩錄》（下稱《運柩錄》）的出版。這本

48　畝的實際面積在不同省份會有差異，但一般約為 240 平方步，即 733.5 平方碼；因此 6.6 畝相當於一英畝。

49　〈香港接理舊金山檢運先友回籍節略〉，載《運柩徵信錄》，頁 1b－2a。繼善堂最初在 1865 年買下 17.6 畝地；之後再買 1.2 畝，在 1888 年又買了 8 畝（《運柩徵信錄》，頁 36a）。

50　見《備列》，頁 9a 的賬目。

51　見「章程」，《運柩徵信錄》，頁 1a－2a。章程規定，每名值理的旅費為一元，還警告各人不要藉故不參加。

52　見《備列》，頁 11a－12a 的賬目。

書由昌後堂的創辦到遺體的最終處置，全面記錄了撿運活動。它也附錄了繼善堂的運作記錄。[53] 此書是在香港印刷，這點不令人意外，對於中文印刷的專業知識和技術，直至今天仍是香港的重要產業和文化資產。[54]

《運柩錄》臚列了該堂執事人員、捐款人名字和捐贈金額，這是此類刊物的慣常做法。它刊載全體會員名單，還有該堂章程，清楚顯示昌後堂和繼善堂的目標、功能和成就。書內還有賬目表，詳列各項收支，向成員保證該堂的職責得到忠實履行，捐款和會費也運用得宜。

這類刊物的一個重要社會目標，顯然是要把捐款者的慷慨大方記錄下來，供時人和後世景仰，藉此提高他們的聲望。這份出版物建立這機構及其領袖的信譽和體面。另一方面，它提升了番禺鄉民在加州、香港和華南各縣和方言羣體中的地位；這些羣體之間的競爭很激烈，有時候甚至有暴力的敵對行為，這樣展示財富和勢力是清晰目的。不要忘記，其他團體也同時在組織類似活動，因此把每項活動、每筆收支都小心記錄下來，就顯得更為重要，因為這有助競爭和炫耀。

另外還可以爭取政治本錢。《運柩錄》的序由四名番禺縣鄉紳撰寫，他們全是清廷的中級地方官員。這些地位顯赫的作者寫作方式各異，但全都辭采藻麗，悲悼那些不幸客死於遠方加州的人。他們提到被遺棄於荒野的遊魂野鬼的悽涼處境，宣稱移民可以歸葬家鄉是大幸，他們在這裏可以得享平安並獲後代子孫供奉。或許更重要的是，他們全都讚揚組織者 —— 昌後堂和繼善堂 —— 宅心仁厚，令死者得以魂歸故里，毋須異地飄零。

這些序的重要性不容忽視。在 1860 年代，大清法律仍然禁止中國臣民

53　亦即《備列》。

54　《運柩錄》的印刷、裝訂和購紙成本共需 132 兩，那是一筆大數目。見《備列》，頁 12a 的賬目。

出洋。這項禁令要到 1893 年才撤銷。[55] 在此之前，那些離開中國的人名義上
仍是罪犯，會被處以包括斬首的嚴刑。雖然出洋歸來的人極少真的會受到
控告，但被起訴的威脅一直存在，所以歸國者採取務實措施去消除這種威
脅。有鑑於此，繼善堂司理能夠說服這些地方官員認可出洋者應獲得適當
安葬（從而承認他們旅居外國的合法性），並讚揚幫助他們運送遺體回鄉的
人，不啻是了不起的成就。

　　在此意義上，安排官員撰序，或許可以說是這項運送骨殖還鄉活動的
最高成就。繼善堂司理因此取得來自官方對於移民的認可，儘管這種認可
只是來自地方。當然，中央政府與地方當局在包括移民的許多事情上彼此
政令不一致，這已不是甚麼新鮮事。這裏值得注意的是，香港商人代表他
們旅居外國的同鄉與中國官員談判，商討一件非常微妙棘手的事情，並在
骨殖還鄉活動中擔當寶貴的中介角色，顯示他們已十分世故老練。[56]

財務往來

　　中介之地在財政方面的作用同樣重要，在繼善堂與昌後堂的關係中，
資金管理是極為重要的一環。1863 年，昌後堂匯款給繼善堂支付首屆撿運
的費用，之後繼續送上資金供不同目的之用，包括投資。

　　香港是國際貿易樞紐，到了 1860 年代，當地商人對於處理眾多不同國

55　有關清政府對於華人移民的政策和其外交機構的發展史，見 Robert Irick, *Ch'ing Policy Toward the Coolie Trade, 1847-1878*（Taipei: Chinese Materials Centre, 1982）。

56　撰寫序言的費用由繼善堂的賬目支出。見《備列》，頁 12a 的支數總列。

家的貨幣，已積累了豐富經驗。此外，如前所述，它發展為海外華人的匯款中心。首批來自昌後堂的匯款在 1863 年到達，這筆匯款部分是白銀，部分是黃金——一塊重 83.849 兩的金磚和 89 枚金幣。[57] 黃金兌換為銀兩這種華人愛用的通貨。能夠輕易處理不同貨幣，無疑是香港的另一優勢。香港繼善堂也在本地籌募維持會務和各種活動的經費，獲得一些個人、公司和協會合共捐了港幣 1,497 元。包括「香油錢」和來自昌後堂的收入，繼善堂總共得到 2,923 兩銀作為創始經費。

1877 年，昌後堂匯了一萬元給繼善堂，請它代購物業，以獲得穩定的租金收入，支應日後活動的開銷，[58] 結果在香港買下一間商住兩用的屋子。香港社會普遍穩定，英國法律對於物業產權又有完善保障，這項投資大概被視為明智之舉。面對 1860 年代和 1870 年代加州反華暴力盛行，當地華商必定十分羨慕香港相對的和平穩定。此外，繼善堂管理委員會成員以精於投資房地產而著稱，這才能應當好好利用。值得注意的是，這項物業是向黃炳購買的，如前所述，黃炳尤其活躍於購買墓地，而且本人是大地主。

昌後堂在 1893 年作了另一項重大投資，它通過繼善堂為代理，在番禺買了 147 畝農地。就番禺當地的登記而言，昌後堂是個新的、不為人熟悉的法律實體，故此繼善堂組織一個委員會擔當這項交易的簽約方，還再設立另一個委員會向當地知縣陳情，表明昌後堂是有合法地位的地主。

知縣的回應很積極，並發佈公告表明，已妥善登記為繳稅戶的昌後堂，是獲認可為法人團體，擁有該物業的合法業權。[59] 這公告還說，昌後堂從事如此崇高的善行，故須盡力保證它獲得收入，令其工作得以繼續。「田

---

57 《備列》，頁 3a。

58 〈香港接理舊金山檢運先友回籍節略〉，載《運柩徵信錄》，頁 1b－2a。

59 這種手法顯然由來已久了。見羅威廉描述行會利用公開宣佈官方告示的方式來保護其集體資產（Rowe, *Hankow*, p. 336）。

戶毋得拖租霸耕，田鄰毋許覬覦侵佔」。繼善堂的司理大概很樂於見到這個
公告，因為它提供了必要的官方支持和警告，但對他們來說這還是不夠妥
善。為保證萬無一失，他們把公告勒刻於石，將石碑豎立在物業之內。這
樣，這個公告被轉化為對昌後堂合法性的永久肯定，以及國家保護這個物
業的承諾。因此，我們由此可見繼善堂所採取的策略的另一個例子，它的
策略是要在番禺創造盡量善待旅居加州番禺同鄉的環境，尤其是那些想要
回鄉的人。

　　繼善堂打理昌後堂資金的另一種投資方式是賺取利息，或把這些資金
存放在個人和公司，或作為貸款借出。對於需要資金周轉的商人來說，有
這種龐大的「浮動」資金存在，很可能是大有益處之事。繼善堂各個委員
會成員都參與這些交易，既有借出款項的，也接受存款者。例如，黃炳就
是其中一個向這筆資金借了款的繼善堂司理。[60] 多年來，陳作屏擁有的金山
貿易行俊德榮接受來自昌後堂的存款；在繼善堂有需要時也予之以貸款。[61]
由此我們看到某些繼善堂成員和昌後堂的資金之間，有着複雜而靈活的財
務關係。

　　我們必須記得，這些交易完全沒有不當之處。繼善堂的章程訂明，昌
後堂的金錢須存到一名可靠的委員會成員那裏收取利息；此外，就我們所
見，每項交易都清楚記載於賬目表上。[62] 雖然我們可能會懷疑，該堂借給黃
炳的錢是否可視為存款？但這些交易都列在賬目之中，大概表示它們是光
明正大。事實上，繼善堂司理自誇，昌後堂得以在番禺買地，是全靠他們

60　在 1881 年，黃炳借了 11,520 兩；他在 1882 年還了 1,440 兩，1883 年還了 10,080 兩。他為了
　　這筆借款共付了 1,023 兩的利息（《運樞徵信錄》，頁 7a－7b、14b）。

61　《運樞徵信錄》，頁 7b、8b、9a、9b、10a、10b、11a。

62　〈章程〉，載《運樞徵信錄》，頁 2b。

代表昌後堂投資所賺得的利潤。[63] 昌後堂與繼善堂的合作，無可否認是建立在互惠互利的基礎上，這個夥伴關係帶來的社會資本，不亞於其商業資本。

為骨殖還鄉而募捐創造了如此巨大的資金，還被用作財政資本，這是值得再深入研究的題目。這裏只須指出，兩個善堂之間的財務往來，清楚顯示加州與香港之間轉移資金的一種形式。無論它們的創辦者最初是出於甚麼目的，結果是造就了一筆資金，可供內部的人利用來增加現金流。香港許多這種組織（和關係）的存在，每個都有自己的財源，為相關人士創造了一筆方便和有效的儲備資金。

除了促成這些購買，繼善堂也為昌後堂管理它在番禺和香港擁有的房屋和商業財產，又代它處理收租、繳稅、買保險及其他相關事宜。按照繼善堂的章程，這些工作會由該年的「值理」負責。這兩個善堂之間的財務安排如此密不可分，常常是含糊不清甚至亂七八糟。[64] 儘管公佈了賬目明細表，但兩個善堂之間的資金經常不能劃分得清楚。因此，諸事順遂的時候，昌後堂和繼善堂之間的密切合作是互信互利的，但當爭執出現時，錯綜複雜的利益網絡就變成爭執的來源。

兩個機構之間曾經運作順暢（至少表面上）的財務安排，終於在二十世紀崩壞。可惜無論昌後堂還是繼善堂在 1893 年後都沒有記錄說明之後出現甚麼問題，我們只從其他來源悉知箇中底蘊。據舊金山三邑總會館說，交予香港和番禺司理掌管的錢，後來被人濫用。幾名昌後堂成員在 1920 年

63　〈香港接理舊金山檢運先友回籍節略〉，載《運柩徵信錄》，頁 2b。

64　香港土地註冊處記錄顯示，黃炳賣給昌後堂的物業，不是以昌後堂的名義購買，而是由幾名繼善堂司理聯名買下，包括陳作屏。該物業位於海旁地段第 37A／內地段第 1157 號，文咸西街58 號（Hong Kong Land Registry, vol. 30, folio 52）。有這種業權不清的情況，會出現爭議就毫不奇怪。

至 1921 年間前往香港，要求查閱繼善堂保管的賬目，但都不得要領。[65] 然而，根據其他記載，昌後堂和繼善堂趨向衰落，是十九世紀末美國政府排華所致：許多華人為抗議《限制華工法》而返回唐山，兩個善堂認為再不需這筆善款，故這些錢匯回中國辦學，在廣州興建了一所學校，並以這兩個協會命名，稱為「番禺四司繼昌高等小學校」。[66] 這些記述大概都各包含一些真相。

更廣泛的網絡

必須強調，參與骨殖還鄉工作的協會不止繼善堂和昌後堂。在十九世紀下半葉至二十世紀前半葉，香港有許多像繼善堂的組織，每一個都在世界不同地方有自己的對口機構 —— 大多是同鄉性質。它們的工作共同造就了頻繁、多方向並且取道香港的棺骨運輸活動，還常常附有匯款。

綿遠堂是這類協會中歷史十分悠久的一個，1876 年由順德商人中的赫赫名流創立，至今仍然存在，不過由於出現新的歷史現實，它的一些功能很自然地受到限制。它在十九世紀後期在香港組織了一些義墳，以安葬貧困而無力入土的順德同鄉。綿遠堂在順德縣城大良設立懷遠義莊存放棺木和骨殖，收容順德出洋者的遺體。死者親屬在該處領回遺體重新安葬，無人認領的則由綿遠堂埋葬。1949 年的政治變化令其工作中斷，但在 1976 年，綿遠堂司理就等待下葬順德等了幾十年的棺木／骨殖箱與順德當局開

65　區寵賜、麥禮謙、胡垣坤：《旅美三邑總會館簡史》，頁 83。

66　陳仲信：〈早年旅居美洲的番禺華僑小史〉，《番禺僑訊》，第一期（1988 年 3 月），頁 38–39。

展商討。最終達成協議，翌年有 101 具遺體火化，骨灰安放在綿遠堂在順德興建的公墓。[67]

及至 1890 年代中期，香港各地域團體幾乎都各自成立了運送骨殖回鄉的善堂。最後一批從事這項工作的是東莞人。在 1893 年，一批東莞商人自感疏於履行照顧同鄉的義務，遂在香港和家鄉勸捐創辦東義堂。一如其他同類協會，東義堂照顧在香港和海外的東莞同鄉。它的運作規模頗大。例如，在 1927 年，其主席周炳垣到訪美國、澳洲和越南後，運回約一千具骸骨至香港，再分送到各地讓親屬領回。另一次重大活動是在 1931 年，889 具骸骨從越南運來，另有九具來自加拿大卑詩省域多利。[68]

東華醫院的創立，大大加強香港作為移民遺體返鄉「中介之地」的地位。[69] 東華在 1870 年建立後不久，就發展成極為有效地協調運送骨殖回鄉的

67　綿遠堂創辦於 1876 年，1930 年向香港政府登記為社團。到那時候，最初為建立它而籌募的幾千元資金已大幅增長，能夠綽有餘裕地進行各種活動。見綿遠堂：《徵信錄》（香港，1939），無頁碼。在 1923 年，綿遠堂籌募了 4,700 元重修懷遠義莊。由於並非所有運送回鄉的遺體都有人認領，而且到了 1929 年時，這些遺體的數目已累積至 380 具，綿遠堂別無選擇，只好把遺體放入金塔（收納骸骨的陶甕），葬於大良的義墳。見綿遠堂：《1974－1978 年度順德綿遠堂會務報告》（香港，1978），無頁碼。由於綿遠堂要到 1876 年才創辦，幾乎可以肯定在它之前有另一個順德人的組織。在舊金山，順德人為了撿運活動在 1858 年組織行安堂，並且幾乎肯定在香港有對口組織負責接收和轉運棺木和骨殖箱。

68　東義堂：《駐港東莞東義堂事略》（香港：東義堂，1931），頁 7－14。在起運遺骸前，獲公舉負責這項工作的司理前往祭祀。由農曆二月中旬開始，骸骨分批運送回鄉，並託各地方的社團協助通知死者親屬前來領葬。此書頗詳細記述了歷年的活動、獲推舉去處理不同事務的個人，以及所募的款項。另一個活躍於撿運的協會是三水敦善堂，雖然前往加州的三水人相對少。見 Sinn, "Cohesion and Fragmentation," pp. 67-86。

69　東華醫院的另一項義舉在輪船上放置棺木，萬一船上有搭客身故，遺體可放到這種稱為「金山棺」的棺木中，不用被拋入海。在東華醫院 1873 年的《徵信錄》中，可找到提及金山棺的最早記載，它列出把金山棺放到開往美國的船上所需費用。有關這個制度的文字資料很少，但似乎當裝有屍體的棺木運到香港，東華醫院就會把屍體安葬或運給死者親戚。另外一個類似的制度稱為太平棺，這些棺木是放在往來廣東和上海的船上。見 Sinn, *Power and Charity: A Chinese Merchant Elite in Colonial Hong Kong*（Hong Kong: Hong Kong University Press, 2003（[1989]），p. 111。

機構，東華通過其總理和成員的商業和社交聯繫，在海外和中國內地建立
了龐大的跨國網絡，現在就動員這個網絡來運送骨殖。它一方面協助如繼
善堂之類的組織運送遺體回鄉，另一方面又建立新的聯繫，擴大其「服務
範圍」。在香港沒有接應組織的個人、商店和海外機構，會把「先友」遺體
運給東華醫院，以供親友認領或轉送他處。有了東華參與，即使身在偏遠
之地、不屬於任何協會的孤立僑民，現在都能指望可以原籍安葬。

　　二十世紀初東華醫院的通信顯示，它所處理的地方，既有如今天的越
南、泰國、日本、緬甸等鄰近地區，也有如澳洲、祕魯、巴拿馬、北美洲
東岸等遙遠之地，加州當然也包括在內。[70] 它與祕魯的聯繫尤其密切深厚，
因為所有寄往中國的信件和中華通惠總局要傳送的事物，都是通過東華醫
院代轉，中華通惠總局是代表祕魯全體華人的組織。[71] 除了處理海外與中國
的往來通信，東華醫院也同時在中國不同地點之間轉運遺體，令其工作的
多方向性質更形加強。它的運作凸顯了一個現實，那就是，我們必須把「移
民出洋」（我們一向會想到離開本國）想成是「境內移民」的無縫延伸來加
以研究，至少在某些層面而言是如此。如孔飛力所指出，我們在研究移民
歷史時對境內和境外遷徙所劃的界線，應當認真地重新考慮。[72]

70　〈東華致廣濟醫院，1900 年八月十六日（9 月 9 日）〉，載《發出信簿 1900－1907》，頁 228；
　　1900 年九月初六日（10 月 28 日），《發出信簿 1900-1907》，頁 240；1900 年十一月初六日
　　（12 月 27 日），《發出信簿 1900－1907》，頁 275。

71　通惠總局是中國駐祕魯（及美國）公使鄭藻如在 1884 年倡議籌建，最終在 1886 年成立，成
　　為代表祕魯全國華僑的機構。見《華僑華人百科全書》，十二卷本（北京：中國華僑出版社，
　　1999），社團政黨卷，頁 53－54。

72　見 Philip Kuhn, *Chinese Among Others: Emigration in Modern Times*（Lanham, MD: Rowman and
　　Littlefield, 2008），pp. 14 -17。

　　東華醫院的工作十分依賴其他機構和個人的合作，所以必須密切監督其活動，以確保所有參與其中的人都有效率和誠實地辦事。例如，遺體沒有如所希望那樣很快得到認領，東華醫院就會致函相關機構，促請它們加快程序。[73] 它不斷寫信提醒各地的合作機構報告最新記錄，如哪些棺木已領走，哪些尚無人認領，以令送出棺骨的機構能得悉最新情況。[74]

　　如我們從昌後堂與繼善堂的例子所見，送出遺體的機構也會頻繁匯款，以支付各種不同開支，而處理這些款項就成為重要的行政工作。對於數以百計對應機構的往來款項，東華醫院全都巨細無遺地記下賬目。它代表某一機構把款項轉給另一機構時，會仔細監察和查核這些款項的用途。有這麼多不同的資金從那麼多不同地方運來，偶爾發生混亂情況在所難免。例如，我們看到東華醫院在 1901 年斥責廣州一個慈善機構，指它動用來自越南的款項埋葬來自另一個地點的骸骨，並說在釐清賬目前不會再向它匯款。[75] 沒有互信，運送遺體回鄉和與之相關的匯款就無法成事。基本上，東華醫院董事局動用了其成員的集體社會地位和誠信，以保證它的工作能有效展開。例如，運送棺木到內地的棺艇會受中國海關檢查。客觀上說，由於香港是自由港，可想而知運送棺木可以成為走私的機會。為防止

73　例如，東華致神戶敦善堂，1900 年五月二十二日（6 月），載《發出信簿 1900－1907》，頁 181。

74　東華致廣濟醫院，1900 年八月十六日（9 月 9 日），載《發出信簿 1900－1907》，頁 228；1900 年九月六日（10 月 28 日），同上，頁 240；1900 年十一月六日（12 月 27 日），同上，頁 275。

75　東華致廣濟醫院，1901 年四月初六日（5 月 23 日），載《發出信簿 1900－1907》，頁 345；東華致廣濟醫院，1901 年四月十九日（6 月 5 日），載上書，頁 350。盜用款項的情況難免會出現，如見東華醫院致平安堂的例子，1907 年五月初一日（6 月 11 日），同上書，頁 339（新頁碼）。

棺木和骨殖箱被打開檢查，東華醫院向廣州海關申請豁免許可。這通常都足以了事，但有時候海關官員覺得可疑，就會要求檢查，那是極大滋擾——尤其是那些視冒犯棺木為禁忌的人。最初東華醫院嘗試在艇上懸掛東華的旗幟，顯示它們是運送「貨真價實」的棺木，以避開這種滋擾。[76] 但海關當局希望實行嚴格的防範措施，在 1907 年要求東華總理親自查驗棺木內容，他們只會承認東華總理在檢查後簽發的憑證。[77] 就這樣，總理用上了他們的個人信譽來協助順利運送棺柩。

相較於繼善堂這類機構，東華醫院由於要處理的工作數量龐大，業務又具有多方向性質，遇到的困難也隨之放大。像繼善堂這種單一縣的協會主要處理某一海外地點（主要是加州，雖然它後來也接收來自其他地方的骸骨）[78] 和中國內地上某一個縣（番禺），而東華醫院要處理無數的海外地方和中國內地上同樣無數的地方，其網絡的覆蓋範圍和密集程度無比巨大。它不只令世界各地華人移民運送骨殖回鄉的規模變得更龐大，也使整個過程變得更有制度，並加強了它的服務的可靠性和連貫性，把骨殖還鄉變為海外華人（或者至少是廣東人）根深柢固的特點，從而強化了華人遷徙過程的凝聚力。

在整個二十世紀初，東華醫院繼續協助把骨殖送回中國。它的義莊接收和存放運到香港等待運走的棺木和骨殖箱，每年處理數千宗案例。義莊

76　東華致廣濟醫院，1900 年九月初六日（10 月 28 日），載《發出信簿 1900–1907》，頁 241。

77　東華致澳門鏡湖醫院，1907 年八月初七日（9 月 14 日），載《發出信簿 1900–1907》，頁 413（新頁碼）。

78　除了主要來源地加州，繼善堂也接收來自加拿大、海防、金邊、橫濱和巴拿馬的遺體（《運柩徵信錄》，頁 37b）。

最早在香港島西北角的堅尼地城興建，後來為因應愈來愈大的需求，在
1899 年遷到南面一點的大口環，新的建築物要大得多。[79] 義莊經歷幾次重大
修繕，是東華十分重要的設施。[80]

　　1937 年抗日戰爭爆發後，撿運活動就開始式微，到 1941 年日本佔領香
港後就完全停止。戰爭結束後，接觸恢復，呈現新的活力，人、匯款和棺
木全都等待趕快回到中國內地。大量棺木和骨殖箱在戰後由美國、澳洲、
越南和泰國抵達，但 1949 年中華人民共和國成立，令這種運動再次中斷，
許多骨殖箱和棺木滯留香港，到了 1959 年，東華義莊仍有 4,500 百具骸骨
等待繼續返鄉之旅。[81] 同時，美國對共產中國實行禁運，許多經過清洗儀式並
準備還鄉的骨殖無法離開美國。[82]

79　義莊到底是何時設立無從稽考，不過，1873 年的東華醫院《徵信錄》已載有義莊管理規條，所
　　以可以肯定那時候已有義莊在營運。然而，在文武廟的記錄和一些二手文獻中，提到文武廟在
　　1875 年興建和組織義莊（《文武廟徵信錄》，1911，頁 3a），之後把其運作移交東華醫院。對
　　於這個出入的一種解釋是：事實上是有兩個義莊，較舊的在 1875 年前運作，較新那個是該年
　　興建。除了存放的空間，義莊還提供如香、鮮花、油燈等祭祀用品。許多華人認為這種死後供
　　奉是不可或缺的，就算不為撫慰死者，也可為在生者帶來極大安慰。

80　在 2005 年，東華義莊獲香港政府古物古蹟辦事處頒發「文物保存及修復獎」榮譽大獎，同年
　　又獲聯合國教育、科學及文化組織的「亞太區文物古蹟保護獎」優越大獎。同樣值得注意的是
　　數以萬計在東華三院檔案中有關其服務的文獻。近年葉漢明整理和分析了這些檔案，寫成《東
　　華義莊與寰球慈善網絡：檔案文獻資料的印證與啟示》（香港：三聯書店，2009）。

81　見李東海：《香港東華醫院一百二十五年史略》（北京：中國文史出版社，1997），頁 194–
　　198。按規定，對於入莊存放的棺木和骨殖，義莊只向在香港過世的人的棺骨徵收莊費，來自
　　海外的則可免費暫厝。為何有這種差別對待無從稽考。義莊在 1949 年後繼續運作，但規模自
　　然是小得多；在那之後存放的棺木大多屬於在香港過世的人。1961 年，為了擴大毗連義莊的東
　　華醫院護養院，東華嘗試清理剩下的棺木。東華醫院呼籲死者親屬前來認領，無人認領餘的，
　　則遷葬到香港新界的沙嶺公墓。然而，義莊沒有就此結束。由於香港墓地不足，許多棺木仍然
　　暫厝那裏，直至覓得墓地。今天大家仍然可在義莊看到棺木和骨殖箱。

82　Hom, "Fallen Leaves' Homecoming," p. 318.

一個時代的終結

　　舊金山寧陽會館新墓地清楚闡明撿運已成為歷史現象。在 1889 年，寧陽會館的成員（台山縣民）購置了一個墓地供成員下葬；下葬十年後骸骨會運回中國。1949 年後，遷葬之舉已無法繼續，墓地變成永久長眠之地，而非死者暫厝的場所，土地自然漸漸不敷應用。為了應付新的情況，會館開始尋覓另一福地，以備購置。最後，在 1987 年一座新墓地在加州高馬市（Colma）落成，與舊墓地相隔約兩英里。譚伯權述說這個過程時寫道：「〔建成這個墓地〕實為邑僑之福，從此讓身故於舊金山邑僑有一幅安居長眠之地。」[83]「落葉歸根」的理想被「落葉生根」所取代。譚伯權也指出，購置這個墓地耗資 350 萬美金，打破了華人社區最大的地產交易紀錄。對我們的研究重要的是，為安葬先人所募集的款項這次是留在美國，而不再通過香港匯往中國。

　　社會和政治的現實情況決定了理想能否實現和所受的局限，從而影響理想的內容，並由此塑造所謂的「文化實踐」。最近幾十年，中國內地和海外華人對於殯葬先人的想法，在眾多因素影響下有所調整變化，對於當代的殯葬做法應有人去研究。今天到舊金山的墓園走一圈，就可以清楚看到情況，那裏許多墳墓屬於在當地身故的華人，他們的遺體沒有挖出來運回中國。更值得注意的是，有一些墳墓的墓主，是在世界其他地方尤其是香港和澳門去世的華人，但他們的家人打算以美國為永久家園，遂把他們的

83　譚伯權：〈舊金山寧陽總會館新墓地簡介〉，載《香港台山商會第七屆會刊》（香港，1988），頁 68。

遺體也遷到美國。[84] 在過去半個世紀，所謂「家園」的所在地出現變化，也令華人遷徙發生範式轉移，這種轉移在人們生活、去世和死後所受的對待方式中可見一斑。

小結

隨着棺木、骨殖箱和招魂箱加入川流不息的回鄉旅客、人參、麵粉和金條銀條，展開渡越太平洋的西行之旅，運送遺體回鄉就成為華人出洋到加州的一個特點 —— 幾乎是主要特點。以這種方式回鄉也是金山夢的一部分，因為移民過程除了帶來希望和恐懼，客死異鄉也是已計算在內的風險之一，而歸葬家鄉遠比在異地淪為孤魂野鬼要來得好得多。

一項牽涉如此深厚情感涵義的活動，需要眾多機構和個人組成的廣泛網絡，孜孜矻矻地耕耘，涉及長遠策略規劃、金錢投資、對儀式的知識，以及各方無邊的善意。此活動也為人提供了謀利的機會，但這點不應減損它背後誠摯的慈善精神。

一如移民過程的其他方面，香港在此事上也發揮關鍵的中介作用，其航運中心地位令人類遺體能夠以貨物的形式實際運送；此外，人、貨幣和資金的自由流動，相對和平的環境和穩定的社會，以及令財產和人身得到

84　譚雅倫在其 "Fallen Leaves' Homecoming," p. 319 也觀察到這點。譚雅倫在這方面也有一些個人經驗。其妻的祖父是台山移民，退休後離開美國，返回中國頤養天年並在當地謝世，但在 1980 年代中期，譚雅倫的岳父回到中國，帶着父親的遺體到舊金山，安葬於由寧陽會館管理的墓地，這是他第三次並且是最後一次下葬。在 1992 年，譚雅倫自己的家庭也遇到類似情況，他的曾祖父母和高祖父母曾移居美國，但過世後安葬在新會縣，譚雅倫家族討論應否把他們的遺體運回美國，以便家人可以繼續掃墓，但遭到家族內其他分支反對。

保障的法治，全都令香港的組織得以通過錯綜複雜的方式，與在中國和海外的對口組織聯繫互動。這些通常屬於同鄉或方言羣體性質的組織（兼容並蓄的東華醫院是顯眼的例外），為促進成員的共同利益肩負起廣泛的職責，從合夥投資、管理公有產業到運送骨殖不等。反過來，它們也被不同各方操縱，以達到政治、社會、經濟和文化方面的目的。它們是重新確立桑梓情誼和方言團體忠誠的重要社會空間，也是建構和再次產生共同身份的地方。此外，它們是創造和累積影響力遍及全球的財政和社會資本的場所。在此過程中，這些組織作為把移民與故鄉聯繫起來的機制，把香港作為「中介之地」深深嵌入跨國海外華人世界之中，同時加強這個世界的凝聚力和團結。

結論

　　加州淘金熱對香港歷史影響極大。淘金熱造就了新的疆界、新航線、新市場和建立網絡的新潛力，擴闊了香港的天地，帶來深遠的經濟和社會影響。在此之前，香港的作用主要是令中國市場可以經東南亞和印度向西聯繫到英國和歐洲，再越過大西洋聯繫到北美，現在它把大部分注意力投向東邊，轉往太平洋彼岸的新興市場（二十一世紀的讀者可以想像一下金磚四國）。雖然生鴉片貿易在往後多年繼續是香港經濟的主要支柱，但隨着新的貨物和服務出現，香港經濟大為多元化。在 1840 年代中期，東向的航運把中國貨物從廣州運到三明治島，偶爾還會運到加州，當時的這股涓涓細流後來變成滔滔洪水，載滿各式各樣貨物的船舶開往舊金山，以滿足來自世界各個角落的淘金大軍。

　　金山令珠江三角洲民眾為之心往神馳，珠三角是中國國內與西方聯繫歷史最悠久、最密切的地區。香港在轉口港和航運樞紐方面的基礎設施發展了將近十年，令淘金夢得以實現。在香港上船前往加州的搭客，加上日益增長的貨物貿易，把浩瀚得令人生畏的太平洋變成連接華南與北美洲西岸的超級公路。太平洋成為廣東人的海洋。一如早前來自福建和潮州的移民在東南亞建立他們的飛地，來自珠三角的人開始在加拿大、美國、澳洲和新西蘭等淘金國家和其他地區擴大其主導地位，從北太平洋呈扇形延展至南太平洋，而幾乎全都是經過香港。

　　黃金是這個故事的開端，但絕非故事的全部。到了十九世紀末之時，淘金熱已結束好幾十年，香港仍然是蓬勃的世界級太平洋港口，是各大太平洋輪船公司航線的終點站。在香港，人、貨物、資訊和資金、棺木和骨殖的往來不斷擴大加深，顯示它是極為開放和變動不居的空間，能夠產生

令人驚歎的能量和流動性。航運業 ── 無論運貨還是載客，加上隨之而來的行業和職業，包括供應補給物資、保險、船舶維修和改裝、貨倉，以及碼頭裝卸搬運，為商人造就投資機會，也為數以千計勞工帶來就業職位。這是個意氣飛揚的年代，凡事皆可能的心態無止境地升高。

加州貿易向各個方向延伸，產生了刺激其他貿易的效果，尤其是南北行貿易。從北到南的舊有航運和貿易路線與從東至西的新路線，愈來愈密集地在香港交會重疊。來自華北、華南、東南亞和印度的貨物，如米、藥物、海味、糖、茶葉等，由香港被轉運到加州，以滿足當地對高級產品的需求，有時還從加州再分銷到南美洲和美國其他地方。反過來，香港也成為花旗參、金銀、水銀、小麥、麵粉和其他來自加州的出口貨物的再分銷中心。每進行一筆交易，無論是租船、收債或者提供購買貨物的貸款，香港與舊金山之間的聯繫就隨之愈來愈緊密。船費和移民的匯款是很特別的資金來源，令兩地的買賣往來特別蓬勃。商人尤其是華商之間的網絡擴大，並變得更複雜。

加州華人社會的消費習慣，大大左右了這種貿易的內容。高收入、一擲千金的華人移民俗稱「金山客」，他們的出現帶來長遠影響。由於加州貿易的高價值，香港的貿易得到全面提升。例如，由於金山客酷嗜昂貴的加州上等麵粉，中國和東南亞出現了對麵粉的需求，香港出人意料地一躍而成為這種產品的分銷中心。在 1850 年，有誰會想到香港有一天會成為區內的麵粉之都，把麵粉運到遠至海參崴的地方？或者在這島上開採的花崗岩，會成為舊金山的行人路？

也不會有人料到，鴉片煙膏會成為香港的重要出口貨物。加州華人對於香港生產的鴉片煙膏情有獨鍾，甚至迷戀，不只令鴉片商利潤大增，還增加香港與美國兩地政府的收入。鴉片外銷凸顯了香港政治、社會、經濟發展與華人移民之間千絲萬縷的關聯；從中也清楚可見殖民地政府與華商

之間，以及華商彼此之間錯綜複雜關係的曲折變化。

香港與華僑

　　然而，香港與加州之間的關係遠不止於商業上。在華人之間，海外僑民方面的因素佔有重要位置。個人、家族、鄉籍網絡與商業網絡疊合，往往互相加強。不同形式的資金順通無阻地往來流動於太平洋兩岸。除了貿易和航運，僑匯也是香港與加州聯繫中的重要一環，而且很快成為香港金融結構中不可或缺的組成部分，為貿易和其他活動提供資金，並加強香港作為國際外匯中心的地位。匯款有許多不同形式，可通過不同渠道，用於不同目的。例如昌後堂向繼善堂匯寄的金錢，指定用於支持骨殖還鄉的投資，顯示加州華商和香港商人之間的財政、社會、文化和儀式安排，是多麼相互滲透融合。

　　一如匯寄移民的存款，運送骨殖回鄉需要龐大廣泛的機構和個人網絡為這項工作殫精竭力，涉及長期的策略規劃、管理，以及各方付出無盡善心。這兩項活動都是移民與故鄉維持聯繫的方式，飽含情感意義。一般加州華工都自覺有責任供養在中國的家人，他們的匯款通常來自血汗錢，是靠極大的自我犧牲積攢下來的。叫人唏噓的是，這種負擔往往因為要符合金山客光鮮亮麗的形象而變得更為沉重。運柩回鄉，令客死異鄉的移民可以回到家人之間，在故里得到適當的葬禮；唯有如此，他們才能逃過淪為孤魂野鬼的可怕命運。原籍安葬是大受頌揚的善舉，因為它撫慰死者靈魂，並令生者寬懷。這些活動背後涉及複雜的安排，儘管當中常常有予人謀取私利的機會，而且組織者往往各有自己想要達到的目的，但在公共論述中

強調的，總是它的慈善和利他性質，而對一般移民和死者家人來說，這大概就是最重要的東西了。香港不只是移民心中共同的轉口港，而且是他們與家鄉之間的重要聯繫，滿足他們的諸多渴望。

令骨殖還鄉得以成事的組織，還包括同鄉會，它們是多功能的機構，照顧會員林林總總的需要。這些組織是情感深厚的跨國社交空間，可以鞏固加強鄉籍和方言羣體的忠誠，並建構和恢復共同的身份認同。此外，它們是創造和積累可應用於全球的財政和社會資本的地點。它們是令移民與故鄉維持聯繫的組織，而幾乎全都有在香港設立同樣的組織擔任中間人。香港與加州之間以及遍及全球的同鄉網絡，在增強跨國的海外華人世界的凝聚和團結之餘，同時也加強香港在那個世界中的中心地位。

東華醫院對於促進移民福祉厥功尤偉，體現了香港與華人移民的特殊關係。它救濟貧病傷殘的過客，並且致力消除出洋過程中移民受虐待的情況，包括誘拐、販賣女子出洋為娼，以及船上的賭博騙局。它是海外華人和國內親友之間不可或缺的消息渠道。長達數十年運送骨殖回鄉的工作，尤其撫慰了移民及其家人的心靈，令東華深受世界各地華人敬重和感戴。在另一個層面，東華醫院顯示在維持社會道德秩序方面，華商可以做些甚麼，這項工作以前在中國主要是由士紳承擔。加州華商讚揚東華醫院「盡善盡美」，提議在當地仿照東華創辦一間醫院，這不啻認可它是海外華人可師法的新社會和文化典範。這已是無以復加的讚揚。

我們可以看到，香港在移民心中佔有特殊地位。對許多離開中國出洋的人來說，香港是他們離開中國的第一站，而弔詭的是，也是回唐山的第一站。由於邊界模糊不清，他們偶爾一定覺得難以肯定哪裏開始是中國，哪裏是世界其他地方的盡頭。不少出洋歸來的人選擇留在香港，而不是馬上返回故鄉，有時候還在香港度過餘生。有些人無疑是為了香港社會的相對穩定，由於加州發生反華暴力事件，沒有種族暴力的香港一定也特別有

吸引力;此外,充滿活力的商業環境,以及它與各個方向的社會和市場有活躍的聯繫。香港似乎能天衣無縫地將中國與外部世界接合起來,對於那些既想要繼續與中國的家園聯繫,又想與在加州的朋友、商業機會保持接觸的人來說,香港是一個很理想的地方。不過,他們之所以留在香港,會不會也受香港在社會和文化方面的中介性(它的過渡性質)所吸引?如馮登等人曾水乳交融地融入美國社會,大家甚至可能猜測,這些自美國歸來的人選擇在香港居住,是否藉此逃避在故里村莊可能遇到的文化隔閡。香港提供了令他們覺得如魚得水的地帶,或許有助它贏得海外華人第二家園的聲譽。

開放的經驗

有關華人移民加州的研究,顯示了香港社會的一些基本特質,開放肯定是其中之一。香港是免稅港,向所有國籍的船舶和貿易開放,因而可以以較自由和經濟的方式移動以直達目的地,造就了它作為華人移民主要出洋港口的地位。單靠開放自然不足形成出洋大港的環境。對搭客來說,個人安全是首要關注。在十九世紀中葉,這種安全環境包括不會遭人拐帶,不會被誘騙簽下剝削性的合約,並且不會被強迫去搭過度擁擠或不適合航行的船舶。1855 年的《華人搭客法》觸發香港商人強烈反對,制定此法例是為了大英帝國而非香港這個殖民地的利益,但此法例與其他接踵而來的法例,無論其執行如何馬虎和漫不經心,總算為自願出洋者稍稍提供了一點安全保障。香港令這個行業一些最惡劣的虐待情況有所減少,成為自願出洋者的明燈,有別於其他像澳門那樣強迫移民不會受懲罰的港口。

香港也有另一層意義的開放：它為華商提供前所未有的空間，這不只在做生意方面，還在於可扮演新的社會角色，獲取新的社會地位。儘管香港從來不是公平的競爭環境，外國（尤其是英國）商行總是得到更大優勢，但香港徹底的商業氣氛，讓富於創業精神的華人能在這裏獲得成功。賺錢是華商和外國商人的共同語言，為了賺錢，彼此既有競爭也有合作，儘管有根深柢固的種族主義，大家還是不情不願地彼此尊重。有些人稱之為共同的貪婪文化。在這個前所未有的開放環境中，華人社會的結構被重整。幾百年來中國人社會都是由士紳主導，香港沒有士紳階層，因此華商在本地社會和海外華人之間扮演掌權人的角色。他們充分利用自己的財富、組織能力和世故練達來領導慈善工作，實現文化理想，令移民在旅居外地的每一階段都能感到安全舒適，並藉此建立自己作為社會領袖的合法性。雖然同鄉組織、東華醫院和金山行的運作方式各異，目標也不相同，但全都顯示出商業力量的影響力，有能力提供和維持各種義務，撫慰在商業或遷徙途中面對着風雲萬變的人。

當然，不是一切都是光明美好的。香港社會開放是促進各種流動的重要優點，但也為私梟、拐匪和其他罪犯大開方便之門。無怪乎這個主要出洋港口也成為了買賣婦女跨國網絡的中心，這些多方向和互相重疊的網絡運送女人到海外，以滿足海外華人對娼妓和妾侍的需求。自十九世紀初起，取締奴隸制就成為英國的官方思想，香港雖是英國殖民地，但在多方面是個華人城市，華人的風俗、美德和惡習在這裏繼續留存。本地華商認為須要區分「合法的」和「非法的」婦女販運，要求有權利捍衞「華人傳統」，這清晰顯示華商勢力的上升。大部分殖民地官員和領事館人員都很怠惰和冷漠，加上這個極度商業化城市的參與者追求經濟利益，一同削弱反蓄奴法律的效力，並排擠司馬理法官等嘗試推動這些法律的人。香港的政治、社會和文化環境也直接影響到哪類婦女可前赴海外，而肯定的是，如

果香港官員和法庭積極執行取締奴隸制和人口販運的英國法律，本應可遏止婦女被販賣到美國和其他地方的問題。

　　香港新聞媒體的公開、開放和透明也有重要影響。中英文報章是有關市場情況、價格、船期、載貨空間、海關規定和入境法律的資料渠道，對於促進船運、貿易和移民出洋是不可或缺的。中文報章在這種開放氣氛中的發展尤其重要，因為香港所提供的，不僅是異於中國內地的經濟、社會和政治空間，還有前所未有的思想空間。香港的中文報章發揮多種功能，除了教育讀者認識更寬廣的世界，鼓吹本地和中國的政治與商務改革，它們也致力於促進移民的福祉，包括要求中國委派領事保護僑民。這樣做就等於發表與中國政府官方政策相左的觀點，例如倡議政府應在海外設立領事館以保護出洋者，而這些人在官方眼中仍然是罪犯。這種新聞自由在中國內地是不可想像的，這樣的言論在那裏可被視為叛國，更不用說平民是被禁止妄議國事的。儘管香港的中文報章長期被當作中國新聞史的先驅來研究，但它由下影響上的功績卻未曾獲得充分肯定。或許是時候把香港報章視為生意來認真研究，而非僅是思想的載體。有了這樣的研究，我們就會清楚看到諸如王韜的《循環日報》等「進步」報章，是如何反映其擁有者（即香港華商）的商業利益。

　　這樣一個彈丸之地，怎麼會對世界產生如此巨大的影響？我常常為此覺得驚訝。香港如此讓人來去自如，如此容易受外界影響，又反過來對其疆域以外多方面的發展產生這麼大的影響力，因此，想了解像香港這樣的地方，只把眼光放在其具體邊界之內，顯然是徒勞。「香港」遠不只是固定的具體疆域，最好把它界定為層層重疊的歷史經驗，其「邊界」是由涉及香港或以香港為中心，並向各個方向延伸的社會、政治、經濟和文化過程和網絡來衡量。對於像香港這樣的地方所體現的多重角色，我們需要以角度更寬廣的眼光來觀看。

中介之地：移民研究的範式

　　嚴格來說，沒有從香港出洋的移民，只有取道此地出洋的移民。這或許可以部分地解釋為甚麼研究移民遷徙的學者大多忽略香港在華人移民史上的作用，因為他們傾向於把焦點放在移民過程的兩端——送出國（甲地）和接收國（乙地）。近年來，學者更多集中研究僑鄉，[1] 即有大量民眾離鄉出洋的地區，並且更為着重兩個端點之間的互聯性；但至今仍然很少人考慮到中間的地點和過程。香港的經驗顯示，中介之地可以在此過程中發揮左右大局的作用。

　　香港是人和資金、貨物、資訊、意念、個人通信，以及遺體和骸骨不斷往來流動的樞紐。由於向心力和離心力的作用，它給予旅客離開中國前赴遙遠之地的環境，同時為移民提供各種與家鄉保持聯繫的方法。一如令商人得悉海外機會的「商業情報」，招募移民工人的制度（正式和非正式，合法和非法）也發揮了不可或缺的作用。往往屬跨國性質的各類網絡並存和重疊。社會組織為過境移民提供住宿、職業機會、財政援助，舉辦儀式和宗教活動讓他們參與，並培養旅客之間的社羣感，藉此照顧他們的身心

1　即使是近年有關華僑的著述，仍然主要採用故鄉—客居地的二元論述，例如，Laurence J. Ma, "Space, Place and Transnationalism in the Chinese Diaspora," in *The Chinese Diaspora: Space, Place, Mobility and Identity*, edited by Laurence J. Ma and Carolyn Cartier（Lanham, MD: Rowman and Littlefield, 2003）, pp. 1-49。國際亞洲研究所（International Institute for Asian Studies）在萊登和阿姆斯特丹進行一些重要的僑鄉研究。由這些研究衍生的出版物包括 *Qiaoxiang Ties: Interdisciplinary Approaches to "Cultural Capitalism" in South China*, edited by Leo Douw, Cen Huang, and Michael R. Godley（London: Kegan Paul, and Leiden: International Institute for Asian Studies, 1999），以及 *Rethinking Chinese Transnational Enterprises: Cultural Affinity and Business Strategies*, edited by Leo Douw, Cen Huang, and David Ip（Richmond: Curzon, 2001）。另一個僑鄉研究的中心在廈門大學，由林金枝和莊國土教授領導。

福祉。這些服務既令遷徙旅程實際可行，也使之在情感上沒有那麼孤單和可怕，是中介之地的基礎建設中不可或缺的一環。

除了香港，還有哪些中介之地？在十九世紀華人遷移的脈絡中，舊金山、新加坡、曼谷、加拿大卑詩省的域多利和溫哥華，以及澳洲的悉尼和墨爾本，都是人們馬上想到的出洋港口、中轉站，以及工作和居住地點，有時候持續一段相當長的時期。例如，有些抵達舊金山的華人留在當地工作，直至返回中國；另一些人則以它為踏腳石，前往加州之內或以外的其他地方。在某些情況中，儘管移民從一個地方前往另一個地方，但會一再返回舊金山，以它為基地等待新的就業或投資機會，或者其他需要緊密和重疊聯繫的活動。

孔飛力談到有無數「走廊」把身在僑居國的華人移民與家鄉聯繫起來，並說「這事情的本質不是分離，而是聯繫」。[2] 聯繫無疑是關鍵，他或許還應補充一點，這些因人和物件的流動而保持開放和活躍的走廊，是不斷被重構的。香港是數以千計這種縱橫交錯和通往不同方向的走廊的核心。

海外華人世界的概念可以是既具體又抽象。從某個意義上說，它是「固定」而且有明確的地理定義，這不但因為故鄉是地圖上的實際地點，還因為「走廊」和「中介之地」具體地決定了航運路線、匯款渠道、貨物和文化產品的市場、資金來源，以及投資地點，並且反過來由它們所決定。從另一個意義上說，這個世界是一個遊移不定、無根基、憑空建構的概念；

2　Philip Kuhn, *Chinese Among Others: Emigration in Modern Times*（Lanham, MD: Rowman and Littlefield, 2008）, p. 4.

家的意念是可轉移的，移民去到哪裏都可以把它帶在身上。[3] 甲地與乙地之間的走廊並非固定不變。隨着移民沿着這些走廊遊移向前，走廊會被互相競爭的力量影響，一會兒拉向這邊，一會兒扯向那邊，從而扭曲、變形和拉長，在此過程中改變移民社羣的形態。

　　至今的學術文獻，一直主要從地理空間的角度來看待海外華人社會。但是，時間也發揮了重要作用。隨時日推移，舊有的「故鄉」可能慢慢對移民失去情感和文化支配力，他們或者因戰爭、革命或其他災難而無法回鄉。在這些情況下，中介之地就可能變成替代的故鄉，它補充甚或削弱和取代原有的故鄉。海外華人稱香港為「第二故鄉」時，就顯示故鄉概念的靈活可變，並認識到人可以有多於一個故鄉。

　　海外移民社會不是鐵板一塊的。強調中介之地，使我們能以新的眼光來設想華僑社會，視之為多面向而且蕪雜混亂（的確是如此）的現象，由不同層次的「故鄉」（從「原居地」、「祖籍」到第二或第三故鄉）和不同層次的「中介之地」塑造，在永無止盡的流散和再流散、回歸和再回歸過程中，其形態不斷變化。華僑社會的形態變化，其氛圍也會隨之改變，因為舊有「故鄉」和移民所在地之間的走廊會逐漸崩壞，熱情會減退。它也會在「熾熱」時刻得到加強，如 1930 年代日本侵華期間，當時移民依循這些走廊返回中國，戰爭捐款也通過它們運往中國，這些走廊隨之活絡和擴大。情況永遠是變動不居和充滿活力的。

　　用另一個比喻。就像河流會改變其流經的河岸，每個移民途經一個地

3　有關無根性的概念，見 Emmanuel Ma Mung, "Groundlessness and Utopia: The Chinese Diaspora and Territory," in *The Last Half Century of Chinese Overseas*, edited by Elizabeth Sinn（Hong Kong: Hong Kong University Press, 1998）, pp. 35-48；*Ungrounded Empire: The Cultural Politics of Modern Chinese Transnationalism*, edited by Aihwa Ong and Donald M. Nonini（New York: Routledge, 1998）。

方，都在社會、經濟和文化上為它帶來變化，無論多麼微不足道，並且在像香港和舊金山這樣的中介之地，無數移民的足跡，就像層層堆疊的沉積物，塑造和再塑造它們的景貌。個人的遷徙經驗也是多層次的，他們心中充滿對於許多中介之地的回憶、影響和聯繫。我們可以把「中介之地」考慮在內，視之為個別移民生活經驗的重要組成部分，藉此看到更宏觀的移民遷徙過程，並對之有更深入的了解。

其他移民運動又如何？例如，1830 年代至 1930 年代的一百年間，利物浦與漢堡，馬德拉斯、孟買和加爾各答，巴西的桑托斯港，美國的費城，以及非洲沿岸貝寧的威達（Ouidah），無疑都發揮過中介之地的作用，而且這種地方一定還有許多。比較出現在遷徙的不同層面的中介之地 —— 地理、物流、金融、文化、情感方面的中介之地，一定很有意思。如果我們把中介之地也加入移民地圖之中，而非只是標出甲地和乙地，這個地圖的面貌將大為不同。對於追溯人的移動，以及了解遷徙的多層次效果，也會大有幫助。

研究十九世紀中葉以來香港在華人遷徙中所發揮的不同作用，有助我們更了解香港的發展及其跨太平洋聯繫。這研究的益處還不止於此：它可以提供關於移民過程的新畫面 —— 這個過程既影響那些移動的人，也影響那些沒有移動的人，並能令我們更清楚了解地方與流動性之間的關係。我相信，中介之地的概念可以成為研究移民概況的有用範式，因為它能提醒學者須要以更廣泛更深入的眼光，去探討人類遷徙的物質、經濟、社會和文化景觀，藉此找出此前未為人探索的相互聯繫，為探討既是集體過程又是個人生活經驗的遷徙活動帶來新洞見。

附 錄

附錄 1　二十三艘船上香港輸往舊金山共 4,950 噸的出口貨物（1849 年）

	物品	數量	桶	XX	盒	捆	包	擔	袋	箱	半箱
1	扁斧		3								
2	亞力酒			20							
3	啤酒		40		312						
4	磚	148,122									
5	白蘭地				536						
6	靴子	2									
7	毯子					5					
8	牛肉		18								
9	牀頭櫃	2									
10	xx				10						
11	xx						1200				
12	椅子						160				
13	帆布						2				
14	雪茄				110						
15	陶器				54						
16	躺椅				55						
17	爆竹		7								
18	金橘				6						
19	咖啡							286			
20	巧克力		25	2							

（續上表）

	物品	數量	桶	XX	盒	捆	包	擔	袋	箱	半箱
21	中國貨品				138		153				
22	軟木				2						
23	便帽和帽子	2,350									
24	香檳						21				
25	刺繡品				2						
26	蛋		9								
27	平底鍋				2						
28	家具						55				
29	杜松子酒		28		190						
30	玻璃				42						
31	磨石和盒子	52									
32	苧麻布				15						
33	薑				12						
34	火藥				1						
35	槍炮				3						
36	已拆解的鐵製蒸汽船	1									
37	刀叉		1								
38	油紙傘						200				
39	液體（罐裝）	102									
40	漆器				1						
41	商品	80			2,139	150	12,767		565		
42	淋墊與枕頭						2				

（續上表）

	物品	數量	桶	XX	盒	捆	包	擔	袋	箱	半箱
43	草蓆						26				
44	藥物				1						
45	大理石板	1,158									
46	音樂盒	24									
47	南京布				8						
48	釘子		40								
49	醬油				24						
50	香粉		28								
51	醃製肉類		27		11						
52	蜜餞				39						
53	油漆							13			
54	紙製品				3						
55	疋頭				92						
56	繩索（捲狀）	360									
57	米							690			
58	蘭姆酒		1	8	2						
59	雜物		38		399		17,024				
60	絲					258					
61	凳子	164									
62	鞋子	395			5						
63	砂糖		63					2,827			
64	冰糖		508		25						
65	烈酒		18	10	32						

（續上表）

	物品	數量	桶	XX	盒	捆	包	擔	袋	箱	半箱
66	銀器				5						
67	鏟子和鋤頭	72									
68	xx				54						
69	餿水				2						
70	蘇打水				20						
71	澱粉				16						
72	馬具				2						
73	瀝青		12								
74	舌頭		2								
75	木材、圓木	418									
76	木材、木板	12,059									
77	木材、船桅	16									
78	桌子	6									
79	瓦片	3,775									
80	茶油							100			
81	煙草				7						
82	茶葉									1,235	1,267
83	衣服				138						
84	窗框	312									
85	紅酒		16		510						

xx = 無法辨認

【資料來源】*Hong Kong Blue Book*, 1849, pp. 229-230.

附錄 2　香港與舊金山之間的人口遷移數字
（1852－1876 年，1858－1878 年）

附錄 2-1　抵達和離開舊金山的人數（1852 － 1876 年）

年份	抵達	離開
1852	20,026	1,768
1853	4,270	4,421
1854	16,084	2,339
1855	3,329	3,473
1856	4,807	3,028
1857	5,924	1,938
1858	5,427	2,542
1859	3,175	2,450
1860	7,341	2,090
1861	8,430	3,580
1862	8,175	2,792
1863	6,432	2,494
1864	2,682	3,910
1865	3,095	2,295
1866	2,242	3,111
1867	4,280	4,475
1868	11,081	4,210
1869	14,990	4,805
1870	10,870	4,230
1871	5,540	3,260
1872	9,770	4,890

（續上表）

年份	抵達	離開
1873	17,075	6,805
1874	16,085	7,810
1875	18,021	6,805
1876（第一季）	5,065	625
總數	214,226	90,089

【資料來源】Compiled from the San Francisco Custom House records, US Congress, Senate, "Report of the Joint Special Committee to Investigate Chinese Immigration," February 27, 1877: US Congressional Serial Set Volume 1734, Session Volume No. 3, 44th Congress, 2nd Session. Senate Report 689, p. 1176. Figures for 1852 to 1st quarter 1876, p. 1176.

附錄 2-2 從香港前往舊金和從舊金山抵達香港的華人移民（1858 － 1878 年）

年份	來自香港	來自舊金山
1858	4,989	無
1859	4,080	無
1860	7,240	無
1861	7,734	1,181
1862	7,532	2,380
1863	7,274	3,108
1864	3,041	3,547
1865	2,603	2,306
1866	2,338	2,411
1867	2,995	3,803
1868	5,172	4,427
1869	14,225	5,103
1870	9,394	3,602
1871	4,848	3,378
1872	9,147	3,721
1873	5,172	5,724
1874	15,988	7,454
1875	19,168	5,503
1876	14,034	6,871
1877	9,562	7,130
1878	6,340	6,611
總數	162,876	78,260

【資料來源】數字來自香港政府歷年的《香港藍皮書》

附錄 3　從香港開往舊金山的船（1852 年）

來自舊金山	日數	離開香港	船名	船長	數型	國籍	乘客
3 月 2 日	60	1 月 4 日	威廉・沃森號（William Watson）	里奇（Ritchie）	三桅帆船	英國	160
3 月 20 日	63	1 月 23 日	亨布里號（Henbury）	克拉克（Clark）	全帆纜船	英國	236
3 月 26 日	52	2 月 2 日	糕餅之國號（Land o'Cakes）	格蘭特（Grant）	全帆纜船	英國	289
3 月 25 日	73	1 月 11 日	弗雷德里克・伯姆號（Frederich Boehm）	沃勒（Woller）	三桅帆船	普魯士	179
3 月 29 日	59	1 月 29 日	北卡羅來納號（North Carolina）	福斯特（Foster）	全帆纜船	美國	283
4 月 9 日	94	1 月 5 日	亨麗埃特號（Henrietta）	奧茨（Oats）	全帆纜船	英國	210
4 月 9 日	49	2 月 20 日	安・韋爾什號（Ann Welsh）	賴德（Ryder）	三桅帆船	美國	162
4 月 11 日	70	2 月 2 日	格倫萊昂號（Glenlyon）	哈多克（Haddock）	三桅帆船	英國	150
4 月 12 日	65	2 月 3 日	皇帝號（Emperor）	金特爾（Gentle）	三桅帆船	英國	181
4 月 12 日	56	2 月 11 日	華盛頓號（George Washington）	普羅布斯特（Probst）	三桅帆船	不萊梅	185
4 月 19 日	56	2 月 22 日	布萊尼姆號（Blenheim）	莫利（Molliston）	全帆纜船	英國	346
4 月 19 日	60	2 月 20 日	特爾納特號（Ternate）	卡斯（Cass）	三桅帆船	荷蘭	260
4 月 22 日	33	3 月 18 日	挑戰號（Challenge）	蘭德（Land）	飛剪式帆船	美國	550
4 月 22 日	60	2 月 21 日	奧塞奧拉號（Oseola）	韋（Waite）	全帆纜船	英國	469

（續上表）

來自舊金山	日數	離開香港	船名	船長	數型	國籍	乘客
4月23日	63	2月20日	尼古拉·尼古拉森號（Nicolay Nicolayson）	菲耶費爾（Fieffer）	雙桅橫帆船	挪威	100
4月28日	73	2月8日	康斯坦號（Constant）	庫姆斯（Coombs）	三桅帆船	英國	250
5月1日	57	3月4日	婆羅門號（Brahmin）	麥凱克倫 McEacharn	全帆纜船	英國	310
5月7日	55	3月12日	拉賈斯坦號（Raiasthan）*	安德森（Anderson）	全帆纜船	英國	320
5月11日	53	3月20日	羅伯特·斯莫爾號（Robert Small）	斯莫爾（Small〔原文如此〕）	全帆纜船	英國	378
5月15日	76	3月9日	阿波羅號（Apollo）	洪滕（Huntelm）	雙桅橫帆船	不萊梅	124
5月16日	44	3月27日	魔法號（Witchcraft）	羅傑斯（Rogers）	飛剪式帆船	美國	344
6月4日	48	4月16日	蓋勒特號（Gellert）	伊爾德（Ihlder）	全帆纜船	不萊梅	280
6月4日	50	4月7日	托南號（Ville de Tonniens）	莫尼（Moonier）	全帆纜船	法國	310
6月6日	49	4月16日	喬治·波洛克爵士號（Sir George Pollock）	威瑟斯（Withers）	全帆纜船	英國	330
6月8日	53	4月13日	埃克斯錢吉號（Exchange）	凱勒（Keller）	全帆纜船		258
6月9日	54	4月16日	艾奧瓦號（Iowa）	沃什伯恩（Washburn）	全帆纜船	祕魯	378
6月10日	63	4月7日	埃米莉·泰勒號（Emily Taylor）	史密斯（Smith）	三桅帆船	美國	213
6月14日	45	4月26日	沃爾特·莫里斯（Walter Morrice）	莫里斯（Morrice〔原文如此〕）	三桅帆船	英國	336

（續上表）

來自舊金山	日數	離開香港	船名	船長	數型	國籍	乘客
6 月 15 日	55	4 月 20 日	極光號 （*Aurora*）	温內堡 （Winnenburg）	三桅 帆船	瑞典	234
6 月 19 日	59	4 月 22 日	季風號 （*Monsoon*）	莫爾多克／懷斯 Moldock/Wyse	全帆 纜船	英國	454
6 月 25 日	65	4 月 21 日	阿卡迪亞號 （*Arcadia*）	鄧恩 （Dunn 〔原文如此〕）	全帆 纜船	英國	286
6 月 25 日	65	4 月 20 日	安・馬丁號 （*Ann Martin*）	馬丁 （Martin）	三桅帆 船	英國	255
6 月 29 日	59	5 月 2 日	佩拉號 （*Pera*）	斯圖爾特 （Stewart）	雙桅縱 帆船	英國	0
6 月 28 日	65	4 月 24 日	伊麗莎・莫里森號 （*Eliza Morrison*）	麥卡洛 （McCullogh）	全帆 纜船	英國	494
6 月 28 日	60	4 月 28 日	薩拉・胡珀號 （*Sarah Hooper*）	馬胡德 （Mahood）	三桅 帆船	英國	76
6 月 28 日	65	4 月 8 日	龍目號 （*Lombock*）	登謝爾 （Densher）	雙桅橫 帆船	丹麥	175
6 月 30 日	61	4 月 28 日	威廉・莫尼號 （*William Money*）	巴克利 （Buckley）	全帆 纜船	英國	480
7 月 3 日	53	5 月 8 日	康沃爾號 （*Cornwall*）	蒙德雷爾 （Maundrell）	三桅 帆船	英國	500
7 月 5 日	37	5 月 8 日	阿克巴爾號 （*Akbar*）	米爾恩 （Milne）	全帆 纜船	英國	377
7 月 5 日	64	5 月 2 日	奧古斯塔號 （*Augusta*）	帕森斯 （Parsons）	三桅 帆船	英國	164
7 月 5 日	65	5 月 2 日	諾森伯蘭公爵號 （*Duke of Northumberland*）	霍德森 （Hodson）	全帆 纜船	英國	238

（續上表）

來自舊金山	日數	離開香港	船名	船長	數型	國籍	乘客
7月5日	66	4月29日	加爾內爾號 （Gulnare）	盧卡斯 （Lucas）	三桅 帆船	美國	148
7月19日	62	5月19日	蘇布倫號 （Sobraon）	羅傑斯 （Rodgers）	全帆 纜船	英國	630
7月19日	61	4月21日	韋斯頓勳爵號 （Lord Western）	菲利普斯 （Philips）	全帆 纜船	英國	300
7月19日	66	5月14日	路易斯安那號 （Louisiana）	德魯 （Drew）	三桅 帆船	美國	167
7月19日	77	5月4日	埃瑪號 （Emma）	斯托弗 （Stover）	雙桅橫 帆船	不萊 梅	130
7月20日	70	5月12日	埃塞克斯號 （Essex）	梅 （May）	三桅 帆船	英國	200
7月21日	63	5月12日	倫弗魯男爵號 （Baron Renfrew）	柯倫 （Curran）	全帆 纜船	英國	580
7月27日	74	5月13日	埃倫·弗朗西絲號 （Ellen Frances）	皮爾斯 （Pierce）	三桅 帆船	美國	200
8月4日	86	5月13日	帕特里亞號 （Patria）	馬塞爾 （Marcel）	雙桅縱 帆船	葡萄 牙	96
8月1日	61	5月27日	廈門號 （Amoy）	坎寧安 （Cunningham）	全帆 纜船	英國	391
8月12日	65	5月27日	謎號 （Enigma）	莫里森 （Morrison）	雙桅縱 帆船	英國	0
8月4日	60	6月6日	埃瑪·伊素多拉 （Emma Isidora）	佩因 （Paine）	三桅 帆船	美國	178
8月17日	67	6月7日	阿蓋爾 （Argyle）	諾維拉 （Norvilla）	雙桅橫 帆船	美國	0
8月1日	52	6月8日	遠西號 （Far West）	布里亞爾 （Briard）	全帆 纜船	美國	323

（續上表）

來自舊金山	日數	離開香港	船名	船長	數型	國籍	乘客
8月1日	50	6月12日	阿美士德夫人號（Lady Amherst）	丹道（Dandow）	三桅帆船	英國	263
8月4日	52	6月13日	龍號（Dragon）	安德魯斯（Andrews）	三桅帆船	美國	21
8月2日	48	6月15日	吟遊詩人號（Troubadour）	布洛（Blow）	全帆纜船	英國	273
8月1日	43	6月19日	蘇丹號（Sultan）	布朗（Brown）	全帆纜船	英國	432
8月17日	58	6月21日	瑪莎號（Martha）	馬歇爾（Marshall）	雙桅縱帆船	英國	2
8月14日	48	6月28日	糕餅之國號（Land o'Cakes）	格蘭特（Grant）	全帆纜船	英國	302
9月11日	67	7月5日	漢尼拔號（Hannibal）	奧伊魯（Hoyrup）	雙桅縱帆船	漢堡	3
10月16日	84	7月22日	勃朗特公爵號（Duke of Bronte）	巴克利（Barclay）	全帆纜船	英國	218
9月25日	52	7月26日	北卡羅來納號（North Carolina）	福斯特（Foster）	全帆纜船	美國	90
10月6日	60	7月29日	伯克郡（Berkshire）	菲蘭（Fillan）	三桅帆船	英國	166
10月16日	65	8月10日	尼羅河號（Nile）	利夫賽（Livesay）	全帆纜船	英國	124
11月12日	66	9月5日	沃蘭蒂號（Volanti）	斯溫森（Swainson）	雙桅橫帆船	英國	0
11月22日	60	9月23日	薩拉·胡珀號（Sarah Hooper）	馬胡德（Mahood）	雙桅橫帆船	英國	0
12月7日	60	10月5日	威廉明妮號（Wilhelmine）	普雷恩（Prehn）	三桅帆船	丹麥	0

（續上表）

來自舊金山	日數	離開香港	船名	船長	數型	國籍	乘客
1月1日	84	10月13日	極光號 （Aurora）	文納貝里 （Wennenberg）	三桅 帆船	瑞典	56
1月17日	88	10月21日	扎拉號 （Zarah）	克賴頓 （Crighton）	全帆 纜船	英國	51
1月17日	88	10月24日	喬治・法伊夫號 （George Fyfe）	巴羅 （Barrow）	三桅 帆船	英國	5
1月10日	75	10月26日	海洋女王號 （Ocean Queen）	里斯 （Rees）	三桅 帆船	英國	26
1月8日	65	11月1日	龍 （Dragon）	安德魯斯 （Andrews）	三桅 帆船	美國	0
1月31日	79	11月9日	達德利號 （Dudley）	耶茨 （Yates）	雙桅橫 帆船	美國	0
1月31日	77	11月13日	喬治・波洛克爵士號 （Sir George Pollock）	威瑟斯 （Withers）	全帆 纜船	英國	0
2月2日	80	11月17日	弗雷德里克七世號 （Frederick VII）	洛夫 （Love）	雙桅橫 帆船	丹麥	0
1月30日	60	11月22日	克拉拉號 （Clara）	倫德堡 （Lundborg）		瑞典	0
2月19日	81	11月28日	約翰・萊爾德號 （John Laird）	斯威特曼 （Sweetman）	三桅 帆船	英國	105
3月3日	90	11月29日	漢尼拔號 （Hannibal）	奧伊魯普 （Hoyrup）	全帆 纜船	漢堡	0
2月17日	78	12月1日	鳳凰號 （Phoenix）	拉森 （Lassen）	全帆 纜船	漢堡	32
1月31日	44	12月11日	探路者號 （Pathfinder）	梅西 （Macy）	三桅 帆船	美國	3
2月17日	58	12月19日	紹爾德 （Skjold）	洛克 （Lock）	全帆 纜船	丹麥	0

（續上表）

來自舊金山	日數	離開香港	船名	船長	數型	國籍	乘客
2 月 17 日	55	12 月 23 日	安‧韋爾什號 （*Ann Welsh*）	吉萊斯皮 （Gillespie）	三桅 帆船	美國	238
2 月 28 日	62	12 月 27 日	吟遊詩人號 （*Troubadour*）	桑希爾 （Thornhill）	全帆 纜船	英國	169
2 月 26 日	57	12 月 30 日	埃倫‧弗朗西絲號 （*Ellen Frances*）	達爾比 （Darby）	三桅 帆船	美國	0
86 艘船							17,246

註：

「佩拉號」在船身滲漏的情況下駛到舊金山。

* 這是我以到達時間減去航行日子計算。

在我的筆記中，還有另外好幾艘船從香港開出，但儘管多次查核，我還是找不到它們抵達的資料，所以沒有包括在這裏。

「乘客」欄中的 0 是我填上的。一些記錄沒有提及乘客，但並不表示船上沒有載客。

【資料來源】：《德臣西報》、《香港紀事報》、《華友西報》、《上加利福尼亞報》。

參考文獻

檔案

政府檔案

Great Britain, Colonial Office. Confidential Prints, Series 882 (CO 882) .

Great Britain, Colonial Office. Original Correspondence: Hong Kong, 1841-1951, Series 129 (CO 129) .

Great Britain, Foreign Office, Miscellanea, 1759-1935, Series 233 (FO 233) .

[Hong Kong]. Probate Jurisdiction Will Files (Hong Kong Public Records Office) HKRS 144.

[Hong Kong]. Bonds for the Due Fulfilment of the Condition of Opium Licence (Hong Kong Public Records Office) HKRS 178.

US National Archives. Despatches from US Consuls in Hong Kong, 1844 -1906.

US National Archives. Despatches from US Consuls in Macao, 1849-1869.

私人檔案

Ainsworth Papers (University of Oregon Library, Portland, Oregon) .

Carl T. Smith Papers (Hong Kong Public Records Office/Hong Kong Central Library/Others) .

Heard Family Business Records. Baker Library Historical Collections (Harvard Business School. MS 766 1835-1892) (Heard II) .

Him Mark Lai's Research Files (Ethnic Studies Library, University of California, Berkeley) .

Jardine, Matheson & Co. Archive (Cambridge University Library) (JMA) .

Macondray Papers (Bancroft Library, University of California, Berkeley) BANC MSS 83/142.

Macondray Papers (California Historical Society) Macondray Box (MS 3140) and Macondray Copybook (MS 2230) .

Records of the Pacific Mail Steamship Company 1853-1925 (Huntington Library) mss Pacific Mail Steamship Co.

Russell & Company Letter Book (Massachusetts Historical Society) Ms N-59.46.

San Francisco Custom House Records (Bancroft Library, University of California, Berkeley) .

Tung Wah Hospital Archive, Tung Wah Group of Hospitals, Hong Kong.

政府刊物

China, Cuba Commission. *Chinese Emigration: Report of the Commission Sent by China to Ascertain the Condition of Chinese in Cuba*. Taibei: Cheng Wen Publishing Co., 1970; originally published by the Chinese Maritime Customs Press, 1876.

Great Britain, Parliament, House of Commons. *British Parliamentary Papers: China*. Shannon: Irish University Press, 1971-. 42 volumes *(BPP)* .

Hong Kong Blue Book.

Hong Kong Sessional Paper (HKSP) .

Hong Kong Government Gazette (HKGG) .

Hong Kong. *Report of the Commissioners Appointed by His Excellency John Pope Hennessy, CMG ... to Enquire into the Working of the Contagious Diseases Ordinance, 1867*. Hong Kong: Noronha & Sons, Government Printers, 1879 (RWCDO) .

US Bureau of Foreign and Domestic Commerce. Miscellaneous Series, no. 44. *Trans-Pacific Shipping* by Julean Arnold. Washington, DC: Government Printing Office, 1918.

US Congress, Senate. "Chinese Coolie Trade. Message of the President of the United States, Communicating, in Compliance with a Resolution of the House of Representatives, Information Recently Received in Reference to the Coolie Trade. May 26, 1860 — Referred to the Committee on Commerce and ordered to be printed," Serial Set Vol. No. 1057, Session Vol. No.13, 36th Congress, 1st Session, H. Exec. Doc. 88 (1860) .

US Congress, Senate. "Message of the President of the United States, Together with the Reports of the Heads of Departments to the Two Houses of Congress at the Commencement of the Second Session of the Forty-second Congress," US Congressional Series Set Vol. No. 1502, Session Vol. No. 1, 42nd Congress, 2nd Session, H. Exec. Doc. 1 pt. 1 (1872) .

US Congress, Senate. "Report of the Joint Special Committee to Investigate Chinese Immigration, February 27, 1877," US Congressional Serial Set Vol. 1734, Session Vol. No. 3, 44th Congress, 2nd Session. Senate Report 689 (1877) .

US Congress, Senate. "Expatriation and Chinese Slavery. Message from the President of the United States Transmitting in Response to a Resolution of the House of Representatives, Reports from the Secretary of State in relation to Slavery in China ... March 12, 1880," US Congressional Serial Set Vol. No. 1925, Session Vol. No. 24, 46th Congress, 2nd Session, H. Exec. Doc. 60 (1880) .

US Congress, Senate. "The Consulate at Hong Kong. Message from the President of the United States, in Answer to a Resolution of the House of Representatives, Transmitting a Report from the Secretary of State relative to the Consulate at Hong Kong. January 12, 1880," US Congressional Serial Set Vol. No. 1913, Session Vol. No. 12, 46th Congress, 2nd Session, H. Exec. Doc. 20 (1880) .

US, California Senate, Special Committee on Chinese Immigration. *Chinese Immigration: Its Social, Moral, and Political Effect*. Sacramento: State Printing Office, 1878.

廣東省參謀處測繪科製圖股：《廣東輿地全圖》，1909

報章

香港

China Mail
Dixson's Hong Kong Recorder
The Friend of China
Hongkong Daily Press
Hongkong Recorder
Hongkong Register
Hongkong Telegraph
《工商日報》
《中外新聞七日報》
《循環日報》
《華字日報》
《遐邇貫珍》

紐約

New York Times

加州

Sacramento Daily Union

舊金山

Alta California
《大同日報》
《中外新報》
《中西日報》
《中西彙報》
《東涯新錄》
《金山日新錄》
《唐番公報》
《華洋新報》

上海

《申報》

專著及論文

A Sketch of the New Route to China and Japan by the Pacific Mail Steamship Co's Through Line of Steamships Between New York, Yokohama and Hong Kong via the Isthmus of Panama and San Francisco. San Francisco: Turnbull & Smith, 1867.

Abrams, Kerry. "Polygamy, Prostitution, and Federalization of Immigration Law," *Columbia Law Review*, vol. 105, no. 3 (2005), pp. 641-716.

Allen, Nathan. *An Essay on the Opium Trade, Including a Sketch of Its History, Extent, Effects, Etc. As Carried on in India and China.* Boston: John P. Jewett & Co., 1850.

American Diplomatic and Public Papers. United States and China. Series I. The Treaty System and the Taiping Rebellion, 1841-1860. Wilmington, DE: Scholarly Resources. 21 volumes, vol. 17: *The Coolie Trade and Chinese Emigration.*

Armesto, Felipe Fernandez, ed. *The Global Opportunity.* Aldershot: Variorum, 1995.

Baker, Hugh D. R. *Ancestral Images: A Hong Kong Album.* Hong Kong: South China Morning Post, 1979.

Ball, Benjamin Lincoln. *Rambles in East Asia, Including China and Manila, During Several Years' Residence: With Notes of the Voyage to China, Excursion to Manila, Hong Kong, Canton, Shanghai, Ningpoo, Amoy, Foochow, and Macao*. Boston: James French, 1856.

Bancroft, Hubert Howe. *The Works of Hubert Howe Bancroft*. San Francisco: Author, 1886. 39 volumes.

Bandele, Ramla M. *Black Star Line: African American Activism in the International Political Economy*. Urbana, IL: University of Illinois Press, 2008.

Bard, Solomon. *Traders of Hong Kong: Some Foreign Merchant Houses, 1841-1899*. Hong Kong: Urban Council, 1993.

Barde, Robert Eric. *Immigration at the Golden Gate: Passenger Ships, Exclusion, and Angel Island*. Westport, CT: Praeger, 2008.

Barth, Gunther. *Bitter Strength: A History of the Chinese in the United States, 1850-1870*. Cambridge, MA: Harvard University Press, 1964.

Becker, Bert. "Coastal Shipping in East Asia in the Late Nineteenth Century." *Journal of the Hong Kong Branch of the Royal Asiatic Society*, no. 50 (2010), pp. 245-302.

Bello, David. "The Venomous Course of Southwestern Opium: Qing Prohibitions in Yunnan, Szechuan, and Guizhou in the Early Nineteenth Century." *Journal of Asian Studies*, vol. 62, no. 4 (2003), pp. 1109-1142.

Berry, Thomas Senior. *Early California: Gold, Prices, Trade*. Los Angeles: Bostwick Press, 1984.

Bes, J. *Chartering and Shipping Terms. Practical Guide for Steamship Companies, Masters, Ship's Officers* ... Den Helder, Holland: C. deBoer Jr., 1951.

Boxer, Baruch. *Ocean Shipping in the Evolution of Hongkong*. Chicago: University of Chicago, Department of Geography, 1961.

Brands, H. W. *The Age of Gold: The California Gold Rush and the New American Dream*. New York: Doubleday, 2002.

Brook, Timothy, and Bob Tadashi Wakabayashi, eds. *Opium Regimes: China, Britain, and Japan, 1839-1952*. Berkeley, CA: University of California Press, 2000.

Brown, D. Mackenzie, ed. *China Trade Days in California: Selected Letters from the Thompson Papers, 1832-1863*. Berkeley, CA: University of California Press, 1947.

Butcher, John and Howard Dick, eds. *The Rise and Fall of Revenue Farming: Business Elites and the Emergence of the Modern State in Southeast Asia*. New York: St. Martin's Press, 1993.

Cassis, Youssef. *Capitals of Capital: A History of International Financial Centres,1780-2005.* Translated by Jaqueline Collier. Cambridge: Cambridge University Press, 2006.

Chan, Anthony B. *Gold Mountain: The Chinese in the New World.* Vancouver: New Star Books, 1983.

Chan, Sucheng, ed. *Entry Denied: Exclusion and the Chinese Community in America, 1882-1943.* Philadelphia, PA: Temple University Press, 1991.

Chan, Sucheng. "The Exclusion of Women, 1870-1943." In *Entry Denied: Exclusion and the Chinese Community in America, 1882-1943*, edited by Sucheng Chan, pp. 94-146. Philadelphia, PA: Temple University Press, 1991.

Chan, W. K. *The Making of Hong Kong Society: Three Studies of Class Formation in Early Hong Kong.* Oxford: Clarendon Press, 1991.

Chandler, Robert J., ed. *Pacific Mail Steamships.* San Francisco: The Book Club of California, 2011.

Chandler, Robert J., and Stephen J. Potash. *Gold, Silk, Pioneers and Mail: The Story of the Pacific Mail Steamship Company.* San Francisco: Friends of the San Francisco Maritime Museum Library, 2007.

Char, Tin-Yuke. *The Sandalwood Mountains: Readings and Stories of the Early Chinese in Hawaii.* Honolulu: University of Hawaii Press, 1975.

Chen, Yong. *Chinese San Francisco 1850-1943: A Trans-Pacific Community.* Stanford, CA: Stanford University Press, 2000.

Chin, Tung Pok. *Paper Son: One Man's Story.* Philadelphia, PA: Temple University Press, 2000.

"China." *The Board of Trade Journal* (England), vol. 41 (June 11, 1903), p. 488.

Chinn, Thomas W., ed. *A History of the Chinese in California: A Syllabus.* San Francisco: Chinese Historical Society of America, 1969.

Chiu, Ping. *Chinese Labor in California, 1850-1880: An Economic Study.* Madison, WI: State Historical Society of Wisconsin for the Department of History, University of Wisconsin, 1963.

Chiu, T. N. *The Port of Hong Kong: A Survey of Its Development.* Hong Kong: Hong Kong University Press, 1973.

Chung, Sue Fawn. "Between Two Worlds: The Zhigongtang and Chinese American Funerary Rituals." In *The Chinese in America: History from Gold Mountain to the New Millennium*, edited by Susie Lan Cassel. Walnut Creek, CA: Alta Mira Press, 2002.

Chung, Sue Fawn. *In Pursuit of Gold: Chinese American Miners and Merchants in the American West*. Urbana, IL: University of Illinois Press, 2011.

Coates, Austin. *Whampoa: Ships on the Shore*. Hong Kong: South China Morning Post, 1980.

Coates, Austin. *Macao and the British, 1637-1842: Prelude to Hongkong*. Hong Kong: Oxford University Press, 1988.

Conway, Russell. Why and How: *Why the Chinese Emigrate and the Means They Adopt for the Purpose of Reaching America with Sketches of Travel, Amusing Incidents and Social Customs, etc*. Boston: Lee and Shepherd, 1871.

Cook, Shirley J. "Canadian Narcotics Legislation, 1908-1923: A Conflict Model Interpretation." *Canadian Review of Sociology and Anthropology*, no. 6 (1969), pp. 36-46.

Coolidge, Mary E. B. R. S. *Chinese Immigration*. Taibei: Ch'eng-wen Publishing Company, 1968 [1909].

Courtwright, David. *Dark Paradise: A History of Opiate Addiction in America*. Cambridge, MA and London: Harvard University Press, 2001 [1982].

Cox, Thomas R. "The Passage to India Revisited: Asian Trade and the Development of the Far West 1850-1900." In *Reflections of Western Historians: Papers of the 7th Annual Conference of the Western History Association on the History of Western America*, edited by John Alexander Carroll. San Francisco California, October 12-14, 1967. Tuscon: The University of Arizona Press, 1969.

Cox, Thomas R. *Mills and Markets: A History of the Pacific Coast Lumber Industry to 1900*. Seattle: University of Washington Press, 1974.

Crawford, Persia Campbell. *Chinese Coolie Immigration*. London: P. S. King & Co., 1923.

Cree, Edward H. *The Cree Journals: The Voyages of Edward H. Cree, Surgeon R.N., as Related in His Private Journals, 1837-1856*, edited and with an introduction by Michael Levien. Exeter, England: Webb and Bower (Publishers), 1981.

Cushman, Jennifer W. *Fields from the Sea: Chinese Junk Trade with Siam during the Late Eighteenth and Early Nineteenth Centuries*. Ann Arbor, MI: University Microfilms International, 1982.

de Groot, J. J. M. *The Religious System of China: In Ancient Forms, Evolution, History and Present Aspect, Manners, Customs and Social Institutions Concerned Therewith*. Taibei: Literature House, 1964; first printed, 1892.

Delgado, James P. *To California by Sea: A Maritime History of the California Gold Rush*. Columbia, SC: University of South Caroline Press, 1996; 1st published, 1990.

Delgado, James P. *Gold Rush Port: The Maritime Archaeology of San Francisco's Waterfront*. Berkeley, Los Angeles: University of California Press, 2009.

Dikotter, Frank, Lars Laamann, and Zhou Xun. *Narcotic Culture: A History of Drugs in China*. Hong Kong: Hong Kong University Press, 2004.

Dirlik, Arif, ed. *Chinese on the American Frontier*. Lanham, MD: Rowman and Littlefi eld, 2001.

Douw, Leo, Cen Huang, and Michael R. Godley, eds. *Qiaoxiang Ties: Interdisciplinary Approaches to "Cultural Capitalism" in South China*. London: Kegan Paul International, Leiden and Amsterdam: International Institute for Asian Studies, 1999.

Douw, Leo, Cen Huang, and David Ip, eds. *Rethinking Chinese Transnational Enterprises: Cultural Affinity and Business Strategies*. Richmond: Curzon, 2001.

Downs, Jacques M. "American Merchants and the China Opium Trade, 1800-1840." *Business History Review*, vol. 42, no. 4 (1968), pp. 418-442.

Downs, Jacques M. *The Golden Ghetto: The American Commercial Community at Canton and the Shaping of American China Policy, 1788-1844*. Cranbury, NJ: Associated University Presses, 1997.

Eitel, E. J. *Europe in China*. With an introduction by H. J. Lethbridge. Hong Kong: Oxford University Press, 1983 [1895].

Ellis, Henry Hira. *From the Kennebec to California: Reminiscences of a California Pioneer*, edited by Laurence R. Cook. Los Angeles: Warren F. Louis, 1959.

Endacott, George Beer. *A History of Hong Kong*. London: Oxford University Press, 1958.

Endacott, George Beer. *A Biographical Sketch-book of Early Hong Kong*. Singapore: Donald Moore, 1962.

Endacott, George Beer. *An Eastern Entrepot: A Collection of Documents Illustrating the History of Hong Kong*. London: HMSO, 1964.

Farkas, Lani Ah Tye. *Bury My Bones in America: From San Francisco to the Sierra Gold Mines*. Nevada City, NV: Carl Mautz Publishing, 1998.

Feys, Torsten. "The Battle for the Migrants: The Evolution from Port to Company Competition, 1840-1914." In *Maritime Transport and Migration: The Connections Between Maritime and Migration Networks*, edited by Torsten Feys, Lewis R. Fischer, Stephane Hoste, and Stephan Vanfraechem, pp. 27-47. St. John's, Newfoundland: International Maritime Economic History Association, 2007.

Flynn, Dennis O., Lionel Frost, and A. J. H. Latham, eds. *Pacific Centuries: Pacific and Pacific Rim History Since the Sixteenth Century*. London: Routledge, 1999.

Fong, Kum Ngon (Walter N. Fong) . "The Chinese Six Companies." *Overland Monthly*, vol. 23, no. 4 (1894), pp. 518-528.

"Foreign Trade and Shipping of China 1903." *The Board of Trade Journal* (England), no. 45 (2 June 1904), p. 407.

Gabaccia, Donna R., and Dirk Hoerder, eds. *Connecting Seas and Connected Ocean Rims: India, Atlantic, and Pacific Oceans and China Seas Migrations from the 1830s to the 1930s*. Leiden: Brill, 2011.

Garnett, Porter. "The History of the Trade Dollar." *The American Economic Review*, vol. 7, no. 1 (1917), pp. 91-97.

Gibson, James R. *Otter Skins, Boston Ships, and China Goods: The Maritime Fur Trade of the Northwest Coast 1785-1841*. Montreal: McGill-Queen's University Press, 1991.

Godley, Michael R. "Chinese Revenue Farming Networks: The Penang Connection." In *The Rise and Fall of Revenue Farming: Business Elites and the Emergence of the Modern State in Southeast Asia*, edited by John Butcher and Howard Dick, pp. 89-99. New York: St Martin's Press, 1993.

Goodman, Bryna. *Native Place, City, and the Nation: Regional Networks and Identities in Shanghai, 1853-1937*. Berkeley, CA: University of California Press, 1995.

Griffin, Eldon. *Clippers and Consuls: American Consular and Commercial Relations with Eastern Asia, 1845-1860*. Taibei: Ch'eng Wen Publication Co., 1972 [1938].

Gyory, Andrew. *The Closing of the Gate: Race, Politics and the Chinese Exclusion Act*. Chapel Hill, NC: University of North Carolina Press, 1998.

Hague, Harlan, and David J. Langum. *Thomas O. Larkin: A Life of Patriotism and Profit in Old California*. Norman, OK: University of Oklahoma Press, 1990.

Hamashita, Takeshi. "Overseas Chinese Remittance and Asian Banking History." In *Pacific Banking, 1859-1959*, edited by Olive Checkland, Shizuya Nishimura, and Norio Tamaki, pp. 52-60. London: St. Martin's Press, 1994.

Hamilton, Gary G. "The Organizational Foundation of Western and Chinese Commerce." In *Asian Business Networks*, edited by Gary G. Hamilton, pp. 43-57. Berlin: Walter de Gruyter, 1996.

Harcourt, Freda. "Black Gold: P&O and the Opium Trade, 1847-1914." *International Journal of Maritime History*, vol. 6, no. 1 (1944), pp. 1-83.

Harcourt, Freda. *Flagship of Imperialism: The P&O Company and the Politics of Empire - From Its Origins to 1867*. Manchester: Manchester University Press, 2006.

Harland, Kathleen. *The Royal Navy in Hong Kong 1841-1980*. Hong Kong: The Royal Navy, 1980.

Harper, Marjory. "Pains, Perils and Pastimes: Emigrant Voyages in the Nineteenth Century." In *Maritime Empires: British Imperial Maritime Trade in the Nineteenth Century*, edited by David Killingray, Margarette Lincoln, and Nigel Rigby, pp. 159-172. Woodbridge and New York: The Boydell Press in association with the National Maritime Museum, 2004.

Heatter, Basil. *Eighty Days to Hong Kong*. New York: Farrar, Straus & Giroux, 1969.

Herman, Andrew. *The "Better Angels" of Capitalism: Rhetoric, Narrative and Moral Identity Among Men of the American Upper Class*. Boulder, CO: Westview Press, 1999.

Hicks, George L. *Overseas Chinese Remittances from Southeast Asia, 1910-1940*. Singapore: Select Books, 1993.

Hill, Mary. *Gold: The California Story*. Berkeley, CA: University of California Press, 1999.

Hirata, Lucy. "Free, Indentured, Enslaved: Chinese Prostitutes in Nineteenth Century America." *Signs*, vol. 5, no. 1 (1979), pp. 224-244.

Hitchcock, Frank. *Our Trade with Japan, China and Hong Kong, 1889-1899*. US Department of Agriculture, Section of Foreign Markets. Bulletin No. 18. Washington, DC: Government Printing Office, 1900.

Hitchcock, Frank. *Sources of the Agricultural Imports 1894-1898*. US Department of Agriculture, Section of Foreign Markets. Bulletin No. 17. Washington, DC: Government Printing Office, 1900.

Ho, Eric Peter. *Tracing My Children's Lineage*. Hong Kong: Hong Kong Institute for the Humanities and Social Sciences, University of Hong Kong, 2010.

Hodgson, Barbara. *Opium: A Portrait of the Heavenly Demon*. San Francisco: Chronicle Books, 1999.

Holdsworth, May, and Christopher Munn, eds. *Dictionary of Hong Kong Biography*. Hong Kong: Hong Kong University Press, 2011.

Hom, Marlon K. "Fallen Leaves' Homecoming: Notes on the 1893 Gold Mountain Charity Cemetery in Xinhui." In *Essays on Ethnic Chinese Abroad*, edited by Tsun-Wu Chang and Shi-Yeong Tang, pp. 309-333. Taibei: Overseas Chinese Association, 2002. 3 volumes, vol. 3: *Culture, Education and Identity*.

Howarth, David, and Stephen Howarth. *The Story of P&O: The Peninsular and Oriental Steam Navigation Company*. London: Weidenfeld and Nicolson, 1986.

Hsu, Madeline. *Dreaming of Gold, Dreaming of Home: Transnationalism and Migration between the United States and South China, 1882-1943*. Stanford, CA: Stanford University Press, 2000.

Hulland, John S. "The Effect of Country-of-Brand and Brand Name on Product Evaluation and Consideration: A Cross Country Comparison." *Journal of International Consumer Marketing*, vol. 11, no. 1 (1999), pp. 23-40.

Hune, Shirley, and Gail Nomura, eds. *Asian/Pacific Islander American Women: A Historical Anthology*. New York: New York University Press, 2003.

Hunt, Michael. *The Making of a Special Relationship: The United States and China in 1914*. New York: Columbia University Press, 1983.

Hunter, William. *The "Fan Kwae" at Canton Before Treaty Days 1825-1844*. Hong Kong: Kelly & Walsh, 1911 [1882].

Hutcheon, Robin. *Wharf: The First Hundred Years*. Hong Kong: Wharf (Holdings) Ltd., 1986.

Ireland, Bernard. *History of Ships*. London: Hamlyn, 1999.

Irick, Robert. *Ch'ing Policy toward the Coolie Trade, 1847-1878*. Taibei: Chinese Materials Centre, 1982.

Jones, Geoffrey, and Jonathan Zeitlin, eds. *Oxford Handbook of Business History*. Oxford: Oxford University Press, 2008.

Jung, Moon-ho. *Coolies and Cane: Race, Labor and Sugar in the Age of Emancipation*. Baltimore, MD: Johns Hopkins University Press, 2006.

Kane, H. H. *Opium Smoking in America and China: A Study of Its Prevalence, and Effects Immediate and Remote, on the Individual and the Nation*. New York: G.P. Putnam's Sons, 1882.

Kemble, John Haskell. "Side Wheelers Across the Pacific." *The American Neptune*, no. 2 (1942), pp. 5-38.

Kemble, John Haskell. *A Hundred Years of the Pacific Mail Steamship Company*. Newport, VA: Maritime Museum, 1950.

Kemble, John Haskell. *The Panama Route, 1848-1869*. Columbia, SC: University of South Carolina Press, 1990.

King, H. H. Frank. *A Bio-bibliography of Robert Montgomery Martin*. Hong Kong: Centre of Asian Studies, University of Hong Kong, 1977.

Kuhn, Philip. *Chinese Among Others: Emigration in Modern Times*. Lanham, MD: Rowman and Littlefi eld, 2008.

Lampen, Elizabeth Grubb. *The Life of Captain Frederick William Macondray, 1803-1862*. San Francisco: E. G. Lampen, 1994.

Larkin, Thomas Oliver. *The Larkin Papers: Personal, Business and Official Correspondence of Thomas Oliver Larkin, Merchant and United States Consul in California*, edited by George P. Hammond. Berkeley, CA: University of California Press, published for the Bancroft Library, 1951-68. 11 volumes.

Latham, A. J. H. "The Construction of Hong Kong Nineteenth-Century Pacific Trade Statistics." In *Studies in the Economic History of the Pacific Rim*, edited by Sally M. Miller, A. J. H. Latham, and Dennis O. Flynn, pp. 155-171. London: Routledge, 1998.

Lau, Estelle T. *Paper Families: Identity, Immigration Administration, and Chinese Exclusion*. Durham, NC: Duke University Press, 2006.

Lawrence, James B. *China and Japan, and a Voyage Thither: An Account of a Cruise in the Waters of the East Indies, China and Japan*. Hartford, CT: Press of Case, Lockwood and Brainard, 1870.

LeClerc, J. A. *Rice Trade in the Far East*. Washington, DC: Department of Commerce, Bureau of Foreign and Domestic Commerce. Trade Promotion Series No. 46, 1927.

Lee, Erika. *At America's Gates: Chinese Immigration During the Exclusion Era, 1882-1943*. Chapel Hill, NC: University of North Carolina Press, 2003.

Legarda, Benito J. *After the Galleons: Foreign Trade, Economic Change and Entrepreneurship in the Nineteenth-Century Philippines*. Madison, WI: University of Wisconsin Center for Southeast Asian Studies, 1999.

Legge, James D. D., LL.D. "On Reminiscences of a Long Residence in the East, Delivered in the City Hall, November, 1872." Printed in *The China Review*, III, pp. 163-176, and reprinted in the *Journal of the Hong Kong Branch of the Royal Asiatic Society*, no. 11 (1971), pp. 172-193.

Lethbridge, H. J. "A Chinese Association in Hong Kong: The Tung Wah." In H. J. Lethbridge, *Hong Kong: Stability and Change, A Collection of Essays*, pp. 52-70. Hong Kong: Oxford University Press, 1978.

Levine, Philippa. "Modernity, Medicine, and Colonialism: The Contagious Diseases Ordinance in Hong Kong and the Straits Settlements." *Position*, vol. 6, no. 3 (1998), pp. 675-706.

Li Minghuan. *We Need Two Worlds: Chinese Immigrant Associations in a Western Society.* Amsterdam: Amsterdam University Press, 1999.

Lim, Patricia. *Forgotten Souls: A Social History of the Hong Kong Cemetery.* Hong Kong: Hong Kong University Press, 2011.

Look Lai, Walton. *The Chinese in the West Indies 1806-1995: A Documentary History.* Barbardos: The Press, University of the West Indies, 1998.

Loomis, W. "Chinese in California: Their Signpost Literature." *The Overland Monthly*, no. 1 (August 1868), pp. 152-156.

Loomis, W. "The Chinese Six Companies." *The Overland Monthly*, no. 1 (September 1868), pp. 221-227.

Loomis, W. "How Our Chinamen are Employed." *The Overland Monthly*, no. 2 (March 1869), pp. 231-240.

Ma Mung, Emmanuel. "Groundlessness and Utopia: The Chinese Diaspora and Territory." In *The Last Half Century of Chinese Overseas*, edited by Elizabeth Sinn, pp. 35-48. Hong Kong: Hong Kong University Press, 1998.

Magee, Gary B., and Andrew S. Th ompson. "The Global and Local: Explaining Migrant Remittance Flows in the English-Speaking World 1880-1914." *The Journal of Economic History* (Atlanta), vol. 66, no. 1 (2006), pp. 177-202.

Massimo, Beber. "Italian Banking in California, 1904-1931." In *Pacific Banking, 1859-1959*, edited by Olive Checkland, Shizuya Nishimura, and Norio Tamaki, pp. 114-138. London: St. Martin's Press, 1994.

Masters, Frederick J. "The Opium Trade in California." *The Chautauquan*, vol. XXIV, no. 1 (1896), pp. 54-61.

Mazumdar, Sucheta. *Sugar and Society in China: Peasant, Technology, and the World Market.* Cambridge, MA: Harvard University Asia Center, 1998.

Mazumdar, Sucheta. "What Happened to the Women? Chinese and Indian Male Migration to the United States in Global Perspective." In *Asian Pacific Islander American Women: A Historical Anthology*, edited by Shirley Hune and Gail Nomura, pp. 58-74. New York: New York University Press, 2003.

McKeown, Adam. "Conceptualizing Chinese Diasporas, 1842-1949." *Journal of Asian Studies*, vol. 58, no. 2 (1999), pp. 306-337.

McKeown, Adam. "Transnational Chinese Families and Chinese Exclusion, 1875-1943." *Journal of American Ethnic History*, vol. 18, no. 2 (1999), pp. 73-110.

McKeown, Adam. *Chinese Migrant Networks and Cultural Change: Peru, Chicago, Hawaii, 1900-1936*. Chicago: University of Chicago Press, 2001.

McKeown, Adam. *Melancholy Order: Asian Migration and the Globalization of Orders*. New York: Columbia University Press, 2008.

McKeown, Adam. "A World Made Many: Integration and Segregation in Global Migration, 1840 to 1940." In *Connecting Seas and Connected Ocean Rims: India, Atlantic, and Pacific Oceans and China Seas Migrations from the 1830s to the 1930s*, edited by Donna R. Garbaccia and Dirk Hoerder, pp. 42-64. Leiden: Brill, 2011.

Meissner, Daniel. "Bridging the Pacific: California and the China Flour Trade." *California History*, vol. 76, no. 4 (1997-98), pp. 82-93, 148-150.

Meissner, Daniel. "Theodore B. Wilcox: Captain of Industry and Magnate of the China Flour Trade." *Oregon Historical Quarterly*, vol. 104, no. 4 (2003), pp. 1-43.

Miners, Norman. *Hong Kong Under Imperial Rule 1914-1941*. Hong Kong: Oxford University Press, 1987.

Morse, H. B. *The Trade and Administration of the Chinese Empire*. New York: Longman Green and Co., 1908.

Morse, Hosea Ballou. *The Gilds of China with an Account of the Gild Merchant or Co-hong of Canton*. New York: Russell & Russell, 1967 [1932].

Munn, Christopher. "The Hong Kong Opium Revenue, 1845-1885." In *Opium Regimes: China, Britain, and Japan, 1839-1952*, edited by Timothy Brook and Bob Tadashi Wakabayashi, pp. 105-26. Berkeley, CA: University of California Press, 2000.

Munn, Christopher. *Anglo-China: Chinese People and British Rule in Hong Kong 1841-1880*. Richmond: Curzon, 2001.

Ng Chin-keong. *Trade and Society: The Amoy Network on the China Coast, 1683-1735*. Singapore: Singapore University Press, 1983.

Ng, James. *Windows on a Chinese Past*. Otago: Otago Heritage Books, 1993. 4 volumes.

Norton-Kyshe, James William. *The History of the Laws and Courts of Hongkong, Tracing Consular Jurisdiction in China and Japan and Including Parliamentary Debates, and the Rise, Progress, and Successive Changes in the Various Public Institutions of the Colony from the Earliest Period to the Present Time*. London: Unwin, 1898. 2 volumes.

Noussia, Antonio, and Michael Lyons. "Inhabiting Space of Liminality: Immigrants in Omonia, Athens." *Journal of Ethnic and Migration Studies*, vol. 35, no. 4 (2009), pp. 601-624.

O'Meara, James. "Pioneer Sketches－IV: To California by Sea." *Overland Monthly*, vol. 2, no. 4 (1884), n.p.

O'Neill, Mark. "Quiet Migrants Strike Gold at Last." *South China Morning Post*, February 14, 2002.

Ong, Aihwa, and Donald M. Nonini, eds. *Ungrounded Empire: The Cultural Politics of Modern Chinese Transnationalism*. New York: Routledge, 1998.

Pacific Mail Steamship Company. *Report of the President to the Stockholders, February 1868*. *"Pacific Mail" A Review of the Report of the President*. Pamphlet: n. p., n. d. [1868?].

Palmer, Julius Jr. "Ah Ying and his Contemporaries." In *Old and New*, edited by Edward Everett Hale, vol. 2, no. 1 (1870), pp. 692-697.

Pan, Lynn, ed. *Encyclopedia of the Chinese Overseas*. Richmond: Curzon Press, 1999.

Pearson, Veronica. "A Plague upon Our Houses: The Consequences of Underfunding in the Health Sector." In *A Sense of Place: Hong Kong West of Pottinger Street*, edited by Veronica Pearson and Ko Tim Keung, pp. 242-261. Hong Kong: Joint Publishing, 2008.

Peffer, George Anthony. *If They Don't Bring Their Women Here: Chinese Female Immigration Before Exclusion*. Foreword by Roger Daniels. Urbana, IL: University of Illinois Press, 1999.

Perry, Matthew Calbraith. *Narrative of the Expedition of an American Squadron to the China Seas and Japan, Performed in the Years 1852, 1853 and 1854, Under the Command of Commodore M. C. Perry, Comp. from the Original Notes and Journals of Commodore Perry and His Officers, at This Request and Under His Supervision by Francis L. Hawks*. New York: Appleton, 1856.

Pope, Andrew. "The P&O and the Asian Specie Network 1850-1920." *Modern Asian Studies*, vol. 30, no. 1 (1996), pp. 145-170.

Qin Yucheng. *The Diplomacy of Nationalism: The Six Companies and China's Policy Toward Exclusion*. Honolulu: University of Hawai'i Press, 2009.

Rawls, James J., and Richard J. Orsi, eds. *A Golden State: Mining and Economic Development in Gold Rush California*. Berkeley, CA: University of California Press, in association with the California Historical Society, 1999.

Reeves, Caroline. "Grave Concerns: Bodies, Burial, and Identity in Early Republican China." In *Cities in Motion: Interior, Coast and Diaspora in Transnational China*, edited by Sherman Cochran and David Strand, pp. 25-52. Berkeley, CA: China Research Monographs, IEAS, University of California, Berkeley, 2007.

"Remarks of the Chinese Merchants of San Francisco Upon Governor Bigler's Message." San Francisco. Printed at the Office of *The Oriental,*" January 1855.

Remer, C. F. *Foreign Investments in China.* New York: Macmillan, 1933.

Riddle, Ronald. *Flying Dragons, Flowing Streams: Music in the Life of San Francisco's Chinatown.* Westport, CT: Greenwood Press, 1983.

Rowe, Bill. *Hankow: Commerce and Society in a Chinese City, 1796-1889.* Stanford, CA: Stanford University Press, 1984.

Rydell, Raymond A. *Cape Horn to the Pacific: The Rise and Decline of an Ocean Highway.* Berkeley, CA: University of California Press, 1952.

Sayer, Geoffrey Robley. *Hong Kong 1841-1862: Birth, Adolescence, and Coming of Age.* Hong Kong: Hong Kong University Press, 1980 [1937].

Schwendinger, Robert. *Ocean of Bitter Dreams: Maritime Relations Between China and the United States, 1850-1915.* Tucson, AZ: Westernlore Press, 1988.

Shiroyama, Tomoko. "Structure and Dynamics of Overseas Chinese Remittances in the Mid-Twentieth Century." Paper presented at the XIV International Economic History Congress Helsinki, 2006.

Sinn, Elizabeth. "A Chinese Consul for Hong Kong: China-Hong Kong Relations in the Late Qing Period." Paper presented at the International Conference on the History of the Ming-Qing Periods, University of Hong Kong, December 12-15, 1985.

Sinn, Elizabeth. "The History of Regional Associations in Pre-war Hong Kong." In *Between East and West: Aspects of Social and Political Development of Hong Kong*, edited by Elizabeth Sinn, pp. 159-186. Hong Kong: Centre of Asian Studies, University of Hong Kong, 1990.

Sinn, Elizabeth. "Challenges and Responses: The Development of Hong Kong's Regional Associations 1945-1990." Paper presented at the IAHA conference, University of Hong Kong, 1992.

Sinn, Elizabeth. "Chinese Patriarchy and the Protection of Women." In *Women and Chinese Patriarchy: Submission, Servitude and Escape*, edited by Maria Jaschok and Suzanne Miers, pp. 141-170. Hong Kong: Hong Kong University Press, 1994.

Sinn, Elizabeth. "Emigration from Hong Kong before 1941: General Trends." In *Emigration from Hong Kong*, edited by Ronald Skeldon, pp. 11-34. Hong Kong: Chinese University Press, 1995.

Sinn, Elizabeth. "Emigration from Hong Kong before 1941: Organization and Impact." In *Emigration from Hong Kong*, edited by Ronald Skeldon, pp. 35-50. Hong Kong: Chinese University Press, 1995.

Sinn, Elizabeth. "Xin xi guxiang: A Study of Regional Associations as a Bonding Mechanism in the Chinese Diaspora — the Hong Kong Experience." *Modern Asian Studies*, vol. 31, no. 2 (1997), pp. 375-397.

Sinn, Elizabeth. "Cohesion and Fragmentation: A County-level Perspective on Chinese Transnationalism in the 1940s." In *Qiaoxiang Ties: Interdisciplinary Approaches to "Cultural Capitalism" in South China*, edited by Leo Douw, Cen Huang, and Michael R. Godley, pp. 67-86. London: Kegan Paul International, and Leiden and Amsterdam: International Institute for Asian Studies, 1999.

Sinn, Elizabeth. "Emerging Media: Hong Kong and the Early Evolution of the Chinese Press." *Modern Asian Studies*, vol. 36, no. 2 (2002), pp. 421-466.

Sinn, Elizabeth. *Power and Charity: A Chinese Merchant Elite in Colonial Hong Kong. Hong Kong*: Hong Kong University Press, 2003. First published as *Power and Charity: The Early History of the Tung Wah Hospital, Hong Kong*. Hong Kong: Oxford University Press, 1989.

Sinn, Elizabeth. "Beyond tianxia: The Zhongwai Xinwen Qiribao (Hong Kong 1871-72) and the Construction of a Transnational Chinese Community." *China Review*, vol. 4, no. 1 (2004), pp. 90-122.

Sinn, Elizabeth. "Preparing Opium for America: Hong Kong and Cultural Consumption in the Chinese Diaspora." *Journal of Chinese Overseas*, vol. 1, no. 1 (2005), pp. 16-42.

Sinn, Elizabeth. "Moving Bones: Hong Kong's Role as an 'In-between Place' in the Chinese Diaspora." In *Cities in Motion*, edited by Sherman Cochran and David Strand, pp. 247-71. Berkeley, CA: China Research Monographs, IEAS, University of California, Berkeley, 2007.

Sinn, Elizabeth. "Women at Work: Chinese Brothel Keepers in 19th Century Hong Kong." *Journal of Women's History*, vol. 13, no. 3 (2007), pp. 87-111.

Sinn, Elizabeth. "Lessons in Openness: Creating a Space of Flow in Hong Kong." In *Hong Kong Mobile: Making a Global Population*, edited by Helen F. Siu and Agnes S. Ku, pp. 13-43. Hong Kong: Hong Kong University Press, 2008.

Sinn, Elizabeth. "Recentering Hong Kong: The Chinese Business District and Economic Development West of Pottinger Street." In *A Sense of Place: Hong Kong West of Pottinger Street*, edited by Veronica Pearson and Ko Tim-keung. Hong Kong: Joint Publishing, 2008, pp. 184-200.

Sinn, Elizabeth. "Hong Kong as an In-between Place in the Chinese Diaspora, 1849-1939." In *Connecting Seas and Connected Ocean Rims: Indian, Atlantic, and Pacific Oceans and China Seas Migrations from the 1830s to the 1930s*, edited by Donna R. Gabaccia and Dirk Hoerder, pp. 225-247. Leiden: Brill, 2011.

Siu, Helen, and Liu Zhiwei. "Lineage, Market, Pirate, and Dan: Ethnicity in the Pearl River Delta of South China." In *Empire at the Margins: Culture, Ethnicity, and Frontier in Early Modern China*, edited by Kyle Crossley, Helen Siu, and Donald Sutton, pp. 285-310. Berkeley, CA: University of California Press, 2006.

Smith, Carl T. "The Gillespie Brothers: Early Links between Hong Kong and California." *Chung Chi Bulletin*, no. 47 (December 1969), pp. 23-28.

Smith, Carl T. "Visit to the Tung Wah Group of Hospital's Museum, 2nd October, 1976" (Notes and Queries) . *Journal of the Hong Kong Branch of the Royal Asiatic Society*, no. 16 (1976), pp. 262-280.

Smith, Carl T. "Protected Women in 19th-Century Hong Kong." In *Women and Chinese Patriarchy: Submission, Servitude and Escape*, edited by Maria Jaschok and Suzanne Miers, pp. 221-237. Hong Kong: Hong Kong University Press, 1994.

Smith, Carl T. *Chinese Christians: Elites, Middlemen, and the Church in Hong Kong*, with a new introduction by Christopher Munn. Hong Kong: Hong Kong University Press, 2005 [1985].

Smith, Carl T. "The Formative Years of the Tong Brothers, Pioneers in the Modernization of China's Commerce and Industry." In Carl T. Smith, *Chinese Christians: Elites, Middlemen, and the Church in Hong Kong*, with a new introduction by Christopher Munn, pp. 34-51. Hong Kong: Hong Kong University Press, 2005 [1985].

Smith, Eugene Waldo. *Trans-Pacific Passenger Shipping*. Boston: G. H. Dean Co., 1953.

Speer, William. *The Oldest and Newest Empire: China and the United States*. Hartford, CT: S.S. Scranton and Co., 1870.

Spence, Jonathan. "Opium Smoking in Ch'ing China." In *Conflict and Control in Late Imperial China*, edited by Frederic Wakeman, Jr. and Carolyn Grant, pp. 143-73. Berkeley, CA: University of California Press, 1975.

St. Clair, David J. "California Quicksilver in the Pacific Rim Economy 1850-90." In *Studies in the Economic History of the Pacific Rim*, edited by Sally M. Miller, A. J. H. Latham, and Dennis O. Flynn, pp. 210-233. London: Routledge, 1998.

Stewart, Watt. *Chinese Bondage in Peru: A History of the Chinese Coolies in Peru 1849-1876*. Westport, CT: Greenwood Press, 1970.

Sturgis, Tim. *Rivalry in Canton: The Control of Russell & Co., 1838-1840 and the Founding of the Augustine Heard & Co*. London: The Warren Press, 2006.

Szonyi, Michael. "Mothers, Sons and Lovers: Fidelity and Frugality in the Overseas Chinese Divided Family Before 1949." *Journal of Chinese Overseas*, vol. 1, no. 1 (2005), pp. 43-64.

Takaki, Ronald. *Strangers from a Different Shore: A History of Asian Americans*. Boston: Little, Brown and Co., 1989.

Tarrant, William, comp. *The Hong Kong Almanack and Directory for 1846 with an Appendix*. Hong Kong: Office of the China Mail, 1846.

Tate, E. Mowbray. *TransPacific Steam: The Story of Steam Navigation from the Pacific Coast of North America to the Far East and the Antipodes 1867-1941*. New York: Cornwall Books, 1986.

Tchen, John Kuo Wei. *New York Before Chinatown: Orientalism and the Shaping of American Culture 1776-1882*. Baltimore, MD: Johns Hopkins University Press, 1999.

The Chronicle and Directory for China, Japan and the Philippines for the Year. Hong Kong: Hongkong Daily Press, 1867, 1877, 1884.

The Hong Kong Almanack and Directory for the Year 1848 of Our Lord. Hong Kong: D. Noronha, 1848.

Thompson, Ambrose W. *Steamers Between California, China and Japan, with a Map Showing All the British Steam Lines*. Washington, D.C.[?], 1853[?].

Tong, Benson. *Unsubmissive Women: Chinese Prostitutes in Nineteenth-century San Francisco*. Norman, OK: University of Oklahoma Press, 1994.

Trocki, Carl A. *Opium and Empire: Chinese Society in Colonial Singapore, 1800-1910*. Ithaca, NY: Cornell University Press, 1990.

Tse, David K., and Gerald J. Gorn. "An Experiment on the Salience of Country-of-Origin in the Era of Global Brands." *Journal of International Marketing*, vol. 1, no. 1 (1993), pp. 57-76.

Van Dyke, Paul A. *The Canton Trade: Life and Enterprise on the Canton Coast, 1700-1845.* Hong Kong: Hong Kong University Press, 2005.

Van Tilburg, Hans Konrad. *Chinese Junks on the Pacific: Views from a Different Deck.* Gainesville, FL: University of Florida, 2007.

Wang, Gungwu. *China and the Chinese Overseas.* Singapore: Times Academic Press, 1991.

Watson, James L., and Evelyn S. Rawski, eds. *Death Rituals in Late Imperial and Modern China.* Berkeley, CA: University of California Press, 1988.

Wesley-Smith, Peter. "Chinese Consular Representation in British Hong Kong." *Pacific Affairs*, vol. 71, no. 3 (1998), pp. 359-376.

Whidden, John D. *Ocean Life in the Old Sailing-ship Days: From Forecastle to Quarterdeck.* Boston: Little, Brown and Co., 1908.

Williams, David M. "Bulk Passenger Freight Trades, 1750-1870." In *Shipping and Trade, 1750-1950: Essays in International Maritime Economic History*, edited by Lewis R. Fischer and Helge W. Nordvik, pp. 43-61. Pontefract: Loft house, 1990.

Williams, S. Wells. *The Chinese Commercial Guide.* Hong Kong: A. Shortrede & Co. 5th ed., preface 1863.

Wu, Chun-Hsi. *Dollars, Dependents and Dogma: Overseas Chinese Remittance to Communist China.* Stanford, CA: The Hoover Institute of War, Revolution and Peace, 1967.

Wu, Cheng-tsu. *"Chink!"* New York: World Publishing, 1972.

Yu, Henry. "The Intermittent Rhythms of the Cantonese Pacific." *In Connecting Seas and Connected Oceans: Indian, Atlantic and Pacific Oceans and China Seas Migrations from the 1830s to the 1930s*, edited by Donna R. Garbaccia and Dirk Hoerder, pp. 393-414. Leiden: Brill, 2011.

Yun, Lisa. "Under the Hatches: American Coolie Ships and Nineteenth-Century Narratives of the Pacific Passage." *Amerasia Journal*, vol. 28, no. 2 (2002), pp. 38-61.

Yung, Judy. *Unbound Feet: A Social History of Chinese Women in San Francisco.* Berkeley, CA: University of California Press, 1995.

丁新豹：《善與人同：與香港同步成長的東華三院 (1870－1997)》，香港：三聯書店，2010。

《文武廟徵信錄》，香港，1911。

王韜：《弢園文錄外編》，全十二卷，北京：中華書局，1959〔1883〕。

加州昌後堂：《第三屆撿運先梓友回籍金山昌後堂徵信錄》，香港：1887。

何佩然：《施與受：從濟急到定期服務》，香港：三聯書店，2009。

何佩然：《破與立：東華三院制度的演變》，香港：三聯書店，2010。

何佩然：《源與流：東華醫院的創立與演進》，香港：三聯書店，2009。

何炳棣：《中國會館史論》，台北：台灣學生書局，1996。

《李氏居安堂家譜》，香港，1962。

李東海：《香港東華醫院一百二十五年史略》，北京：中國文史出版社，1997。

卓南生：《中國近代報業發展史 1815-1874》，台北：正中書店，1998。

《招成林先生哀思錄》，香港，1923。

《招雨田先生榮壽錄》，香港，1922。

東華醫院《徵信錄》，香港，歷年。

東義堂：《駐港東莞東義堂史略》，香港：1931。

林通經：〈洋米穀輸入廣東之史的分析〉，《廣東銀行季刊》，第一卷第二期 (1941)，頁
　　297－320。

金山昌後堂：《第三屆撿運先梓友回籍金山昌後堂徵信錄》，香港：1887。

《金山昌後堂運柩錄》，香港：1865。

《重建舊山陽和館廟工金徵信錄》，〔三藩市？〕：1900。

《香港台山商會會刊》，第七冊，香港，1988。

區天驥：〈中華三邑寧陽岡州合和人和肇慶客商八大會館聯賀陽和新館序〉，載《金山重
　　建陽和館廟工金徵信錄》(1900)，頁 1。

區寵賜、麥禮謙、胡垣坤：《旅美三邑總會館簡史》，三藩市：三藩市旅美三邑總會館，
　　1975。

張之洞：《張文襄公全集》，二百二十八卷，全六冊，台北：文海出版社，1963。

《清季華工檔案》，全七冊，北京：全國圖書館文獻縮微複製中心，2008。

莊國土：《中國封建政府的華僑政策》，廈門：廈門大學出版社，1989。

陳仲信：〈早年旅居美洲的番禺華僑小史〉，《番禺僑訊》，第一期 (1988 年 3 月)，頁
　　38－39。

陳稼軒：《增訂商業詞典》，上海：商務印書局，1935。

華僑華人百科全書》，十二卷本 (北京：中國華僑出版社，1999)，社團政黨卷，頁 53－
　　54。

萬健忠：《中國歷代葬禮》，北京：北京圖書館出版社，1998。

葉漢明：《東華義莊與寰球慈善網絡：檔案文獻資料的印證與啟示》，香港：三聯書店，
　　2009。

綿遠堂：《1974－1978 年度順德綿遠堂會務報告》，香港，1978。

綿遠堂：《徵信錄》，香港，1939。

劉伯冀：《美國華僑史》，台北：黎明文化事業公司，1976。

劉志文：《廣東民俗大觀》，廣州：旅遊出版社，1993。

蔡志祥：《打醮：香港的節日和地區社會》，香港：三聯書店，1996。

鄭宏泰、黃紹倫：《香港大老：何東》，香港：三聯書店，2007。

濱下武志：《香港大視野——亞洲網絡中心》，香港：商務印書館，1997。

羅澧銘：《塘西花月痕》，全四集，香港：禮記出版公司，1963，第二集，頁 40-44。

譚伯權：〈舊金山寧陽總會館新墓地簡介〉，載《香港台山商會第七屆會刊》（香港，1988），頁 68。

繼善堂：《香港繼善堂番禺第三屆運柩徵信錄》，香港：1893。

繼善堂：《香港繼善堂續捐備列》，香港：1865。

可兒明弘：《近代中国の苦力と「猪花」》，東京：岩波書店，1979。

網絡

Chung Sai Yat Po (San Francisco), Online Archive of California, http://content.cdlib. org/ark:/13030/hb2z09p000/?order=2&brand=oac.

"Guide to the Frederick William Macondray Letters 1850-1852," Online Archive of California, http://content.cdlib.org/view;jsessionid=oXctXa3u_FfxlskZ?docId=tf6x0nb1j9&doc.view=entire_text&brand=oac, viewed June 3, 2011.

Jacob P. Leese Papers in California Historical Society, Online Archive of California:

1. Indenture of Awye, Chinaman, http://www.oac.cdlib.org/ark:/13030/hb587003vc/?brand=oac4, viewed September 25, 2010.

2. Indenture of Atu, Chinaman, http://www.oac.cdlib.org/ark:/13030/hb6z09n88s/?brand=oac4, viewed September 25, 2010.

3. Indenture of Ahine, Chinaman, http://www.oac.cdlib.org/ark:/13030/hb100000v8/?brand=oac4, viewed September 25, 2010.

Kaiping Diaolou, http://www.kaipingdiaolou.com, viewed June 3, 2011.

Kingston, Christopher. "Marine Insurance in Britain and America, 1720-1844: A Comparative Institutional Analysis." p. 2, http://cniss.wustl.edu/workshoppapers/KingstonCNISS.pdf, viewed September 7, 2004.

"Paper Sons," http://www.usfca.edu/classes/AuthEd/immigration/papersoninfo.htm, viewed
    June 2, 2009.

People v Hall (1854), http://www.cetel.org/1854_hall.html, viewed May 4, 2011.

"The Ships List," http://www.theshipslist.com/ships/lines/china.htm, viewed June 3, 2011.

王士谷：〈最早的中文報紙的產生 —— 從《金山日新錄》140 周年談起〉，《新聞與傳
    播研究》，1994 年 4 月，http://www.cnki.com.cn/Article/CJFDTotal-YANJ404.020.
    htm，瀏覽日期：2011 年 5 月 4 日。

未刊學位論文

Cheung, Lucy Tsui Ping. "The Opium Monopoly in Hong Kong." M. Phil. thesis, University of
    Hong Kong, 1986.

Poon, Pui-ting. "The Mui Tsai Question in Hong Kong (1901-1940), with Special Emphasis on
    the Role of the Po Leung Kuk." M. Phil. thesis, University of Hong Kong, 2000.

Qin Yucheng. "Six Companies Diplomacy: Chinese Merchants and Late Qing Policy Toward
    Exclusion, 1848-1911." Ph . D. thesis, University of Iowa, 2002.

□ 責任編輯：吳黎純
□ 裝幀設計：陳小巧
□ 封面插圖：梁盈章
□ 印　務：劉漢舉

穿梭太平洋
金山夢、華人出洋與香港的形成

□
著者
冼玉儀

□
譯者
林立偉

□
出版
中華書局（香港）有限公司
香港北角英皇道 499 號北角工業大廈一樓 B
電話：(852) 2137 2338　傳真：(852) 2713 8202
電子郵件：info@chunghwabook.com.hk
網址：http://www.chunghwabook.com.hk

□
發行
香港聯合書刊物流有限公司
香港新界荃灣德士古道 220-248 號
荃灣工業中心 16 樓
電話：(852) 2150 2100　傳真：(852) 2407 3062
電子郵件：info@suplogistics.com.hk

□
印刷
美雅印刷製本有限公司
香港觀塘榮業街 6 號 海濱工業大廈 4 樓 A 室

□
版次
2019 年 7 月初版
2022 年 1 月第 2 次印刷
© 2019 2022 中華書局（香港）有限公司

□
規格
16 開（230 mm×170 mm）

□
ISBN：978-988-8573-18-9